Barbara Naziri

Grüner Himmel
über schwarzen Tulpen

Barbara Naziri

Grüner Himmel über schwarzen Tulpen

Ein west-östlicher Blick
hinter den Schleier Irans

Für Iran, meine Eltern
und Saeid, meinen Liebsten,
sowie Louan Rafael, den Weltenwanderer

In Dankbarkeit an jene, die mich bestärkten,
dieses Buch zu schreiben, besonders Katrin und Lionne.

In memoriam
für Aghadjan und Maman

به یاد آقاجان و مامان جان

1. Auflage 2011

Lektorat: Bettina Bremer, Rüsselsheim
Titelgestaltung unter Verwendung eines Fotos von Persepolis
(© Raphael Kessler, www.raphaelkessler.com),
eines frei verfügbaren und Fotos der Autorin

www.christel-goettert-verlag.de

ISBN 978-3-939623-27-4

Inhaltsverzeichnis

Die Türen der Angst

Der Himmel über Hamburg hat sein Lächeln verloren und nun rinnen seine Tränen an den Fensterscheiben herunter. Hartnäckig treibt der Herbstwind die letzten Blätter in ihre Pfützengräber. Das Grau der Dämmerung kriecht durch den Raum und lässt die Kerzen heller flackern. Ich liege auf der Couch und überlasse mich meinen Träumen. Wie die Erinnerung an einen klaren Sommertag dringt der Wohlgeruch erwärmten Bergamottöls in meine Sinne und vermischt sich bedenkenlos mit dem schokoladigen Aroma von frischgebackenem Marmorkuchen. Ich mag Marmorkuchen mit reichlich Schokolade, wie viele schöne Dinge, die mir Deutschland geschenkt hat. Vor allem die Freiheit und die Würde, die guten Freunde, deren Türen immer offen stehen.

In meiner zweiten Heimat Iran schließen sich Türen hinter Gitterstäben und das Grauen schleicht durch die Zellen der Angst. Türen werden mit schweren Stiefeln eingetreten, Türen, hinter denen sich Freiheitsträume verbergen. Die Menschenwürde im Iran gleicht einem aufgespießten Schmetterling und die Menschenrechte werden dort mit Peitschenhieben und faustgroßen Steinen erschlagen. Doch nichts vermag die Aufrechten in die Knie zu zwingen, auch wenn man ihnen die Lippen zunäht, denn um ihre Herzen tragen sie grüne Bänder. Und selbst der Himmel über Iran wird zum grünen Symbol der Hoffnung, ein grüner Himmel über schwarzen Tulpen. Ach, könnte ich die Freiheit nur einfach in den Koffer packen, um sie dorthin zu bringen!

In meine trüben Gedanken mischt sich eine orientalische Melodie, erst sanft, dann immer dringender. Der Rufton unseres Telefons. Auf dem Display leuchtet eine bekannte Nummer. Der Anruf kommt aus Teheran. Tief durchatmend greife ich zum Hörer. Gleich werde ich lügen. Ich höre die vertraute Stimme: »Bary, endlich! Wir haben ein paar Mal versucht, euch zu erreichen. Wo ward ihr denn so lange?«

»In Südfrankreich«, sage ich mit steifem Lächeln, obwohl Sima mich nicht sehen kann. Wie gerne würde ich sie jetzt umarmen, ihr sagen, wo ich wirklich war. Ich möchte ihr versprechen, dass wir uns zum *Norus*-fest wiedersehen. Doch habe ich überhaupt noch eine Wahl?

Solange ich schwieg, blieb die Tür geöffnet, gerade einen Spalt breit. Breit genug hindurchzuschlüpfen. Doch ich kann nicht mehr schweigen. Meine Hände pflücken die Worte von meinen Lippen und bannen sie auf das Papier. Dort brennen sie – ungelöscht wie die Sehnsucht, die sich in mein Herz frisst. Die Tür beginnt sich zu schließen. Nur noch ein winziger Spalt steht offen und es braucht nur ein Wort, um sie mit einem dumpfen Knall ins Schloss fallen zu lassen.

»Nun spann aber nicht das Pferd hinter die Droschke!«, würde mich mein Vater wohl jetzt sanft ermahnen. Darum will ich von vorn beginnen.

Ali Baba

Kaum auf zwei Beinen, wollte ich die Welt entdecken, die sich mir in einem bunten Blumengarten offenbarte. In seinem Mittelpunkt thronte eine schwarze Katze, in deren Samtfell ich meine kleinen Hände voll Eifer grub, um sie zu kneten, bis ich ihre Krallen zu spüren bekam. Doch das tat meiner Liebe zu ihr keinen Abbruch. Katzen liebe ich, solange ich denken kann, und fühle mich ihnen tief verbunden, sind sie doch niemandes Sklavinnen.

Ich war ein wildes Kind und meine Fantasie beflügelte meine Füße, sodass ich meinen Eltern oft ausriss. Irgendwann hatte ihre Geduld ein Ende und sie legten mir kurzerhand ein Laufgeschirr um, wie es die Blindenhunde tragen mit dem Unterschied, dass vorne an meiner Brust auch noch ein Glöckchen bimmelte, im Falle ich mitsamt der Leine auszureißen gedächte. Da war ich anderthalb Jahre alt. So lief ich bis zur Vollendung meines dritten Lebensjahres – zur allgemeinen Belustigung der Vorübergehenden – wie ein Hund an der Leine. Komischerweise kann ich mich noch heute gut an das Glöckchen an meinem Brustband erinnern und ebenso daran, dass das Laufgeschirr weiß war. Als meine Eltern mir endlich erlaubten, meine Umgebung ohne Schutzleine zu erforschen, kletterte ich flink wie ein Wiesel auf jeden Baum, um die Welt von oben zu betrachten. Unser Garten lag direkt am Isebek-Kanal und mein größtes Vergnügen war es, in den Ästen wie ein Affe herumzuhängen. Klettern wurde zu meiner Lieblingsbeschäftigung. Dabei zerriss ich häufiger ein Kleidungsstück, bis meiner Mutter die Geduld platzte und sie mir Lederhosen verpasste. Bayerische Lederhosen! Um meine Schmach noch zu erhöhen, waren sie mit einem sogenannten Hosenstall versehen, der rechts und links von zwei Hirschhornknöpfen gehalten wurde. Woher meine Mutter diese Hosen hier im hohen Norden aufgetrieben hatte, blieb ihr Geheimnis. Auf jeden Fall sorgten sie in der Nachbarschaft für Aufsehen und meine Strafe waren die spöttischen Blicke, die mir Löcher in den Rücken brannten. Als Kind einer deutschen Mutter und eines iranischen Vaters sah ich in der erzwungenen Kluft eher seltsam aus, zumal mir mein langer dicker Haarzopf bis zur

Taille reichte und wie ein Affenschwanz herunterhing, wenn ich mich kopfüber mit den Knien an einem Ast schaukeln ließ. Doch ich nahm die Hose grummelnd in Kauf. Hauptsache, ich konnte mich frei bewegen.

Mit meinen Eltern und meinem jüngeren Bruder lebte ich in einer riesigen Altbauwohnung im schönen Hamburg-Harvestehude. Über uns hatte ein italienischer Tuchhändler seine Wohnung, neben uns der alte Samuel Rosenbaum, ein guter Freund der Familie, in dessen Antiquitätenladen ich gern herumstöberte und der meiner Fantasie bunte Flügel verlieh. Ein Haus weiter lebten die Privalofs, russische Adelige, die noch in der dritten Generation vom Zarenreich träumten und mit denen wir wilde Feste feierten. Drei Häuser weiter wohnte Manutschar, der beste Freund meines Vaters. Er hatte zwei Söhne und unterhielt im Freihafen seinen Teppichhandel. Sein Vater, ein frommer Mann, lebte bei ihm. Wenn der alte Herr in langem Kaftan und weißem Turban durch unsere Straße schritt, tat er das mit Würde. Jedermann grüßte ihn freundlich und niemanden erstaunte sein Aussehen, denn in unserer Straße lebte die halbe Welt. Das Andere anders sein lassen, lautete die Devise. Und diese Buntheit prägt heute noch mein Leben. Doch leider erlitt meine Freiheit ein paar Einbußen.

Im Gegensatz zu meinem sanften Bruder, der auch gern mit Puppen spielte, die bei mir nur in der Ecke herumlagen, und ein sehr musikalisches Kind war, zog ich mit den Jungen durch die Gegend und spielte mit ihnen Räuber und Gendarm. An guten Tagen durfte ich ab und an ihre Anführerin sein, und es erfüllte mich mit Stolz, wenn sie mich die »schwarze Bary« nannten. Das änderte sich auch nicht, als ich auf eine Mädchenschule ging, denn gleich nebenan war das Jungengymnasium meiner Freunde.

Meine Eltern beobachteten mein Verhalten mit wachsender Sorge, besonders mein Vater. Sie hätten mich lieber am Klavier Sonaten spielend gesehen oder im Tutu und an einer Ballettstange hängend, statt munter johlend in den Ästen des Apfelbaumes. Doch statt mich graziös und mädchenhaft zu verhalten, hatte ich den Gang eines Bauarbeiters. Meine Mutter war sicher, ich hätte mir das auf dem Bau abgeguckt, auf den mein Vater mich ab und zu mitnahm. Er war Architekt und nichts war spannender für mich, als den Handwerkern bei ihren Arbeiten zuzusehen. War ein Bau abgeschlossen, lud er die ganze Mischpoke zu uns nach Hause ein, um auf die gelungene Zusammenarbeit anzustoßen. »Sie sind meine Hände und ich bin ihr Kopf. Nur gemeinsam sind wir stark«, pflegte er dann schmunzelnd zu sagen. Doch meine Mutter trieb die wilde Männerschar schier in den Wahnsinn. Besonders in dieser Zeit war es für manchen ein Novum, an unserer Haustür die Schuhe auszuziehen. Doch mit Straßenschuhen erhielt niemand Einlass in unser Reich. Die Geschäftsfreunde meines Vaters hatten sich mittlerweile daran gewöhnt, nicht aber die Bauarbeiter, die immer wieder versuchten durchzuflutschen. So stand meine Mutter jedes Mal wie ein Wachhund am Eingang, damit keiner mit seinen Lehmstiefeln über unsere schönen Perserteppiche latschte. Ich schlich mich oft ins Zimmer hinein, um sie zu beobachten. Mir gefiel die lustige Runde und das Oh und Ah, wenn unser Mädchen das Essen hereintrug, wobei ich nie sicher war, ob sie die hübsche Frau oder das Essen meinten.

Eines Tages hielten meine Eltern Kriegsrat und zitierten mich zu sich. Sie verkündeten mir ihren Beschluss, mich in eine Ballettschule zu schicken, und zwangen mich von nun an, das Klavier zu malträtieren. Verdrossen kam ich meinen Pflichten nach. Ich entwickelte tatsächlich einen mädchenhaften Gang, obwohl mir der Unterricht ein Graus war, denn sobald ich ihn schwänzte, verpetzte mich die Lehrerin bei meinen Eltern. Das Klavier bearbeitete ich heimlich mit einem Hammer, wenn meine Eltern nicht zu Hause waren, und nach dem zweiten Klavier gaben sie es auf. Ich bekam eine Blockflöte, deren Mundstück ich bald durchgebissen hatte. Da schenkte mir Onkel Samuel seine alte Klarinette. Ihr Klang verzauberte mich. Das ist bis heute so geblieben. Meine Eltern machten gern Hausmusik. Doch meine hilflosen Versuche, daran teilzunehmen, scheiterten kläglich. Mein Bruder dagegen schaffte es spielend, fünf Instrumente in kürzester Zeit zu erlernen, und wurde mir stets als leuchtendes Beispiel vor Augen gehalten. Ich gönnte ihm gern den Erfolg, war er doch ein lieber Kerl und verriet mich nie, wenn ich mal was ausgefressen hatte.

Ab und zu besuchte ich Onkel Samuel, mit dem mich im Laufe der Zeit eine wachsende Zuneigung verband. In seinem Zauberladen fühlte ich mich in die Magie der Märchen versetzt. Wenn ich zwischen Nippes und alten Möbeln vor dem großen Spiegel saß, erschien er mir wie das Tor in eine geheimnisvolle Welt. Hier saß Samuel Rosenbaum in seinem alten Lehnstuhl und schenkte mir kostbare Geschichten von tapferen Recken, Fleisch fressenden Vögeln und lieblichen Prinzessinnen, während ich in heißer Schokolade versank, die er mir liebevoll kredenzte. Onkel Samuel und *Aghadjan,* so nannte ich meinen Vater, waren für mich die besten Geschichtenerzähler, denen ich mit Hingabe lauschte, ohne je zu ermüden.

Jeden Abend gehörte *Aghadjan* eine Zeit lang nur mir. Dann entführte er mich in das Reich der Mystik und der orientalischen Märchen, die meine Sehnsucht nach Abenteuern weckten – und nach Giti, die ich zwar selten sah, aber dennoch vermisste, vielleicht weil wir uns im Wesen ähnlich waren. Auf jeden Fall fühlte ich mich von ihr verstanden. Giti umgab etwas Geheimnisvolles und Unbezähmbares. Ihr graues Haar wellte sich üppig auf den Schultern und glänzte im Sonnenlicht wie gesponnenes Silber. Die Farbe ihrer Augen wechselte mit ihren Launen, manchmal waren sie tiefschwarz, dann wieder schiefergrau und ihr forschender Blick konnte in meinem Herzen lesen, wie in einem aufgeschlagenen Buch. Unzählige Lachfältchen hatten sich in ihre Augen- und Mundwinkel gegraben, denn sie lachte für ihr Leben gern. Giti war die liebenswerte Tante meines Vaters, die in Tābriz[1] lebte und die wir hin und wieder in den Ferien besuchten. Sie wohnte in einem geräumigen Haus, das mächtige Mauern wie eine Festung umgaben und in dessen buntgefliesten Innenhof ein kleines Bassin ruhte, in dem sich muntere Goldfische tummelten. Dort saß Giti in den späten Nachmittagsstunden und spielte auf ihrer *Tar,* einem langstieligen Saiteninstrument. Manchmal unterbrach sie ihr Spiel und erzählte mir Geschichten, die sie mir durch allerlei Naschwerk versüßte. Doch das Schönste waren die heimlichen Ausflüge mit ihr in die engen Gassen des Basars. Ich sog alles wie ein Schwamm in mich auf, die Düfte nach Gewürzen und Essenzen, die melodischen Musikfetzen, die vielen Farben und das Stimmengewirr der Händler, die mir hin und wieder eine Süßigkeit zusteckten.

Diese Sehnsucht spornte mich an, selbst kleine Geschichten zu verfassen, mitunter auch Gedichte. Stolz stellte ich mich auf einen kleinen Schemel und trug *Aghadjan* und dem alten Rosenbaum meine kindlichen Ergüsse vor und ihr Schmunzeln verriet mir, dass sie ihnen gefielen.

Samuel Rosenbaum war mir lieb wie ein Großvater, denn Großeltern habe ich nicht gekannt. Mein Vater sprach nicht gern über seine Eltern. Aber Kinder haben große Ohren und so bekam ich mit, dass sein Vater als politischer Gefangener in irgendeinem Gefängnis verhungert war, und meine Großmutter hatten Aufständische erschossen. Aufständische! Wie abenteuerlich das klang. Ich bestürmte meinen Vater mit Fragen, aber nur einmal und dann nie wieder, weil sie ihm Tränen in die Augen trieben. Später habe ich das sehr bereut, denn die wahren Hintergründe habe ich dadurch nie erfahren und so ging mir unwiderruflich ein Stück Familiengeschichte verloren. Der Vater meiner Mutter starb, als ich sehr klein war. Während des Zweiten Weltkrieges war er mit seiner Familie nach Frankreich geflüchtet. Wegen Rassenschande. Er wollte sich nicht scheiden lassen. Genützt hat es nichts. Seine jüdische Frau, meine Großmutter, liegt irgendwo verscharrt. Es hieß, sie wurde deportiert. Meine Mutter, blond und blauäugig wie ihr Vater, eine mutige und lebensbejahende Frau, hat es dennoch nie fertiggebracht, über diese Zeit zu reden. Ihre Geschwister, dunkelhaarig und glutäugig, schwiegen ebenso. Der Schmerz hatte alle sprachlos gemacht. In unserer Familie herrschte, was die Vergangenheit betraf, nur Schweigen und eine Rastlosigkeit wie bei den Nomaden. Das machte mich zum Kind der vier Winde, denn unsere Familie zieht sich bunt gemischt von Nordeuropa bis in den Mittleren Osten. *Aghadjan* wurde als Sohn einer tatarischen Mutter auf der Krim geboren, weil mein asarischstämmiger Großvater dorthin auswanderte und ein paar Verwandte im Nordiran zurückließ. Meinen Urgroßvater mütterlicherseits verschlug es in jungen Jahren von Südschweden nach Dänemark und so wurde mein Großvater als Däne geboren. Er übersiedelte später mit seiner Familie nach Hamburg. Dadurch wurde meine Mutter zur Deutschen und bald darauf zur Verfolgten, weil sie im Gegensatz zu ihrem Vater nicht arisch war und ihre Mutter auch noch aus Haifa stammte. Ist es da ein Wunder, dass mein Blut kochte und der Drang zur Freiheit übermächtig wurde?

Mittlerweile war ich zehn Jahre alt und hing nach wie vor in den Ästen meines knorrigen Lieblingsbaumes. Eines Tages kletterte, behände wie ein Äffchen, Ali zu mir hoch. Ich war erstaunt, denn bisher hatte er mich nicht besonders beachtet. Ali war der jüngere Sohn von Onkel Manutschar und ein Jahr älter als ich. Sein Haar war kohlrabenschwarz, dunkler noch als meines, aber seine Haut schimmerte in einem sanft-goldbraunen Ton. Im Gegensatz zu meinen runden blauen Augen waren seine unergründlich wie tiefdunkler Kaffee. Jetzt allerdings blitzte der Schalk aus ihnen.

»He du, ich beobachte dich schon eine ganze Weile«, grinste er und hockte sich neben mich. »Das habe ich noch nie gesehen: ein Mädchen, das eine Jungshose trägt – mit Hosenladen«, lachte er. Es klang nicht gemein, aber es erinnerte mich daran, dass es auch eine gezielt erdachte Strafe meiner Eltern war, diese Hose zu tragen. »Solange du in den Bäumen herumturnst, wirst du jedes Jahr eine Lederhose tragen. Das schützt deinen Körper und auch die Kleidung«, hatten sie gesagt. Mittlerweile war es mir nicht mehr so egal wie noch vor zwei, drei Jahren. Unmutig betrachtete ich Ali und wollte zornig etwas entgegnen. Da berührte er sanft meinen Arm.

»Sei nicht böse, ich will dich nicht ärgern. Weißt du, ich wollte dich schon lange näher kennenlernen. Du bist so ganz anders als die anderen Mädchen.«

Schmeichelei oder nicht, so begann meine Freundschaft mit Ali, der genauso viel Unfug im Kopf hatte wie ich. Bald waren wir ein unzertrennliches Duo, und unser Lachen klang bis in die Gärten der Nachbarn.

Ich war ein »Papakind«, von dem Moment an, als mein Vater mir die erste Windel wechselte. Das heißt nicht, dass ich meine Mutter weniger liebte, aber meinen Vater vergötterte ich. Wir waren uns sehr ähnlich und konnten uns einfach nur darüber freuen, dass wir existierten. Auch war er weicher und verständnisvoller als meine Mutter und drängte mich nicht in eine Rolle, wie es meine Mutter mitunter tat, indem sie mir mal scherzhaft oder auch ernster drohte, ich würde nie einen Mann bekommen, wenn ich mich nicht so verhielt, wie sie das wünschte. Als ich Ali das erste Mal mit nach Hause brachte, marschierte ich schnurstracks in das Arbeitszimmer meines Vaters, der tief gebeugt über seinen Zeichnungen saß. Etwas abwesend blickte *Aghadjan* von seinen Papieren hoch und direkt in Alis Gesicht, der sich leise herangeschlichen hatte, um einen Blick auf die Zeichnungen zu werfen. *Aghadjan* hob überrascht die Augenbrauen, weil Ali nicht die geringste Scheu vor ihm zeigte, denn immerhin war er eine imposante Erscheinung. Bevor er noch etwas sagen konnte, streckte Ali ihm die nicht ganz saubere Hand entgegen: »Viele Grüße von meinem Vater. Kann ich öfter vorbeikommen?«

»Ja, warum denn nicht«, meinte *Aghadjan* und lächelte, »bisher hast du dich nicht sonderlich für uns Erwachsene interessiert, wenn ich deinen Vater besuchte.«

»Eigentlich bin ich wegen Bary hier«, murmelte Ali undeutlich.

»Aha!« Mehr sagte mein Vater nicht. Dann vertiefte er sich wieder in seine Zeichnungen. Doch Ali stand immer noch unbeweglich neben ihm.

»Nun, Ali Baba«, sagte mein Vater und zwinkerte ihm zu, »wenn du magst, kannst du zum Essen bleiben.« Und Ali blieb und ebenso der Spitzname, der ihm verliehen worden war. Mein Vater schloss ihn schnell in sein Herz, wie er auch Alis Vater zugetan war. Meine Mutter und mein verträumter Bruder mochten ihn ebenfalls gut leiden und bald war er in unserem Hause ein gerngesehener Gast. Ali besaß die wunderbare Gabe, sich in die Menschen hineinzufühlen.

Ali Baba war ein Tausendsassa. Er schien sich alles spielend anzueignen, sogar die plattdeutsche Sprache. Wie erstaunte er mich, als ich ihn das erste Mal diesen Dialekt sprechen hörte. Ali konnte ihn tatsächlich perfekt, was so manchen aufgrund seines Äußeren verwunderte. Er liebte es, morgens beim Bäcker einen »Klönschnack« zu halten, wie er es nannte. Die Bäckersfrau freute sich jedes Mal, wenn er bei ihr auftauchte, und widmete ihm stets ausgiebig Zeit, auch wenn die Schlange immer länger wurde.

Ali war ein wunderbarer Zuhörer, wenn ich ihn mit meinen selbst erdachten Geschichten unterhielt und wir einträchtig nebeneinander auf unserem – mittlerweile – gemeinsamen Lieblingsbaum saßen. Ali Baba wurde zu meinem Seelenverwandten, zu einem zweiten Bruder. Mein Held wurde er, als er einmal einer allseits gestrengen Lehrerin Kontra bot, die aufgrund ihres autoritären Auftretens bei allen Schülern und Schülerinnen unbeliebt war. Eigentlich hatte er nichts Besonderes getan, sie nur ein wenig auf der Straße geneckt. Aber ihre Reaktion schockte mich dann doch. Sie schrie ihn an: »Geh mir aus dem Weg, du frecher Neger.« Über dieses Schimpfwort war ich äußerst erschrocken, weil ich glaubte, Ali Baba sei nun verletzt. Doch der ließ sich nicht verdrießen, hüpfte vergnügt um die Lehrerin und stimmte einen Singsang an: »Bin ja gar kein Negerlein!«, und das so oft, bis sie im Sturzflug davonstob. Nichts und niemanden schien er zu fürchten und hatte nur Respekt vor demjenigen, der ihm auch Respekt zollte. Zudem war er gutmütig und nahm auch so schnell nichts übel. Er konnte austeilen, aber auch gut einstecken – und ich konnte auf ihn bauen.

Seine Mutter sah ich nie ohne Kopftuch. Sie war eine scheue und warmherzige Frau, deren Lächeln ich in Alis Zügen wiederfand. Ahmad, seinen älteren Bruder, betrachtete ich ehrfürchtig nur aus der Ferne. Er war ein paar Jahre älter als wir, hoch aufgeschossen mit klaren ebenmäßigen Gesichtszügen. Ein schöner Junge, und ich glaube, er war der erste, in den ich mich heimlich verliebte. Doch davon hat er nie erfahren. Wenig später ging er nach Teheran, um dort zu studieren. So vergingen einige Jahre.

Eines Tages riefen mich meine Eltern in ihre Bibliothek. »Bary«, sagte meine Mutter, »du bist nun alt genug, um eine Entscheidung zu fällen. Hast du dir mal überlegt, für welche Glaubensrichtung du dich entscheiden magst?« Nein, hatte ich nicht. Für mich war es völlig normal, dass meine Mutter Jüdin und mein Vater Moslem waren. Sie hatten mich liberal erzogen und wollten mir ihre Religionen nicht aufzwingen. Ihre gemeinsame Weltanschauung war offen und tolerant, und darum wollten sie mich selbst entscheiden lassen, wenn ich mental dazu in der Lage war. Nun war ich fünfzehn und spürte, es war ihnen ein wichtiges Anliegen, mich einer Glaubensgemeinschaft anzuschließen. Ich kannte die Synagoge wie auch die Moschee und fühlte mich heimisch mit den Bräuchen, aber ehrlich gesagt, zu keinem so richtig hingezogen. Ich wusste, Jüdin war ich schon durch die Mutterlinie, denn jedes Kind ist jüdisch, wenn es seine Mutter ist. Um meinem Vater aber eine Freude zu machen und weil Ali aus einem moslemischen Hause kam, entschloss ich mich für den Islam. Ali war schon sechzehn Jahre alt und freute sich sehr über meine Entscheidung.

Wir saßen nun weniger im Baum und mehr auf Parkbänken, besprachen Alltägliches oder hingen einfach unseren Gedanken nach. Mit Ali konnte ich auch sehr gut schweigen, was mir in Gegenwart anderer schwerfiel.

»Weißt du«, sagte er einmal zu mir, »ich könnte mir vorstellen, dich später zu heiraten. Du bist mir so vertraut wie ein zweites Ich.«

»Aber Ali, du bist doch mein Bruder.«

»Na ja, Bary, rein genetisch gesehen wohl eher nicht.«

»Das stimmt. Aber ich meine vom Gefühl.«

Danach berührte er das Thema nicht mehr. Irgendetwas schob sich plötzlich zwischen uns, eine Wand aus ungesprochenen Worten und Gefühlen. Lag es daran, dass wir den Kinderschuhen entwachsen waren? Ich spürte eine Traurigkeit in mir aufkeimen, weil unsere innere Verbundenheit zu reißen drohte, und konnte mir doch nicht erklären wieso.

Alis Großvater schlief friedlich ein. Außer Familie und Freunden kamen auch alle Nachbarn, um ihm die letzte Ehre zu erweisen. Der Tod machte mir Angst, und Ali und ich hielten uns während der ganzen Zeremonie krampfhaft an den Händen. Doch sein Großvater führte den Todesreigen nur an, ihm folgte nach einem schweren Lungenleiden Alis Mutter. Ihr Tod traf uns so unvermutet, dass er uns tagelang die Sprache raubte. Trauer zog in Alis Haus ein und hauchte die Nestwärme einfach fort. Ali Babas Lächeln schien mit diesem Tag zu sterben. Sobald ich sein Elternhaus betrat, legte sich das Schweigen wie Beton auf mein Gemüt. Den Dschungel um Alis Einsamkeit konnte ich nicht durchdringen. Er wurde wie ein Schatten darin aufgesogen. Sein Vater flüchtete vor dem leeren Haus und vergrub sich in seinem Teppichlager. Ahmad hatte den Leichnam der Mutter nach Teheran überführt. Ali Baba blieb nicht einmal ein Grab zum Trauern und sein Seufzen war eine Brücke, über die er nicht gehen konnte. So vergrub er sich in seine Lehrbücher, die sich in Stapeln auf seinem Schreibtisch türmten. Ich las die Themen Mathematik und Physik. Das waren Fächer, die mich endgültig die Flucht ergreifen ließen.

In einer Vollmondnacht veränderte sich mein Leben. In dieser Nacht trat *Aghadjan* seine letzte Reise an. Ganz allein. Niemand begleitete ihn, hielt seine Hand. Noch heute sehe ich die Sterne in jener Nacht auf dem Himmelskissen wie Diamanten funkeln. Kurz zuvor saß ich noch an seinem Bett, ahnte nichts. Gemeinsam schmiedeten wir Pläne, bauten Wolkenschlösser weit hinter dem Horizont. »Du hast eine Zukunft«, sagte er. Ich spürte nicht, dass er keine mehr hatte. Warum übersah ich die Müdigkeit, die sich in den Winkeln seiner Augen verkrochen hatte, um nie wieder zu weichen. Mit meinen sechzehn Jahren sah ich nur das Leben und erwartete nicht den Tod. Ich stand in einem Trümmerfeld der verlorenen Gefühle, wie eine vom Sturm geknickte Blume. Und ich fühlte mich schuldig, weil ich in seinen letzten Momenten nur an mich gedacht, die Zeichen sorglos übersehen hatte, anstatt ihm meine Tochterliebe zu Füßen zu legen. Doch ich konnte mit niemanden darüber sprechen. An meinen Händen war eine Fessel, an meiner Zunge war ein Schloss, ein weiteres umschloss mein Herz und ich hatte Angst, den Schlüssel zu finden.

Meine Mutter – einst stark und lebendig – war nur noch ein Häuflein Elend, denn die Liebe meiner Eltern war das Fundament unserer Familie gewesen, das nun unaufhaltsam zu bröckeln begann. Mein kleiner Bruder war erst elf Jahre alt und ich konnte ihn nicht einmal trösten, hatte ich doch meine Worte verloren. So nahm ich die Beerdigung in die Hand, erledigte akribisch jede Kleinigkeit, um nicht denken zu müssen. Die Verwandten meiner Mutter beschimpften mich. Sie nannten mich hartherzig, weil ich kaum eine Träne vergoss. Ich funktionierte in der Tat wie ein Automat. Anders hätte ich nicht durchgehalten und es war müßig, mit ihnen darüber zu reden. Nachts, wenn ich allein im Bett lag, ließ ich meinen Tränen freien Lauf, aber sie brachten mir keine Erleichterung. Meine Schuld schien mich schier zu erdrücken. Plötzlich tauchte Ali Baba auf. Aus dem Sumpf der eigenen Trauer erwacht, nahm er mich einfach nur in die Arme. Allein seine Anwesenheit gab mir Halt in diesen dunklen Tagen und unsere Tränen vermischten sich auch ohne Worte. Ich spürte, er wollte in den Kokon meiner Einsamkeit schlüpfen, um mir den Schleier vom Gesicht zu ziehen. Aber ich mauerte auch bei ihm.

Mein Leben geriet aus der Spur wie eine verlorene Welle. Während Ali Baba wie ein Besessener über seinen Büchern saß und lernte, trieb ich rastlos umher, ging in die Schule, jedoch ohne mich zu bemühen. Meine Schuld begleitete mich wie ein Schatten, wohin ich auch ging. Der schwarze *Tschador* über meinem Elternhaus erinnerte mich täglich daran und ohne *Aghadjan* war es mir fremd geworden. Meine Mutter vergrub sich in ihre Trauer und übersah dabei, dass auch ihre Kinder litten. Ich hatte nur den einen Wunsch: fortzugehen – in den Iran oder sonst wohin. Nur weg.

Da lernte ich Mesut kennen. Mesut war doppelt so alt wie ich. Sein Interesse schmeichelte meiner Eitelkeit, und heute kann ich sagen, ich wollte mich einfach nur verlieben, um von zu Hause fortzukommen. Bald darauf machte er mir einen Heiratsantrag, verlangte allerdings zwei Dinge von mir: erstens, die Aufgabe meiner Freundschaft mit Ali, die ihm von Anfang an ein Dorn im Auge war, und zweitens, dass ich ihm in die Türkei folgen sollte, denn er wollte nicht in Deutschland bleiben. Ich war geschockt und bat um Bedenkzeit.

Noch am gleichen Abend eilte ich zu Ali und erzählte ihm alles. Er schwieg lange still und sah sehr blass aus. »Bary«, sagte er leise. »Es ist dein Leben und halten darf ich dich nicht, auch wenn es weh tut. Ich habe sowieso vor, zu studieren und irgendwann in den Iran zu gehen. Dort werden Mathematiker und Physiker gebraucht und dort ist auch mein Bruder Ahmad. Seit Großvater tot ist, sehe ich meinen Vater kaum noch. Der Tod deines Vaters hat ihm den Rest gegeben.«

Ich sah ihn fassungslos an. »Du willst fort? Und unsere Freundschaft gibst du so einfach auf?«

»Nein, Bary«, sagte er eindringlich. »Es fällt mir nicht leicht, und egal, wo ich auf dieser Welt bin, wirst du immer in meinem Herzen sein. Glaube mir, du warst und bist und bleibst mir immer eine Schwester und meine beste Freundin. Immer.«

Ich brach in Tränen aus. »Was mache ich mit Mesut? Darf jemand, der einen liebt, den anderen um die Aufgabe eines Menschen bitten?«

»Er ist eifersüchtig. Liebe geht manchmal seltsame Wege«, entgegnete Ali rätselhaft. »Vielleicht ist alles nicht endgültig, und eines Tages sehen wir uns wieder.«

Ich starrte ihn fassungslos an. »Ich habe mich doch noch gar nicht entschieden, Ali!«

»Doch«, entgegnete er und lächelte wehmütig, »das hast du. Sei nicht traurig, Barydjan.[2] Dein Gefühl wird dir den Weg weisen.«

Als ich ihn verließ, hatte ich nur das Gefühl, ihn und mich verraten zu haben. Ich verschloss mein Herz, ging zu Mesut und willigte in alle seine Wünsche ein, obwohl eine innere Stimme mich eindringlich warnte. Meine Mutter legte mir mit meinen knapp siebzehn Jahren keine Steine in den Weg. Sie selbst hatte auch sehr jung einen sehr viel älteren Mann geheiratet und geliebt. Meinen Vater. Aber ich wollte einfach nur fort und ging leichtfertig und unwissend, wie ich war, eine Ehe ein, die ein Fiasko wurde. Das Leben in der Türkei zeigte mir völlig neue Familienstrukturen, die ich nicht zu ertragen bereit war. Bereits nach einem Jahr kehrten wir nach Deutschland zurück, weil selbst Mesut es dort nicht mehr aushielt. Vor der Ausreise musste ich eine Erklärung unterschreiben, dass ich alle Rechte an meinem dort geborenen Kind dem Vater, also Mesut, übertrage und im gleichen Zuge auf jeden Rechtsanspruch am Kind verzichte. Hätte ich mich geweigert, so drohte man mir bei den türkischen Behörden, müsste ich das Kind bei den Großeltern zurücklassen. Ich weiß bis heute nicht, ob das eine Finte der Familie war oder ob das in der Türkei üblich ist. An Mesut lag es jedenfalls nicht, da bin ich mir sicher.

Im Alter von zwanzig Jahren war ich dreifache Mutter. Aber außer den Kindern verband Mesut und mich bald nichts mehr. Wir hatten einander nicht allzu viel zu sagen und trennten uns einvernehmlich nach ein paar Jahren. Doch meine Kinder sind das Schönste und Wertvollste, was ich aus dieser Ehe mitnahm. Dass Mesut mir nicht im Weg stand, rechne ich ihm noch heute hoch an, denn mir war wohl bewusst, dass es auch anders hätte kommen können.

Während unserer Abwesenheit starb Alis Vater. Meine Mutter sagte mir, er sei an gebrochenem Herzen gestorben, nachdem Ali Baba fortgegangen und nicht zurückgekehrt sei. Keiner wisse, wo er sich aufhalte. So hatte ich meinen Freund aus Kindertagen endgültig verloren, doch ich vergaß ihn nie. Wenn ich das Grab meines Vaters besuchte, pilgerte ich auch zum Grab von Ali Babas Vater, das ganz in der Nähe lag und keine Besucher mehr anzog. Den Stein bedeckte bereits eine schmierige Moosschicht und rundherum wuchs Unkraut. Wieso ruhte Manutschar hier allein und seine Frau im Iran? Hätte er das gewollt?

Dann starb meine Mutter viel zu jung bei einem Unfall und damit endete mein Kindsein. Mein Bruder und ich hatten uns auseinandergelebt und als er die Stadt verließ, verlor ich ihn aus den Augen. Meine Kinder gingen bereits zur Schule und ich arbeitete mittlerweile in der Universitätsbibliothek. Mein Beruf machte mir viel Freude. Eines Tages, ich stand auf der Leiter, um einen Bücherstapel einzuordnen, fiel mir ein Buch aus der Hand. Seufzend kletterte ich die Sprossen hinab, um es wieder aufzuheben.

Es war eine Ausgabe des Jahrbuchs einer Abschlussklasse. Ich stutzte, als ich den Namen der Schule las, und noch mehr, als ich erkannte, dass es Alis Klasse war. Die Schülerinnen und Schüler hatten es zum 100. Jubiläum der Schule herausgegeben, zehn Jahre nach ihrem Abitur. »Wer wir waren und was uns das Leben lehrte« stand in goldenen Lettern geprägt auf dem Umschlag. Die Lebensläufe der Schüler waren mit ihren Porträtfotos alphabetisch aufgeführt. Aufgeregt blätterte ich darin, bis mir Alis Gesicht entgegenlächelte. Ali hatte tatsächlich seinen Doktor in den Naturwissenschaften gemacht und lebte in Teheran. Doch dann stockte mein Atem. Ich sah das Kreuz und daneben stand: »Der junge erfolgversprechende Wissenschaftler wurde in der Blüte seiner Jahre viel zu früh aus unserer Mitte gerissen. Bei Ausschreitungen in Teheran wurde er von Revolutionswächtern tödlich verletzt ...« Das Buch entglitt ein zweites Mal meinen Händen. Ich sank auf die Knie und weinte, wie ich noch nie geweint hatte – um Ali Baba, um meinen Vater, um meine verlorene Jugend und darum, dass ich Ali noch einmal verloren hatte.

»Das Verlangen nach dem Garten verlässt nie das Herz der Nachtigall« (1986)

Wie eine nimmersatte Raupe nagt die Sorge an mir und frisst jeden klaren Gedanken. Seit Wochen sind die Telefonleitungen in den Iran blockiert und Briefe verschwinden im Nirwana. Warten. Immerzu warten. Dafür meldet sich die Presse. Mit ihrer unerschöpflichen Flut an Horrormeldungen schürt sie meine Ängste. Auf dem Heimweg von der Uni lese ich die fetten Überschriften im Abendblatt: »Teheraner Flughafen bombardiert« und »Wieder Hinrichtungen im Iran.« Ich will nur noch weg.

Zu Hause schalte ich den Samowar ein. Ein kräftiger Tee wird den müden *Dschinn*[3] in mir beleben. Der Samowar beginnt zu summen. Im Geiste sehe ich *Aghadjan* vor mir, wie er lächelnd sagt: »Blümchen, du musst nicht erst sterben, um ins Paradies zu gelangen, solange du einen Garten hast und eine Tasse Tee in deinen Händen hältst.« Sinnend betrachte ich die goldgelbe Flüssigkeit in meiner dampfenden Tasse und schließe für einen Moment die Augen. Das feine Aroma von Zimt und Koriander beruhigt meine Sinne. Es trägt mich weit fort über Steppen, Wüsten und Berge direkt in einen Sonnenaufgang. Kindheitserinnerungen schweben wie Schmetterlinge auf mich nieder. Ich sehe mich im Garten zu Füßen meines Vaters sitzen und andächtig seinen Geschichten lauschen. Bis heute trage ich sie in mir wie einen kostbaren Schatz. Ich vermeine den süßen Duft der Rosen wahrzunehmen, das unermüdliche Gezwitscher der Spatzen in dem großen Baum vor unserem Haus. Von fern erklingt das Spiel der Straßenmusikanten, ein Melonenverkäufer zieht vorüber und preist lautstark seine Ware an.

Lautes Klingeln reißt mich aus meinen Träumen. Widerwillig erhebe ich mich. Der Postbote hält mir lächelnd einen Eilbrief unter die Nase. »Gute Nachricht?«, höre ich ihn fragen. »Kommt ja von ziemlich weit her.« Ich blicke auf die vertraute Schrift und mein Herzschlag verdoppelt sich. Endlich! Eine Nachricht aus dem Iran! Die Klammer um mein Herz löst sich. Mit bebenden Händen reiße ich den Umschlag auf, lese wieder und wieder die Zeilen: »Barydjan, meine liebste Freundin, *delam baraye to cheyli tang schode* – ich vermisse dich so sehr. Der Krieg mit seinen Schrecken ist zahnlos geworden. Die Kämpfer sind müde, und wir sind es auch. Das Land wird ruhiger. Jeder kämpft für sich, doch nicht mit der Waffe, sondern um Brot und Käse. Die Freude ist in diesen dunklen Tagen gewichen, nicht aber die Hoffnung. Bary, wir haben uns so lange nicht gesehen. Darum habe ich nur den einen Wunsch: Komm in den Sommerferien hierher. Lass uns nach Schirāz und Isfahan reisen. Lass uns fröhlich sein. Bitte, zögere nicht lange, komm nach Karadsch ... In der Hoffnung, dich bald zu sehen. Mahvasch.« Eine offizielle Einladung liegt bei. Tief in mir höre ich ein Flüstern: »Zauderst du etwa?« Sehnsucht kriecht in mir empor, klopft an mein Herz und wispert verschwörerisch: »Vermisst du nicht die Freunde, den warmen Klang der Sprache, selbst die trockene, staubige Erde? Sind nicht tief darin auch deine Wurzeln vergraben? Was ist mit den blumenlosen Gräbern, über die leise der Wind streicht? Warten nicht auch die Toten darauf, dass du ihrer gedenkst? Wie lange noch willst du zaudern und in diesem sonnenarmen Land für einen Sonnentag zehn Regentage hinnehmen? Komm schon! Beweg dich!'«

Wahrhaftig habe ich stets auf ein Wunder gewartet, auf einen befreiten Iran. Aber die Zeit verfloss und das Wunder blieb aus. Nun werde ich fliegen, auch wenn mich die Familie für verrückt hält. Sorgen bereitet mir nur mein deutscher Pass. Er könnte mir zum Hindernis werden. Noch herrscht Krieg im Iran und die Folgen der Revolution kann ich nicht einschätzen.

Bilder werden lebendig. Die Revolution! Das Wort schmolz uns wie Schokolade auf der Zunge. Wie hoch waren unsere Erwartungen, wie groß unsere Begeisterung. Wir freuten uns wie die Kinder über die Vertreibung der Besatzer und die Verbannung des selbstverliebten Schahs, die gemeinsam das Land drangsaliert hatten. Ich hing, ja, ich klebte förmlich mit meinen Freunden an der Mattscheibe, um jede Neuigkeit aus dem Iran begierig zu verschlingen und jubelnd zu verbreiten. Bei jeder neuen Nachricht waren unsere Hände feucht vor Aufregung. Als der Despot 1979 stürzte und das Land verließ, fielen wir uns jubelnd in die Arme. Die Exil-Iraner, Männer wie Frauen, schöpften neue Hoffnung. Heimkehren! Wie verheißungsvoll das klang. Bei dem Gedanken, der Umsturz brächte endlich die Demokratie zum Erblühen, haben wir von innen geleuchtet. Aufgeregt diskutierten wir nächtelang. Einige von uns saßen bereits auf gepackten Koffern.

Was waren wir doch naiv. Die Versprechungen wurden in einem einzigen Moment gebrochen. Als Chomeini iranischen Boden betrat und ihn ein Reporter fragte, was er nach so vielen Jahren empfinde, wieder in der Heimat zu sein, antwortete er nur ein Wort: »Nichts!« Dieses Nichts stach jeden von uns ins Herz. Die Macht ist eine gefährliche Verführerin, Chomeini wollte nicht nur den Schah stürzen, sondern er begehrte das *Welajah Faghieh*, die uneingeschränkte Macht über Millionen von Menschen. Hätte er seine Absichten aufrichtig kundgetan, wären seine Chancen, in den Iran zurückzukehren, gleich Null gewesen.

Die Islamische Revolution, unser aller Hoffnungsträger, entpuppte sich als großes Fiasko. Statt der versprochenen Freiheit zwangen die Mullahs das Land endgültig in die Knie und machten die Menschen zu Sklaven. Die Zuversicht, die in den Herzen der Bevölkerung erblühte, peitschten sie mit roher Gewalt und religiösen Phrasen aus. Das Land wurde zum Gefängnis, in dem jede freie Stimme wie ein Wurm zertreten wurde. Die Menschen flohen in Scharen, unter ihnen auch jene, die freudig aus dem Exil heimgeeilt waren, um teilzunehmen an einem neuen Iran. Sie kehrten entsetzt zurück mit dem schmerzlichen Gedanken, die Heimat ein zweites Mal verloren zu haben.

In dieser Zeit besann ich mich auf meine Wurzeln. Ich bot Flüchtlingen meine Hilfe an, indem ich sie durch den deutschen Bürokratiedschungel schleuste, soweit ich es vermochte, und zu ihrem Sprachrohr wurde, indem ich übersetzte. Hierdurch erfuhr ich von manchem Leid. Nichts berührt einen Menschen so sehr wie das Einzelschicksal, wodurch das Erlebte ein Gesicht bekommt.

Madjid war eincs von ihnen. Er beeindruckte mich vom ersten Moment an. Ein hochgewachsener Mann, der düster und asketisch wirkte. Nie sah ich ein Lächeln auf seinen Lippen und der Blick seiner schwarzen Augen blieb nach innen gerichtet. Er lebte zurückgezogen in seiner eigenen Welt wie in einem Schneckenhaus, in das er niemanden einließ. Doch einmal, als wir zusammensaßen, erzählte ich ihm von meinem Großvater, der im Gefängnis umgekommen war. Ein hoher Preis für die Freiheit. Da brach die Fassade. Unter Tränen erzählte er mir in knappen Worten von seinem Schicksal: »Schon bald nach Beginn der Revolution erkannte ich ihre verheerenden Auswirkungen und schloss mich einer Widerstandsgruppe an. Ich nahm kein Blatt vor den Mund und richtete meine Kritik auch öffentlich an das Mullah-Regime. Die Antwort kam prompt. Der Pöbel brannte mein Geschäft nieder. Doch damit nicht genug. Freunde erfuhren von meiner bevorstehenden Verhaftung durch das Revolutionskomitee und eilten zu mir, um mich zu warnen. Ich packte das Nötigste und floh noch in der gleichen Nacht mit Frau und Tochter über den Persischen Golf. Das Boot, ein sogenannter Seelenfänger, kenterte in der Dunkelheit auf offener See. Viele Flüchtlinge ertranken in den Fluten oder fielen den Haien zum Opfer. Ich sah mit eigenen Augen meine Frau und meine Tochter sterben, hörte ihre verzweifelten Schreie. Sag mir, Bary, wie kann ich weiterleben? Wie? Ich bin nur Hülle, innerlich gestorben. Seit diesem Tage trage ich Trauer in Erinnerung an mein verlorenes Glück.«

Menschen, wie ihn, traf ich viele. Entwurzelt und haltlos wie welkes Laub, das niemand mehr haben wollte. Unermüdlich könnte ich Glied für Glied an diese Schicksalskette reihen, die auch an mir ihre Spuren hinterließ. Mir ging es schlecht. Ich konnte wenig tun und zweifelte auch am hiesigen System, das untätig zusah und sogar noch in Waffenschiebereien verwickelt war. Plötzlich begann ich, mich selbst in Deutschland als Fremde zu fühlen, mich in Frage zu stellen, obwohl ich hier aufgewachsen war.

Lag es daran, weil in mir zwei Seelen leben? Zum einen hatte mich mein deutsches Umfeld bodenständig gemacht. Zum anderen kämpfte meine orientalische Seite, emotional und überschwänglich, um ihren Platz. Beide prägten mich und gehören unweigerlich zusammen. Wie charakterisierst du eine Iranerin, fragte mich einmal ein Freund. Gespalten, antwortete ich spontan. Modern und zugleich konservativ. Modern, weil sie bereit ist, in vielerlei Hinsicht mit der Zeit zu gehen und ein starkes Selbstbewusstsein entwickelt hat. Konservativ, weil sie sich den

Traditionen verbunden und in ihnen verwurzelt fühlt und sich nicht ohne Weiteres aus ihnen lösen kann.

Die Situation im Iran wurde immer bedrohlicher. Nicht nur die Revolution, sondern auch der Krieg gegen den Irak, den das Nachbarland ein Jahr nach der Revolution begonnen hatte, wurde zum Menschenfresser. Verbindungen, die uns Informationen lieferten, wurden ständig gekappt oder unterbrochen, Familien auseinandergerissen. Die gemeinsame Sorge schweißte uns zusammen. Irgendjemand organisierte einen großen Raum. Wir trafen uns wöchentlich, um ein wenig unsere Kultur zu leben, in der wir Halt zu finden hofften. Es wurde geredet, gekocht und getanzt. Manchmal wurde das Licht ausgeschaltet und wenn wir mit der Dunkelheit verschmolzen, sangen wir Widerstandslieder und gaben uns ganz unserem Schmerz hin. Die gemeinsame Trauer einte und stärkte uns mehr als alles andere. Aus den Schatten der Vergangenheit tauchte plötzlich ein altes Lied wieder auf, entstanden aus dem Brief eines Todeskandidaten an seine Tochter. *»Marā bebūs (baraye acherin bar)* – Küss mich (ein letztes Mal)« Ein Dichter hatte damals den Brief des hingerichteten Schahoffiziers zu Strophen geformt und vertont. Daraus wurde ein Widerstandslied gegen das Schahregime. Nun singen wir es erneut gegen die Unterdrückung durch einen selbstgerechten »Gottesstaat«:

Küss mich ein letztes Mal,
es bleibt mir keine Wahl,
das Schicksal trägt mich fort
an einen fernen Ort.

Gott schütze dich, mein Kind,
ich fliege mit dem Wind.
Du sollst nicht um mich bangen,
vergangen ist vergangen.

Küss mich ein letztes Mal.
Ich reise durch die Dunkelheit

und überwinde Raum und Zeit.
Ich habe in der finstren Nacht
die Flamme zu dem Berg gebracht.

Der Widerstand muss leben,
ich hab alles gegeben.
Wir kämpfen Seit an Seiten
in diesen schweren Zeiten.

Küss mich ein letztes Mal.
Mein Blümchen, schau mir ins Gesicht.
Ich bitt dich, weine um mich nicht!
Ich nehm' nun Abschied in der Nacht,
mein Herz hält ewig bei dir Wacht.

Wir sehn uns in der andren Welt,
schau nur hinauf zum Sternenzelt!
Wein nicht, für mich ist das nur Qual,
Komm, Kind, küss mich ein letztes Mal.

Sechs Jahre Krieg im Iran und kein Ende abzusehen. Doch meine Freundin Mahvasch schreibt: »Sorge dich nicht, Bary. Der Krieg heult zwar ab und zu auf, wie ein verwundetes Tier, doch wir haben wohl das Schlimmste überstanden. Die Soldaten sind müde, keiner will mehr kämpfen. Wenn du kommst, wirst du nicht unbeschwert, aber nahezu gefahrlos reisen können.« Dem Krieg Gefahrenstufen zu geben, so verwegen können wohl nur die Menschen sein, die mit ihm leben müssen.

Nach drei Monaten Hoffen und Bangen erhalte ich in der Botschaft tatsächlich den ersehnten Stempel. Vor Freude und Erleichterung drücke ich einen Kuss darauf. »*Dast-e schoma dard nakonad* – Möge Ihre Hand niemals schmerzen«, bedanke ich mich bei dem Beamten. Ein leichtes Lächeln verschönt seine herben Gesichtszüge. »*Safar becheyr* – Gute Reise!«, wünscht er mir. Ich schwebe glücklich davon. *Salam*[4] *Iran!* Ich komme, denke ich beglückt.

Westliche Maschinen fliegen den Teheraner Flughafen aus Sicherheitsgründen kaum an. Direktflüge in den Iran sind darum überteuert. So beherrscht IRAN-AIR eine Monopolstellung und nutzt sie weidlich aus. Um die hohen Flugkosten einzusparen, kommt mir die Idee, über die Türkei in den Iran einzureisen. Allerdings müsste ich im Landesinnern zweimal umsteigen. Anstrengend, aber nicht zu ändern. Mein Flugendziel ist Erzurum. Von dort aus will ich auf dem Landweg zur iranischen Grenze weiterreisen. Bis zur endgültigen Ankunft im Iran werde ich wohl fast 24 Stunden unterwegs sein. Was soll's? Gesagt – getan. Während ich meine Koffer packe, beschleicht mich trotz Vorfreude ein etwas mulmiges Gefühl. Iran ist eine große Wunde und ich reise mitten hinein.

Auf nach Iran

Mitternacht in Istanbul, mein erstes Etappenziel. Der Flughafen übertrifft meine schlimmsten Erwartungen. Die stickige Luft scheint zu kleben und erschwert mir das Atmen. Im Nu bricht mir der Schweiß aus und ich werde Teil eines undurchdringlichen Menschenknäuels, das sich um das Laufband der Gepäckausgabe windet. Dieser lebende Wald aus Menschenleibern lässt mich prompt zur Einzelkämpferin werden. Von allen Seiten werde ich gestoßen, geknufft, geschaukelt und getreten. Was ist, wenn ich das Gleichgewicht verliere? Werden die Menschen über mich hinweglaufen? Mühsam halte ich mein Gleichgewicht und konzentriere mich auf das Ziel, um nicht hysterisch zu werden. Endlich! Ein winziger Stehplatz am Band, gesichert mit einem Fuß, ist mein, erkämpft mit einer Menge blauer Flecken. Hypnotisiert blicke ich auf jene Öffnung, die gleich einem unergründlichen Schlund die Koffer ausspuckt und jene wieder frisst, die nicht rechtzeitig fortgerissen wurden. Mein Gehirn ist abgeschaltet. Ich funktioniere nur noch und warte. Da! Gemächlich rollt mir mein Gepäck auf dem Laufband entgegen und – an mir vorbei, weil sich plötzlich jemand vordrängt, als ich danach greifen will. Mühsam unterdrücke ich einen Fluch. Als ich endlich mein Gepäck ergattert habe, winkt mich ein Zöllner lässig durch. Flugs schnappt sich ein Lastträger meine Koffer und bringt mich im Laufschritt zum internen Busbahnhof. Ich entlohne ihn viel zu hoch und krieche auf dem Zahnfleisch in den Bus.

Während der Fahrt zum Terminal denke ich unwillkürlich an das Jahr, in dem ich hier gelebt habe. Istanbul. Das klang verheißungsvoll. Zuerst unterlag ich seinem Zauber, doch im Alltag verlor die Faszination viel von ihrem Glanz. Die bunten Farben verblassten, als ich einen Blick hinter die Fassade warf und das andere Gesicht gewahrte, das nicht so schön wie die Maske war. Die Stadt wächst ständig und gleicht einem Menschen verschlingenden Ungeheuer. Einmal entdeckte ich bei einem Spaziergang am Rande einer Müllkippe Hütten aus Wellblech und selbstgezimmerte Katen. Hier hausten Menschen? Tiefe Scham überkam mich, weil ich so unbedarft und zufrieden in unmittelbarer Nachbarschaft von Menschen lebte, die ein trauriges Dasein fristeten. Ein alter Mann in einer lumpigen Jacke winkte mir zu, während vor ihm ein paar Kinder mitten im Müll spielten. Ich winkte zurück und schlich bedrückt davon. Dieser Anblick brennt bis heute in mir. Später erfuhr ich, warum diese Menschen hier lebten. Sie waren Gestrandete, die von ihrem Recht Gebrauch machten, innerhalb einer Nacht »ein Haus zu bauen, um es ihr Eigen zu nennen«. Auf diese Weise erhielten sie rechtmäßig Wohn- und Bleiberecht, wenn auch nur auf Müllkippen. Ob diese Regelung momentan noch gilt, weiß ich nicht.

Inzwischen ist es 5.00 Uhr morgens, ich sitze im Warteraum, warte auf meinen Anschlussflug und döse etwas vor mich hin. Zaghaft werde ich angestupst. »Reist du allein?«, fragt mich eine junge Frau mit einem schlafenden Baby auf dem Arm. Mein spärliches, etwas eingerostetes Türkisch kommt zaghaft zum Vorschein. *»Evet* – ja«, lächele ich. Ihre Augen weiten sich erstaunt, als ich ihr erzähle, dass ich allein in den Iran reise. Sofort umringt mich ihre ganze Sippe. Der Kreis nimmt mich wie selbstverständlich auf, ob ich nun will oder nicht. Eine zahnlose Alte mit gutmütigem Gesicht bietet mir gastfreundlich Baghlava an. Nun wollen die anderen nicht nachstehen. Von allen Seiten recken sich mir Hände mit weiteren Süßigkeiten entgegen. Ich bin gerührt und greife gerne zu. Von der angebotenen Menge könnte ich drei Tage satt werden. Lächelnd berichtet mir ein Mann, dass sie alle vom Land stammen und in der Heimat nun ihren Urlaub verbringen. Ich sehe gerührt die Vorfreude auf jungen und alten Gesichtern. »Das Stadtleben«, sagt einer, »ist zwar bequem, aber das Herz schlägt nur lebendig, wo du geboren bist.« Ich stimme lächelnd zu und meine bleierne Müdigkeit verflüchtigt sich kurzfristig durch das muntere Geplauder. Die vielen nimmermüden Kleinkinder toben kreischend durch die Halle. Lautsprecher quaken. Lachen, Schimpfen, Babygeplärr.

Ermattet von diesem Konzert suche ich ein wenig Ruhe in dem nahe gelegenen Restaurant. Gerade als ich mich setzen will, schießt ein Flughafenpolizist auf mich zu und fragt nach meinem Ausweis. Erstaunt reiche ich ihm meinen Pass und frage mich, warum er mich kontrolliert. Er blättert lange hin und her, dann hebt er den Blick und sieht mir direkt in die Augen.

»Sie wollen in den Iran?«

»Ja«, entgegne ich knapp aber freundlich.

»Sie reisen allein?«

»Ja, ich besuche Freunde und Verwandte.«

»Wissen Sie eigentlich, auf was Sie sich da einlassen? Wer reist denn in diesen Zeiten in den Iran und dann noch allein?«

Ich spüre Ärger in mir hochkriechen. Was soll diese Fragerei? Was geht es ihn an, wohin und mit wem ich reise? Doch ich zwinge mich zur Ruhe. Er hat eine Uniform an. Also entgegne ich höflich: »Ja, ich weiß sehr wohl, auf was ich mich einlasse. Meine Freunde werden mich an der Grenze abholen.«

Er mustert mich eindringlich. »Sie sind eine mutige Frau«, sagt er ernst. Dann stiehlt sich ein Lächeln auf seine Lippen. »Junge, schöne Frauen sollten nicht allein reisen. Das ist gefährlich. Ich biete Ihnen hier meinen Schutz an. Darf ich Sie zu einem Tee einladen?«

Innerlich seufze ich. Ihm jetzt eine Abfuhr zu erteilen, wäre unklug und könnte mir eventuell Schwierigkeiten bereiten. Andererseits hat er mich freundlich gebeten. Was spricht dagegen? In einer Stunde geht mein Flug. So lächele ich sparsam und erwidere: »In Ordnung, aber dann will ich zum Gate.«

Wider meine Bedenken entspannt sich ein unverfängliches Gespräch, bei dem ich mich entspannen kann. Der kräftige Tee weckt zudem meine Lebensgeister. Nun wird es Zeit für die Anschlussmaschine. Der Polizist begleitet mich zum Gate und verabschiedet sich – bedauernd, wie er sagt, weil wir uns nicht wiedersehen werden. In der Abfertigungshalle entdecke ich Bülent Eçevit. Er gehörte zu den wenigen türkischen Politikern, die mir nicht unsympathisch waren, als ich in diesem Land lebte. Eine Menschentraube umringt ihn. Die Unterwürfigkeit der Leute, die ihn umschwänzeln, stößt mich ab. An diese zur Schau gestellte Unterwerfung konnte ich mich schon damals nicht gewöhnen. Eingekreist, umbuckelt und eingeklemmt steht Eçevit in dem Menschenhaufen. Alle scheinen darauf erpicht, seinen Händedruck zu erhaschen oder gar seine Hand zu küssen. Nicht etwa arrogant, sondern freundlich gelassen nimmt Eçevit die Huldigungen zur Kenntnis. Aus sicherer Ferne überkommt mich ein Grinsen. Der Mensch ist doch ein aufrecht gehendes Wesen, oder? Vor mir aber vollziehen sich Verrenkungen zu etlichen Winkeln und Bücklingen. Gar mancher Hintern zeigt mir freundlich sein Gesicht.

Einige meiner Mitreisenden, mit denen ich vorher ein wenig plauderte, lassen von ihm ab und eilen auf mich zu. Ein korpulenter Mann fragt mich lautstark: »Junge Frau, kennen Sie eigentlich Bülent Eçevit, unseren guten Sozialisten?«

Ich antworte artig: »Natürlich ist mir Herr Eçevit bekannt.«

Strahlend hält er mir die Hand entgegen und bittet mich, ihm zu folgen. Bei Eçevit angekommen, stellt er mich lachend vor: »Hier will jemand freiwillig in die Islamische Republik reisen! Ganz allein. Die ist mutig, die junge Frau!«

Na ja, denke ich insgeheim, so mutig ist das auch nicht. Schließlich habe ich ja so etwas wie einen Heimvorteil. Ein paar Leute betrachten mich neugierig. Ein anderer Mann äußert vorwitzig: »Sie fliegt dorthin, um Chomeinis Schwiegertochter zu werden!«

Alles lacht. Eçevit reicht mir schmunzelnd die Hand. »Na, dann wünsche ich Ihnen eine gute Reise, junge Dame. Und passen Sie auf sich auf.«

Auf dem Flug sitzt ein älterer Herr aus Täbriz neben mir. Er ist sehr geschwätzig und lässt mich nicht ruhen. Meine Müdigkeit übersieht er geflissentlich. Als er mir allerdings seine Begleitung bis in den Iran vorschlägt, lehne ich dankend ab.

Bei der Zwischenlandung in Ankara schließe ich mich der türkischen Großfamilie an, die mir in Istanbul schon so liebenswert erschien. Sie nimmt mich unter ihre Fittiche, und ich genieße ihren Schutz, zumal mir das Oberhaupt einige aufdringliche Machos vom Leibe hält. Diese Belästigungen werden zur unangenehmen Begleiterscheinung. Ich fühle mich etwas unentspannt. Aber wenn ich erst einmal im Iran bin, wird sich das ändern, denke ich frohgemut. Doch der Mensch denkt, ein anderer lenkt. Mein Schicksalsblatt gerät ins Trudeln. Meine Unbekümmertheit wird sich bald rächen.

Die Maschine landet pünktlich in Erzurum. Es ist Mittagszeit und eine Bruthitze. »Glückliche Weiterfahrt!«, ruft mir die Sippe zum Abschied zu. Doch der Bus zur Grenze ist weg. Er fährt nur einmal täglich nach Doğubayazıt. Pech. Ich habe nicht die geringste Lust, in Erzurum zu übernachten. Doch wie komme ich jetzt zur iranischen Grenze, die ungefähr 350 Kilometer entfernt ist? Neben mir stehen laut fluchend zwei türkische Geschäftsleute und aus ihrem Geschimpfe geht hervor, dass sie auch kein Interesse haben, einen Tag länger in Erzurum zu bleiben. »Meine Familie wartet« schimpft der eine und »Ich habe einen wichtigen Termin!« der andere. Wir beschließen, mit einem Taxi zur Grenze zu fahren und uns die Kosten zu teilen. Wir verhandeln mit dem Fahrer und erzielen einen günstigen Preis. Alle zahlen ihren Anteil sofort.

Vor der Abfahrt bitte ich um eine kurze Pause. Die Zeit drängt, im Iran anzurufen und meine Einreise bekannt zu geben. Mein Flugticket habe ich erst eine Woche zuvor gelöst und konnte Mahvasch bisher nicht erreichen. Das iranische Telefonnetz war wie immer gestört. Nun hoffe ich, von hier aus eine Verbindung zu bekommen. Doch das Netz ist tot. Ehrlich gesagt, mir ist etwas mulmig, als wir uns auf den Weg machen.

Die Fahrt verläuft unbeschwert. Beide Männer erzählen von ihren Familien und freuen sich sichtlich auf das Wiedersehen. Unterwegs kehren wir in einem Dorfgasthaus ein. Sehr sauber ist es nicht, doch das Essen ist gut, wenn auch ein wenig zu fett.

Weiter geht die Fahrt entlang an felsigen Bergen, durch bizarre Täler. Der Wind hat im Laufe von Jahrtausenden Höhlen in den Fels gegraben, die Augen der Berge scheinen uns zu folgen. Die Gegend ist karg. Selten begegnen wir einem menschlichen Wesen. Flimmernd umkesselt uns die Julihitze und gaukelt uns eine Straße vor, die sich vor unseren Augen auflöst. An einer der zahlreichen Gebirgsquellen legen wir eine Rast ein. Meine Kehle ist wie ausgedörrt, doch das eiskalte Nass erfrischt meine Lebensgeister. Ich kühle meine erhitzte Haut und trenne mich nur ungern von dem Quell. Unsere Straße folgt einem reißenden Flusslauf, dessen Wasser gelbgrün schimmert. Rauschend bahnt er sich seinen Weg durch Geröll und Schluchten und reißt alles mit sich, was ihm im Wege liegt. Fern von ihm grasen in der Ebene riesige Schafherden, die mit der Steppe verschmelzen. Die Landschaft ist gelb, selbst unsere Gesichter haben diese Farbe angenommen. Ab und zu durchqueren wir kleine Ortschaften, in denen sich kein Leben zeigt. Sommerhütten, nur aus Schilf und Stoffen errichtet, stehen wie hingewürfelt in Feldern, die sich bis an den Horizont ziehen und auf denen verschleierte, buntgekleidete Bauersfrauen arbeiten. Am Rande ein dösender Esel oder Kamele, die uns träge nachstarren.

In Doğubayazıt verlassen mich meine Mitreisenden. Im Waschraum eines kleinen Gasthofes ziehe ich mich um, das heißt, ich schminke mich ab und lege den weißen, grüngeblümten *Tschador*[5] an, den Mahvasch mir auf meine Bitte nach Hamburg sandte. Es ist besser so. Hier im tiefsten Anatolien sind immer mehr verschleierte Frauen zu sehen, teilweise mit *Tschador*. Nur einige wenige tragen gar kein Kopftuch. Ich halte es für besser, mich als Alleinreisende der Landeskultur anzupassen. Spätestens an der türkisch-iranischen Grenze müsste ich mich eh umziehen. Warum also nicht hier? Als ich in den Spiegel schaue, fühle ich mich entstellt. Was ich sehe, schmeichelt mir keineswegs. Es gibt verhüllte Frauen, deren Schönheit die Verschleierung kaum schmälert. Zu denen zähle ich gewiss nicht. Ich wirke eher wie ein Gespenst, das sich in der Uhrzeit geirrt hat. Als wandelndes Zelt versuche ich mir Einlass ins Taxi zu verschaffen und bleibe mit dem Stoff immer wieder hängen. Nachdem ich es endlich geschafft habe, sind meine Gedanken schon wieder beim

Aussteigen. Ich bewundere die Frauen, die sich mit Leichtigkeit in diesem Tuch bewegen.

Wir verlassen Doğubayazıt. Etwa dreißig Kilometer trennen mich noch vom Grenzort Basargan. Schweigend blicke ich aus dem Fenster. Die Gegend ist völlig unbesiedelt, nur eine weite endlose Steppe, durch die schnurgerade die Straße führt. Die Landschaft wirkt still. Nur der Motor des alten Wagens knattert. Mein Körper ist ermattet. Die Augen tränen und ich habe Kopfschmerzen. Schatten beginnen in der Dämmerung zu wachsen und bedecken das Land wie dunkle Schleier. Sie werden sich morgen wieder heben, denke ich, während mein Schleier mir am Körper klebt. Steppe und Himmel werden eins. Die aufkommende Dunkelheit verschlingt alles. In einem Atemzug vollzieht sich der Wechsel vom Tag zur Nacht. Der Mann verlangsamt das Fahrtempo und blickt immer öfter in den Rückspiegel. Ich drücke mich in eine Ecke, bemüht, aus seinem Blickwinkel zu gelangen. Noch leuchten keine Sterne am Himmel. Draußen herrscht nun völlige Finsternis und das magere Licht der Scheinwerfer leitet uns durch den unergründlichen Tunnel der Nacht. Ich habe das seltsame Gefühl, der Wagen gleitet durch ein Nichts in dieser sternenlosen Einöde.

Hier lässt der vorher so freundliche Taxifahrer die Maske fallen. Abrupt stoppt er den Wagen, dreht sich mit einem öligen Grinsen zu mir um. »Setz dich neben mich«, verlangt er. Ganz einfach ist er zum vertrauten Du übergegangen. Dann grinst er: »Ich möchte dich küssen.«

Einen kurzen Moment bin ich sprachlos. Meine Gedanken überschlagen sich. Ganz cool bleiben! Bloß keine Furcht zeigen! Stößt mir hier draußen etwas zu, gibt es keine Zeugen. Niemand weiß, wo ich zurzeit bin, und der Taxifahrer weiß das auch. Fatalerweise haben wir alle darüber nach meinem vergeblichen Telefonat diskutiert. Meine Mitreisenden haben den Fahrer sogar noch eindringlich gebeten, gut auf mich Obacht zu geben und mich sicher an die Grenze zu bringen, bevor sie sich verabschiedeten. Ha. Ha.

»Fahren Sie sofort weiter, lassen Sie den Unsinn!«, herrsche ich ihn in meinem gebrochenen Türkisch an. Er steigt gemächlich aus und uriniert. Klar, er will mich provozieren. Ich fühle plötzlich Wut in mir emporkriechen, stärker als ihre Schwester, die Angst. Als er wieder in den Wagen steigt, verlangt er: »Ich will mehr Geld. Du hast nicht genug bezahlt!«

Höhnisch blickt er mich an und droht: »Wenn du nicht zahlst, werde ich dich hier draußen einfach aussetzen!« Was mache ich bloß für Fehler, schießt es mir durch den Kopf. Hätte ich bloß den Fahrpreis nicht im Voraus bezahlt! In mir rotiert wild ein Gedankenkarussell, während ich gleichzeitig gegen die Müdigkeit ankämpfe und meine Glieder sich schwer wie Blei anfühlen. Mich beherrscht nur ein Wunsch, ans Ziel zu gelangen und endlich zu schlafen. Nun wird es mir verwehrt und das macht mich wütend. Soll ich diese Unverschämtheit etwa noch belohnen? Entschlossen schiebe ich die Müdigkeit beiseite.

»Keinen Lira mehr«, fauche ich und blicke ihm dabei fest in die Augen. »Lassen Sie den Blödsinn und fahren Sie endlich weiter!«

Doch er denkt nicht daran aufzugeben. Wie ein Richter hebt er den Arm: »Ich werde dich dem *Monkerat*-Komitee[6] melden, jawohl! Du hast deinen *Tschador* erst vor der Grenze angelegt und dich mit den beiden Mitreisenden lustig unterhalten. Das ist nicht seriös. Ja, das werde ich anzeigen!«

Unter anderen Umständen hätte ich sicherlich gelacht. Stattdessen kriecht Empörung in mir hoch. »Anzeigen werde ich Sie bei der Deutschen Botschaft und der hiesigen Polizei. Das ist Freiheitsberaubung!«, schleudere ich ihm entgegen.

Auch nicht besser. Was nützt die schönste Drohung, wenn einem eventuell das Lebenslicht ausgepustet wird? Hört der Kerl nun auf, mich zu piesacken? Im Gegenteil. Er lehnt sich grinsend zurück und zischt die Luft zwischen seinen schlechten Zähnen aus. Ich rieche seinen stinkenden Atem. Übelkeit überkommt mich und die pure Lust, in dieses einfältige Gesicht zu schlagen. Meine Wut wallt empor wie eine kochende Suppe und dann laufe ich über. Mein Mund wird zur Waffe. Türkische Schimpfworte lösen sich mit Leichtigkeit von meiner Zunge wie die Salve eines Maschinengewehrs. Sie schießen nur so hervor. Ich steigere mich, schimpfe, schreie laut. Möglicherweise dauert alles nur einen Atemzug. Ich weiß es nicht mehr.

Vielleicht wird ihm klar, dass er ein Verbrechen begeht, wenn er mich weiter bedroht. Vielleicht hat er es einfach nur satt, sich mit einer keifenden Frau herumzustreiten. Vielleicht hat ihn meine Furchtlosigkeit beeindruckt. Egal. Ganz abrupt lenkt er ein und hebt abwehrend die Hände.

»Still – sei doch endlich still! Verdammt, verdammt …« ruft er aus. Doch ich habe noch einiges zu sagen. Da streift er seinen Ring vom Finger, hält ihn mir entgegen: »Hier *Abla*[7], den schenke ich dir. Aber schweig endlich still. Ich tue dir nichts und du tust mir nichts. Frieden!«

Einen Augenblick bin ich sprachlos. Als er mir den Ring nochmals unter die Nase hält, erwidere ich gemessen: »Gut, lass uns die Sache vergessen. Fahr mich jetzt endlich zur Grenze … und halte mir verdammt noch mal nicht immer den Ring unter die Nase. Ich will ihn nicht, du kannst ihn behalten!« Automatisch habe ich ihn auch geduzt, was ich gar nicht wollte.

Im Nachhinein erstaunt mich mein unerschöpflicher Sprachschatz türkischer Fäkalsprache. Die Unworte einer Sprache lernen wir bekanntlich zuerst. Dennoch bin ich erschüttert, sie direkt mal angewendet zu haben. Welcher Abgrund tut sich da auf, denke ich und muss innerlich grinsen.

Die letzte Wegstrecke verläuft unter eisigem Schweigen und ohne weitere Zwischenfälle. Wie heißt es doch gleich? »Mehr Glück als Verstand!« Ja, das trifft den Nagel auf den Kopf. Um 20.30 Uhr erreichen wir die iranische Grenze. Nach wie vor ist es stockfinster. In der Ferne zeigen sich erste Lichter. Die Grenzstation wirkt abweisend und der kalte Schein nackter Glühbirnen verleiht dem Ort etwas Unheimliches. Hier wäre der geeignete Schauplatz für einen Gruselkrimi. Mich überläuft eine Gänsehaut, obwohl ich eigentlich froh sein sollte, die Grenze endlich erreicht zu haben. Immer noch eingewickelt in meine Stoffbahnen, quäle ich mich aus dem Wagen. Der Fahrer rührt keinen Finger beim Auspacken. Das habe ich auch nicht erwartet und bin sehr froh darüber. Ich unterdrücke ein Gähnen – 36 Stunden ohne Schlaf.

Die türkische Grenze passiere ich problemlos. Doch der iranische Zollbeamte blättert zu lange in meinem Pass. Dann sieht er mich eindringlich an: »Ihr Visum ist ungültig.« Ich fasse es nicht, das Iranische Konsulat in Hamburg hat mal wieder geschlampt. »Sie müssen zurück nach Erzurum oder Istanbul, um das Visum zu erneuern«, fährt er fort. Ich bin verzweifelt. Am Ende meiner Kraft breche ich in Tränen aus. Vor allem steckt mir die Taxifahrt noch in den Knochen. Was soll ich nur tun? 1400 Kilometer Fluglinie sind es ungefähr zurück nach Istanbul. Oder 300 nach Erzurum, wo die Zeit rückwärts läuft? Nein, danke!

Plötzlich sehe ich Mitgefühl in den Gesichtern der iranischen Zollbeamten. Eine weinende Frau lässt sie nicht ungerührt. Einer bringt mir Eiswasser, der andere telefoniert mit einigen Leuten, um mir weiterzuhelfen. Ich sehe plötzlich Wärme und Freundlichkeit in ihren Augen. Gleich geht es mir etwas besser. Allerdings kann ich nicht aufhören zu heulen. So ein Mist! Seit meiner frühen Kindheit habe ich die deutsche Staatsbürgerschaft. Meine Eltern haben das so gewollt. Nun wäre eine Doppelstaatsbürgerschaft von Vorteil. Dann hätte ich keine Probleme mit dem Visum. Allerdings: Im Iran herrscht Krieg und Chaos, und ein deutscher Pass schützt mich vielleicht eher vor Repressalien.

Der Vorgesetzte der Grenzbeamten fragt mich, wen ich im Iran besuchen möchte. Ich gebe ihm die Adresse. Er hebt die Brauen und schaut mich aufmerksam an.

»Das ist ja unglaublich«, murmelt er. »Sie wollen meinen alten Freund Kazem und seine Familie besuchen?«

»Ja, das sind auch meine guten Freunde«, antworte ich überrascht und schon etwas gefasster. »Sie haben mich eingeladen!«

»Ich will mal schauen, was ich für Sie tun kann. Haben Sie ein wenig Geduld«, ermuntert er mich und lächelt mir beruhigend zu. Jemand reicht mir einen Tee und etwas Brot zur Stärkung. Er erhebt sich und verschwindet im Nebenraum, um dort zu telefonieren. Nach einer Stunde erhalte ich tatsächlich den ersehnten Stempel. Was für ein Glück in dieser heiklen Lage!

»Grüßen Sie Kazem ganz herzlich von seinem alten Freund Djalal«, meint er lächelnd, »und passen Sie mehr auf sich auf.« Ich kann mein Glück gar nicht fassen. *»Dast-e schoma dard nakonad«,* verabschiede ich mich dankbar. Er neigt den Kopf. Das Lächeln in seinen Augen verstärkt sich. »*Chahesch mikonam!* – Bitte sehr!« Was für ein Glück, hier ausgerechnet auf einen Freund von Mahvaschs Mann zu treffen. Unter anderen Bedingungen wäre ich sicherlich zur Rückreise gezwungen worden.

Meine Koffer sind kontrolliert. Ich verlasse das Zollgebäude, um mich nun wieder guter Dinge auf die Weiterreise zu begeben. Meine alte Kraft ist zurückgekehrt und ich freue mich, nahe am Ziel zu sein. Da eilt mir ein Grenzbeamter hinterher.

»Wohin wollen Sie?«, fragt er mich atemlos. Ich zeige ihm die Adresse. »Das ist nicht Ihr Ernst, oder?«, fragt er mich ungläubig. Andere Zöllner treten nacheinander aus dem Gebäude und betrachten mich wie einen seltsamen Vogel. »Wie bitte?«, ruft einer. »Sie wollen als Frau allein durch den Iran reisen – auch noch mit deutschem Pass? Unmöglich! Außerdem herrscht Krieg, junge Frau!« Ein anderer tritt auf mich zu und fragt mich eindringlich: »Ist Ihnen eigentlich klar, dass Sie Ihrem Ansehen schaden, wenn Sie allein reisen?« Ich stehe da wie vom Donner gerührt. Die Wechselbäder an diesem Tag machen mir ganz schön zu schaffen. Was tun? Ich werde Kazem bitten, mich von der Grenze abzuholen. Doch im Zollhaus verlangt man für ein Telefonat eine grandiose Summe. Klar, da möchte jemand ein bisschen nebenbei verdienen. Alles in mir sträubt sich. Meine Seelenmixtur aus Morgen- und Abendland ist in Aufruhr. Morgenland gewinnt. Also lasse ich den Anruf und hoffe auf das Schicksal.

Mittlerweile ist es 24.00 Uhr. Ich kippe vor Müdigkeit aus den Schuhen. Da fällt mein Blick auf eine Reihe parkender Wagen. Ach, wieso bin ich nicht früher darauf gekommen? Frohgemut winke ich ein Taxi herbei. Doch bevor ich einsteige, stehen wie aus dem Boden gewachsen zwei Zöllner daneben. Höflich erklären sie mir, auch ein Taxi ist für mich allein tabu. Verdutzt starre ich den Taxifahrer an. Der hebt hilflos die Hände, während er ungehalten meine Bewacher anstarrt. »Tut mir Leid, liebe Frau. Meine Idee ist das nicht!« Mühsam beherrscht marschiere ich zurück. Gut. Nach der Erfahrung in der Osttürkei sehe ich die Sache allerdings in einem anderen Licht. Nicht alle Verbote sind nur Schikane. Aber wie soll ich jetzt ins Landesinnere gelangen?

Unter den wachsamen Augen der Männerwelt sitze ich auf meinen Koffern und grübele nach einer Lösung. Seit die Geistlichen das Sagen haben, hat sich die Situation hier arg verschlimmert. Die Freiheit hat ihre Flügel verloren und die Frauen ihre Rechte. Ich mache mir nichts vor. Bin gerade mal ein paar Stunden hier und bereits flügellahm. Armer Iran. Alte Knechtschaft wurde einfach durch eine neue ersetzt. Und wir Frauen? Sind nach wie vor das letzte Glied in der Kette. Gitterstäbe statt Schutz.

Meine eigene Hilflosigkeit zermürbt mich. Ich stehe auf und beginne mit den Zöllnern die berüchtigte Diskussion, die Mann an Frau nicht mag. Nach schier endlosem Palaver sind beide Seiten erschöpft. Da trifft ein Bus aus Damaskus ein. Als der Busfahrer von meiner Misere erfährt, bietet er mir freundlich an, mich unentgeltlich mitzunehmen. Iranische Herzlichkeit. Erleichtert, mich losgeworden zu sein, winken die Grenzer mir fröhlich beim Einsteigen zu. Zwei weitere Stunden vergehen, denn die Kontrolleure lassen sich Zeit. Die Menschen im Bus sind gereizt. Einige schimpfen laut. Währenddessen komme ich mit ihnen ins Gespräch. Sie empfehlen mir, bis Maku zu fahren, einer kleinen Provinzstadt hinter der Grenze. Dort könnte ich mir in einem der drei Hotels ein Zimmer nehmen und auf meine Freunde warten. Froh, wieder einen Plan zu haben, stimme ich zu und hege die stille Hoffnung auf eine funktionierende Telefonverbindung sowie ein Bett zum Schlafen.

Viel später erst erfahre ich, dass Busse aus Damaskus bis in die Hauptstadt Irans fahren. Mit diesem Wissen wäre ich bestimmt bis Teheran sitzen geblieben und keine Überredungskunst hätte meinen Entschluss ins Wanken gebracht. Als wir die Grenze verlassen, spricht der Fahrer plötzlich englisch mit mir. Er beschwert sich über das iranische Regime und stößt endlose Schimpftiraden aus. Auch ein paar andere Passagiere äußern lautstark ihren Unmut. Schweigend höre ich zu. Ich bin vorsichtiger geworden. Jedes unbedachte Wort bedeutet Gefahr.

Am Morgen gegen 3 Uhr erreicht der Bus Maku und hält vor dem Hotel »Lale«. »Tulpe« – ein seltsamer Name für den nackten Kasten, der äußerlich eher einem Gefängnis als einer Blume gleicht.[8] Drei Mitreisende begleiten mich zum Eingang. Nirgends ein Lichtstrahl. Das ganze Hotel ist stockfinster. Sie klopfen so heftig an die Tür, dass ich erschrocken zusammenfahre. Eine Ewigkeit vergeht, bis sich die Tür öffnet. Ich bin froh, nicht allein hier draußen zu stehen. Bevor ich eintrete, bedanke ich mich herzlich bei meinen Begleitern mit *»Dast-e schoma dard nakonad«* und gebe jedem zum Abschied die Hand. Ein Fehler. Im neuen Iran gilt es für Frauen als Unsitte, einem unbekannten Mann die Hand zu reichen. Meine Unwissenheit ist schon fast sträflich. Europa lässt grüßen. Doch nun: endlich ein Dach über dem Kopf und ein bisschen Schlaf. Ein Irrtum, wie sich sofort herausstellt.

Der Portier hat den Eingang geschlossen und versucht gerade, eine Telefonverbindung nach Miyaneh herzustellen, als draußen ein grünuniformierter Mann mit der Faust an die Glastür klopft und Einlass begehrt. Er ist höchstens Mitte Zwanzig, hat derbe Gesichtszüge und einen großporigen Teint. Breitbeinig baut er sich vor uns auf und reckt sein Kinn. Oh weh, ein Wichtigtuer. Der hat mir gerade noch gefehlt! Will Iran mir an einem einzigen Abend das ganze Repertoire präsentieren?

»Was ist hier so spät noch los?«, fragt er unwirsch und mustert mich neugierig. Seine Stimme klingt eher jungenhaft. Der Portier stammelt erschrocken: »Die Dame ist gerade angekommen. Sie möchte telefonieren.«

Der Grüne beugt sich über die Theke und nimmt dem Portier einfach den Hörer aus der Hand. Dann herrscht er mich an: »Wer sind Sie und was wollen Sie hier?« So unverschämt kann nur ein *Pasdaran* auftreten, schießt es mir durch den Kopf. Auch das noch. *Pasdaran* sind jene gefürchteten Leute, die vor der Revolution zu den unterdrückten Unterschichten Irans gehörten. Unter dem Schahregime missachtet und chancenlos, fristeten sie ein erbärmliches Dasein. Der Revolution schlossen sie sich bedingungslos an, wobei es für viele unerheblich war, ob Recht oder Unrecht geschah. Plötzlich waren sie Persönlichkeiten, die in der Gesellschaft an Bedeutung gewannen. So erhielten sie ihr verlorenes Selbstwertgefühl zurück. Mittlerweile sitzen sie in allen möglichen Positionen, haben aber rein gar nichts aus den eigenen leidvollen Erfahrungen gelernt, sondern handeln selbst gemein und ungerecht. Sie sind zu Werkzeugen einer aggressiven religiösen Macht geworden, die ihnen kein guter Ratgeber ist.

Zum wiederholten Male sage ich mein Sprüchlein auf. Der *Pasdaran* fordert Kazems Telefonnummer und wählt selbst. Mir ist ganz schlecht vor Sorge. Nach meinen Berechnungen müsste Kazem in Miyaneh auf mich warten. Dort leben seine Eltern und die Stadt liegt unweit der Grenze. Was mache ich nur, wenn die Leitung nicht intakt ist oder niemand das Läuten in dem großen Haus hört? Ich schicke ein Stoßgebet zum Himmel. Kazem nimmt tatsächlich selbst ab. Erleichtert fühle ich den Stein von mir plumpsen. Der *Pasdaran* begrüßt Kazem und fragt ihn frech, ob er mich kennt. Ich bin baff ob dieser Unverschämtheit, beiße die Zähne fest zusammen. Endlich reicht er mir den Hörer, den ich ungehalten entgegennehme. Meine Nerven liegen blank. Doch ich reiße mich zusammen. Ruhig erkläre ich Kazem, wo ich bin, und bitte ihn dann dringend, so schnell wie möglich nach Maku zu kommen. Es ist mir egal, ob der *Pasdaran* zuhört oder nicht. Mein siebter Sinn sagt mir, die Schwierigkeiten werden weitergehen. Kazem verspricht, spätestens um 10 Uhr früh im Hotel zu sein. Seine Stimme klingt gehetzt. Er hat begriffen, dass etwas nicht stimmt, und will sofort aufbrechen. 400 Kilometer Landstraße und viele Militärkontrollen liegen vor ihm. Einerseits bin ich erleichtert, andererseits entsetzt, noch sieben Stunden hier ausharren zu müssen. Geduld ist eine Tugend des Orients. Also üben. Ich bitte den Portier, mir mein Zimmer zu zeigen. Den *Pasdaran* ignoriere ich einfach.

Leider ein zweckloses Unterfangen. Er ist nicht gewillt, sich so einfach beiseiteschieben zu lassen. Augenzwinkernd kommt er auf mich zu, greift sich meine Koffer und sagt: »Dann wollen wir mal nach oben gehen.« Ein höhnisches Grinsen verzerrt sein ohnehin unansehnliches Gesicht. Er beugt sich zu mir herunter, sodass mich sein nach Zwiebeln stinkender Atem streift, und sagt ölig: »Ich begleite dich dann auf dein Zimmer.«

Bei soviel Unverschämtheit bleibt mir erst einmal die Spucke weg. »Ich gehe allein nach oben«, sage ich klar, während ich glaube, meinen eigenen Herzschlag laut und donnernd zu vernehmen. Da tritt er nah an mich heran und fragt süffisant: »Was ist? Verlangst du Geld? Sag schon – wie viel?«

Vorbei ist es mit der orientalischen Zurückhaltung und ebenso mit meiner Beherrschung. Mein Temperament entlädt sich wie glühende Lava, die alles verbrennt. Ich kann nicht anders, als ihm ins Gesicht zu spucken. Er erstarrt. Sein Gesicht verzerrt sich zu einer teuflischen Grimasse. Wutentbrannt geht er mit erhobenen Fäusten auf mich los.

»Weib, dich werde ich lehren, gehorsam zu sein!«, geifert er mit Schaum vor dem Mund. So wütend war ich noch nie, ich könnte ihn anspringen. Doch diesmal schnellt der Portier flink wie ein Wiesel hinter dem Tresen hervor und stellt sich mit erhobenen Armen zwischen uns. Geifernd droht der *Pasdaran:* »Aus dem Weg, du Trottel! Sonst fängst du selbst noch eine ... und für dich Weib ... das hat ein Nachspiel. Ich werde dich dem *Monkerat*-Komitee melden! Da wirst du erleben, was es heißt, sich der Obrigkeit zu widersetzen!«

Ich zische zurück: »Da wird das Komitee aber gut zuhören müssen, wenn ich berichte, wie du hier eine ausländische Touristin belästigst!« Das ist mein Heimvorteil, dass ich hin und wieder die Seiten wechseln kann. Doch mein Herz schlägt mir bis zum Hals. Wieder hebt der Portier beschwörend die Hände: »Bruder, sie ist eine unwissende Ausländerin und kann sich nicht benehmen. Hab Erbarmen, sie kommt aus einer anderen Kultur.« Ich murre innerlich, halte nun aber lieber die Klappe.

Doch der *Pasdaran* begehrt auf: »Hör sie dir an, Parviz, sie spricht *Farsi. Farsi!*[9] Vielleicht ist sie eine Spionin! Das muss ich melden!«

Nun bricht mir wirklich der Angstschweiß aus. In diesen Zeiten lauert im Iran der Verdacht der Spionagetätigkeit überall, da hilft mir mein deutscher Pass kein bisschen. Ich presse die Lippen fest aufeinander, bis sie wehtun. Die Drohung des *Pasdarans* lässt mir das Blut gefrieren. Ich senke den Blick und starre auf den Boden. Trotz der Hitze ist mir eiskalt. Schon ein paar Mal sind die Kontrolleure über den Namen meines Vaters gestolpert, der im Visum mit aufgeführt ist. Trotzdem. Ich hoffe, der deutsche Pass schützt mich.

»Ich habe *Farsi* gelernt, damit ich mich verständigen kann, wenn ich hier reise«, antworte ich. »Außerdem habe ich iranische Freunde. Wie sollte ich mich sonst mit ihnen unterhalten?« Dürftig. Dürftig, aber logisch.

Der Portier wirft ein: »Wenn ihr hier etwas passiert, gibt es Schwierigkeiten mit den Behörden. Das wirft kein gutes Licht auf unsere Stadt und unser Hotel. Der Direktor wird wütend werden, wenn er davon erfährt. Du weißt, er ist Ratsmitglied. Außerdem hat diese Frau doch von den Sitten hier wenig Ahnung.«

Der *Pasdaran* wird ruhiger, stößt aber nach wie vor Drohungen aus. Nach endlosem Palaver schließt der Portier hinter ihm die Hoteltür.

»Jetzt haben Sie nichts mehr zu befürchten«, sagt er, aber seine Erregung ist ihm anzusehen. »Der Kerl ist noch jung und voller Tatendrang.« Klingt nicht beruhigend. Ich versuche, mich von dem Gespenst der Angst zu befreien.

Das Zimmer, das er mir zuweist, entsetzt mich zutiefst. Es ist ein Vier-Betten-Raum. Ich frage ihn: »Übernachten in diesem Zimmer noch andere Menschen?«

»Oh, nein, liebe Dame, dieser Raum gehört Ihnen ganz allein. Alle übrigen Zimmer sind besetzt. Es ist kein anderes Zimmer mehr frei.«

»Was passiert, wenn noch weitere Gäste eintreffen?«

»Das glaube ich kaum.« Er lächelt. »Es ist fast 4 Uhr morgens. Außerdem dürften nur Damen in den Raum.«

Wie beruhigend, denke ich spöttisch, um gleich darauf die Fassung zu verlieren. Das kann nicht wahr sein! Er setzt sich gemächlich auf eines der Betten und zeigt keine Absicht, das Zimmer zu verlassen. Ich spüre, wie sich mein Magen zusammenkrampft. Nein. Nein. Nein. Tief Luft holen, nicht schreien. Mühsam presse ich die Worte hervor: »Sie können nun den Raum verlassen. Es ist alles in Ordnung.« Da lächelt er mich treuherzig an. »Wenn ich einen Kuss bekomme, dann gehe ich bestimmt. Habe ich Ihnen nicht gut aus der Patsche geholfen?« Wenigstens siezt er mich, denke ich resignierend. Dann schießen mir einfach die Tränen in die Augen. Diese Nacht hat es in sich. Nimmt das denn gar kein Ende? Sind die Menschen hier inzwischen so verroht, dass sie den Respekt voreinander verloren haben? Waren die Männer schon immer so? Bin ich als Frau nur ein Stück Fleisch? Liegt es daran, dass ich unwissentlich die neuen Vorschriften verletzt habe? Aber rechtfertigt das, mir keinen Respekt entgegenzubringen? Der Mann blickt mich stumm an. Er sieht meine Tränen. Da erhebt er sich abrupt und geht zur Tür. Dort dreht er sich noch einmal um: »Verzeih mir Schwester«, sagt er leise, »bitte weine nicht mehr«, und verlässt den Raum.

Ich stehe noch lange am gleichen Fleck, eingehüllt in meinen Stoffkokon wie ein Zelt mit Gesicht. Schon die zweite Nacht ohne Schlaf, ohne Ruhe, immer einer Gefahr ausweichend, um gleich in die nächste zu stolpern. Ich bin so enttäuscht, so müde. Obwohl mich der *Tschador* verhüllt, bin ich dreimal in dieser Nacht als Frau bedroht worden. Ich kann mich nur noch auf mich selbst verlassen. Also wachsam bleiben.

Erschöpft betrachte ich mich im Spiegel. Das Deckenlicht scheint von hinten durch den *Tschador* und gibt meine Körperumrisse preis. Auch das noch, stöhne ich und verdrehe die Augen. Das wird bei Sonnenlicht nicht anders sein. Kein Wunder, dass fast alle Frauen Schwarz tragen. Ich lege den Schleier ab und presse meine Stirn an das kühle Glas. Reiß dich zusammen, flüstere ich mir selbst zu. Entschlossen verbarrikadiere ich meine Zimmertür, indem ich den Tisch davor schiebe, die Matratzen aus den Betten wuchte und darüber lege. Keuchend lehne ich mit meinem Rücken an der kühlen Mauer. Der Schweiß strömt mir aus allen Poren. Die Luft ist drückend. Das Zimmer verfügt nicht über eine Klimaanlage. Es gibt drei Fenster in drei Windrichtungen. Das ist seltsam und hat schon fast etwas Symbolisches. Ich lasse sie alle geöffnet, weil die stickige Luft mir sonst den Atem nimmt. Schlafen nach diesen Erlebnissen? Nein, ich bin viel zu aufgewühlt. Ich muss zudem wachsam bleiben. Das Zimmer hat eine Dusche. Ich benutze sie im Stundenrhythmus, um frisch zu bleiben. Manchmal falle ich in einen Halbschlaf und döse eine Zeit lang. Dann schrecke ich plötzlich hoch und spüre, wie mir das Herz bis zum Hals klopft, weil ich Schritte auf dem Gang höre. Die Gefahr, dass der *Pasdaran* mir das Komitee doch noch auf den Hals hetzt, ist noch nicht gebannt. Meine Situation hat etwas Unwirkliches. Noch vor zwei Tagen bin ich vergnügt durch die Hamburger Innenstadt gebummelt.

Seit Freitagmorgen habe ich nicht mehr geschlafen – 48 Stunden ist das her. Ich schaue in den Spiegel. Unter meinen Augen liegen Schatten. Mein Gesicht spiegelt das Erlebte wider. Ich erscheine mir selbst fremd. Am Morgen klopft es an die Tür. Ich erschrecke zutiefst. Im ersten Impuls will ich nicht öffnen. Doch dann höre ich Kazems besorgte Stimme: »Bary, was ist los? Warum öffnest du nicht?« Ich schiebe die Grabplatte meiner Ängste beiseite, straffe die Schultern und räume Tisch und Matratzen fort. Da steht er vor mir, einen Blumenstrauß in den

Händen. Etwas angestrengt. Lächelnd. Diesmal könnte ich vor Erleichterung heulen. Erstaunt blickt er sich im Zimmer um, das durch meine Barrikaden total verunstaltet ist, stellt aber keine Fragen. Noch bin ich nicht in Stimmung, darüber zu reden, und er scheint es zu spüren. Erlöst folge ich – nein ich schwebe förmlich – hinter ihm die Treppe hinab. Die Erleichterung wirkt sich auch körperlich aus. Alles ist noch einmal gut gegangen. *Elahi schokr* – Gott sei Dank!

Unten wartet Farugh, sein Freund, dick und lustig. Der richtige Ruhepol für meinen lädierten Gemütszustand. Fröhlich, mit einem Scherz auf den Lippen, begrüßt er mich. Mit Farughs Wagen machen wir uns auf den Weg nach Tābriz. Unterwegs erzähle ich erst stockend, dann immer flüssiger, was mir bisher auf meinem Reiseweg zugestoßen ist. Ich muss es erst einmal selbst verdauen. Beide Männer sind hell empört. Kazem ist ärgerlich, weil ich ihm im Hotel nichts erzählt habe. Er hätte gern den Portier zur Rede gestellt. Doch ich winke ab. Was hätte das gebracht? Vielleicht noch eine Menge weiteren Ärger. Ich habe meine Lektion gelernt: Bloß nicht auffallen.

Kazem sagt, er habe uns Flugtickets von Tābriz nach Teheran besorgt. Doch erst einmal müssen wir in Tābriz ankommen. Die Straßen sind durch Bomben- und Granateinschläge arg beschädigt. Wir kommen nur langsam voran und wechseln häufig auf den Seitenstreifen, soweit einer vorhanden und frei ist. Mitunter stehen dort ausgebrannte Fahrzeuge oder es liegt da ein aufgequollener Kadaver von einem Esel oder einem Kamel. So genau mag ich nicht hinschauen. Manche Ortschaft, die wir passieren, wirkt verlassen, viele Häuser weisen Einschläge auf. Überall kontrollieren Soldaten die Zufahrtswege. Wiederholt werden wir angehalten und befragt. Das geht ein paar Mal gut. Doch dann hält uns ein Offizier an und fordert uns auf, alle auszusteigen. »Bleib ganz ruhig«, raunt Kazem mir noch zu, bevor wir auf eine Wachstation geführt werden. »Und um Gotteswillen, tu so, als wärst du eine unwissende Ausländerin.« Na, viel gehört nicht dazu, denke ich seufzend.

Wir werden voneinander getrennt. Ich werde in einen kleinen weißgetünchten Raum gebracht. Die Farbe blättert von den Wänden und eine nackte Glühbirne hängt an einem langen Kabel von der Decke herab. Der Raum hat ein winziges vergittertes Fenster. Obwohl draußen die Sonne hell am Himmel strahlt, ist es im Raum dämmrig, und diese Dämmerung kriecht in mich hinein und legt sich schwer auf meine Seele. Reiß dich zusammen, ermahne ich mich. Zeige keine Furcht. Ich nehme jedes noch so kleine Detail wahr und spüre, wie mir der kalte Schweiß ausbricht. Zwei uniformierte Männer sitzen mir nun an einem wackeligen Holztisch gegenüber. Einer zückt einen Block, der andere hat mehrere Abzeichen, ist wohl ein Offizier. Er mustert mich intensiv, während ich mich um Haltung bemühe. Mit verschränkten Armen fragt er mich barsch: »Was macht eine Frau mit zwei Männern in einem Auto, mit denen sie weder verwandt noch verschwägert ist?«

Ich versuche, möglichst Augenkontakt zu vermeiden, und antworte ruhig: »Ich reise mit dem Mann meiner Freundin, die mich eingeladen hat. Sie hat ihn extra gesandt, um mir Geleitschutz zu geben. Er wird mich nach Teheran bringen. Begleitet wird er von seinem Freund, der uns in seinem Wagen nach Tābriz bringt, weil sich das Auto meiner Gastgeber in Reparatur befindet.«

Da ich trotz deutschem Pass *Farsi* spreche und etwas *Asari*[10] verstehe, wird er zusehends freundlicher. »Ihre beiden Begleiter befinden sich in Gewahrsam«, erklärt er mir. »Erst müssen wir Ihre Herkunft und den Aufenthaltsgrund klären.« Etwas sitzt mir im Hals. Das hat mir gerade noch gefehlt. Der andere Soldat notiert schweigend alles Gesagte.

»Im Visum steht der Name Ihres Vaters.« Er blickt mich prüfend an. »Er ist kein Deutscher.«

Ich schlucke, und um weiteren Fragen vorzubeugen, sage ich hastig: »Er ist gestorben.«

»Aha.« Wieder dieser lauernde Blick. »Wie denken Sie über Irak und über Saddam?«, fragt der Offizier. Er steht auf und stellt sich hinter mich. »Über Irak kann ich nichts sagen. Ich war noch nie dort«, antworte ich gefasst. »Saddam ist ein Despot, ein arger Kriegstreiber, der keine Achtung vor Menschenleben hat. Ich denke, der Umbruch im Iran hat Saddam veranlasst, den Krieg zu beginnen.«

»Wieso?«, unterbricht er mich. »Was hat unsere Revolution mit der irakischen Politik zu tun?« Langsam umkreist er mich.

»Ich kann nur spekulieren. Vielleicht glaubte er den Iran in dieser Situation schwach und abgelenkt. Ich denke, ihm geht es in erster Linie um die Macht und um die Ölressourcen des Iran.«

Er nickt bestätigend. »Haben Sie Interesse, in den Irak zu reisen?«

»Was sollte ich im Irak?«, antworte ich ein bisschen zu schroff. »Ich bin doch hier.« Meine Furcht wandelt sich in aufkeimenden Ärger.

»Ja, Sie sind hier«, sagt er ruhig. »Was denken Sie, welche Seite wird den Krieg gewinnen?« Er beugt sich vor und betrachtet mich unverhohlen. Ich schlucke. Am liebsten würde ich antworten: Keine von beiden. Krieg kennt nur Verlierer. Artig antworte ich: »Iran wird sich durchsetzen, Saddam wird diesen Krieg gewiss nicht gewinnen.« Zumindest die halbe Wahrheit. Ich hätte gern noch hinzugefügt, dass ich Iran auch die Revolution vom Hals wünsche, nachdem, was ich hier in kurzer Zeit erlebt habe.

Der Offizier lächelt: »So ist es gut. Wie denkt man in Deutschland darüber?« So geht es eine ganze Weile. Sein Fragenkatalog scheint unerschöpflich. Endlich steht er auf. »Wir möchten einmal in Ihre Koffer schauen. Es ist nur Routine. Viele Spione treiben sich in letzter Zeit hier herum. Darum muss ich Ihnen auch diese Fragen stellen und Ihr Gepäck überprüfen.«

Nun ja, denke ich, wer würde wahrheitsgemäß auf die Fragen antworten, wenn er als Spion verdächtigt wird? Als der Offizier bei der Durchsicht meiner Koffer meine persischen Notizen findet, habe ich bei ihm sofort einen Stein im Brett. Lächelnd trägt er mir die Koffer zum Wagen zurück. Leise sage ich:

»Ich wünsche Iran ein baldiges und siegreiches Kriegsende und vor allem Frieden.«

»Inschallah – So Gott will«, seufzt er, »das ist unser aller Hoffnung. Gute Reise!« Ich bin entlassen. Man holt Kazem und Farugh und wünscht uns dreien eine gute Weiterreise. Die beiden Männer löchern mich mit Fragen. Sie freuen sich sichtlich, dass ich keine Furcht gezeigt habe.

»Bary«, sagt Kazem, »ich habe – ehrlich gesagt – nicht damit gerechnet, dass wir da so schnell rauskommen. Du musst gut geantwortet haben.« »Nur die Wahrheit«, entgegne ich – und grinse.

Bei einer kurzen Rast fällt mein *Tschador* überall auf. Wenn ich die Sonne im Rücken habe, neigt der zarte weiße Stoff zur Durchsichtigkeit. Verdecktes reizt oft mehr als Offenbartes. Es macht mich zum Mittelpunkt auf der Straße. Mir reicht's. Alle Frauen tragen schwarze *Tschadore.* Wie ich inzwischen erfahren habe, sind nur die Farben Schwarz, Dunkelblau oder Braun erlaubt. Begründet wird dies mit der Trauer um die Kriegstoten. Sobald wir angekommen sind, werde ich mir als Erstes einen schwarzen *Tschador* besorgen.

Ich atme erleichtert auf, als wir die beschwerliche Fahrt endlich hinter uns haben. Auch in Tābriz sind die Straßen in einem sehr schlechten Zustand. Ein Wunder, dass hier nicht schon jedes Auto einen Achsenbruch hat. Wieder fahren wir auf dem Randstreifen oder gar in der Straßenmitte. Wozu Regeln? Der Schwächere muss halt weichen. Bei entgegenkommenden Lkws wird das unangenehm.

»Wie fahren die Leute hier eigentlich bei Nacht?«, frage ich. »Die Straßen werden nicht beleuchtet und vielen Fahrzeugen fehlen die Lampen.«

Kazem schaut mich bedrückt an. »Ersatzteile sind kaum oder nur sehr schwer zu bekommen. Das ist reine Glückssache. Es gibt viele Unfälle.«

Das Pflaster auf den Gehwegen ist uneben, brüchig und mit tiefen Löchern übersät. Mitunter sind die Bordsteine mehr als 40 Zentimeter hoch. Die Abwässer fließen offen am Rande. Ich bewundere die Frauen, wie sie mit ihren langen *Tschadoren,* in der einen Hand die Einkaufstasche, an der anderen vielleicht noch ein Kind, die Wege bewältigen. Vom Wuchs her sind sie eher kleiner als die europäischen Frauen, haben dafür aber die größeren Probleme.

Um 14.00 Uhr geht unsere Maschine von Tābriz nach Teheran. Am Eingang herrscht strikte Geschlechtertrennung, weil Frauen nur von Frauen kontrolliert werden dürfen und Männer nur von Männern. Der Flughafen wird strengstens bewacht. Jederzeit muss mit einem Angriff oder Anschlag gerechnet werden. Lästig ist die Kontrolle der Bekleidungsvorschriften durch die »Moralpolizei«. Ich werde genau begutachtet, ob die Kleidung, die ich trage, den Vorschriften entspricht. Schminken ist untersagt. Und kein Haar darf unter meinem *Tschador* hervorlugen.

Mir ist er einfach lästig. Der *Tschador* besteht aus einem großen halbrunden Tuch, das um den Körper geschlungen wird. Ein Zelt eben. Leider hat es aber weder Knopf noch Öse. Ich beobachte Frauen, die sich mit großer Geschicklichkeit darin einwickeln. Einige halten den Endzipfel ihres *Tschadors* zwischen den Zähnen. Natürlich habe ich das auch gleich probiert, aber außer einem ekligen Geschmack im Mund hat es mir nichts gebracht. Zudem rutscht er mir dauernd vom Kopf. Meine Hand bekommt vom ständigen Halten schon einen Krampf. Ich bin genervt. Fieberhaft sinne ich nach einer Lösung. Da kommt sie mir auch schon entgegen, als ich in meiner Reisetasche wühle und massenweise Sicherheitsnadeln entdecke. Flugs stecke ich mir den *Tschador* vom Hals bis zu den Beinen zu, habe die Hände frei, kein Verrutschen mehr möglich. Ich freue mich kindisch über diesen Einfall. Nur Kazem freut sich nicht. Er sieht mich etwas pikiert an. Im Iran herrscht das *Tarouf.*[11] Darum kann er mir nicht so offen sagen, was er von meinem Aufzug hält, aber sein Gesicht spricht Bände. Endlich ringt er sich durch: »So kannst du unmöglich die Kontrolle passieren. Alle werden dich anstarren und du wirst so sehr auffallen, dass du nirgends mehr durchgelassen wirst.«

»Ach, Kazem«, seufze ich, »egal, was ich tue, es scheint verkehrt. Seit meiner Einreise tappe ich von einem Fettnäpfchen ins nächste, weil ich mich mit den neuen Regeln noch nicht so vertraut gemacht habe. Aber gut, du hast recht. Schick sieht es nicht aus, wenn überhaupt von einem schicken *Tschador* gesprochen werden kann.« Widerstrebend gebe ich nach. Alle Nadeln wieder raus! Kazem soll sich meiner nicht schämen. Als ich in den Kontrollraum für Frauen betrete, völlig fertig mit verrutschtem *Tschador* und erhitztem Gesicht, blicke ich in mitfühlende Gesichter. Ich erkläre den tiefverhüllten Wärterinnen der Tugend sogleich, wie schwierig es für mich ist, dieses Tuch zu handhaben. Verständnisvoll bietet mir eine einen Stuhl an. Sie beratschlagen sich untereinander. Munter wühlen sie in einer Kiste und zum Vorschein kommt – oh Freude! – eine Handvoll Sicherheitsnadeln, die sie mir emsig überall, wo nötig, feststecken. Ich bin erleichtert. »*Dast-e schoma dard nakonad!*«, bedanke ich mich. »*Chahesch mikonim!*«, antwortet mir ein strahlender

Chor. Lachend bieten sie mir einen Tee an und wir geraten ins Plaudern. Draußen hat sich eine Schlange gebildet. Meine Kontrolle ist vorüber. Freundlich werde ich entlassen. Kazem entgleisen bei meinem Anblick die Gesichtszüge. Doch ich habe den Segen der *Monkerat*-Wächterinnen und unterdrücke mühsam ein schadenfrohes Grinsen.

Eine Stunde später landen wir in Teheran. Über den Ursprung des Namens wird heute noch gestritten. Einige Historiker behaupten, dass sich der Name aus »tah« und »ran« zusammensetzt. Die früheren Einwohner sollen in unterirdischen Höhlen und Gängen gehaust haben, also in der Tiefe (»tah«) gebaut haben. Es wird behauptet, sie seien Räuber gewesen. Eine andere These ist, dass der Name Teheran sich vom altpersischen »teh ran« ableitet, was »warmer Platz« bedeutet. Letzterem kann ich beipflichten. In Teheran ist es nicht nur warm sondern heiß.

Bei meiner Ankunft lese ich als Erstes: »Down with the U.S.A.« Das riesige Banner klebt wie eine Spinne am Flughafengebäude. Wo das Auge hinsieht, hängen Plakate mit Parolen gegen die USA und Israel. Das Gesicht des allgegenwärtigen Ayatollah Chomeini blickt überdimensional auf die Menschen nieder. Fast scheint es mir, als folgen mir seine Augen überall hin. Ein bedrückendes Gefühl, das mich einen Teil der Angst und Unfreiheit spüren lässt, die von diesem Regime ausgehen.

Der Verkehr spottet jeder Beschreibung. Auf den Straßen rollt alles, was Räder hat, und jedes Fahrzeug ist lädiert. Hier wird jede Fahrt zum Abenteuer, weil prinzipiell nur der Stärkere Vorfahrt hat. Ampeln scheinen nur Dekoration. Sie blinken rot oder gelb. In der Chiaban-e-Ferdowsi sehe ich eine Ampel mit grünem Licht. Nur dort stoppt der Verkehr tatsächlich beim Rotlicht. Eins zu Null für die Ampel. Kazem, der schon mehrmals in Deutschland zu Besuch war, fragt, ob ich mich hier freiwillig hinters Lenkrad klemmen würde. »Oh nein, Kazem«, rufe ich abwehrend. »Ich bin zwar kein zaghafter Mensch. Aber lebensmüde bin ich auch nicht.«[12] Was in Deutschland Entsetzen hervorruft, ist hier normaler Alltag. Eine Minute ohne Konzentration kann hier das Leben kosten, wenn plötzlich ein sogenannter Geisterfahrer auf der Gegenfahrbahn auftaucht, weil die andere Straßenseite verstopft ist. Während wir noch diskutieren, kommt uns eine ganze Familie auf dem Motorrad entgegen: Vater, Mutter und vier Kinder. Im ersten Moment muss ich lachen, weil es so komisch aussieht. Sie haben eine Art Pyramide gebaut. Zwei Kinder stehen, eins sitzt auf dem Schoß der Mutter, das letzte hängt wie angeklebt an ihrem Rücken und hält sich krampfhaft fest. Artisten Teherans, wenn auch ungewollt. Sind sie sich der Gefahr bewusst? Um noch einen draufzusetzen, benutzt der Lenker jenes Kunstwerkes auch noch die Gegenfahrbahn. Vielleicht hat er nicht einmal einen Führerschein.

Fahrbahnmarkierungen gibt es längst nicht mehr. Was die Deutschen übertreiben, wird hier gleich ganz wegelassen. Verkehrsschilder entdecke ich kaum. Trotz Chaos und lautem Gehupe bemerke ich nach einiger Zeit eine gewisse Ordnung. Die Menschen sind gezwungen, ihre Aufmerksamkeit völlig dem Verkehr anzupassen, wenn sie nicht zu Schaden kommen wollen. Zwischen fahrenden Autos, die ihre Geschwindigkeit jedoch nicht verringern, hüpfen Fußgänger geschickt über die Straße. Haben sie dann endlich die gegenüberliegende Straßenseite erreicht, müssen sie über offene Abflüsse springen und die hohe Bordsteinkante erklimmen, um endlich auf den Fußweg zu gelangen. Steigt die Straße bergan, passt sich der Fußweg nicht etwa an. Nein, er wird einfach durch hohe und schiefe Stufen unterbrochen, die nur ein trainierter Mensch mit Leichtigkeit bewältigt. So haben die Menschen, die sich dem Straßenverkehr preisgeben, ein unfreiwilliges Fitnessprogramm. Obwohl mich einerseits diese Eindrücke amüsieren, sehe ich andererseits die Not der Menschen, die, so gut es geht, versuchen, irgendwie ihren normalen Tagesablauf zu gestalten. Das ringt mir eine gehörige Portion Respekt ab.

Von Teheran nach Karadsch, wo Kazem und Mahvasch leben, führt eine marode Autobahn. Auf dem Seitenstreifen sehe ich Menschen, die auf eine Mitfahrgelegenheit warten. Manche haben viel Gepäck dabei. Am Rande der Fahrbahn ist ein kleiner Handel im Gange. Zigaretten-, Trinkwasser- und Obstverkäufer bieten lautstark ihre Waren feil. Dazwischen parken Fahrzeuge. Reisende finden sich zu einem Picknick zusammen. Abrupt stoppt vor uns ein Auto. Nur die Geistesgegenwart unseres Fahrers verhindert einen Auffahrunfall. Wütend springt er aus dem

Wagen und beschimpft den Urheber, der ihn nur angrinst, wobei er ein Gebiss entblößt, das ausschaut wie eine Klaviertastatur. Währenddessen läuft der Motor unseres Wagens munter weiter. Abgase verpesten die Umgebung. Der zornige Monolog neben uns scheint kein Ende zu nehmen, wobei unser Fahrer gar nicht wahrnimmt, dass er selbst nun die Autobahn blockiert. Der andere Fahrer hat es sich derweil gemütlich gemacht, die Arme hinterm Kopf verschränkt und lauscht ergeben der Standpauke, wobei er ab und zu grinsend seine Zähne zeigt. Da ertönt hinter uns ein lauter Knall. Ich erschrecke. Nur unser Auspuff. Schulterzuckend kommt unser Fahrer zurück. »Mein Auto furzt«, sagt er mit bedauernder Miene. Der Bann ist gebrochen und wir müssen alle lachen.

Endlich erreichen wir Karadsch. Früher gern als Vorstadt Teherans bezeichnet, ist sie während des Krieges durch die Landflucht zu einer Millionenstadt geworden. Die Umgebung flimmert bei 40 Grad im Schatten. Unser Wagen scheint mit der Straße zu verschmelzen. Meine Augen brennen. Auf die lästigen Stoffbahnen, in die ich eingewickelt bin, könnte ich auch gut verzichten, denn sie kleben an mir. Kaum sind wir eingetroffen, stürzt Mahvasch glücklich in meine Arme. Eng halten wir uns umschlungen und freuen uns auf die schöne Zeit, die vor uns liegt.

»Wir sprangen über die Pfütze und landeten im Brunnen«

Kurz nach Kriegsausbruch haben Mahvasch und Kazem Teheran verlassen, aus Furcht vor feindlichen Angriffen, die sich immer mehr auf die Hauptstadt konzentrieren. Sie leben nun in Karadsch, nur eine Autostunde von Teheran entfernt. Hier ist die Lage stabiler, wenn überhaupt von Stabilität gesprochen werden darf. Einen Telefonanschluss haben sie seit ihrem Umzug nicht mehr. Das iranische Telefonnetz ist überlastet und marode. Neue Anschlüsse werden nur in Ausnahmefällen oder bei guten Beziehungen vergeben. Es scheint unglaublich, aber die Wartezeit für einen Telefonanschluss beträgt in dieser Kriegszeit bis zu zehn Jahre.

Die Revolution hat die Nation gespalten. Umso wertvoller ist daher eine intakte Nachbarschaft. Die Nachbarn meiner Freunde stellen ihnen den eigenen Apparat bei wichtigen Anrufen zur Verfügung. Darum konnte ich aus Deutschland gut mit ihnen in Verbindung bleiben. Nachdem ich nun heil angekommen bin, muss ich unbedingt in Deutschland anrufen, damit sich meine Lieben zu Hause keine Sorgen mehr machen. Immerhin sind drei Tage seit meiner Abreise vergangen. Doch die Verbindung von Karadsch ist gestört. Darum fahren wir zum Hauptpostamt nach Teheran.

Alle öffentlichen Gebäude werden seit Kriegsbeginn von den *Pasdaran* und den Soldaten kontrolliert. Man befürchtet Anschläge. Aber in den Gebäuden werden die Besucher von den Revolutionswächtern terrorisiert. Darum beratschlagen wir uns vor der Post, wie ich mich verhalten soll. Mit dem *Tschador* komme ich jetzt besser klar. Mahvasch hat mir ein Gummiband eingenäht, sodass er am Kopf Halt hat. Nun schließe ich ihn von innen möglichst unauffällig mit Sicherheitsnadeln. Keinesfalls bin ich gegen Schikanen immun. Darum beschließe ich, so zu tun, als spräche ich kein *Farsi.* Mahvasch will sich als meine Übersetzerin ausgeben. Mal sehen, wie es mit den Englischsprachkenntnissen der Wächter aussieht. Schon als ich die Post betreten will, reagieren die weiblichen Kontrolleure sehr unfreundlich. Nachdem sie meine Kleidung kontrolliert haben, verwehren sie mir den Eintritt. »Sie tragen keine Strümpfe!«, lautet die Begründung mit einem Verweis auf die Kleiderordnung. Glatter Hohn ist das. Mein schwarzer *Tschador* bedeckt mich vollständig. An den Füßen trage ich geschlossene Stoffschuhe. Nur mein Gesicht, das sie inzwischen ausgiebig betrachten, ist unbedeckt. Sofort fallen meine getuschten Wimpern auf und ich werde beschimpft. Verärgert schlucke ich meinen Widerwillen hinunter. Wenn ich aufbegehre, lassen sie mich eventuell überhaupt nicht telefonieren. Also mache ich mich übel gelaunt auf die Suche nach einem Laden, um mir Socken zu kaufen, und ziehe sie sofort an. Als ich zurückkomme, ist an meiner Kleidung nichts mehr auszusetzen, doch die Wächterinnen stellen sich mir wieder in den Weg. Zu dritt umrunden sie mich mit verschränkten Armen und betrachten mich abschätzend. Ich werde aufgefordert, mich einmal um die eigene Achse zu drehen. Plötzlich fragt mich eine, ob ich regelmäßig bete. Die anderen starren mich aus zusammengekniffenen Augen an. Mühsam unterdrücke ich ein wütendes Lachen. Das ist kurios. Mein Blick schweift zu Mahvasch, die mich warnend ansieht. Die Frage steht immer noch im Raum. Ich überlege. Beten, nur um zu telefonieren? Vielleicht soll ich als Nächstes auf den Knien hereingerutscht kommen? In Deutschland werden solche Sachen mit versteckter Kamera gedreht. Also gut, ich spiele mit. Die beiden schwarzen Krähen vor mir – eine hat sich entfernt, um eine andere Frau zu schikanieren – scheinen nicht die Hellsten zu sein. Gestenreich erkläre ich auf Englisch, ich würde nur in deutscher Sprache beten. Mahvasch verkneift sich ein Grinsen und übersetzt. Nun bitten sie um eine Kostprobe. Dazu fällt mir Goethe ein. So sage ich andächtig: »Willst du immer weiterschweifen? Sieh das Gute liegt so nah. Lerne nur das Glück ergreifen, denn das Glück ist immer da!« Sie starren mich an. Ich sehe ihnen geradewegs in die Augen. Das beherrsche ich gut, denn ich habe mit meiner Katze in Hamburg lange Niederstarren geübt. Endlich lassen sie mich widerwillig durch. Der alte Goethe hätte bestimmt gelacht, weil ich mir mit seinem Gedicht Einlass in die Teheraner Post verschafft habe. Endlich ist auch das Glück wirklich da. Die Leitung ist diesmal nicht defekt. Danke, Goethe!

Teheran wächst unaufhaltsam, ein wahrer Moloch! Die Stadt ist nicht schön, eher bedrückend. Nachdem wir die Post verlassen haben, bummeln wir ein bisschen durchs Univiertel. Hier reiht sich ein Buchladen an den anderen. Hinter jeder Ladentheke hängt ein Konterfei Chomeinis. Ich kaufe mir ein paar Heftchen von Ali Schariati.[13] Bücher sind mein Paradies. Im Iran sind inzwischen Schriften aller Couleur verboten, welche die Religion und Politik der Islamischen Republik in Frage stellen. Iranische Journalisten und Schriftsteller haben seitdem keinen leichten Stand. Die neue Staatsform betrachtet jede Kritik an sich als persönlichen Verrat. Kritiker werden verhaftet, oft hingerichtet. Unzählige Bücher wurden zu Beginn der Revolution verbrannt – das erinnert an ein anderes Kapitel dunkler Geschichte, das auf europäischem Boden stattfand.

Auf der Straße rotten sich ein paar dunkelgekleidete Männer zusammen. Es sieht nach einem organisierten Protest aus. Wir beeilen uns, das Unigelände zu verlassen, und besuchen Mahvaschs Schwester Fataneh, die ganz in der Nähe lebt. Mitra, ihre 16-jährige Tochter, hat sich ihr Gesicht mit Blondiermitteln eingerieben, um eine weiße Haut zu bekommen. Ich bin entsetzt. Die Deutschen legen sich in die Sonne, um Farbe auf die Blässe zu bekommen. In Teheran jedoch gilt eine braune Haut als unfein und provinziell. Verrückte Welten. Wann werden wir uns je so akzeptieren, wie wir sind?

Abdullah kommt zu Besuch, Mahvaschs Bruder. Er hat ein paar Tage Urlaub von der Front erhalten. Zuletzt sah ich ihn, kurz bevor er die Schule abschloss. Nun bin ich erschüttert, was aus diesem fröhlichen Familienclown geworden ist. Ernst und distanziert nimmt er Platz. Nach einer Weile zieht er seine Brieftasche heraus und zeigt mir seine neuesten Fotos.

»Schau mal, Bary, hier sind Fotos meiner besten Freunde. Hab ich zur Erinnerung gemacht.« Ein trauriges Lächeln huscht über sein Gesicht. So selbstverständlich als zeige er nette Familienaufnahmen, hält er mir die Bilder der Toten hin. Die Gesichter der beiden sind zerschossen und völlig unkenntlich. Mühsam verberge ich mein Entsetzen.

»Weißt du, Bary«, fügt er erklärend hinzu, »es sind die letzten Fotos, die mir von ihnen geblieben sind. Verdammt, sie fehlen mir so sehr. Das war's also, das Leben.«

Sanft streicht er mit dem Finger über die Bilder, als wolle er seine Freunde liebkosen, dann steckt er sie sorgfältig zurück. Der Krieg verändert die Menschen überall auf der Welt. Abdullah ist erst zweiundzwanzig Jahre alt. Ich wünsche ihm, dass er den Krieg wenigstens ohne körperliche Schäden übersteht.

»Abdullah, was denkst du über den Krieg? Oder magst du nicht darüber reden?«

Nachdenklich blickt er mich an. »Manchmal fehlen mir die Worte, um zu beschreiben, was wir alle durchmachen. Dieser Krieg ist ein dunkler Dämon, ein fürchterlicher Vampir, der unser Blut saugt. Er hat mir meine Jugend geraubt.« Er hält inne. Eine Träne glänzt in seinem Auge. »Verdammt, er dauert nun schon sechs lange Jahre. Und dann die Kosten. Unsummen von Geldern hat er gefressen wie ein nimmermüdes Raubtier. Weißt du, was das heißt? Die alljährlichen Erdöl-Einnahmen von fast 30 Milliarden Dollar gehen fast vollständig für den Krieg drauf.

Hinzu kommt noch das Wirtschaftsembargo, das uns der Westen beschert hat.«

»Wie ist denn die Stimmung bei den Soldaten?«, wage ich eine Frage.

»Sie sterben, Bary, ganz leise. Immer mehr. Niemand dachte zu Beginn, dass es so lange dauern würde. Die Landbevölkerung leidet am meisten. So viele Menschen haben kein Dach mehr über dem Kopf. Die Väter sind im Krieg oder gestorben. Frauen und Kinder hungern. Dieses Schwein Saddam hat schon ein paar Mal Giftgas eingesetzt. Woher er das hat, weiß der Himmel! Und weißt du, ich habe den Respekt verloren vor dieser sogenannten Islamischen Revolution. Ich sehe Kinder und Jugendliche auf dem Schlachtfeld. Um die Stirn tragen sie eine Binde, beschriftet mit einem Koranvers. Sie werden *Bassidschi* genannt – die Todgeweihten. Sie dienen nur diesem Zweck. Unbedingter Gehorsam. Die Jungen tragen als Symbol einen Schlüssel um den Hals, der ihnen die Angst vor dem Krieg nehmen soll. Es wird ihnen weisgemacht: Wenn du im Krieg stirbst, kommst du sofort ins Paradies, denn du trägst ja den Himmelsschlüssel. Viele von ihnen sterben allein schon durch falsche Waffenhandhabung. Gerade weil sie klein und behände sind, überträgt man ihnen die gefährlichsten Aufträge, wie zum Beispiel Handgranaten unter feindliche Panzer zu legen. Mitunter explodieren sie ihnen schon vorher in den Händen. Die vielen toten Kinder brechen mein Herz.«

Er unterbricht sich. Dann schaut er mich offen an.

»Ich muss einmal darüber sprechen. Ob es mir Erleichterung bringt, weiß ich nicht. Aber wenn ich es nicht tue, dann platze ich. Weißt du, wie die Wahrheit aussieht? Wir konnten Teile kindlicher Körper sehen, die den ganzen Boden bedeckten: Stücke von Fleisch und Knochen, einige von ihnen klebten an Dornbüschen und Geröllhalden. Es war, als hätte der Himmel Fleisch und Blut geregnet.«

»Oh Abdullah!«

»Einige der Kinder hatten einen Weg gefunden, ihre Körper während der Zeit ihres heldenmütigen Endes mehr oder weniger intakt zu halten. Weißt du, was sie taten? Ich sage es dir. Sie hüllten sich in Decken, bevor sie über die Minen schritten. Daher konnten ihre Überbleibsel leichter zusammengesucht werden, um sie daheim den stolzen Eltern zu präsentieren. Sie taten dies, um ihren Ausbildern zu helfen, denn die brauchen Körper zum Vorweisen, um andere Jugendliche damit anzuspornen, denselben Weg ins Paradies zu gehen.«

Grausamkeit macht sprachlos. Abdullah lächelt traurig: »Ja, so ist das. Wir haben mal gedacht, die Zeiten nach der Revolution wären für uns das Paradies. Doch stattdessen befördern uns Waffen dorthin. Die Hölle auf Erden haben wir schon.«

»Wie schätzt du die Lage ein, Abdullah? Wird der Krieg noch lange dauern?«

»Nein«, antwortet er ernst, »da bin ich ganz sicher. Da ist so eine große Müdigkeit auf beiden Seiten. Wir sind zwar alle jung an Jahren, aber wir fühlen uns alt wie Greise. Wohl dem, der überlebt und nicht alles verliert!«

»Was denkst du, wie es weitergeht?«

»Das weiß der Himmel, Bary. Der Kriegsdienst im Iran dient als Voraussetzung für eine erfolgreiche Bewerbung um Arbeit und als Pflicht vor oder nach dem Studium. Ich habe ihn dann endlich hinter mir, und ich möchte nie – niemals wieder eine Waffe berühren.«

»Abdullah, sag mir, hast du schon direkt auf Menschen geschossen? Hast du schon welche getötet? Du musst mir nicht antworten, wenn du nicht willst.«

Er zögert einen Moment. Dann sieht er mich an, und tief aus seinem Inneren kommt der Schmerz in die Pupille gekrochen. »Ja, Bary, aber frage mich bitte nicht wie. Es wird mich verfolgen, solange ich lebe. Weißt du, eigentlich wollte ich Medizin studieren und Menschen heilen, statt auf sie zu schießen.« Er presst die Lippen zusammen und wendet den Blick ab.

Wir schweigen. Der Krieg frisst alles. Letztendlich nimmt er den Menschen sogar noch die Würde. Ich denke daran, wie gut es uns in Deutschland geht und wie wenig wir unsere Vorteile schätzen, weil wir uns an sie gewöhnt haben. Das alltägliche Elend in den Medien lässt uns abstumpfen und berührt uns kaum, weil wir nicht betroffen sind. Aber gehe einmal, nur einmal dorthin, wo das Elend nach Menschen greift, die dir etwas bedeuten.

Der Krieg und das vom Westen verhängte Embargo sind allgegenwärtig. Ich bin erschüttert, dass Grundnahrungsmittel wie Eier, Mehl, Fleisch, Milch nur gegen Coupons erhältlich sind. Natürlich sind die Lebensmittel für Coupons billiger zu bekommen. Mit Sicherheit ein Vorteil, denn die Verknappung der Lebensmittel hat zu Engpässen und Preistreiberei geführt. Problematisch ist allerdings, dass die Coupons in der Moschee ausgegeben und die Menschen, die diese Coupons beanspruchen, datenmäßig festgehalten werden. Das kann für diejenigen gefährlich werden, die bereits politisch aufgefallen sind und aufgrund dessen von den neuen Machthabern verfolgt werden. Ohne Coupons sind die Lebensmittel kaum bezahlbar. Vor den Läden bilden sich lange Warteschlangen und manchmal ist der Vorrat schon erschöpft, wenn die Reihe an einen selbst kommt. Da heißt es, einen neuen Laden suchen und sich wieder hinten anstellen. Mahvasch hat drei Tage gebraucht, um ein Huhn zu kaufen und ein paar Eier aufzutreiben. Das ist besonders schwierig für berufstätige Frauen wie Mahvasch, die durch den Einkauf wertvolle Zeit verlieren.

Das Foto des Revolutionsführers Ayatollah Chomeini sehe ich in jeder Wohnung, die ich betrete. Auch bei Kazem und Mahvasch hängt eines, allerdings nur postkartengroß und versteckt in einer Ecke der Eingangshalle.

»Wenn in diesen Tagen in einer Wohnung kein Chomeini-Bild hängt, ist das sofort auffällig«, meint Mahvasch. »Geraten Menschen ins Visier der Revolutionswächter – du glaubst gar nicht, wie schnell du verdächtig bist –, finden Hausdurchsuchungen statt. Wenn du dann kein Bild an der Wand hast, hast du schon verloren.« So viel zum Chomeini-Kult 1986 im Iran.

Kazem bedauert: »Während des Krieges und der Revolution sind Werte verloren gegangen wie Zusammenhalt und Familiensinn. Revolutionsbefürworter denunzieren selbst ihre Nachbarn. Die Revolution sitzt wie ein fester Stachel im Fleisch, der sich nicht ziehen lässt.«

Allerdings beobachte ich wiederholt und mit Freuden, wie sich die Menschen hier Nischen suchen zu ganz persönlichen, traditionellen und kulturellen Werten, die sie liebevoll pflegen.

In Teheran herrscht bis spät in die Nacht reger Verkehr. Um gut durchzukommen, nutze ich gern die günstigen und praktischen Sammeltaxis. Rein äußerlich unterscheiden sie sich kaum von Privatfahrzeugen. Allerdings fahren sie immer nur schnurgerade auf den Hauptstraßen durch die Stadt. Wenn ich also von Nord- nach Ost-Teheran fahren möchte, muss ich ein paar Mal das Taxi wechseln, bis ich ans Ziel gelange. Nicht problematisch für Einheimische, aber Landesunkundigen nicht zu empfehlen. Die Taxifahrer verlangen nur ein geringes Münzgeld. Viele von ihnen verdienen sich auf diese Art ein Zubrot. Möchte ich im Sammeltaxi fahren, läuft das folgendermaßen ab: Laut rufend stehe ich am Straßenrand, möglichst auffällig an einer Ecke, am besten noch mit den Armen wedelnd und auf und ab hüpfend. Dann werden die Fahrer aufmerksam und fahren automatisch ganz langsam vorbei. Während ich mein Ziel durch heruntergekurbelte Taxifenster brülle, leiht mir der Chauffeur gnädig ein Ohr. Gefällt ihm das Ziel nicht, fährt er kommentarlos weiter. Ansonsten darf ich einsteigen. Meistens sitzen schon ein paar Leute im Wagen und dann gibt es erst einmal ein fürchterliches Gerangel, bis alle ihren Platz gefunden haben. Manchmal sitze ich nur auf einer Pobacke. Diese Fahrten haben schon etwas sehr Intimes. Der Beifahrersitz wird meist von zwei Personen geteilt, die aber gleichen Geschlechts sein müssen. Jedem deutschen Polizisten würden sich die Nackenhaare sträuben. Mir gefällt diese Art zu fahren immer wieder. Es ist auch nie langweilig. Drinnen findet auf engstem Raum ein reger Austausch statt. Das ist spannender als Zeitung lesen. So manches Detail einer Lebensgeschichte ist zu erfahren. Mitunter wird gemeinsam ein Problem gelöst.

Es ist Donnerstagabend, iranisches Wochenende. Wir sitzen mit neun Personen in einer Limousine, die eigentlich nur für fünf Platz bietet. Um dieses Kunststück noch zu übertreffen, bekomme ich eine Riesenschüssel *Mast-e chiar*[14] auf den Schoß, die ich krampfhaft in den Händen halte, um ja nichts zu verschütten. Die Straße ist durch die vielen Schlaglöcher sehr holprig. In der Schüssel schwappt es gefährlich. Doch im beengten Wageninneren herrscht ausgelassene Fröhlichkeit. Wir sind auf dem Weg zum Park Mellat, um dort zu picknicken. Seit

Ausbruch des Krieges gibt es nicht viele Orte, die abends aufgesucht werden können, denn die meisten Cafés und Restaurants sind leider geschlossen. Manche haben ganz zugemacht, weil ihre Besitzer geflohen sind, andere haben wegen des Krieges nur tagsüber geöffnet.

Der Park ist hell und bunt erleuchtet. Er gleicht einer riesigen Festwiese. Nachdem die Hitze des Tages uns fast gar gekocht hat, weht hier ein frischer Abendwind, der angenehm kühlt. Viele Großfamilien sitzen beieinander, grillen, spielen, schwatzen. Einige haben ihr Bettzeug ausgebreitet, um hier die Nacht zu verbringen, da sie in ihren Wohnungen wahrscheinlich keine Klima-Anlagen haben. Der Krieg ist für einen Moment vergessen, es herrscht eine ausgelassene Stimmung. Unter einem großen Baum schlagen wir unsere bunte Nomadendecke auf, die Platz für alle bietet. Mahvasch und ich verteilen die Speisen und Kazem erzählt währenddessen ein paar lustige Anekdoten. Ich genieße den heiteren Abend. Gegen 22.00 Uhr erlöschen mit einem Schlag alle Lichter. Aus den Lautsprechern dröhnt die befehlsgewohnte Stimme eines Wächters. Er fordert die Menschen auf, den Park umgehend zu verlassen. Ein lautes Murren ist die Antwort. Kaum einer folgt seinen Worten. Die meisten sitzen auf ihren Kissen, pfeifen schrill und rufen nach Licht. Auch wir harren aus. Plötzlich gehen nach fünf Minuten die Lampen wieder an, und alle applaudieren. Da ist es wieder, ein kleines Stück Menschlichkeit in diesen schweren Zeiten, das durch muntere Zurufe an den Wächter wie *»Dastet dard nakon-e«* – »Möge deine Hand niemals schmerzen« und durch ein fröhliches Lachen belohnt wird.

An einem Nachmittag fahre ich mit Mahvasch ins Zentrum von Karadsch. Hier reihen sich die Läden aneinander und ihnen gegenüber stehen offene Verkaufsstände. In den engen Ladenzeilen drängen sich Käufer und Straßenhändler. Menschen, wo ich auch hinblicke! Ich vergleiche den Basar in seiner Lebendigkeit unwillkürlich mit einem Ameisenhaufen, denn alles ist in Bewegung. Kinder schreien, Händler bieten lautstark ihre Waren an, Autos hupen dröhnend. Ein vielstimmiges Konzert! Da das Land durch Krieg und Tod in Trauer ist, dürfen die Menschen in der Öffentlichkeit keine farbenfrohe Kleidung tragen.

Sonst wäre das Straßenbild noch bunter. So aber wird es beherrscht von wogenden *Tschadoren*, die sich wie die Wellen eines schwarzen Meeres auf und ab bewegen. Und ich bin ein Teil davon und lasse mich treiben. Alles ist im Fluss.

Am Straßenrand werden eisgekühlte, frischgepresste Getränke feilgeboten. Bei dieser Hitze brauche ich dringend Flüssigkeit und trinke fast ausschließlich *Âb-e Talebi*. Der erfrischende Melonentrank schmeckt köstlich und belebt die Sinne. Ich bin schon fast süchtig nach diesem Saft. Wir stehen vor einem Laden, dessen mickriges Angebot mich bedrückt.

»Vor dem Krieg waren die Geschäfte gut gefüllt«, sagt Mahvasch und lächelt sehnsüchtig. »Doch der Krieg hat das verändert. Vieles, was es vor Kriegsbeginn im Übermaß gab, wird nicht mehr oder kaum noch angeboten. Westliche Artikel sind irrsinnig teuer und nur für wenige erschwinglich.« Auch hier macht sich das Embargo bemerkbar.

Die einheimische Schuhmode ist geschmackvoll und gut verarbeitet. Doch leider fallen meine Füße mit Schuhgröße 39 etwas aus dem Rahmen. Für hiesige Verhältnisse wohl schon Übergröße. Ich spiele mit dem Gedanken, mir Schuhe anfertigen zu lassen. Der Preis ist akzeptabel. Traurig sieht es in den Bekleidungsgeschäften aus. Vorwiegend wird islamische Bekleidung angeboten, wie Kopftücher und lange Mäntel. Später entdecke ich aber auch Boutiquen mit schöner und eleganter Mode. Die iranische Frau trägt die Kleider nun eben zu Hause, wenn Besuch kommt, oder bei Feierlichkeiten im Freundes- und Familienkreis.

Als ich gerade ein Geschäft verlasse, zieht ein Trauerzug vorbei. Männer mit beschrifteten grünen Stirnbändern tragen zwei offene Särge, in denen erschossene Soldaten liegen. Es ist sehr heiß. Ein süßlicher Geruch zieht herüber. Der Geruch des Todes. Er steigt mir in die Nase und mir wird übel, doch ich darf mich nicht abwenden, denn das wäre eine Missachtung und wird von den Ordnungshütern tätlich bestraft. So stehen wir unter den wachsamen Blicken der *Pasdaran* Spalier. Frauen, Männer und Kinder. Ein Mann, der sich abwendet, erhält einen Schlag ins Gesicht. Seine Nase blutet und er reiht sich schweigend wieder ein. Eine Frau neben mir hält ihrem Kind unauffällig die Hand vor die

Augen. Ich habe ein Würgen in der Kehle und beherrsche mich mühsam. Aus den Lautsprechern des Wagens, der voranfährt, klingen verzerrt Koransuren. Ein paar Klageweiber schlagen sich mit den Fäusten auf die Köpfe und schreien herzzerreißend. Wie in Zeitlupe zieht der Trauerzug an mir vorüber. Ich stehe da wie eine Statue, selbst als nur noch der aufgewirbelte Staub in der Luft hängt. Mahvash greift meine Hand. Wir eilen in eine kleine Nebenstraße, um uns vom Schrecken zu erholen. Ich atme tief ein, doch der Leichengeruch will nicht aus meiner Nase weichen. Er wird mich noch lange begleiten. Ein Wohnungsfenster steht offen und heraus schallt dröhnend die Stimme eines Nachrichtensprechers: Nur 500 Kilometer entfernt am Schatt el Arab tobt erbarmungslos der Krieg, berichtet er, und er bewege sich in Richtung Teheran. Teheran. Mein Gott, wie nah.

Um 21.00 Uhr schließen täglich die Läden. Danach sind die Straßen ausgestorben. Karadsch gleicht einer Geisterstadt. Es herrscht Verdunklungsgebot. Alle Fenster sind verhängt, um einem Angriff kein Ziel zu bieten. Frauen gehen zu später Stunde nicht mehr aus dem Haus. Auch ich würde nachts nicht freiwillig auf die Straße gehen. Oft herrscht sogar Ausgehverbot. An allen Kreuzungen und Ecken kontrollieren *Pasdaran* Autos und Passanten. Manchmal sind es erst 14-jährige Jungen, bis an die Zähne bewaffnet. Sie sind es, die ich fürchte, denn als Kazem einmal nicht schnell genug aus dem Wagen steigt, hält ihm solch ein Junge den Lauf seiner Waffe an die Schläfe. Mir gefriert das Blut in den Adern. Nach einem schier endlosen Augenblick lässt er die Waffe wieder sinken, um sie wenig später wieder vor unseren Gesichtern hin und her zu schwenken. Nachdem sein Kumpel den ganzen Wagen durchwühlt hat, können wir weiterfahren. Ich frage mich, was geschieht, wenn diese Kinder aus Überforderung oder Übermut einmal von der Waffe Gebrauch machen? Dieses Recht hat ihnen scheinbar das Revolutionskomitee eingeräumt. Nur wir sind rechtlos.

Am Abend besuchen wir *Hadschi*[15] Begi, den ich sehr schätze. Er und seine Frau sind warmherzige und weltoffene Menschen. Da er als Flughafenangestellter leichter reisen kann, besuchten mich beide mit ihrer kranken Tochter vor ein paar Monaten in Deutschland. Im Iran herrscht Ärztemangel, weil viele Akademiker geflohen sind. Ihre Beweggründe sind sicher nachvollziehbar, aber leider ist nun eine gute medizinische Versorgung schwierig geworden. Darum hatte die Familie mich gebeten, einen guten Arzt ausfindig zu machen, der die Kleine einmal gründlich untersucht, denn ihr Zustand verschlechtert sich rapide. Farideh ist sieben Jahre alt, geistig behindert und hat zudem noch Arthrose. Ich habe zwei bekannte Kinderärzte in Hamburg konsultieren können, wollte unterschiedliche Meinungen einholen, aber sie konnten leider nicht helfen und kamen beide zum gleichen Ergebnis: Nach sorgfältiger Untersuchung erklärten sie unabhängig voneinander, Farideh würde bald sterben. Ihr soziales Verhalten fand ich bemerkenswert. Der eine Arzt verlangte überhaupt kein Honorar, der andere ein ganz niedriges. Beide waren stark beeindruckt von dem Vater und der Mutter des kleinen Mädchens. *Hadschi* Begi seinerseits war gerührt von soviel Menschlichkeit. Es hat mich viel Überwindung gekostet, das ärztliche Urteil den Eltern zu übersetzen. Sie können sich mit der Diagnose nur schwer abfinden und vertrauen in ihren Gebeten auf Allah.

Nun sehe ich hier die Kleine im Kreise ihrer Familie wieder. Liebevoll umsorgt von den Eltern und den älteren Brüdern, macht sie auf mich einen glücklichen Eindruck. Ich habe ein paar Geschenke mitgebracht, Farideh erhält eine große Puppe. *»Dastet dard nakon-e!«* Alle freuen sich. Im Kreise von *Hadschi* Begis Familie und deren Herzlichkeit fühle ich mich wohl. Bis spät in die Nacht sitzen wir gemütlich auf einem dicken persischen Teppich draußen auf der Terrasse. Über uns leuchtet ein reicher Sternenhimmel, während wir *Tschai*[16] trinken, Gebäck naschen, scherzen und miteinander lachen. Die Kleine schläft friedlich und hat ihren Kopf in meinen Schoß gebettet.

Am nächsten Tag haben wir kein Wasser. Das ist ganz eindeutig die Folge einer gedankenlosen Wasservergeudung. Ich habe wiederholt beobachtet, wie oft mit Wasserschläuchen die Gehwege bespritzt werden, obwohl allgemein bekannt ist, dass im Sommer Wasserarmut herrscht. Zum Glück besitzt Mahvasch noch eine Zisterne für den Notfall.

Das Wort Umweltschutz ist im persischen Sprachgebrauch ein Fremdwort. In einer Millionenstadt wie Teheran ist die Luft durch Auspuffgase so stark verpestet, dass ich mitunter das Gefühl habe zu ersticken. Ich vergleiche mich mit einem Fisch auf dem Trockenen. Meine Nasenschleimhäute verkleben von den Schadstoffen. Als ich meine Nase einmal putze, ist das Papiertaschentuch schwarz.

Benzin ist im Lande des Erdöls sehr billig, es wird staatlich subventioniert, obwohl der Krieg so viel von den Einnahmen aus dem Export verschlingt. Was mich sehr ärgert: Die Motoren laufen selbst bei parkenden Wagen. Eine Unart, die auf meine Frage hin damit begründet wird, dass der Wagen nicht wieder oder nur schwer anspringt, wenn der Motor abgestellt wird. Natürlich sind die meisten Autos sehr alt und hinfällig und ich habe ja schon erfahren, dass Ersatzteile für Reparaturen in diesen Kriegszeiten oft gar nicht oder schwer erhältlich sind. Man improvisiert und bastelt. Dabei kommen die kuriosesten Schöpfungen heraus. Einen Neuwagen kann sich kaum jemand leisten. Die Preise sind unerschwinglich. Hinzu kommt das Risiko einer Beschädigung durch defekte Straßen oder gar eines Diebstahls. Immer öfter denke ich über unsere Überflussgesellschaft zu Hause nach. Zwischen beiden Welten fehlt mir das Gleichgewicht.

Als ich einmal die Autotür zuschlage, klemmt mein *Tschador* ein und fällt mitten auf einer belebten Straße herunter. Wir müssen lachen und auch andere Menschen bleiben stehen und amüsieren sich. Einige rufen mir ein paar spaßige Bemerkungen zu. Bin ich froh, dass kein *Pasdaran* in der Nähe ist! Die ganze Familie ist dagegen, dass ich weiterhin einen *Tschador* trage. Alle sind sich einig: Sie wollen mir einen Mantel kaufen. Ich wehre mich entschieden dagegen. Ein Mantel ist bei dieser Hitze noch unerträglicher als ein *Tschador*, der aus hauchdünnem Stoff besteht, keine Ärmel hat und zumindest Luft an den Körper lässt. Ich glaube, der Hauptgrund ist, dass ihnen allen mein Sicherheitsnadelsystem nicht gefällt. Aber ich setze mich nach einigem Hin und Her mit dem Argument durch, dass mir der *Tschador* eine gewisse Anonymität verleiht und ich mich damit sicher fühle. Unrecht habe ich nicht. Er ist geradezu ideal. Ein Zelt sieht aus wie das andere.

Wenn ich aus Teheran zurückkehre, erscheint mir Karadsch wie ein Labsal mit seinen angenehmen Temperaturen. Die Stadt grenzt zwar westlich ans Gebirge, breitet sich aber malerisch auf den umliegenden Hügeln aus, im Kern eine grüne Lunge mit üppigen Baumalleen und vielen Parkanlagen, die auch die klare und saubere Luft erklären. Wenn die Morgenschleier weichen, senkt sich ein goldener Schimmer auf die Stadt und sie bietet mir einen märchenhaften Anblick. Es ist, als ob ich ein Gemälde betrete. Die Berge ringsum wirken sanft und wellig, als hätte sie ein Handwerker mit einer Feile bearbeitet. Die Pflanzenwelt ist karg, nimmt aber in Wassernähe zu. Gruppen von Silberpappeln säumen das Flussufer und spenden Schatten, während der Wind fröhlich auf ihren Blättern musiziert. Darunter bahnt sich mit Brausen der leuchtendgrüne Fluss seinen Weg durch Steintäler und mitunter springen Forellen wie Silberpfeile über polierte Kiesel. Die Natur in ihrer Wildheit ist hier ungebändigt und der Krieg scheint so fern.

Ich freue mich auf ein kleines Familientreffen. Dreißig Personen werden zum Abendessen erwartet. Die Familien im Iran sind sehr groß. Es gibt kaum Einzelkinder. Alle haben mehrere Brüder oder Schwestern. Das hat den Vorteil, dass hier selten jemand allein ist. Allerdings hat es den Nachteil, dass ich jeden Besuch auch erwidern muss. Dadurch bin ich mehr unterwegs, als ich möchte. Während wir in der riesigen Küche alles vorbereiten, unterhalte ich mich mit Mahvasch über die alltäglichen Probleme der iranischen Frauen.

»Bary, du glaubst gar nicht, welche Schwierigkeiten wir Frauen hier wegen der Geburtenkontrolle haben«, sagt sie und verdreht die Augen. »Die Mullahs mischen überall mit.«

»Erzähle«, fordere ich sie auf, »was für einen Einfluss haben denn die Mullahs darauf – und vor allen Dingen, wieso?«

»In den Apotheken gibt es mittlerweile keine Verhütungsmittel mehr. Ja, sie sind sogar staatlich verboten.[17] Die Mullahs wollen Kinder, die sie für ihre Zwecke instrumentalisieren können.«

»Das kann doch nicht wahr sein«, entgegne ich fassungslos. »Das klingt ja wie schlechte Science-Fiction.«

»Doch, leider ist es so«, antwortet sie, »ein Hauptgrund ist der Krieg, er tötet viele Menschen.«

»Was? Und darum sollen Frauen zu Gebärmaschinen mutieren, um für Nachschub zu sorgen?«, frage ich entsetzt.

»Ach, Bary, was sollen wir denn tun? Pillen, Kondome, alles ist verboten. Sich auf dem Schwarzmarkt etwas zu besorgen, ist strafbar. Das Angebot wird eh immer dünner, weil auch den Schwarzmarkthändlern hohe Gefängnisstrafen drohen. Sie handeln gegen die Revolution. Das gilt als Verrat.«

»Hätte ich das nicht aus deinem Mund gehört, ich könnte es nicht glauben. Was ist nur aus Iran geworden?« Ich versuche, diese Information erst einmal zu verdauen.

»Schau mal, Bary, sind nicht die Kindersoldaten das beste Beispiel? Erinnerst du dich noch daran, was Abdullah erzählte? Vor ein paar Jahren, ich glaube es war 1981, gab es eine Kampagne im Iran unter dem Motto ›Opfert eines eurer Kinder für den Imam!‹. Glaube mir, innerhalb kurzer Zeit brachte das eine Million Freiwillige zusammen.«

»Wie kann das möglich sein? Das ist doch Kindesmissbrauch!« Ich bin entsetzt, das hatte ich selbst dem Regime des Gottesstaates nicht zugetraut.

»Gegen den Vorwurf des Kindesmissbrauches konterten die Mullahs, die westliche Trennung in Kindheit, Jugend und Erwachsenenalter sei reine Willkür und schneide das Individuum von seiner gesellschaftlichen Verantwortung ab.«

»Was?«

»Ja, es hieß, man verbanne den Menschen in Altersghettos und verurteile ihn dazu, jung zu sein. Wieso müssten Kinder dauernd kindlich sein oder etwa hinter dämlichen Bällen herlaufen, statt bereits das Böse zu bekämpfen? So zwängte man sie in kleine Uniformen und bildete sie zum Töten aus. Letztendlich waren sie nichts anderes als Kanonenfutter.«

»Aber Mahvasch, wie konnten die religiösen Führer damit Erfolg haben und wie kann eine Mutter dafür ihr Kind hergeben?«

»Weißt du, vor allem in armen Regionen besonders auf dem Land spielte der Glaube, das Richtige zu tun, eine große Rolle. Doch auch materielle Vergünstigungen für die zurückbleibenden Familien motivierten zusätzlich. Nenne es ruhig Gehirnwäsche. Denn als im Iran die materiellen Vergünstigungen 1982 gestoppt werden mussten, weil das Geld ausging, reduzierte sich die Anzahl der Bewerber für Todeskommandos dennoch nicht.«

»Wie fühlen sich die Kinder und Jugendlichen dabei? Der Druck muss doch immens sein.«

»Sie waren alle Freiwillige, vielleicht mal gerade vierzehn bis zwanzig Jahre alt. Es hieß, sie würden kommen, um das Minenfeld in einen Rosengarten zu verwandeln. In einen Rosengarten!«

»Oh Mahvasch, sie waren Blumen, die in halber Blüte standen. Welch eine schreckliche Idee, mit diesem Begriff den Glauben zu missbrauchen.«

»Man sagte ihnen, sie würden sich vor der Morgendämmerung erheben, in der Zeit, in der die Rosen ihre Kelche öffnen. Dann würden sie über die Minen laufen und einen Sandsturm entfesseln, der wie Donner grollt. Ihre Augen würden nichts sehen und ihre Ohren nichts hören. Die Staubwolke würde sich legen und eine gesegnete Stille über dem Feld aufsteigen. Und sie würden aufsteigen ins Paradies.«

»Was haben die Mullahs da angerichtet! Was wird aus den kleinen Seelen, die den Krieg dennoch überleben? Wie werden sie die Folgen je verkraften?«

»Über Letzteres möchte ich lieber nicht nachdenken. Es wird behauptet, es gäbe Frauen, die es als Gott gegeben betrachten, ihre Kinder sogar zwingen, in den Krieg zu ziehen. Doch ich weiß von Eltern, die ihre Kinder aus Sorge um deren Leben einfach mit einem One-Way-Ticket ins Flugzeug setzen und in westliche Länder schicken.«

»Das stimmt, Mahvasch. Auch in Deutschland stranden Kriegswaisen aus dem Iran, die eigentlich Eltern haben. Für diese Kinder ist das ein Trauma. Sie leben plötzlich in einer fremden Kultur mit einer fremden Sprache, ohne den Schutz der Familie.«

»Aber sie sind in Sicherheit, Bary. Es ist Angst, einfach nackte Angst, welche bei uns Familien auseinanderbrechen lässt und Menschen für Jahre voneinander trennt, die sich lieben und zusammengehören.«

»Wann hört das endlich auf? Und dann kommen die Flüchtlinge im Westen an und werden beschimpft, sie würden das Asylrecht aushöhlen!« Mir ist übel bei dem Gedanken, dass auch Mahvasch und Kazem zwei kleine Söhne haben, Ali ist gerade zwei Jahre, Ehsan vier Jahre alt. Ich hoffe nur, dass dieser grausame Krieg bald endet und das Regime sich nicht mehr lange hält. Als der Abend naht, kann ich das Familienessen nicht so richtig genießen. Als Ali fröhlich vor sich hinbrabbelnd auf meinen Schoß krabbelt und sich vertrauensvoll an mich schmiegt, unterdrücke ich mühsam meine Regung. Ich habe plötzlich Abdullah vor Augen.

Gute Freunde von Kazem wollen sich auf die *Hadsch* begeben. Alle Bekannten, die Nachbarschaft und Familienmitglieder sind eingetroffen, um dem Ehepaar Glück zu wünschen. Die *Hadsch* ist die Wallfahrt zum Hause Gottes. Damit ist die Heilige Stadt Mekka gemeint, in der Mohammad geboren und später der Koran offenbart wurde. Früher wurde mit der Karawane dorthin gereist, heute mit dem Flieger. Wenn sie zurückkehren, dürfen sie sich *Hadschi* nennen. Das ist eine Ehre und alle sind gehalten, ihr gerecht zu werden. Hier zeigt sich der Islam in seiner sanften und heiteren Art, völlig kontrovers zu dem, wie er aus Sicht der westlichen Welt geschildert wird. Im Mittelpunkt der islamischen Lehre stehen fünf religiöse Pflichten, auch die »Fünf Säulen des Islam« genannt. Sie beinhalten Glaubensbekenntnis, tägliches Gebet, Fasten, Almosengeben und die große Pilgerfahrt. Fröhlich, aber auch fromm nehmen die beiden von uns Abschied mit dem Gefühl, etwas Schönes und Reines zu tun. Ein kleiner Ölofen wird vor der Haustür aufgestellt und angezündet. Darauf steht ein Töpfchen mit Weihrauch und anderen getrockneten Kräutern. Diese Mischung heißt im Iran *Esfand*. Als die Kräuter zu räuchern beginnen, wird andächtig der Koran darüber gehalten. Frau und Mann, die sich auf die *Hadsch* begeben wollen, pressen den Koran an ihre Stirn und küssen ihn. Mahvasch löscht als Freundin der Frau das Feuer im Ofen. Mit dem Räuchertöpfchen, dessen feiner Duft eine entspannte Atmosphäre bereitet, kreist sie dreimal segnend über die Köpfe der beiden Reisenden und spricht einen *Do'a.*[18] Als der Wagen anfährt, wird ein Schälchen Wasser auf den Weg geschüttet, den die beiden vorher gegangen sind, und grüne Blätter – hier ist es Zitronenmelisse – darübergestreut. Mit dieser Geste wünschen die Zurückgebliebenen den Pilgern und Pilgerinnen eine glückliche Reise und ein gesundes Wiederkommen. Die unbeschwerte Freude wird mit den Reisenden geteilt.

Einmal fällt mir bei einem Picknick auf, wie unbefangen die Menschen ihr Gebet verrichten. Zwischen schreienden Kindern, Radiomusik, sich unterhaltenden Gruppen breiten sie ihre Gebetsteppiche aus, tief in sich versunken mit dem Gedanken an Gott. So einfach und so klar. Ich sah auf der Straße einen Melonenverkäufer im dichtesten Verkehr beten. Er kniete einfach am Rande der Fahrbahn, während an ihm Karawanen von hupenden Autos vorbeizogen. Das Gespräch mit Gott, das »Sich-zu-ihm-Bekennen«, ist für die Gläubigen hier nicht abhängig von Ruhe und Abgeschiedenheit. Ich habe großen Respekt vor der Art, wie Menschen hier ihren Glauben praktizieren, auch wenn das nicht mein Weg ist.

Ich habe im Deutschen Konsulat etwas zu erledigen. Draußen wartet eine dichte Menschenmenge – iranische Staatsangehörige, die ein Visum nach Deutschland beantragen oder abholen wollen. Mahvasch erzählt mir, manche warten mitunter mehr als einen Tag und schlafen vor dem Gebäude. Das macht mich traurig. Ich weiß, viele nutzen diesen Weg, um nie mehr zurückzukehren. Leider sind darunter viele Akademiker, und die fehlen dem Lande irgendwann. Sie verlassen den Iran, weil die politische Lage immer unerträglicher wird und sie in ihrer Berufsausübung etliche Einschränkungen hinnehmen müssen. Immer häufiger werden sie auch politisch verfolgt, wie ein befreundetes Ehepaar, die beide als Ärzte in der Pathologie gearbeitet haben. Man bezeichnete sie als Leichenfledderer und ihren Beruf als Schande.

Im Konsulat lege ich erst einmal meinen *Tschador* ab. Das bringt mir manch verdutzten Blick der Wartenden ein. Einige zeigen sichtlich Freude. Doch flugs kommt ein Konsulatsangestellter auf mich zugeschossen und fordert mich in breitem Bayrisch auf: »Legen Sie bitte in Ihrem eigenen Interesse den *Tschador* wieder um!«

Ich finde sein Verhalten sehr befremdend. »Sie machen wohl Witze«, entgegne ich spitz.

»Nein, überhaupt nicht! Da draußen vor der Botschaft lauern überall *Pasdaran*. Der Mob könnte Sie beim Verlassen der Botschaft belästigen. Schützen können wir Sie dann von hier aus nicht mehr.«

Nee, nun bin ich bockig. Schließlich befinde ich mich auf deutschem Gebiet. Im Iranischen Konsulat in Hamburg habe ich mich auch angepasst und ein Kopftuch getragen. Es passiert rein gar nichts, als ich das Konsulat verlasse. Viel Lärm um nichts.

Anschließend fahren wir nach Mehr Schahr. In einer großen Parkanlage liegt das einstige Anwesen der Schahschwester Schams, das jetzt zu einem Museum umgebaut und allen zugänglich gemacht wurde. Alle umzäunten Parks sind am Eingang mit Schranken versehen und kleinen Bretterbuden, an denen Wächter lehnen, um die Besucher zu kontrollieren. So auch hier. Ich fühle mich nicht wohl und zittere innerlich bei dem Gedanken, dass ich unangenehm auffallen könnte. Um das Anwesen überhaupt betreten zu können, werde ich einer strengen Leibesvisitation unterzogen. In diesem ehemaligen Schahgarten lässt es sich nicht unbeschwert spazieren gehen, denn überall wacht die Moralpolizei, besonders über die Passantinnen, und beobachtet jeden ihrer Schritte haarscharf. So habe ich eher das Gefühl, in einem Gefängnisgarten Ausgang zu haben, denn in einem Park zu lustwandeln. Ich habe mir angewöhnt, meine Augen hinter einer dunklen Sonnenbrille zu verstecken, weil ich sie weiterhin schminke. Ich kann's halt nicht lassen. Tief in mir regt sich einfach Widerspruch gegen diesen ewigen Druck. Von meinem Gesicht ist, verdeckt durch die große Brille, nunmehr nur Mund und Nase zu sehen. Meinen restlichen Körper verbirgt züchtig mein ungeliebter *Tschador*. In dieser Umgebung habe ich aber auch das irrationale Gefühl, er gäbe mir Schutz. Ist das schizophren?

Das Haus von Schams beeindruckt mich nur von außen. Es sieht aus, als hätte der Architekt eine große Muschel aus Alabaster geschliffen. Beim Betreten des Gebäudes müssen wir wie vor der Moschee die Schuhe ausziehen. Drinnen wirkt es ziemlich verwahrlost. Was nicht niet- und nagelfest war, ist während der Revolution abhanden gekommen. Ja, die Revolution hat einer Menge schwarzer Schafe zu einem kleinen Vermögen verholfen. Allerdings ist noch ein Hauch der alten Pracht vorhanden. Ich versinke fast bis zu den Knöcheln in fünf Zentimeter hohen Teppichen. Es ist ein Genuss, barfuß darüberzugehen. In der Marmorhalle befinden sich Springbrunnen und Vogelmenagerien. Auch das ehemalige hauseigene Kino ist noch erhalten. Es wirkt auf mich wie eine rote Höhle, weil es, begonnen von den dicken Teppichen, bequemen Sesseln, stoffbezogenen Wänden bis zum Vorhang, in samtener tiefroter Farbe gehalten ist. Als ich die ehemalige Pracht, diesen verschwenderischen Luxus, betrachte, denke ich an die armen Bauernfamilien, die unter dem Schah nie eine Lobby hatten. In manchen Dörfern gab es nicht einmal einen Brunnen und die Menschen mussten kilometerweit laufen, um an Wasser zu gelangen. Soviel zur Fürsorgepflicht des damaligen Herrschers, der in Saus und Braus lebte, obwohl er stets betonte, sich für die arme Landbevölkerung einsetzen zu wollen.

Draußen knipse ich ein paar Fotos. Da ich normalerweise keine Brille trage, fällt es mir schwer, mit der Sonnenbrille zu fotografieren. Kurzentschlossen nehme ich sie ab. Dann geht alles in Windeseile. Während ich noch am Einstellen der Kamera bin, hält mit kreischenden Bremsen ein Auto neben mir auf dem Sandweg. Per Lautsprecher werde ich aufgefordert, umgehend in den Wagen zu steigen. Ich blicke mich um und sehe in Kazems entsetzte Augen. Mahvasch kommt sofort angerannt und gibt mir durch Zeichen unauffällig zu verstehen, dass ich mich dumm stellen soll. Das scheint, seit ich hier bin, meine Hauptaufgabe zu werden. Ich steige in den Wagen und vermeide geflissentlich, *Farsi* zu sprechen. Mahvasch gibt sich als meine Übersetzerin aus. In dem Wagen sitzen drei Moralapostelinnen vom Tugendwächterverein e. V. Ich betrachte sie verständnislos fragend, obwohl in mir innerlich jede Saite vibriert. Eine Tugendwächterin reicht mir einen Tiegel Nivea-Creme, made in Hamburg – heimatlich ist mir dabei allerdings nicht zumute. Sie fordert mich auf: »Schminken Sie bitte sofort Ihre Augen ab.« In mir brodelt es. Ich tue so, als würde ich nicht verstehen, und blicke Mahvasch fragend an. Sie wiederholt den Satz auf Englisch und wirft mir einen warnenden Blick zu. Überrascht hebe ich die Brauen.

Mühsam beherrscht nehme ich die Dose entgegen, um Kazem und Mahvasch nicht zu schaden. Sie sind es, die unter diesen Bedingungen weiterleben müssen, wenn ich schon längst wieder in Deutschland bin. Die Tugendwächterinnen grinsen falsch-freundlich, während ich mich, innerlich vor Wut kochend, abschminke. Nun bekomme ich noch eine Gratisbelehrung mit auf den Weg, wie sich eine tugendhafte Frau zu kleiden und zu verhalten hat. Mahvasch übersetzt brav, sodass ich alles zweimal anhören muss, was meine Laune nicht gerade bessert. Außerdem, tönt die Moralpolizei, sei das Land in Trauer und das sollte ich auch als Besucherin zur Kenntnis nehmen und verinnerlichen. Mahvasch blickt so geknickt drein, als hätte es sie erwischt. Meine Wut kühlt dadurch ab, es tut mir leid. Ich weiß, wie sie sich fühlt. Als Gastgeberin ist sie für mich verantwortlich und damit bloßgestellt worden. Die revolutionären Uhren ticken hier alle rückwärts!

Die Wächterinnen betrachten unterdessen eingehend meinen Pass und blicken mich immer wieder forschend an. »Ihr Vater!«, sagt eine von ihnen und weist auf den Namen. »Hat der auch einen deutschen Pass?« »Seit seiner Kindheit«, lüge ich, nachdem Mahvasch übersetzt hat. Meine Grenze ist erreicht, als mir Miss Tugend mit erhobenem Finger mitteilt: »Seien Sie froh, dass Sie einen deutschen Pass haben. Eine hier lebende Iranerin kommt bei Wiederholung dieses Verstoßes in eine Umerziehungsanstalt.« Ja, und wie froh ich bin! Das hätte mir noch gefehlt, den Rest meines Urlaubs im Umerziehungslager zu verbringen! Endlich darf ich den Wagen verlassen. Mahvasch streckt der Lehrmeisterin meiner wieder gefundenen Tugend hinter vorgehaltenem Tuch die Zunge heraus. Diesmal muss ich mir ein Lachen verkneifen. Die Situation ist wirklich grotesk. Eine Zeit lang bin ich noch etwas muffig. Dann überwiegt mein fröhliches Naturell und ich versuche, diesen Vorfall zu vergessen. Zimperlich wird im neuen Iran nicht miteinander umgegangen – auch nicht unter Frauen.

Später lese ich in der Zeitung, dass Ayatollah Montaseri die Polizei und die Moralprediger kritisiert, weil sie zu hart mit der Bevölkerung umspringen. In dem Artikel plädiert er dafür – nun muss ich wirklich grinsen –, dass die Frauen sich ruhig schminken sollen. Auch ansonsten ginge es nicht an, die Menschen dermaßen unter Druck zu setzen. Montaseri ist für seine liberalen Ansichten bekannt. Wenn es nach ihm ginge, wären Staat und Religion getrennt. Nach seinem Plädoyer hat man ihn unter Arrest gestellt und ihm das Wort verboten.[19] Hier wird deutlich, dass auch die Geistlichen uneins sind. Auf der Straße höre ich öfter, die Geistlichen seien nicht so grausam, wie die ausführenden Polizeiorgane. Das ist allerdings schwer zu glauben, denn die Polizei untersteht ja den geistlichen Führern. Ich will nicht in Zweifel ziehen, dass es einige liberal denkende Geistliche wie Montaseri gibt, doch deren Stimmen werden schnell von den eigenen Leuten erstickt. Nach außen will man Geschlossenheit zeigen.

Am nächsten Tag gibt Radio Teheran folgende Meldung durch: »Die Umgebung der Hauptstadt wurde vergangene Nacht bombardiert. Viele Einwohner kamen, während sie schliefen, ums Leben. Der Flughafen blieb verschont.«

Obwohl Probleme wie Krieg, Revolution, Embargo und vor allem die Angst um die Familie oder das eigene Leben die Menschen hier wie eine Fessel umklammern, gewahre ich mitunter eine gewisse Gelassenheit, ja Heiterkeit. Was geschieht, ist unabwendbar. *Sarnewesht* – das auf die Stirn Geschriebene. Schicksal.

Schiraz, die Blumige, und Isfahan, die Geschändete

Teheran träumt nur im Schlaf vom Frieden. Wie ein schwarzer *Tschador* ruht die Nacht auf der Stadt. Nicht einmal der Mond zeigt sein blasses Gesicht in dieser Finsternis. Ohne Licht schleicht unser Taxi durch die menschenleeren Straßen. Schlaftrunken hocke ich auf den mit Plastikfolie überzogenen Polstern und spüre bei jedem Ruck die schlechte Federung. Ich schaue auf blinde, verhängte Fenster, die mich geisterhaft aus ihren düsteren Höhlen anzustarren scheinen. Atemlos scheint jeder Stein zu lauschen. Lauert irgendwo in der Dunkelheit der Feind? Unverdrossen holpert unser Taxi über den beschädigten Asphalt. Erstaunlicherweise verliert sich die Angst unter dem Mantel der Gewohnheit. Ich freue mich auf die Kurzreise in den Süden. Unser Fahrer übersieht ein Schlagloch und Mahvasch, die im Halbschlaf vor sich hindämmert, fährt erschrocken in ihrem Sitz hoch. Doch die Kinder schlafen friedlich in unseren Armen. Nach einer schier endlosen Fahrt erreichen wir endlich Mehrabad, den Flughafen von Teheran.

Im künstlichen Licht wirkt die Flughafenfassade abweisend wie ein Gefängnis. Die vielen Einschüsse im Mauerwerk sind stumme Zeugen alltäglicher Gewalt. Zahlreiche Panzer und Flugabwehrraketen bilden einen Schutzring um das Gelände. Überall stehen Soldaten. Wie ein eiserner Ring legt sich Beklommenheit um mein Herz, als ich das Gebäude betrete, das wir nur nach den Geschlechtern getrennt aufsuchen dürfen. Kein Mensch kann hier unkontrolliert hinein oder hinaus. Die Halle wirkt auf mich wie ein Beerdigungsinstitut, nur schwarzgekleidete Menschen, die sich im Flüsterton unterhalten. Sie gleichen Scherenschnittfiguren, die kein Eigenleben zu haben scheinen. Ich spüre meine Anspannung in jedem Muskel, in meinen Schläfen hämmert es und mein Puls dröhnt wie ein überlautes Uhrwerk in den Ohren. Während ich die Kontrollen über mich ergehen lasse, habe ich nur den Wunsch, nicht aufzufallen. Schweigend reihe ich mich ein in die Schlange der Frauen. Wir wirken wie ein Meer von schwarzen Zelten, die im Takt voranschweben. Die Klimaanlage ist ausgefallen. Die Luft ist stickig und raubt mir schier den Atem. Es riecht nach Angst und Schweiß.

Endlich. Die letzte Kontrolle. Ich stocke. Mein Blick bleibt an dem riesigen Banner haften, das ich bei meiner Landung aus Tābriz kurz registriert hatte. Nun stehe ich direkt davor. Wieder lese ich die roten Lettern: DOWN WITH THE U.S.A.! Daneben grinst ein überdimensionaler schwarzer Totenschädel. Ein Gruß an Staatsfeind Nr. 1, der mittlerweile im Verdacht steht, Saddam im Krieg gegen Iran zu unterstützen. Eine seltsame Verabschiedung, denke ich. Seufzend besteige ich die Maschine, auch nicht gerade das neueste Modell. Wie hypnotisiert starre ich aus dem kleinen Fenster auf den Panzergürtel, bis er aus meinem Blickwinkel schwindet.

In der Morgendämmerung fliegen wir Schirāz an. Schirāz[20] – schon der Name klingt wie Musik. Sie ist die Rose unter den Städten Irans und liegt südlich des Sagrosgebirges. Einst war sie das Zentrum der persischen Dichtung und Philosophie. Ich freue mich auf diese mystische Stadt. Das Flugzeug setzt zur Landung an. In diesem Augenblick geht wie ein Feuerball die Sonne vor uns auf. Wir scheinen direkt hineinzutauchen. Ich bin einfach nur glücklich. Ein gutes Omen für unseren Ausflug. Als wir die Maschine verlassen, schlägt uns trotz der frühen Stunde Hitze entgegen. Ein heißer Wind streift unsere Gesichter. Mahvasch sieht blass aus; denn die hohe Temperatur macht ihr zu schaffen. Im Gegensatz zu mir, verträgt sie Wärme nicht so gut.

Im Taxi ist es siedend heiß. Ich genieße ausgiebig das schöne Panorama. Die Berge rings um die Stadt leuchten grün in der Morgensonne. Unzählige Weinstöcke ziehen sich die Hänge hinauf und verleihen der Landschaft etwas Sanftes. Was Schirāz einst auszeichnete, war der berühmte rote Schirāzi. In Versen und Liedern wurde der Wein von Dichtern wie Hafez[21] und Sa'adi[22] besungen. Ich denke an meinen Vater. Er hat den Wein von Schirāz geschätzt und sich so manche Kiste kommen lassen. Lange Zeit wurde unter Weinkennern darüber spekuliert, ob die Rebsorte Syrah von hier stammt. Bestätigt werden konnte dies nicht. Nun spielt es keine Rolle mehr. Nach der Revolution wurde das Alkoholverbot ausgesprochen. Seitdem wird kein Wein mehr hergestellt – wenigstens nicht offiziell.

Schirāz ist die Hauptstadt der zentralen Südprovinz Fars und zählt mittlerweile zu den fünf größten Städten Irans. Ich denke, alle Iranreisenden sollten ihr unbedingt einen Besuch widmen. Diese heitere und lebendige Stadt hat zwei mächtige altpersische Königshäuser hervorgebracht, die Achämeniden, die von 559 bis 330 v. Chr. herrschten, und die Sassaniden, die letzte altpersische Dynastie, die von 224 bis 642 n. Chr. Persien regierte. Was die Stadt jedoch prägt, sind ihre Mystiker, deren Verse und Geschichten noch heute in aller Munde sind.

Wir nähern uns dem Stadtkern, der sich mir duftig wie der Kelch einer Blüte öffnet. Wohin ich auch schaue, lächeln mir bunte Blumen entgegen. Jedes noch so kleine Plätzchen ist liebevoll bepflanzt. Die Straßen wirken wie frisch gefegt und selbst die Häuser hat der Krieg bisher verschont. Palmen säumen ganze Alleen. Ihre Kronen wiegen sich im leichten Sommerwind und spenden dem pulsierenden Leben zu ihren Füßen erfrischenden Schatten. Die Stadt trägt ihren Namen »Garten Irans« zu Recht. Es heißt, die erste Rose dieser Welt sei in Schirāz erblüht. Als wollte die Stadt noch einmal darauf hinweisen, blühen in den Gärten und an den Wegen Rosen in leuchtenden Farben, die einen lieblichen Duft verströmen. Kein Dichter konnte ihnen widerstehen. So wurden im alten Persien die Rose und ihre Freundin, die Nachtigall, verehrt und vielfach besungen.

Die Morgensonne brennt heiß vom weißblauen Himmel. Schirāz ist erwacht, die Stadt und die Straßen beleben sich. Selbst in dieser Idylle patroulieren überall Soldaten, die den nahen Krieg nicht vergessen lassen. Einige haben sich eine Blume in den Lauf ihrer Waffe gesteckt. Auch die Soldaten können sich dem Zauber der Stadt nicht entziehen. Wer weiß, vielleicht liegt morgen schon diese Blume vertrocknet im blutgetränkten Staub.

Hier im Südiran ticken die Uhren bezüglich der Kleiderordnung anders. Einige Frauen tragen Halbmasken. Sie ähneln den Karnevalsmasken in Venedig, sind ein- oder mehrfarbig und haben mitunter ein Schnabelstück über der Nase; ich nehme an, damit es nicht zu heiß darunter wird. Dazu tragen sie bunte, farbenfrohe Kleider mit schwingenden langen Röcken, darüber zarte Schleier, durchsichtig und häufig von grüner Farbe. Sie unterscheiden sich in ihrer Kleidung völlig von den Frauen in Teheran, die wie schwarze Krähen gegen diese Paradiesvögel wirken. Kazem sagt, sie seien Nomadinnen und kämen aus Chrusistan, dem Südiran, wo der Krieg momentan gewaltig tobt. Ihre Männer tragen die Tracht der Araber: ein weißes langes Hemd, bis zu den Füßen reichend, und die *Kufiya,*[23] die sie sich wie einen Turban um den Kopf schlingen. In all seiner Buntheit scheint Tausendundeine Nacht hier lebendig.

Im Hotel beobachte ich mit Sorge, dass der Mann an der Rezeption meinen Pass zu lange in den Händen hält. Er wiegt ihn hin und her und fragt mich nach dem Namen meines Vaters, obwohl der im Visum steht. Dann winkt er Kazem zu sich. Ein kurzes Gespräch, das freundlich und höflich verläuft. Ich finde mein Misstrauen schon selbst albern. Vielleicht sehe ich tatsächlich schon Gespenster, aber ich kann mich des Gefühls nicht erwehren, immer auf der Hut sein zu müssen.

Am Nachmittag besuchen wir den Eram, einen jahrhundertealten Blumenpark, der einst den persischen Fürsten gehörte und wegen seiner märchenhaften Schönheit weit über die Grenzen der Stadt berühmt war. Heute ist er ein botanischer Garten, in dem die Hochschule für Gartenbauarchitektur ihren Platz gefunden hat und der allen offensteht. Gerade will ich den Park betreten, da hält mich ein Wächter zurück. »Ziehen Sie bitte umgehend Strümpfe an!«, fordert er mich auf. »Wenn Sie sich nicht an die Vorschriften halten«, fügt er eindringlich hinzu, »dürfen Sie hier nicht hinein.« Eine Diskussion erübrigt sich. Ich schlucke meinen Unmut hinunter und mache wieder kehrt, um mir Strümpfe zu besorgen. Um »meine Tugend« muss ich mir wirklich keine Gedanken machen!, denke ich halb zornig, halb belustigt.

In der Hitze dieses frühen Nachmittags zerfließt die Umwelt wie Butter. Kaum ein Mensch ist zu sehen. Der Park gehört uns allein. Obwohl der Rasen besprengt wird, hat die Sonne tiefe Wunden in ihn gebrannt. Der ewige Kampf zwischen Wasser und Feuer. So widersinnig es klingt, in diesem Moment bin ich froh, den *Tschador* zu tragen, der mich vor ihren sengenden Strahlen schützt. Doch seine Nachteile bekomme ich prompt zu spüren. Der *Tschador* heizt mich zusätzlich auf, weil kaum Luft hindurchdringt. Mir bricht der Schweiß aus allen Poren, obwohl uns die hohen Bäume Schatten spenden, und bald klebt er an mir wie eine zweite Haut.

Im Park herrscht wohltuende Stille, nur unterbrochen von dem beruhigenden Plätschern der Wasseranlagen. Hier fließt das kostbare Lebenselexier in Fülle, an dem es nicht nur im alten Persien schon mangelte. Kaskadenartig ergießen sich schmale Kanäle durch die Gärten und fröhlich hüpfen die Fontänen kleiner Springbrunnen, die kunstvoll mit Mosaiken verziert sind. Tief unter dem Garten ist das Herz verborgen, ein Kanat,[24] das die Vegetation mit Wasser versorgt. Schon vor Jahrtausenden wurden diese Kanate zur Bewässerung eingerichtet, um trockene Flächen zum Blühen zu bringen, und haben sich bis heute bewährt. Darum haben Gärten im Iran eine ganz besondere Bedeutung. Liebesszenen und Trinkgelage, alles spielt sich in der persischen Dichtung im Garten ab, der als Hort der Sinnlichkeit und des Wohlstands galt. In der Nähe eines Baches suchen wir uns ein geschütztes Plätzchen. Schleunigst ziehen wir unsere Strümpfe aus, um die Füße in dem erfrischenden Nass zu kühlen. Oh, tut das gut. Kazem behält die Umgebung im Auge. Aber die Wächter sind bei dieser Hitze viel zu phlegmatisch, um uns zu kontrollieren. Selbst unsere gefiederten Freunde sind verstummt. Sie stillen ihren Durst am Springbrunnen oder hüpfen wie kleine Farbkleckse in sein Becken, um sich zu erfrischen.

Als die Dämmerung einsetzt, sinkt die Temperatur nur wenig, aber der aufkommende Wind erfrischt unsere erhitzten Gesichter. Der Weg führt uns zum Mausoleum Bogh-eye Schah Tscherāgh, König des Lichts genannt, das als Wahrzeichen der Stadt weithin sichtbar ist. Hier ruhen Amir Ahmad[25] und Mir Muhammad, zwei Brüder des Imam Reza, einem direkten Nachkommen des Propheten Mohammed. Staunend stehe ich vor dem Prachtbau, der mich nicht allein durch seine Größe, sondern auch durch seine Schönheit beeindruckt. Er wird von einer zwiebelförmigen Kuppel gekrönt, deren feine Kachelarbeiten im Abendlicht glänzen und sich ebenso an den zwei schlanken Minaretten wiederfinden. Das gewaltige Vordach über den beiden Eingängen wird von zehn Holzsäulen getragen und wirkt dadurch leicht und luftig. Die Wände und Bögen sind insgesamt von bunten Mosaiken überzogen. Die fein gezeichneten Ornamente geben die südliche Stimmung von Schirāz wieder. Ganze Rosengärten mit farbenfrohen Vögeln, springenden Rehen und Löwen sind darauf verewigt. Ich spüre die Liebe des Künstlers in jedem Pinselstrich und die Lebensfreude einer längst vergangenen Epoche. Diesen Moment hätte ich gern mit *Aghadjan* geteilt. Mein Vater fehlt mir so sehr. »*Djah-e to chali ast* – Dein Platz ist leer«, denke ich wehmütig.

Die Nacht bricht herein. Der Schein der aufgehenden Lampen spiegelt sich auf den glänzenden Kacheln wider und hüllt die Moschee in ein mystisches Licht. Sie scheint wie ein Feenschloss von innen zu leuchten. Entrückt genieße ich den märchenhaften Anblick und fühle mich wie ein Kind, das den Schlüssel zum Zaubergarten gefunden hat. Da gibt

Mahvasch mir einen freundschaftlichen Stups. »Komm, Bary!« Sie steuert auf den Eingang der Frauen zu. Ein jäher Schreck durchfährt mich. Dort hinein? Gut, ich trage meinen *Tschador*, dicke Strümpfe und eine Sonnenbrille als sichere Kluft, die mir Einlass gewährt. Aber meine Augen hinter der Brille sind wie immer geschminkt. Ich seufze. Mein Widerstand gegen dieses Verbot ist stärker als meine Angst und ich bin bereit, ihn immer wieder auszureizen. Ich hoffe, er wird nicht nochmals mit einem Tiegel Nivea – made in Hamburg – gekürt. Aber an einen Besuch in der Moschee habe ich dabei nicht gedacht. Jetzt kann ich nur darauf hoffen, keinen Unwillen zu erregen. Mit gemischten Gefühlen folge ich Mahvasch in die Moschee. Die Brille behalte ich vorsorglich auf, auch wenn das Aufmerksamkeit erregen sollte. Wir geben unsere Schuhe ab. Überrascht verharre ich an der Schwelle. Spiegelmosaike schmücken Eingangshalle und Kuppel, blenden Augen und Sinne. Mir ist, als würde ich in einen großen Diamanten treten. Es funkelt, gleißt und strahlt in allen Farben, in welche Richtung ich mich auch wende.

Das hohe Deckengewölbe wird von Säulen und Rundbögen getragen, dekoriert mit unzähligen Kristallen, die wie Sterne funkeln und in ihrer Anordnung schon ein wahres Kunstwerk sind. Die weißen Marmorsäulen sind vergoldet und mit Ornamenten übersät. Der Fußboden ist aus blankem hellgemaserten Marmor. Männer und Frauen beten wie überall in islamischen Gesellschaften in getrennten Sälen. Doch können wir durch einen geschwungenen Torbogen zu den Räumlichkeiten der Männer hinüberschauen. Überall um mich herum hocken betende Frauen. Manche ruhen einfach nur und schauen den Kindern zu, die lachend umherlaufen. Andere halten ein Schwätzchen. Keine nimmt von meiner Sonnenbrille Notiz.

In der Mitte des großen Gebetsraumes steht der Schrein, in dem die Gebeine des Bruders von Imam Reza ruhen. Über ihm hängt ein zwei Meter hoher Vorhang, der den Raum in ein Männer- und ein Frauenabteil trennt, sodass der Schrein von allen berührt werden kann. Es heißt, jeder Wunsch wird sich erfüllen, wenn hier dafür gebetet wird. Einige Frauen umkreisen den Schrein, küssen ihn und beten. Manche weinen sogar. Auch ich beteilige mich an diesem Ritual, allerdings mehr aus

Unsicherheit als aus Überzeugung. Und dann spüre ich mit einem Mal, wie sich etwas in mir verändert und löst. Ich fühle mich wie das kleinste Staubkorn des Universums – winzig, vielleicht bedeutungslos, aber dennoch wichtig als Teil dieser Welt. Es ist, als habe jemand eine Last von meinem Herzen genommen. Ich weine plötzlich und fühle mich frei. In dieser Moschee habe ich – zu wem auch immer – tatsächlich gebetet.

Am nächsten Tag brechen wir kurz nach Sonnenaufgang auf. Persepolis, die antike Stadt, liegt fünfzig Kilometer entfernt von Schirāz. Ihr persischer Name lautet jedoch Tacht-e Djamschid, was »Lager oder Thron des Djamschid« bedeutet, denn die Stadt wurde nach dem sagenumwobenen König Djamschid aus der persischen Frühzeit benannt. Überwältigt stehe ich vor den Ruinen der Palastanlage, die sich erhaben und weitläufig erstreckt. Eine singende Aura geht von diesem Ort aus und zieht mich in ihren Bann, als sei ich ein körperloses Wesen. Ist es die Hitze oder höre ich tatsächlich in der Ferne die feinen Klänge einer längst vergessenen Melodie? Ich fühle mich seltsam leicht. Meine Fantasie gaukelt mir lachende Mädchen in bunten Schleiern vor, die sich anmutig im Tanz wiegen, eine Karawane, beladen mit Gewürzen, zieht vorüber, ein Wächter bläst ins Horn …

Die Luft flimmert. Ich setze mich auf eine verfallene Mauer, die vielleicht einst einen Garten zierte, fahre aber erschrocken hoch, weil sie die Hitze wie ein Ofen gespeichert hat. Die Grundmauern der Ruinen, einzelne Säulen und Mauerfragmente geben mir als Betrachterin einen guten Einblick in die fantastischen Konstruktionen der alten Meister. Manch eine Marmorsäule ragt mehr als zwanzig Meter in den Himmel. Vor meinen Augen erwachen die Baumeister der Antike plötzlich zum Leben. Ich sehe, wie sie ein riesiges Dach aus Zedernstämmen über den Thronsaal spannen, höre ihre Rufe, während Hunderte von Steinmetzen, geschäftig hämmernd, millimetergenau ihre Blöcke bearbeiten. Daraus schufen sie die Steinplastiken, die heute noch ehrfurchtgebietend Portale und Mauern verzieren. Damit verewigten sie alle Völker des riesigen Reiches in bildhaften Reliefdarstellungen. Erstaunlich, wie gut sie zum Teil noch erhalten sind.

Als ich mich umdrehe, sehe ich Mahvasch im Schatten einer Mauer Zuflucht suchen. Kazem gesellt sich jedoch zu mir.

»*Chast-e nabaschi* – Mögest du nicht müde werden, Bary.«

»Danke Kazem, möge die Müdigkeit auch von deinen Augen fliehen. Sag mal, während deiner Studienzeit hast du dich doch auch mit der Geschichte Irans befasst. Was kannst du mir über Tacht-e Djamschid erzählen?«

»Schau dich um. Hier erzählt jeder Stein Geschichte, der ganze Stolz unseres Volkes. Besonders nach den Wirren der Revolution erinnern wir uns wehmütig an diese einstige Hochkultur. Ich würde sagen, manche trauern ihr ewig nach.«

»Wann wurde dieses Reich gegründet?«

»So exakt kann das nicht belegt werden. Nur soviel: Vor circa sechstausend Jahren begannen die Wanderungen der arischen Völker, die nomadisch lebten. Als sie sesshaft wurden, ließen sich einige Stämme in diesen Ebenen nieder – und auch Iran heißt ›Land der Arier‹. Verschiedene kleinere Reiche entstanden, wurden erobert, veränderten ihre Gestalt, neue Völker kamen hinzu. Das erste persische Großreich entstand etwa fünfeinhalb Jahrhunderte vor Christi. Und es war der Großkönig Dariousch, der im Abendland als Dareios oder Darius der Große bekannt ist, der die Stadt Persepolis gründete.«

»Welche Religion hatten die Menschen?«

»Bevor Zarathustra mit seiner Lehre in Erscheinung trat, herrschten hier vorwiegend Naturreligionen, die wohl aus Angst und Respekt vor den unberechenbaren Naturkräften entstanden.«[26]

»Erzähle bitte von Zarathustra. Ein bisschen habe ich schon von seiner Lehre gehört, aber ich möchte mehr wissen.«

»Ja, wer war Zarathustra? So schön und blumig, wie unsere Sprache ist, klingt auch sein alter Name, denn Zarathustra bedeutet ›Einer, der ein leuchtendes Gesicht hat‹. Wann er gelebt hat, kann niemand so genau sagen, wahrscheinlich vor etwa dreitausend Jahren. Es heißt, dass Zarathustra sich bereits als Kind über den Sinn der vielen Gottheiten und ihrer angeblichen Wundertaten Gedanken gemacht hat, ebenso über die blutigen Opferrituale der Priester. Als junger Mann scheute er sich nicht, die Ursache des Machtanspruchs von Gewaltherrschern zu hinterfragen. Er begann, nach Auswegen für entrechtete und unterdrückte Menschen zu suchen. Doch seine Fragen waren einigen unbequem. So geriet er bei der Priesterschaft und den Mächtigen in Ungnade.«

»Ja, das ist leider auch heute noch so«, seufze ich. »Wenn einer gegen den Strom schwimmt, hat er es schwer, nicht zu ertrinken.«

»Nun, er hat jedenfalls nicht aufgegeben«, fährt Kazem fort. »Zarathustras Wissensdurst blieb unstillbar. Er beobachtete das Weltenrad, forschte und verglich Lauf und Drehung. So gelangte er während seiner Suche von der Ordnung der Welt zur Weltordnung des Schöpfers. Bary, betrachte das Ganze einfach wie eine Treppe. Zarathustra erklomm Stufe für Stufe, um von der Selbsterkenntnis zur Welterkenntnis bis hin zur Gotteserkenntnis zu gelangen. In Ahura Mazda sah er den Schöpfergott, den Allwissenden und den Allmächtigen. Er wurde auch Ormus, der weise Herr, genannt. Darum gründete Zarathustra seine Botschaft und Lehre auf drei Fundamente: weises Denken, weises Reden und weises Wirken. Und die Zahl Drei findet sich in allen Zeichen seiner Lehre.«

»Das klingt philosophisch«, staune ich.

»In der Tat ging es nicht darum, Macht über die Menschen zu erlangen. Es heißt, Zarathustra sprach zu Ahura Masda und meditierte und dieser sandte ihm Botschaften. Bald verbreitete Zarathustra diese Weisheiten an seine Mitmenschen. Darin lag die Erkenntnis, die Religion habe dem Wohle aller auf Erden zu dienen. Bei den religiösen Würdenträgern rief diese Botschaft Unmut hervor. Sie verhöhnten und verleumdeten ihn und seine Mitstreiter. Daraufhin wandte Zarathustra seiner Heimat den Rücken zu und ließ sich in Sabol nieder, wo Schah Goschtasb regierte.«

»Sabol? Nie gehört.«

»Sabol war damals die Hauptstadt von Sistan und Schah Goschtasb ein ziemlich strenger Herrscher. Doch galt er auch als wohl besonnen und kritisch. Bei Goschtasb verbrachte Zarathustra zwei Jahre und setzte sich mit ihm und seinen Gelehrten auseinander. Dabei weihte er sie in seine Erkenntnisse ein. In ihnen fand er weitere Anhänger, die begannen, seine Lehren in die Tat umzusetzen. So distanzierten sie sich immer mehr von kriegerischen Auseinandersetzungen und gingen sogar noch einen Schritt weiter, indem sie sich bemühten, Frieden zu stiften und zu verbreiten.«

»Das erweckt den Anschein, dass die Menschen damals friedfertiger waren als wir heutzutage.«

»Vielleicht. Oder sie waren einfach nur offener und es gab weniger Theoretiker. Denn statt Feindschaft aufrechtzuerhalten oder gar zu schüren, trat Zarathustras Anhängerschaft eher sanftmütig auf, und die Fäuste von einst wurden zu Händen des Friedens. Diese Kräfte nutzten sie dazu, ihre Umwelt, ihre Kultur und ihr Leben im Einklang mit seiner Lehre neu zu gestalten. Als dies gut gedieh, reisten sie umher, um seine Botschaft weiter zu verbreiten. Den Menschen stand es frei, sich ihnen anzuschließen, denn es wurde kein Missionsdrang ausgeübt. Sie brauchten keine Bekehrungswerkzeuge, um die Menschen in Angst zu versetzen, damit sie an die neue Lehre glaubten, denn Ahura Mazda kann nur mit Hilfe des Denkens kennengelernt und mit den Augen des Herzens gesehen werden. Ich vermute, gerade darum schlossen sich so viele den Gedanken Zarathustras an.«

»Das klingt einleuchtend und friedlich.«

»War es auch.«

»Wenn ich an den Druck denke, der jetzt auf dem Land ruht …«

»Er wird nicht ewig währen.«

»Inschallah!«

»Als Zarathustra starb, hinterließ er der Nachwelt seine Botschaft in Form von Gedichten und Liedern, die 17 Gathas, denn er hatte sich schon zu Lebzeiten der Gesangs- und Dichtkunst verschrieben. Ich denke, gerade weil sie in dieser Form geschrieben wurde, prägte sie sich den Menschen gut ein.«

»Ja, davon habe ich schon gelesen. Doch wie stand die Lehre den Frauen gegenüber?«

»Oh, Frauen hatten in dieser Lehre stets einen hohen Rang inne. Sie bewegten sich frei und unverhüllt. Zudem waren sie den Männern gleichgestellt mit allen Rechten und Pflichten. Ja, sie konnten ihre Ehemänner auch rechtlich vertreten. Diese Gleichberechtigung war für die damalige Zeit eine besondere Situation, weil in anderen Kulturen Frauen mitunter wie Sklavinnen gehalten wurden und nichts zu sagen hatten.«

»Wie war ihre gesellschaftliche Stellung?«

»Wenn sie in einer Partnerschaft lebten, hieß es, sie sollten lieber verheiratet sein. Das war aber keineswegs ein Zwang. Taten sie das nicht und wurden trotzdem schwanger, war das keine moralisch oder ethisch verwerfliche Situation. Sie hatten weder familiäre noch gesellschaftliche Sanktionen zu befürchten, das heißt, sie galten nicht als Sünderinnen und mussten nicht etwa dafür büßen.«

»Wenn ich an die jetzige Situation denke ...«

»Ja, Bary, es heißt immer, die Menschen entwickeln sich weiter, aber zur Vollendung ist es noch ein langer Weg. Wer weiß, ob wir das Ziel je erreichen. Und die Geschichte vermag ihr Rad nicht immer vorwärts zu drehen, auch wenn es mitunter geleugnet wird.«

»Was geschah bei einer außerehelichen Schwangerschaft?«

»Da waren die Eltern verpflichtet, das Mädchen weiter bei sich wohnen zu lassen und für ihr Enkelkind zu sorgen, bis es volljährig wurde. Eine Schwangerschaftsunterbrechung wurde eindeutig als eine ungute Tat betrachtet und als Sünde bezeichnet. Als Idealfall galt die Ehe, allerdings nur innerhalb der eigenen Glaubensgemeinschaft. Eine große Familie zu gründen, Wohlstand und Harmonie zu erstreben und das gesellschaftliche Leben mitzugestalten waren positive Werte.«

»Welch ein Fortschritt für die damalige Zeit.«

»Ja, Bary, das war wie ein Wunder. Übrigens machte sich der Einfluss Zarathustras auch politisch bemerkbar. Betrachten wir das Reich des Großkönigs Dariousch mit seinen achtundzwanzig Völkern. Das altpersische Reich war zu seiner Zeit ein riesiges Weltreich. Es erstreckte sich vom heutigen Iran bis rund ums Mittelmeer zum Sudan und ferner über Zentralasien und bis hinein in den Kaukasus.[27] Und es heißt, es war das erste Weltreich auf dem Globus, in dem niemand in unterdrückter Knechtschaft lebte, sondern annähernd alle als Partner mit- und nebeneinander«, schließt Kazem begeistert.

Ich lasse meinen Blick über die Ruinen schweifen. Persepolis, steinernes Zeugnis einer modernen Idee – aber was ist davon übrig geblieben?

»Kazem, etwas will mir nicht in den Kopf: Zarathustras Lehren sprachen die Menschheit an, weil im Grunde genommen alle, unabhängig von ihrer Kulturzugehörigkeit, sie leicht verstanden. Zudem boten sie der Freiheit ein Fundament, also eine ernsthafte Aufforderung, selbstbestimmt zu leben und zu wählen. Doch wie konnte das alles in Vergessenheit geraten? Und wie konnte es überhaupt zu einer Islamisierung kommen?«

Kazem grinst. »Eine nicht ungefährliche Frage, Bary. Gut, dass uns hier keiner hört. Es gibt verschiedene Thesen. Die einen sagen, dass die Priesterschaft mit der Zeit korrupt wurde und die Lehren vernachlässigte. Als dann die Araber über das Land herfielen, seien viele Menschen freiwillig zum Islam übergetreten. Auf ihren zerstörten Feuertempeln wurden nun Moscheen gebaut. Andere behaupten, die arabisch-islamische Invasion war sehr gewalttätig. Sie sei die Ursache dafür gewesen, dass die Menschen, die den Lehren Zarathustras anhingen, in den Untergrund gingen oder nach Indien auswanderten, denn sie wurden als »Ungläubige« und »Feueranbeter« verfolgt und unterdrückt. Es heißt, diejenigen, die ergriffen werden konnten, wurden zwangsislamisiert oder ermordet.«

»Wie barbarisch. Und das führte zum Untergang der Hochkultur?«

»Ja. Mit der Freiheit der Frauen war es auch vorbei. Sie wurden versklavt, während man ihre Männer und Kinder tötete. Zudem fielen auch wertvolle Kulturgüter den Brandschatzern zum Opfer.«

»Das kommt mir sehr bekannt vor. Zu Beginn der Islamischen Revolution gab es ähnliche Vorfälle. Ich denke da an die Bücherverbrennungen. Erinnert mich auch sehr ans Dritte Reich der Nationalsozialisten in Deutschland.«

Kazem erhebt sich und wischt sich den Schweiß von der Stirn. »Die blinden Eiferer haben die Geschichte stets negativ geprägt. Ich gehe in den Schatten. Mir ist es ein Rätsel, wie du die Hitze aushältst.«

In der Tat brennt die Sonne unbarmherzig auf uns nieder und ihr gleißendes Licht scheint unsere Sehkraft zu lähmen. Ich spüre ein leichtes Ziehen an der Kopfhaut. Doch das Glück überwiegt, an diesem Ort zu sein, der mir so unverhofft die Schatzkiste seiner Geschichte öffnet.

So sitze ich auf den breiten Treppenstufen und lasse das eben Erfahrene sacken. Dabei vermag ich meine Augen kaum von den Reliefdarstellungen zu lösen. Ehrfürchtig streiche ich mit den Händen darüber. Wie viele Menschen verschiedener Epochen vor mir mögen dieses Kunstwerk berührt haben? Was haben sie dabei empfunden? Verhüllt in meinen schwarzen *Tschador* erhebe ich mich und schreite eine weitere Treppe hinauf, deren Seitenwand Heerscharen von Männern unterschiedlicher Herkunft und Kultur zieren, die, gefolgt von Schafen und Kamelen und beladen mit Geschenken, dem einstigen Herrscher ihre Huld erwiesen. Damals haben sich die Frauen nicht verschleiert. Gleichberechtigt schritten sie neben den Männern die Treppen zum Palast empor. Was würden sie empfinden, sähen sie mich heute in dieses Zelt eingewickelt?

Brannten hier einst die Feuer in den Tempeln? In alten Zeiten haben die Menschen an ihre heilige und reinigende Kraft geglaubt und ehrten damit nach den Lehren des Zarathustra Ahura Mazda, lange bevor der Islam im Iran Einzug hielt. Dem Schöpfer der Welt, der in sich Wahrhaftigkeit, Weisheit und das Licht vereint, mussten die Menschen keine Opfergaben bringen, denn er war unbestechlich. Er war weder böse noch gewalttätig, sondern das absolute Licht und die absolute Güte. War die Menschheit zu unreif, dieses Geschenk als solches zu erkennen?

Der Traum von Dariousch ließ sich nur zweihundert Jahre verwirklichen. Dann überrannte Iskander-e Maghedoni, wie Alexander im Iran genannt wird, das altpersische Reich und legte Persepolis in Schutt und Asche. Ganz unschuldig war Dariousch daran nicht, denn zuvor hatte er dessen Heimat Makedonien auf einem seiner Kriegszüge erobert und zu einem Vasallen Persiens gemacht. Doch Alexander der Große hat sich auf furchtbare Weise gerächt, indem er hier den Fortschritt zerstörte. Damit legte er vielleicht den Grundstein für die immer mehr schwindende Bedeutung des Zoroastrismus, wie die Lehre Zarathustras auch genannt wird. Wer weiß? Später fanden Archäologen unter den Trümmern der Stadt unzählige beschriftete Tontäfelchen.

Während ich grübele, bringt Kazem mir Wasser. »Möge deine Hand niemals schmerzen«, danke ich ihm. »Sag einmal, was war denn den Tontäfelchen zu entnehmen, die der Zerstörung der Stadt entgingen?«

»Oh, einiges. So klein, wie sie sind, verraten sie uns doch Großes. In ihnen spiegelt sich das damalige Leben mitunter bis ins kleinste Detail wider. Stell dir vor, die Beamten waren früher schon sehr gewissenhaft. So hielten sie über Jahrhunderte viele Vorgänge im gesamten Reich minutiös fest. Damit erschufen sie eine Bibliothek aus tausenden ungebrannten Tontäfelchen.«

»Ja, aber wodurch wurden sie bis in die heutige Zeit haltbar gemacht? Sind sie nicht zerbröselt?«

»Nein, sie wurden ja gebrannt, wenn auch unfreiwillig«, antwortet er, »als Alexander der Große auf seinem Feldzug Persepolis untergehen ließ, indem er Feuer legte.«

»Wer hätte das gedacht. Ein Inferno, das einer Epoche den Garaus machte, hat das erste Archiv der Welt geschaffen!«

»Ja, so können wir das wohl sehen. Erst in jüngster Zeit wurden daraus Informationen und Daten entziffert und bearbeitet. So gab es zum Beispiel Lohnlisten, Reiseabrechnungen und Aufzeichnungen über Steuerzahlungen, die du hier in Stein gemeißelt auf den Reliefen betrachten kannst. Übrigens bekamen Mann und Frau gleichen Lohn und es gab sogar Schwangerschaftsurlaub und Sonderrationen für sozial Schwache.«

»Das ist umwerfend. Welch ein Drama, dass wir uns jetzt im Iran rückwärts zu bewegen scheinen, während früher alles modern und fortschrittlich war.«

»Unser Weltrad dreht sich weiter, Bary. Eine andere Zeit wird kommen.«

Still hocken die Kinder beieinander. Es geht ihnen nicht so gut. Hinter einer Tempelmauer, die nur wenig Schatten spendet, lutschen wir kleine Limonen aus, damit unser Blut wieder dünner wird. Mir kommt die Idee, die mitgebrachten Gurken längs in Streifen zu schneiden. Die legen wir auf unsere Gesichter. Das kühlt angenehm die erhitzte Haut. Doch die heiße Luft trocknet die Streifen im Nu.

Vor unserem Aufbruch mache ich noch eine kurze Runde. Ein fragender Blick, ob mich jemand begleiten will. Die anderen winken erschöpft ab. Kein Baum, kein Busch spendet Schatten. Gnadenlos brennt die Sonne mit über 50 Grad auf mich nieder und das nackte

Gestein speichert die Hitze. So spaziere ich auf stillen Wegen, schreite vorbei an verfallenen Tempeln, durch einst prächtige Tore, von deren Portalen mir stumm manch steinernes Antlitz entgegenschaut. Die Steinplastiken von geflügelten Pferden und Stieren an einem der großen Tore dienten wohl dem Schutz der Stadt. Besonders eine von ihnen beeindruckt mich, ein zweigesichtiger Adler mit Löwenpranken. Meine Sinne gaukeln mir vor, dass ich eins werde mit den Steinen und Statuen und dass ich Feuer atme. Schemenhaft nehme ich Gestalten wahr, mal Reiter, mal Fußgänger. Aber es sind nur die Hitzeschwaden, die mich ähnlich einer Fatamorgana täuschen. Aber die große Echse, die meinen Weg kreuzt, ist real. Könntest du nur sprechen, denke ich. Ab und zu unterbricht das Zirpen der Zikaden die heilige Stille dieses Ortes, während ich intensiv jeden Schritt über Jahrtausende alte Steine genieße und sich ein Gedicht in mir formt.

Stadt der Rosen
Vor meinen Augen schwimmt das Land,
Sehnsucht zieht mich hierher,
um mich herum Salz, Stein und Sand,
ein wasserloses Meer.
Auf alten Karawanenwegen,
die kaum noch einer kennt,
bläst mir der Sandsturm ins Gesicht,
sein wilder Atem brennt.
Von ferne winkt der Zagros mir,
komm, Tochter, nimm das Band,
folg ihm ins Land der Arier,
wo deine Wiege stand.
Das Farbenspiel am Himmelszelt,
ein ahnungsvolles Zeichen?
Doch als das Trugbild jäh zerfällt,
beginnt mein Traum zu weichen.

Da lächeln mir am Horizont
die Saphirhügel grün,
tief eingebettet und umsonnt,
seh Schirāz ich erblühn.
Wie lieblich ihre Rosenwangen,
gehüllt in zarten Duft,
der Blumenblick wirkt sanft verhangen
in lauer Abendluft.
Die Palmenwedel wiegt der Wind,
sie wispern leis': Salam!
Hast du nun heimgefunden, Kind?
Dann lausche aufmerksam
den alten Stimmen, lass dich leiten
von Schirāz, du wirst sehn:
Könige, Dichter aller Zeiten
kamen und mussten gehn.

Ein rosa Schein liegt auf der Stadt,
liebkost die goldnen Dächer
streift Minarett und Blütenblatt,
Palast und die Gemächer.
Noch einmal küsst die Abendsonne,
die Rosen in dem Garten,
die sehnsüchtig in trunkner Wonne
die kühle Nacht erwarten.
Die erste Rose dieser Welt,
ward in Schirāz geboren,
besungen unterm Sternenzelt
von liebeskranken Toren
und Hafez dort im Rosengarten,
dem letzten Paradies,
in dem seine Gebeine warten,
seit er die Welt verließ.

Das Schweigen bricht die Nachtigall
tief im Platanenhain,
silbern schenkt sie der Stimme Schall
den Rosen nur allein.
Ein Raunen klingt aus alter Zeit
durch Gärten und Alleen,
die Geister der Vergangenheit
woll'n endlich auferstehen.
Und von dem Lager Djamschids hebt
Kouroush[28] *sein müdes Haupt,*
und flüstert: Unsere Freiheit lebt,
Willkür ist nicht erlaubt.
Kouroush, der edle Königssohn,
ehrbarster aller Schahs,
saß dereinst auf dem Pfauenthron,
gerecht und hoch im Maß.

Sein Zepter war ihm niemals Bürde,
er hielt's mit kühnem Blick
und sein Gespür für Menschenwürde
galt Persiens Geschick.
Ruinen sind die stummen Zeugen
am Rand der Wüstenei,
das Perservolk wird sich nie beugen
der üblen Tyrannei.
Verletzte Säulen und Gemäuer
versanden still am Rand,
durch Alexanders wilde Feuer
einst sinnlos abgebrannt.
Persepolis, des Djamschids Traum,
mit Schirāz eng verbunden,
verdorrt wie ein gefällter Baum
mit Rosen auf den Wunden.

In den Tempeln singt das Feuer
wie in alten Tagen,
als Zarathustra es entfacht.
Niemand wird es wagen,
die Glut zu löschen in dem Schrein,
Flamme heißt hier Wahrheit,
und in unserem Erdensein
schenkt sie uns auch Klarheit.
Schirāz, Mutter aller Rosen,
Dichter und Poeten,
Philosophen, tadellosen
Künstler und Asketen,
du windest deinen Blütenkranz
aus Gol-e Maryam
kühn gegen Hass, Intoleranz,
bewahrst ihn wundersam.

An deinen Hängen wachsen Reben
mit süßen Traubenzungen,
die Hafez einst in seinem Leben
bedichtet und besungen.
Shirazi, holder Dichterwein,
geweiht den alten Schenken
und auch Chayyām fand sich dort ein,
um seiner zu gedenken.
Der Liebende im Eram[29] *dringt*
in heimliche Verstecke,
Gelächter und Getuschel klingt
hinter verschwiegner Hecke.
Und sein Palast im Königsgarten
stand schon vor tausend Jahren,
Hier ließ Leila den Madschnun[30] *warten*
und ohne Hoffnung harren.

Geh ich durch seine Gartenpracht
auf still verwaisten Wegen,
tret' ich den Boden mit Bedacht,
als würde er sich regen.
Manch Blumenwangige ging hier
und ist wieder vergangen,
aus dem Gebein bricht Blumenzier
und Mohn wird blutrot prangen.
Tonscherben, die den Boden küssen,
waren einst pralles Leben,
der Bettler wie der König müssen
am Ende sich ergeben.
Schirāz, du lächelst mir so heiter,
leb wohl, ich danke dir!
Die Karawane zieht nun weiter.
Mein Herz jedoch bleibt hier.

Wenn ich an die religiösen Fanatiker denke, überläuft es mich trotz der Hitze eiskalt. Einer unter ihnen, der zum Wächterrat zählende Ayatollah Nuri Hamedani, machte schon zu Beginn der Revolution durch seine Zerstörungswut gegenüber vorislamischen Kulturgutes von sich Reden. Er nahm dabei die *Fatwa*[31] zum Vorwand. Wertvolle Schriften, wie zum Beispiel die Steintafeln von Hamadan, ein anerkanntes Weltkulturerbe, fielen so der Zerstörungswut blinder Eiferer zum Opfer. Wie ein Wunder blieb Persepolis diesmal vor den Zerstörern verschont. Nicht auszudenken, welch unermesslicher Verlust das gewesen wäre. Schweren Herzens nehme ich Abschied vom Ort der Magie mit der leisen Hoffnung im Herzen, ein anderes Mal hierher zurückzukehren.

Im Hotel nimmt mir die stickige Luft fast den Atem. Fast unheimlich ist die Ruhe. Die Klimaanlage steht still. Kein erfrischendes Fächeln. Meine Lippen fühlen sich an wie Pergament und meine Zunge klebt wie trockenes Steppengras am Gaumen. Literweise trinke ich Eiswasser mit Zitrone. Doch die Wirkung hält nur kurz vor. Wasser gibt es zumindest. So stürze ich mich unter die Dusche, um dort den Rest des Tages zu verbringen. Doch meine Mitbewohner, zwei handtellergroße Kakerlaken, haben das gleiche Bedürfnis. Ich versuche, sie zu ignorieren. Doch als sie mir über die Füße kriechen, räume ich das Bad im Schnellspurt. Der Himmel hat sich rosa-grau verfärbt und ein starker Wind kommt auf. Ich werde Zeugin eines herrlichen Farbenspiels. Die ganze Stadt ist in sanftes Rosa getaucht, das zum Horizont hin eine lila Färbung annimmt. Sie gleicht einer geöffneten Rose, die sich dem Himmel entgegenreckt, als endlich der Regen fällt. Zehn Minuten lang schüttet es wie aus Eimern auf die durstige Erde. Dann ist alles wie ein Spuk vorbei. Als wir eine halbe Stunde später auf die Straße treten, sind die Spuren des Regengusses getilgt, aber die Luft ist frischer und die Temperatur – zumindest aus meiner Sicht – erträglich geworden.

Willst du auf Reisen die Stadt Schirāz in ihrer ganzen Mystik begreifen, solltest du den Grabmälern von Hafez und Sa'adi einen Besuch abstatten. Ihre Dichtkunst ließ das alte Persien erblühen und noch heute werden ihre *Ghaselen*[32] mit Inbrunst gelesen. Sa'adi zählt zu den volkstümlichsten Dichtern Irans. Um ihn zu ehren, erhielt er in seiner Geburtsstadt – ähnlich wie sein Nachfolger Hafez – ein liebevoll gestaltetes Mausoleum. Es heißt, er soll methusalemisch alt geworden sein, weit über hundert Jahre.

Das Grabmal mit seiner himmelblauen Kuppel liegt inmitten eines Blumengartens, umsäumt von Palmen und Zypressen. Andächtig betrete ich den eckigen Raum, in dessen Mitte Sa'adi in seinem Sarkophag ruht. In alle vier Himmelsrichtungen weisen Tafeln mit seinen *Ghaselen.* Die bemalten Kacheln, auf denen sich erblühte Rosen ranken und bunte Singvögel tummeln, wirken heiter und lebendig, untermalt von dem lieblichen Gezwitscher, das aus dem Garten hereintönt und einen Hauch Romantik in die stillen Mauern trägt. Sa'adis Schrift der »Rosengarten«, sprüht wie dieser Ort von Leben und Wärme. Eines seiner Gedichte daraus ist hier verewigt:

Aus vielen fernen Ländern kehrt' ich heim:
aus Indien, Arabien, Ägypten.
Wer aus Ägypten heimkehrt, der bringt Zucker
den Freunden mit als süßes Angebinde.
Ich habe keinen Zucker mitgebracht,
doch Verse, die noch süßer sind als Zucker:
Sie laben zwar die Zunge nicht, die eitle,
wohl aber deinen Geist, der ewig ist.

In der Mittagszeit steigt die Temperatur auf 40 Grad. Wir rasten in einem Teegarten, unter dessen schattigen Bäumen wir den erfrischenden schwarzen *Tschai* schlürfen und unsere müden Glieder auf den bunten Kissen ausstrecken. Die Kinder schlafen sofort vor Erschöpfung ein. Über uns tschilpen vergnügt die Spatzen, während wir entspannt unsere Wasserpfeifen rauchen, deren leicht parfümierter Tabak einen feinen Apfelgeruch verströmt. Als die Sonne tiefer steht, machen wir uns auf den Weg zum Hafeziyeh.

Das Grabmal von Hafez, das *Aramgah-e Hafez,* liegt im Norden der Stadt in dem gleichnamigen Rosengarten, dem Hafeziyeh. Inmitten blühender Rosen steht der Pavillon mit dem Sarkophag aus poliertem Alabaster, umgeben von weiten Alleen, die von Zypressen und Zedern gesäumt werden. Junge und Alte kommen von überall hierher, um dem großen Dichter nahe zu sein, denn sein Mausoleum ist der Wallfahrtsort der Liebenden und er ihr Schutzpatron. Hafez zieht sie alle an, die glücklich und unglücklich Verliebten. Am Sarkophag des Mystikers verharren still einige Paare. Ringsum führt eine flache Treppe empor, die ich nun hinaufschreite. Wie die anderen berühre auch ich die Sargplatte, die hell in der Sonne schimmert. Während sie Gedichte und Koranverse murmeln, habe ich meine eigenen geheimen Wünsche.

Auch Hafez lebte in einer Zeit, in der Glaube und Staat miteinander verschmolzen und die Geistlichen mit Willkür regierten, ähnlich wie im heutigen Iran. Seine unverhüllte Begeisterung, mit der er über Liebe und Lüge in den Zeiten der Tyrannei schrieb, berührt mich zutiefst. Er bezeichnete sich als »Leibeigenen der Liebe« und schrieb sich die Lust aus dem Leib:

Ich sag' es offen, und sag' es freudig:
Leibeigener der Liebe bin ich und
von dieser und jener Welt befreit.

Seine Zechgelage in den Schenken fasste er in Verse und träumte davon, Gebetsteppiche mit Wein zu tränken: *Färb den Gebetsteppich mit Wein, wie es der Weise sagt* … Der Wein symbolisiert darin nicht nur den Trunk, sondern auch das Leben an sich. Das Lesen hinter den Zeilen liebten schon die Menschen im alten Persien. Die konservativen Mullahs verboten eine Zeit lang seine Verse, denn ihre Freizügigkeit galt ihnen als anstößig.

Im Hafeziyeh entdecken wir einen alten Geschichtenerzähler, der mit klangvoller Stimme gestenreich die Verse von Hafez zitiert:

Dass die Rose dir zum Beispiel werde!
Sonne, Tau und süßen Wind von Osten,
allen Glanz und alles Glück der Erde
weiß sie frei und unbesorgt zu kosten.
Des Propheten Weisheit braucht sie nicht,
denn sie lebt ja so, wie jener spricht.

Lauschend sitzen wir in trauter Runde zu seinen Füßen. Hier unter dem schattigen Zitronenbaum versetzen mich die Gedichte in eine Art Schwebezustand. Später räkeln wir uns im angrenzenden Kaffeehaus auf den bequemen *Puschtis.*[33] Ein paar Gäste gesellen sich zu uns und bald entsteht eine lebendige Diskussion über Hafez und seine Werke. »Sein Diwan«, werfe ich ein, »ist weit über die eigenen Grenzen auch in der westlichen Welt bekannt und wurde in mehrere Sprachen übersetzt. Böse Zungen behaupten allerdings, der alte Goethe habe sich den einen oder anderen Vers ausgeliehen.« Alle lachen. Ein bisschen Stolz ist auch dabei. Goethe zählt im Iran zu den bekanntesten westlichen Dichtern. Ein Gast hebt die Hand und rezitiert Goethe auf *Farsi:*

Gottes ist der Orient!
Gottes ist der Okzident!
Nord- und südliches Gelände
ruht im Frieden seiner Hände.

Einer sagt: »Amen«, und wir schauen uns stumm an. Schweigend hängt jeder von uns seinen Gedanken nach und mich beseelt in diesem Moment nur ein einziger Wunsch: ein freier Iran.

Von allen persischen Dichtern fühle ich mich besonders zu Chayyām[34] hingezogen. Eine Übersetzung seiner *Robaiyats*[35] ist mir von *Aghadjan* geblieben, die ich wie meinen Augapfel hüte. Nur allzu gern würde ich einmal sein Grab sehen. Kaum gedacht, liegt mir die Frage schon auf der Zunge: »Sag mal, Kazem, können wir nicht auch nach Nischapur zu Chayyāms Grab fahren?« Doch Kazem winkt bedauernd ab: »Vergiss es, Bary, die Situation in Nischapur ist höchst gefährlich. Es liegt zu nahe an der afghanischen Grenze. Dort treibt sich allerhand Gesindel herum und außerdem sind die Straßen in dieser Gegend fast alle zerstört.«

In diesem Moment stürmt johlend eine Schar Jungen in den Park. Eine Weile schauen wir ihrem Spiel zu. Dann sagt Kazem nachdenklich: »Sie sind gewiss aus Chrusistan, dem am schlimmsten betroffenen Kriegsgebiet. Man bringt sie hierher, damit sie Erholung und Ablenkung finden.« Ich höre ihr übermütiges Lachen, sehe, wie sie herumtollen, als sei ihr Leben nicht tagtäglich bedroht. Doch irgendwann müssen sie zurückkehren in die harte Wirklichkeit und die Angst.

Uns knurrt nach soviel Literatur der Magen. Ein Schirāzi empfiehlt uns ein traditionelles Restaurant, dessen Zugang wir uns allerdings erkämpfen müssten, wie er schmunzelnd hinzufügt. Erkämpfen? Wir sehen uns belustigt an. Das Restaurant befindet sich in der Altstadt im oberen Stockwerk eines ganz aus Lehm gemauerten, zur Straße hin fensterlosen Bauwerks. Das Grinsen vergeht uns allerdings, als wir vor dem Eingang stehen, in dessen Halbdunkel die Treppe nur schemenhaft sichtbar ist. Bei näherer Betrachtung stockt mir erst mal der Atem. Eine steile Wendeltreppe führt nach oben, deren schmale Stufen dreimal so hoch sind wie herkömmliche. Es gibt kein Geländer, denn die Treppe ist so schmal, dass nur eine Person in die Öffnung passt. Mehr als hundert Kilo dürfte sie auch nicht wiegen. Käme uns etwa jemand entgegen, müsste einer den Rückweg antreten. Der Aufstieg ist alles andere als elegant. Wir müssen wie die Affen nach oben klettern, wobei uns Frauen die lange Kleidung sehr hinderlich ist. Die Kinder jammern, weil sie bei jeder Stufe angehoben werden müssen. Am Ziel werden wir jedoch belohnt. Das Essen ist köstlich: duftender Safranreis mit zartem Lammfleisch und gefüllten Auberginen sowie *Faludeh,* persisches Glasnudeleis in Rosenwasser-Zitronen-Sirup, zum Nachtisch. Unser Abgang spottet jeder Beschreibung, weil wir die hohen Stufen nun wieder mit vollem Magen hinunterkrabbeln müssen. Kurzerhand setze ich mich auf die erste Stufe und rutsche auf dem Po die Treppe hinab. Mahvasch macht es mir nach. Die Kinder jauchzen. Kazem steht unten mit gesenktem Kopf. Ihm ist unser Benehmen peinlich. Eine Rutsche wäre zum Abschluss das Highlight gewesen. Ich frage mich allen Ernstes, wie alte oder fußkranke Leute hier rauf- und runtergelangen. Wahrscheinlich müssen sie dieses Restaurant meiden.

Im Hotel sind Strom und Wasser ausgefallen. Darum verbringen wir den Rest des Tages im Stadtpark, in dem es etwas luftiger ist. Als wir gegen Abend aufbrechen, gibt es auf der Straße zwischen zwei Männern eine heftige Auseinandersetzung. Da sie uns den Weg versperren, werden wir Zeugen, wie aus dem Streit nackte Gewalt wird. Sie schlagen sich die Gesichter blutig. Plötzlich liegt der eine bewegungslos am Boden. Wir drücken uns mit den plärrenden Kindern an der Mauer vorbei. Ich sehe noch, wie sich ein paar Männer um den Verletzten kümmern und den Kontrahenten zu beruhigen versuchen.

Kazem weigert sich hartnäckig, weiter in einem Flugzeug zu reisen. Er ist fest davon überzeugt, Fliegen sei während des Krieges gefährlicher als die Fahrt mit dem Auto. Mahvasch und ich teilen diese Meinung nicht, geben aber nach. Ich denke, die Fahrt durch die Nacht ist auch nicht ganz ungefährlich, weil der Bus bergiges Gebiet durchqueren muss. Nicht auszudenken, wenn wir unter Beschuss geraten. Zudem fahren viele Autos ohne Licht, entweder weil sie keins mehr haben oder um keine Zielscheibe zu sein. Doch wir werden den Bus von Schirāz nach Isfahan nehmen. Auf dem Busbahnhof wartet bereits eine Menschentraube. Um 21.00 Uhr soll unser Reisebus abfahren. Überall sitzen Menschen auf ihren Bündeln, einige liegen einfach auf der Straße und benutzen ihr Gepäck als Kissen.

Die Toiletten des Busbahnhofs sind unbenutzbar. Wie die öffentlichen Toiletten überall, wo wir inzwischen waren, sind sie schmutzig und stinken entsetzlich. Das ist etwas, über das ich mich sehr ärgere. Der Islam predigt doch Sauberkeit als oberstes Gebot. Darauf sollten die Moralwächter mal achten, statt harmlose Passantinnen ihrer Kleidung wegen zu schikanieren! Natürlich gibt es ebenso in Deutschland unzählige schmutzige Toiletten. Nur, hier im Iran wird jeder Atemzug kontrolliert – und das im Namen Allahs. Doch auch wenn die öffentlichen Hygienevorschriften ein wichtiger Bestandteil des Islams sind, werden sie wenig beachtet. Der einzig saubere Raum im Bahnhof ist die Betstube, aber da hocken nur die Männer.

Die nächtliche Busfahrt ist grauenhaft. Zwar ist der Bus sehr sauber und klimatisiert, aber die Sitze lassen sich nicht richtig aufklappen und schlafen kann ich darin schon gar nicht. Hinzu kommt die unebene Straße mit ihren vielen Windungen, auf welcher der Bus durch die Berge kriecht. Wir sind alle im wahrsten Sinne des Wortes gerädert. Die Nacht starrt mich durch die Busscheibe mit dunklen Augen an, verwehrt mir die Aussicht. So reisen wir durch finstere Täler, über Serpentinen steiniger Berge, deren Felsen manchmal schemenhaft an uns vorbeigleiten, ohne dass wir erkennen könnten, was sonst noch da draußen existiert. Manchmal ist es beruhigender, nicht alles zu sehen. Mahvasch ist zornig. Ärgerlich macht sie ihrem Unmut Luft, keinesfalls die gleiche Tortur mit dem Bus noch einmal zu wiederholen. »Zurück wird geflogen«, verkündet sie mit feurigem Blick, und keiner von uns widerspricht.

In der Morgendämmerung taucht Isfahan wie eine Erscheinung aus den Nebelschleiern auf. Die Morgensonne wirft ihr erstes Licht auf die unzähligen Türme und Kuppeln der Moscheen, die ihr leuchtendes Blau dem Himmel schenken. Etwas Heiliges geht von dieser Stadt der *Sufis*[36] aus, das mich in ihren Bann zieht. Doch dann wird offenbar, was in der Finsternis verborgen lag. Der magische Anblick verblasst und weicht dem dunklen Ring, der die Stadt umschließt. Isfahan heißt uns inmitten eines Gürtels aus Panzern und schweren Geschützen willkommen. Einige Soldaten eilen geschäftig umher. Andere stehen am Straßenrand und mustern prüfend unseren Bus. Ich denke still bei mir: Eine seltsame Art von Urlaub verbringst du hier …

Nach einer kurzen Ruhepause im Hotel »Isfahan« beschließen wir, die Stadt zu erkunden, und spazieren froh gelaunt Richtung Goldbasar. Über uns wölbt sich ein klarer weißblauer Himmel, der uns in seiner Heiterkeit den Kriegszustand vergessen lässt. Auch die Luft ist nicht so stickig wie in Schirāz. Gerade habe ich ein paar Ansichtskarten gekauft, um meinen Lieben daheim zu schreiben. Während ich noch überlege, ob ich gleich hier ein paar Grüße formuliere, wird mir die Entscheidung abgenommen. Obwohl sich kein Wölkchen am Himmel zeigt, höre ich es rumoren und brummen, als drohe ein Gewitter. Plötzlich ist ein Pfeifen in der Luft. Ich sehe erstaunt nach oben, werde aber im gleichen Moment von Kazem gepackt und höre ihn schreien: »Lauf, Bary! Lauf! Lauf, so schnell du kannst!« Er hat meine Hand ergriffen und zerrt mich hinter sich her. Mahvasch hat die Jungen gepackt und ist kreidebleich. Sie zieht sie wild hinter sich her, sodass die kleinen Beinchen kaum mitkommen. Die Kinder beginnen wegen der scheinbaren Grobheit ihrer Mutter entsetzt zu plärren. Fassungslos raffe ich mit der linken Hand die Falten meines *Tschadors* zusammen, um nicht zu fallen, denn auch Kazem zerquetscht mir fast die Hand. Mechanisch bewegen sich meine Beine, obwohl mir mein Verstand noch hinterherhinkt. Langsam dämmert mir: Die Stadt wird angegriffen! Und mein Puls beginnt zu rasen. Von überall her strömen Menschen, hasten durch die Straßen, Kinder weinen, Mütter schreien. Autos hupen. Manche steigen aus, ohne die Türen hinter sich zu schließen, und rennen los. Jeder rennt um sein Leben. Die Situation kommt mir unwirklich vor.

Keuchend suchen wir Schutz im alten Basar, in dem sich bereits viele Menschen drängen. Einige halten sich umschlungen, während ihnen die Angst in die Gesichter kriecht. Andere geben sich gelassen, stehen mit verschränkten Armen breitbeinig da. Plötzlich beginnen alle auf einmal zu reden. Ich komme mir vor wie in einem riesigen Taubenschlag. Ein paar Männer pirschen sich an das Tor des Basars und spähen nach draußen. Wir begnügen uns damit, durch Mauerscharten zum Himmel emporzublicken. Die Erde vibriert. Gleißend schießen die Strahlen über den blauen Himmel, um sodann in Blitzen hinabzuzucken. Ein fürchterlicher Knall. Erde und Mauern beben und das Zittern geht durch uns hindurch bis in die Haarspitzen. Der Basar steht und wir leben. So plötzlich, wie der Angriff kam, ist er vorüber. Unter den Wartenden löst sich die Anspannung. Ich setze mich auf einen Stein und beginne, Ansichtskarten zu schreiben. Was ich letztendlich schreibe, weiß der Geier. Sicherlich wirres Zeug. Im Moment zählt für mich nur, Abstand zu gewinnen von dem unfreiwilligen Schauspiel. Als die Entwarnungssirenen ertönen, fühle ich mich wie ausgesaugt. Ein Teeverkäufer kommt wie auf Wunsch vorbei und bringt uns die Normalität zurück. Der starke *Tschai* belebt unsere Sinne. Wir streifen das herbe Erlebnis ab. Mahvasch holt einen Stadtplan heraus, um das nächste Ausflugsziel zu besprechen, und ich stecke die Karten in den Briefkasten. Wir haben schließlich Urlaub.

Brandgeruch liegt in der Luft, als wir den Basar verlassen. In der Ferne knallen ab und zu noch Schüsse. Später erfahren wir, dass zeitgleich mehrere Angriffe auf iranische Städte erfolgten, auch auf Teheran.

Der Naghsche Djahan ist unser erstes Ziel. Rechteckig angelegt, von zweigeschossigen Arkadenbauten umgeben, mit zwei Moscheen, einem Palast und einem riesigen Tor, bot er bisher einen atemberaubenden Anblick. Leider ist dieser ehemals so prachtvolle Ort nun durch monströse Konterfeis der Machthaber verschandelt, deren Augen uns mit starrem Blick zu folgen scheinen. Nicht einmal den Namen haben sie ihm gelassen. Der Platz heißt jetzt Meydoun-e Imam Chomeini. Einst galt er als Sinnbild für Spiele und Toleranz. Nun wirkt er misshandelt und gedemütigt wie die hier lebenden Menschen. Durch das Tor an der Südwestseite verlassen wir ihn fast fluchtartig.

Zum Palast der 40 Säulen, im Persischen Chehel Sotun genannt, ist es nur ein kurzer Fußweg. Eingebettet zwischen Platanenalleen und weitläufigen Blumenrabatten zeigt er sich uns in seiner berauschenden Schönheit. Anmutig breitet sich die große Terrassenhalle an seiner Stirnseite aus. Ihr Dach wird von einer dreifachen Reihe achtkantiger Holzsäulen getragen, die dem Palast ein märchenhaftes Aussehen verleihen. Davor liegt malerisch ein Teich und gibt sein gesamtes Spiegelbild wieder. Schah Abbas II. hat den Palast im 17. Jahrhundert aus Liebe zu einer

Frau erbaut. In meiner Fantasie höre ich das alte Lied der *Ney*[37] durch die stillen Gänge tönen, die sich nun mit Leben füllen, sehe verführerische Haremsdamen, die in zarten Schleiern lachend um die Säulen tanzen oder auf bunten *Puschtis* ruhen, während anmutige Sklavinnen Süßigkeiten reichen und eifrige Eunuchen ihnen mit Palmwedeln Kühlung zufächeln. Ich betrachte die Säulen genauer und beginne, sie zu zählen, komme aber nur auf zwanzig. Kazem und Mahvasch grinsen schelmisch um die Wette: »Stelle dich auf die Terrasse vor den Teich und zähle dann. Du kommst sicher selbst hinter sein Geheimnis.« Ich zähle wie eine Weltmeisterin, erst die Säulen hinter mir und dann noch mal die im Spiegelbild. Und plötzlich fällt es mir wie Schuppen von den Augen. Der Palast hat zwanzig Säulen und sein Spiegelbild ebenfalls, zusammen also vierzig. In Deutschland wird das wohl eine Milchmädchenrechnung genannt.

Leider ist der Palast verschlossen. Wegen des Krieges, so heißt es. In den Parkanlagen mit ihren Springbrunnen und Löwenmonumenten, Ausdruck für Macht und Kraft alter persischer Herrscher, tummeln sich Großfamilien, die auf kleinen Kochern starken *Tschai* oder ihr Mittagessen zubereiten. Überall duftet es nach Gegrilltem und mancher schmaucht gelassen seine Wasserpfeife. Unter all diese Wohlgerüche mischt sich der starke Duft des Jasmins, dessen Büsche die Wege säumen. Pferdedroschken fahren vorüber, in denen lachende Menschen sitzen. Es ist, als hätte es den Angriff, der gerade mal zwei Stunden her ist, nie gegeben. Die Menschen in Isfahan sprechen einen schwer verständlichen Dialekt. Zumindest aus meiner Sicht, denn ich kann sie kaum verstehen. Ich unterdrücke schadenfroh ein Grinsen, als ich bemerke, wie Kazem sich abmüht, als er im Park angesprochen wird.

Obwohl Reisende von der Aura Isfahans schwärmen, von der Schönheit der Stadt und von ihrer Mystik, hat mir Schirāz mit seiner Leichtigkeit und rosenhaften Anmut besser gefallen. Vielleicht stimmt es: Bestimmte Eindrücke, die ein Ort hinterlässt, verblassen nie. Werde ich mich an die goldenen Kuppeln, die romantischen Brücken oder die verwunschenen Gärten erinnern? Schon jetzt haben sich mir andere Szenen eingeprägt: dieser feste Panzergürtel, der die Stadt umgibt, die Plakate mit dem Gesicht von Chomeini, das grimmig auf die Menschen herabblickt, und ich spüre noch einmal die Bedrückung während des Bombenangriffs. Einmal, das schwöre ich mir, werde ich wiederkommen, um dieses unglückselige Bild aus meinem Gedächtnis zu verbannen.

Auf dem Weg zum Flughafen sind die Straßen verstopft. Aus unserem Taxi beobachten wir verdrossen, wie uns die Fußgänger überholen. Buchstäblich im letzten Moment erreichen wir unser Flugzeug. Erschöpft lassen wir uns auf die Plätze sacken. Mahvasch wirkt seltsam in sich gekehrt. Nach einer Weile frage ich sie: »Hast du Probleme, du schaust so traurig? Magst du mit mir darüber reden?«

»Ach Bary«, seufzt sie, »im Iran ist alles auf den Mann gemünzt. Dieses ewige Verhüllen, als wären wir aussätzig, diese Bewegungsunfähigkeit als Frau setzt mir ziemlich zu.« Sie wendet sich ab, und ich sehe eine Träne über ihre Wange laufen.

»Mahvi, ist das meine Schuld?«, frage ich bedrückt. »Ist es meine ewige Meckerei über die Stellung der iranischen Frau?« Das hätte noch gefehlt. »Meckern lässt sich leicht, wenn es eine Alternative gibt und nur die anderen in ihrem Schlamassel zurückbleiben.«

Sie wehrt ab. »Nein, wieso deine Schuld? Du hast die Zustände doch hier nicht geschaffen. Du hast sie mir nur noch einmal verdeutlicht.«

»Verzeih, ich sollte mich mehr zurücknehmen.« Mein schlechtes Gewissen kriecht mir im Nacken hoch und schlägt mir hart gegen den Hinterkopf. Reuig versuche ich Schadensbegrenzung, denn während meines Aufenthaltes habe ich die Zustände nur allzu oft bemängelt. »Weißt du, Mahvi, ich habe mehr Kindheitserinnerungen an den Iran. Da sah ich alles mit anderen Augen. Nach dem Tod meines Vaters konnte ich mich sehr lange nicht entschließen herzukommen. Zu viele Erinnerungen. Darum war ich froh, dass ihr immer nach Deutschland kamt. Und was die Männer betrifft, so blicke einfach auf Kazem, der dich liebt und dir ein guter Ehemann ist. Alle mögen sein freundliches, ruhiges Wesen. Und schau, er hilft dir im Haushalt und hat so gar keine Pascha-Allüren.«

»Das ist richtig.« Ein Lächeln huscht über ihre Lippen. »Kürzlich – noch bevor du eintrafst – haben uns meine Schwägerin und deren Mann

Hamse besucht. Die beiden stammen aus Miyaneh, eben jener Provinzstadt im tiefsten Aserbaidschan,[38] in der Kazem auf dein Eintreffen gewartet hat. Sie sind ein bisschen engstirnig, und darum verstehe ich mich nicht so gut mit ihnen. Aber der Besuch verlief harmonisch, bis Hamse bemerkte, dass Kazem in der Küche das Geschirr abwusch. Da beschimpfte er ihn aufs Heftigste und fragte ihn, ob er sich nicht schäme, Frauenarbeit zu verrichten.«

»Und Kazem?«

»Kazem hat ihn sofort zurechtgewiesen. Wir sind beide voll berufstätig und teilen uns auch die Aufgaben im Haushalt und mit den Kindern.«

»Aber wo liegt dann das Problem? Wichtig ist doch, dass Kazem sich zur Wehr setzte. Weißt du, in Deutschland gibt es auch Männer, die keinen Handstrich in der Wohnung tun, weil sie es für würdelos halten oder einfach zu bequem sind. Gerade berufstätige Frauen lassen sich das immer weniger gefallen.«

»Das ist es nicht allein, Bary. Unsere Situation, und damit meine ich ganz besonders die der Frau, hat sich im Iran verschlimmert. Ich fühle mich so eingesperrt, so minderwertig. Das ist mir seit deiner Anwesenheit noch deutlicher vor Augen geführt worden. So kann es in einem Staat keinen Frieden geben, wenn selbst die Frauen bekämpft werden. Iran ist wie eine einzige Wunde. Wir Frauen waren immer selbstständig im Handeln und Denken. Doch nun wird unsere Bewegungsfreiheit total eingeschränkt. Schlimm ist, dass sogar Frauen – konservative Frauen – diese Willkür unterstützen.«

»Mahvi, ich glaube fest daran, dass es nicht ewig so bleiben wird.« Tröstend lege ich den Arm um ihre Schultern. Aber sie winkt resigniert ab. Ich nehme mir vor, in Zukunft behutsamer zu sein und kein weiteres Salz in die blutende Wunde zu streuen.

Choda hafez!

Ehsan, Mahvaschs Ältester, feiert seinen *Tavalod. Tavalod* ist das persische Wort für Geburtstag. Die Vorbereitung gestaltete sich schwierig, weil es aufgrund der Lebensmittelzuteilung mühsam war, eine größere

Menge Fleisch, Fett und Eier für die vielen Gäste zu erstehen. Letztendlich hat es geklappt, weil einige Gäste von ihren Coupons etwas beisteuerten. Mahvasch ist glücklich und Ehsan aufgeregt. Der Gedanke, dass es heute vielleicht wieder einen Angriff geben könnte, wird von allen beiseite gewischt.

Die Gäste treffen ein. Mahvaschs Schwestern mit ihren Familien und auch die Verwandten von Kazem sind eingeladen sowie einige Freunde und Freundinnen. Vierzig munter schwatzende Menschen sitzen beieinander, für iranische Verhältnisse die normale Größe einer Gruppe. Zum Glück sind die Wohnräume den Familien angepasst und gleichen eher kleinen Sälen. Wir feiern getrennt. Die Frauen im größeren Raum, weil die Kinder bei uns sind, die Männer im kleineren. In mir entsteht die Vorstellung von einem Harem. Dabei ist es im Iran durchaus üblich, getrennt zu feiern, aber nicht grundsätzlich. Die Menschen aus Aserbaidschan tendieren eher dazu, und Kazem und Mahvasch gehören dieser Volksgruppe an. Für mich ist das ungewohnt und ich bin mir nicht sicher, wie ich das finde. Allerdings fühle ich mich als Frau unter Frauen tatsächlich freier. Der Höhepunkt des Abends, die kiloschwere Geburtstagstorte, wird von zwei Personen hereingetragen. Sie ist rechteckig in Form eines Fußballfeldes, der grüne Rasen aus frisch geraspelten Pistazien, der breite Rand mit schwarzer Schokolade verziert. Die Spieler sind aus Zucker mit sehr viel Liebe zum Detail nachgebildet. Tore und Ball sind aus Schokolade. Der Konditor hat sich wirklich selbst übertroffen. Die Augen der Kinder strahlen mit den Kerzen um die Wette. Jubel bricht aus und Ehsan umarmt stürmisch vor Glück seine Mutter.

Fathi, Mahvaschs jüngste Schwester, setzt sich neben mich und wir lassen uns den Kuchen schmecken, während um uns herum fröhlich die Kinderschar lärmt.

»Sieh meinen Amir«, sagt sie stolz und weist auf einen vierjährigen Jungen, »er ist mein Augapfel.«

»Ein hübscher kleiner Kerl«, pflichte ich ihr bei.

»Ja, und er wird immer allein bleiben. Ich kann leider keine weiteren Kinder mehr bekommen.«

»Oh, das tut mir leid.«

»Ja, Hussein und ich sind darüber sehr traurig. Wir wollten mindestens drei Kinder. Am meisten leidet Amir. Er wünscht sich ständig einen Bruder und eine Schwester.«

»Dann musst du Mahvasch oft besuchen. Ehsan und Ali sind doch im gleichen Alter.«

»Wir wohnen so weit weg. Das geht nicht immer. Aber ich habe Amir zwei Puppen genäht und ihm gesagt, das seien jetzt seine Geschwister.«

Sie holt aus ihrer großen Tasche zwei Stoffpuppen, von denen die eine ein Kleidchen, die andere eine lange Hose trägt. Ich bin gerührt. Bevor ich etwas erwidern kann, erlischt plötzlich das Licht. Stromausfall. Sirenen heulen auf und warnen vor einem feindlichen Angriff. Wie auf Kommando springen alle auf und verhängen eilig die Fenster. Kerzen werden angezündet. Kazem holt seine Handtrommel und Hussein zaubert seine *Ney* hervor. Wir stimmen das alte Lied an von dem Blümchen, das selbst auf Steinen wächst und sich nicht unterkriegen lässt. Aus der Ferne klingen Schüsse.

Meine Reise nähert sich dem Ende. Die letzten Tage werde ich in Miyaneh bei Kazems Eltern verbringen. Da ich Iran wieder auf dem Landwege verlasse, ist es auch günstiger, sich in einer Stadt in Grenznähe aufzuhalten als im Landesinneren. Früh am Morgen brechen wir auf und fahren Richtung Kermandschah. In Sandjan, das bereits in der Region Aserbaidschan liegt, machen wir Mittagsrast. Mahvasch schlägt mir vor, den *Tschador* abzulegen. Das tue ich mit Vergnügen und sehe auch kein Problem darin. Ich trage ein langarmiges Kleid, das mir bis zu den Fußknöcheln reicht, und ein Kopftuch. Doch als ich mit den Kindern durch den Park gehe, spuckt ein Mann vor mir aus. Auf dem Land wächst viel, wohl aber kein Kraut gegen Fanatismus.

Miyaneh liegt in der Provinz Ost-Aserbaidschan. Hier leben circa 30 000 Menschen. Umgeben von fruchtbaren Tälern und Obstgärten macht die Stadt auf mich einen wohlhabenden Eindruck. Mahvasch und Kazem sind hier geboren und aufgewachsen. Aber leben wollen sie hier nicht mehr. Das Leben in der Provinz sei beschwerlicher als in der Stadt, sagt Mahvasch, zumal die Familie sich auch immer in ihre Ehe mische. Oha, denke ich, hoffentlich gerate ich hier nicht zwischen die Fronten. Doch von Kazems Familie werde ich freundlich empfangen.

Am Abend gibt es *Dolme Badendjan,* gefüllte Auberginen, eines meiner Lieblingsessen. Eine namenlose Katze schleicht an mir vorbei und beäugt mich aus sicherer Entfernung. Sie scheint hier geduldet, obwohl Kazems Vater ihr ein paar grimmige Blicke zuwirft. Die Mutter, eine etwas herbe Frau, erklärt mir, dass Tiere hier keine Namen erhalten. Katzen und Hunde gelten vielen in diesem Land als unrein. Ich denke dankbar an meine lieben Eltern, die große Tierfreunde waren und mich in diesem Sinne erzogen haben. Als vernarrte Katzenfreundin – ich habe drei nicht-namenlose Katzen zu Hause – fällt es mir schwer, diese Distanz nachzuvollziehen. Später stelle ich erfreut fest, dass die Katze, die hier im Haus aus und ein geht, Junge hat und von Mahvaschs Schwiegermutter heimlich in ihrer Abstellkammer beherbergt und behütet wird. So manchen Leckerbissen steckt sie ihr unauffällig zu. Verschwörerisch lächeln wir einander an.

Das Haus hat keine Klima-Anlage. Um der Hitze zu entgehen, bereiten wir abends im *Hayat,* dem quadratischen Innenhof, unser Lager, indem wir dicke Wollmatten auf den Mosaikboden legen und darüber gazeartige Moskitozelte stellen. Ich schlafe herrlich in dieser Nacht.

In dieser Region sind die gesellschaftlichen Regeln viel strenger als in Teheran. So erlebe ich selbst, warum Mahvasch und Kazem nicht gern hierher fahren, obwohl das ihre Heimatstadt ist. Als ich am Morgen in den Basar möchte, wird mein Wunsch abgelehnt. Kazems Mutter erklärt, sie habe noch nie das Geschäft ihres Mannes im Basar gesehen. Außerdem würde keine Frau freiwillig dorthin gehen. Im Basar arbeiten nur Männer und darum erledige ihr Mann dort die Einkäufe. Ich bin sprachlos. Sind unsere Männer gar wilde Bestien, die sich mit gefletschten Zähnen auf das arme Opferlamm Frau stürzen, wenn es sich in ihre Höhle wagt? Warum lassen Frauen sich das gefallen? Doch es kommt noch besser. Als ich einen Spaziergang in dem verschlafenen Nest machen möchte, um ein wenig zu fotografieren, wird es ebenfalls nicht erlaubt. Fotografieren auf der Straße schicke sich nicht für eine Frau, werde ich belehrt. Es sei eh besser, zu Hause zu bleiben. In mir kocht es, doch ich darf den Gastgeber nicht beschämen. Alle meine Unternehmungen werden ausgebremst.

Kazem nimmt mich beiseite: »Bary, verüble es bitte der Familie nicht. Hier im Ort leben besonders viele fanatische Chomeini-Anhänger, die sich *Hisbollah*, also ›Parteigänger Gottes‹ nennen.«

»Kannst du mir Genaueres über sie erzählen?«

»Klar. Komm hinaus in den *Hayat*.« Wir setzen uns nieder. »Also zu Beginn der Revolution rekrutierte man sie aus den Armenvierteln. Bewaffnet waren sie nur mit Küchenmessern, Rasierklingen, Säureflaschen und Ketten. Das änderte sich so um 1982. Da begann das Regime, sie zu organisieren, und mittlerweile zählen sie bereits mehr als eine Million Mitglieder. Kannst du dir vorstellen, was das für ein Druck ist?«

»*Ey Choda!* – Oh Gott! Sind sie denn eine Partei?«

»Nicht etwa eine Partei im westlichen Sinne. Ich würde sagen, das lässt sich eher mit einer »Bruderschaft« vergleichen. Sie bezeichnen sich selbst als ›Reinigungshaus der Menschheit‹«.

»Das hört sich ja grausig an.«

»Es hört sich nicht nur so an. Sie sind sogar bereit, für ihre Idee in den Tod zu gehen. Ich denke, das sagt mehr als jede weitere Erklärung.«

»Aber wie können sich ihnen so viele anschließen?«

»Viele der Aufpasser sind noch Kinder, die man zu fanatischen Ordnungshütern geschult hat. Das ist die Basis. Sie dürfen Privatwohnungen kontrollieren, zeigen Menschen an oder stecken sogar Häuser in Brand.«

»Wie schrecklich. Weißt du noch, dieser Junge in Teheran, der unser Auto kontrollierte, an den muss ich jetzt wieder denken.«

»Ja, ich auch. Und ich mag mir nicht vorstellen, was er als erwachsener Mann tun wird. Momentan konfiszieren sie Tonbänder, Videos, Spielkarten, Musikinstrumente, Lippenstifte, Alkohol, Parfum und nichtislamische Literatur. Hunderttausende steckt das Regime ins Gefängnis und vollzieht viele Hinrichtungen. Als unsere Jugendlichen dieses Jahr ihre Begeisterung für den amerikanischen Pop-Star Michael Jackson entdeckten, wurden sofort Tausende von Videokassetten auf einem riesigen Scheiterhaufen verbrannt.«

»Das ist ja wie zur Zeit der Hexenverfolgungen in Europa.«

»Ich weiß nicht, wie es in Europa war. Aber schlimmer kann es hier kaum noch kommen. In fast jedem Regierungsbüro sitzt ein ›Beobachter‹ – entschuldige den Ausdruck – wie eine Zecke. Er kontrolliert die Religions- und Staatstreue der Mitarbeiter. Kannst du dir vorstellen, was das für ein Arbeiten ist? Ich habe letztens von einem Freund gehört, dessen Bruder im Gefängnis ist, dass selbst Gefangene auf Schritt und Tritt bewacht werden, gelegentlich auch auf der Toilette. Die Wärter hätten seinen Bruder gezwungen, mit dem linken Fuß zuerst einzutreten, da dies von Chomeini so angeordnet worden war.«

Jetzt sehe ich alles in anderem Licht. Die Gastfamilie hat einfach Angst um meine Sicherheit. So folgen zwei auferzwungene Ruhetage im Haus, die durch gelegentliche Besuche unterbrochen werden.

Junge Leute sehe ich kaum, was mich nach den Erlebnissen und den Erzählungen von Kazem nicht mehr verwundert. Über die politische Lage im Land wagt keiner so richtig mit mir zu sprechen, wohl aber über die sozialen Probleme.

»Immer mehr Menschen verlassen das Land, um in der Stadt ihr Glück zu suchen. Überall fehlen Väter und Söhne, die das Land bearbeiten«, beschreibt Kazem die Lage.

»Aber was wird aus der Landwirtschaft?«, frage ich bedrückt.

»Bary, das ist schwer zu sagen. Manche Gegenden sind total verlassen und das Land verkarstet. Entgegen ihren Versprechungen kümmern sich auch die Mullahs nicht um die Landbevölkerung, genauso wie damals der Schah.«

»Und was wird aus den Menschen?«

»Für viele ist Teheran die letzte Rettung. Die Stadt wächst, doch dieses Wachstum ist ungesund. Slums schießen wie Pilze aus dem Boden. Im Süden Teherans leben die Ärmsten in selbstgezimmerten Häusern oder Autowracks. Elend und Not gehen dort ein und aus. Die ständig wachsende Inflation treibt viele in den Hunger.«

»Wir haben Glück«, wirft Kazems Mutter ein. »Hier in Miyaneh ist die Not nicht so groß. Wir haben sogar Butter.« Stimmt. In Teheran gab es keine. Mahvasch bringt gerade den frischen Tee in den *Hayat,* da klingelt ein Mann an der Tür. Er kommt, um die Ölkanister auszutauschen. Noch bevor er den Hof betritt, eilt der Hausherr gestikulierend herbei und schickt uns Frauen hastig »in die Gemächer«, weil uns der Mann nicht sehen darf. Hinter vorgehaltener Gardine lauern wir, um zu sehen, welcher Beau unsere Tugend gefährdet. Da wackelt ein Hutzelmännchen herein, das schon etliche Jahre auf dem Buckel hat und sich kaum noch auf den Beinen halten kann. Es ist so grotesk, dass mir ein Lachen die Kehle hochrollt und alle anderen Frauen ansteckt. Kazems Vater begreift unsere Heiterkeit nicht.

Die Nacht meiner Abreise bricht an. Bei einem Abschiedsessen sitzen wir alle noch einmal in einem Restaurant beieinander. Es ist das einzige Mal, dass ich in Miyaneh aus dem Haus darf. Gegen Mitternacht trifft der Bus aus Teheran ein, in dem ich einen Platz für die Weiterfahrt nach Erzurum reserviert habe. Nun heißt es, von lieben Menschen Abschied nehmen. »*Choda hafez!* – Auf Wiedersehen!« klingt es von allen Seiten. Die Trennung fällt mir besonders von Mahvasch und Kazem schwer. Unsere Tränen vermischen sich miteinander. Wir halten uns fest umfangen und können uns nicht voneinander lösen, so als würden wir einander nie wiedersehen. Ein einziger Wunsch beseelt mich: Frieden. Frieden für mein armes Land, das ich von ganzem Herzen liebe.

Die Fahrt durch die Finsternis beginnt. Neben mir sitzt eine junge Frau, die ihr Gesicht abgewandt und mit einem Tuch bedeckt hat. Die Welt ist tiefschwarz und in der Scheibe sehe ich nur mein Gesicht, umrandet von dem schwarzen *Tschador,* der auch meinen Körper umhüllt. In der Frühe rasten wir in einem Teehaus, das früher wohl einmal eine Karawanserei war und jetzt Überland-Bussen als Rasthaus dient. Kurz vor der Grenze stoppt der Bus plötzlich. Soldaten stürmen herein und kontrollieren unsere Pässe. Meiner wird wieder in der Hand hin und her gewogen. Prüfend starren sie in mein Gesicht und ich spüre, wie ich die ganze Zeit die Luft anhalte. Plötzlich springt ein junger Mann auf. Er ist ungefähr in meinem Alter. Der Soldat gibt mir den Pass zurück und eilt zu ihm. Sie zerren ihn aus dem Bus und einen weiteren, der neben ihm sitzt. Niemand im Bus spricht. Wir sind alle wie erstarrt. Die jungen Männer kommen nicht wieder. Der Bus fährt weiter.

Eine endlose Blechkolonne wälzt sich im Morgengrauen auf die Grenze zu. In der Ferne ist die Grenzstation winzig klein erkennbar. Der Busfahrer verkündet, unsere Wartezeit wird ungefähr acht Stunden betragen. Doch von draußen ruft ein Mann zu meinem Entsetzen, dass wir mit drei Tagen rechnen müssten. Heute ist Freitag. Das hieße, mein Rückflugticket für Samstag würde verfallen und montags am Arbeitsplatz in der Uni könnte ich auch nicht rechtzeitig erscheinen. Neben mir entsteht Unruhe. Sahra, die irgendwann während der Fahrt das Tuch von ihrem Gesicht nahm und mit mir sprach, sieht mich entsetzt an. »Lass uns gemeinsam weiterreisen«, bittet sie mich. »Zwei Frauen, die zusammen reisen, haben es einfacher.« Ich überlege nicht lange. Wir wecken den eingenickten Fahrer, damit er uns unser Gepäck aushändigt. Das Straßenbild wirkt malerisch. Einige Menschen schlafen in dicke Schafdecken gehüllt einfach am Straßenrand. Ein paar Frauen bereiten auf kleinen Petroleumkochern Tee zu, um sich herum plärrende Kinder. Auf ihren Gebetsteppichen knien Menschen, die ein Morgengebet sprechen, während ein paar Männer schwatzend auf ihren Gepäckstücken sitzen. Wohin auch manchen die Reise führen mag, einige denken sicher nicht an Wiederkehr.

Endlich entdecken wir ein Taxi, das uns zur Grenze bringt. Hier wimmelt es von Menschen. Das reinste Chaos. Wir befürchten, weiter aufgehalten zu werden, und machen uns auf eine längere Wartezeit gefasst. Doch ich trage noch den Brief von Kazem bei mir, gerichtet an Herrn Nazari, seinen ehemaligen Schulfreund. Er hat mir bereits bei meiner Einreise geholfen. Im Grenzhaus erfahre ich nach vielem Hin und Her, wo ich nach ihm suchen muss. Geduld ist ein zartes Pflänzchen, das nicht in meinem Garten gedeiht. Nach einiger Mühe mache ich ihn ausfindig und er bringt uns freundlicherweise bis zur Grenzkontrolle. Dort wird alles kontrolliert. Und wenn ich sage, sie kontrollieren alles, dann meine ich auch alles. Sie lassen nicht einen Zentimeter meines Körpers aus. Ich kann nur dankbar sein, dass es Frauen sind.

Zwei Stunden später passieren wir die türkische Kontrolle. Sahra, die mich weiter begleitet, ist genauso erleichtert wie ich. Die türkischen Zollbeamten meckern mit mir, ich solle endlich meinen *Tschador* ablegen. Dann schimpfen sie auf das Regime im Iran. Doch die vier Wochen Verhüllungszwang und die damit verbundene Angst vor den Sittenwächtern haben mich geprägt. Erst nach einiger Überwindung lege ich den *Tschador* ab und setze ein Kopftuch auf. Ich frage mich, wie geht es den Frauen, die dieses Martyrium jahrelang mitmachen müssen. Von der Grenze nehmen wir den Bus nach Doğubayazıt. Sofort sind meine schlechten Erinnerungen wach. Während des halbstündigen Aufenthalts schaue ich mich immer wieder um, ob irgendwo der widerwärtige Kerl mit seinem Taxi lauert. Der Druck fällt erst von mir, als wir im Anschlussbus nach Erzurum sitzen. Doch wer beschreibt mein Entsetzen, als ich feststellen muss, dass mein gesamtes Gepäck in Doğubayazıt nicht umgeladen wurde. Verfluchter Ort, du bringt mir nur Unglück, schäume ich. Erst der grässliche Taxifahrer und nun ist auch noch mein Gepäck unauffindbar! Meine Verzweiflung wächst. Den Anschlussflug nach Ankara kann ich in den Wind schreiben, denn ich muss auf mein Gepäck warten. Das bedeutet, dass meine Tickets nun wohl doch verfallen und dass ich schleunigst neue kaufen muss.

Wir mieten uns Zimmer in einem Hotel mit dem seltsamen Namen »Oral«. Sahra will sich hier mit ihrem kurdischen Geliebten treffen. Die beiden schmieden seit Langem Pläne, Iran für immer den Rücken zu kehren. Die Unfreundlichkeit der Hotelbediensteten befremdet mich. Später höre ich, dass die Türken hier sehr perserfeindlich eingestellt sind. Warum, erfahre ich allerdings nicht. Um 5.00 Uhr morgens weckt mich der Ruf zum Gebet gleich dreimal. Das Hotel ist von Moscheen umzingelt und draußen findet so eine Art Wettkampf der Gebetsrufer statt. Den Tag verbringe ich damit, ununterbrochen meinem Gepäck hinterherzutelefonieren. Mein Flugticket verfällt. Am Nachmittag teilt mir der Mann an der Rezeption freudig mit, dass mein Gepäck aufgefunden und unterwegs sei und »vom Präsidenten der Republik(!)« – dabei verneigt er sich vor einem dubiosen Unsichtbaren – eigenhändig in den Bus verfrachtet worden sei. Bis jetzt weiß ich nicht, wer jener Präsident gewesen ist. Aber für seine Hilfe bin ich dankbar.

Bevor ich meine Koffer nicht in den Händen habe, kann ich kein neues Flugticket kaufen. Mein Vertrauen ist ziemlich lädiert. Doch am

Nachmittag trifft mein Gepäck endlich ein. Noch dreimal muss ich das Reisebüro aufsuchen, bis die Buchung endlich klappt. Zu meinem Leidwesen muss ich eine weitere Nacht in Erzurum verbringen. Sahra schlägt mir vor, das Hotel zu wechseln, und ihr Freund mietet uns zwei Zimmer in seinem Hotel. Gleichzeitig betont er, ich sei sein Gast, weil ich so gut auf seine Sahra aufgepasst habe. Na ja. Die Angestellten in diesem Hotel sind in der Tat freundlicher.

Am Abend lädt uns Sahras Freund zu einem opulenten Mahl ein. Nach dem Essen ergreift er Sahras Hand. »Sahra, wir haben viel miteinander durchgemacht, viel Schlimmes erlebt. Doch wir konnten uns immer aufeinander verlassen. Nun haben wir gemeinsam Iran verlassen, um irgendwo neu anzufangen. Unsere Zukunft ist ungewiss, aber ich weiß eins, ich will nie mehr ohne dich sein. Bitte, werde meine Frau.« So werde ich am Ende meiner Reise noch Zeuge eines Heiratsantrages. Sahra schießen die Tränen in die Augen, die dennoch wie Sterne strahlen. Hier in der Öffentlichkeit dürfen sie sich nicht einfach um den Hals fallen. Darum halten sie sich fest an den Händen. Ich bin gerührt und beglückwünsche meine Reisegefährtin. Glück. Das brauchen sie jetzt auch dringend.

Zwei Tage später bin ich in Hamburg. Mein Aufenthalt im Iran war mehr als ein Urlaub. Ein wenig fand ich auch mich selbst. Ich bleibe eine Wanderin auf dem schmalen Pfad zwischen zwei Welten und meine Suche wird weitergehen.

»Ende Herbst zählt man die Küken« (1993)

Die Gefahr ist immer da. Selbst im Exil. In der Zwischenzeit hat es eine Reihe von Anschlägen und Mordtaten gegeben. Sie beunruhigen die Iraner und trafen auch den einen oder anderen, der uns vertraut ist.

Ali Akbar Mohamadi, ein ehemaliger Chefpilot Rafsandjanis[39], war 1986 nach Hamburg geflohen. In einem deutschen Fernsehinterview gab er Aufschluss über seine Fluchtgründe. Das Regime betrachtete das als Verrat. Als er im Januar 1987 seine kleine Tochter zum Kindergarten brachte, tauchten plötzlich zwei Männer des iranischen Geheimdienstes auf und töteten ihn durch mehrere Kopfschüsse.

Mein Freund Farhad lebte seit Mitte der 1980er-Jahre in Hamburg. Da er vermögend war, konnte er sich als anerkannter Flüchtling schnell eine neue Existenz aufbauen: Er eröffnete eine Videothek am Steindamm. Hier bot er nicht nur Unterhaltungsfilme an, sondern auch regimekritische wie »Der Auftrag« (»Ferestadeh«), einen Film von Parviz Sayad (USA/D), der es bis zur Berlinale schaffte. Er handelt von einem iranischen Geheimpolizisten, der den Auftrag erhält, einen ehemaligen Offizier im Ausland zu ermorden, und der stattdessen Freundschaft mit ihm schließt und beginnt, das Regime zu überdenken. Er weigert sich, den Auftrag auszuführen, und endet als Opfer. Weil Farhad diesen Film verkaufte, geriet er in den Fokus des iranischen Geheimdiensts und wurde selbst zum Opfer. Auf seine Videothek wurde 1988 ein Bombenanschlag verübt, bei dem zwei Menschen verletzt wurden. Farhad musste untertauchen, weil er weiter Drohungen erhielt. Die deutsche Staatspolizei schaltete sich ein und da ich mich als Mittelsfrau bereit erklärte, erhielt auch ich für diese Zeit Schutz. Innerhalb einer Woche war das Ganze abgewickelt. Farhad siedelte mit Frau und beiden Kindern in eine andere Stadt um und erhielt eine neue Identität. Wir mussten Abschied nehmen. Für immer. Denn das gehörte zum Programm. Auch ich durfte weder den neuen Namen noch die Stadt erfahren, damit ich ihn nicht unwissentlich verraten kann. Farhad, ich hoffe, du liest dieses Buch.

Viele iranische Künstler sind ins westliche Ausland geflohen, weil das Regime ihre Auftritte nicht mehr zuließ. Fereydoun Farokhzād, ein Lyriker, Schauspieler und Sänger, lebte schon seit Jahren im deutschen Exil, moderierte hier für Iraner und Gleichgesinnte manche Musikshows, die uns ein Stückchen Heimat wiedergaben. Ich lernte Ferey einmal kennen und obwohl ich seine politische Meinung nicht teilte – er hing dem alten Schahregime an –, schätzte ich ihn. Er war ein unerschrockener Mann, der offen das islamische Regime kritisierte, vor allem die *Scharia* aufs Schärfste verurteilte. Auch gab er offen zu, homosexuell zu sein. »Wenn ich euch aber erzählen würde, welche Mullahs es mit mir hatten, dann würden euch die Augen aufgehen«, hat er mal scherzhaft verkündet. Leider tat er das in aller Öffentlichkeit, und das war wahrscheinlich sein Todesurteil. Im August 1992 wurde er auf bestialische Art in seiner Bonner Wohnung ermordet. Als man ihn fand, war er nur noch ein Stück rohes Fleisch, dem ein langes Küchenmesser aus dem Mund ragte. Farokhzād ist eines der Opfer der sogenannten Kettenmorde, die Anfang der 1990er-Jahre gegen Oppositionelle ihren Anfang nahmen. Dahinter steckte augenscheinlich der Geheimdienst der Islamischen Republik Iran, der VEVAK, dessen Leiter Ali Fallahian zu diesem Zeitpunkt war. Er gilt auch als Drahtzieher für das Mykonos-Attentat in Berlin einen Monat später, bei dem vier Vertreter der iranischen Demokratischen Partei Kurdistan (PDKI) ums Leben kamen.

Im Iran hat es mittlerweile einen Führungswechsel gegeben, denn Chomeini ist tot. Seine Ideologien leben weiter. Der Krieg hat Millionen Menschen ins Unglück gestürzt und verbrannte Erde hinterlassen. Auch er ist vorüber. Wie ein unersättlicher Krake umschlingt das Regime mit seinen Tentakeln den selbsternannten Gottesstaat, dem so gar nichts Göttliches anhaftet. Er wurde zum Dämon, der die Herzen der Menschen vergiftet. Jedes Aufbegehren wird sofort von den gefürchteten *Pasdaran* im Staub zertreten. Iran ist ein großes Gefängnis geworden und hinter den Gittern welken die Blumen.

Dennoch bei allem Ungemach: Ich sehne mich nach Iran. Denn dort gibt es auch die andere Seite, die mir vertraut ist, den Duft von Safran und wilden Rosen, die liebevollen Kindheitserinnerungen und Menschen, deren Herzlichkeit das Regime nichts anhaben konnte. Doch die Botschaft erteilt mir eine Absage. Alleinreisende Frauen, so heißt es, erhalten kein Visum. Punktum. Da kommt mein Cousin Siavasch auf eine abenteuerliche Idee. Alljährlich im Oktober finden in Teheran jede Menge Messen und Ausstellungen statt. Durch Beziehungen, ohne die im Iran gar nichts läuft, besorgt er mir eine offizielle Einladung zur Messe und postwendend erhalte ich ein dreiwöchiges Geschäftsvisum.

Ein bisschen mulmig ist mir schon, aber ich zaudere nicht. Die Freude überwiegt, Iran und meine Lieben endlich wiederzusehen. Selbst der Flugpreis für IRAN-AIR ist akzeptabel, da mittlerweile europäische Fluglinien, wie Air-France, KLM und Lufthansa, Teheran anfliegen. Etwas hatte ich nicht bedacht, als ich mich für Iran-Air entschied. Die Kleiderordnung schreibt vor, dass Frauen bereits beim Betreten des Flugzeuges verhüllt ihre Plätze einzunehmen haben. Diesmal beschließe ich, auf Make-up zu verzichten. Überrascht mustere ich nun die mitreisenden Frauen. Im Gegensatz zu mir sind viele geschminkt, ihre Mäntel modisch, die *Rusaris*[40] farbenfreudig. Ich fühle mich wie ein Landei in meinem weiten Mantel und dem dunklen Tuch, das mein noch dunkleres Haar bedeckt. In der Tat gleiche ich wohl eher einer verirrten Krähe.

Der Flug verläuft ruhig. Mit meiner netten Nachbarin gerate ich schnell ins Plaudern. Als das Mittagessen serviert wird, bin ich über die Qualität erstaunt. Allerdings stört mich beim Essen meine Verpackung, mein lästiges *Rusari*. Ein Stoffzipfel gerät in meinen Mund und ich kaue auf Reis-Fleisch-Stoff. Igitt. Impulsiv lege ich das Tuch ab. Sofort ertönt hinter mir eine schnarrende Stimme: »*Chanum, rusari bepusch!* – Frau, Schleier überziehen!« Geflissentlich überhöre ich die Aufforderung. Nun erhebt der Mann seine Stimme und keift: »Bedecke dein Haar, Frau. Sofort! Du beleidigst meine Augen. Hast du keine Moral?« Empört drehe ich mich um und blicke in ein finsteres unrasiertes Männergesicht, das typische Klischee der bösen Macht im Iran. Der Mann mustert mich mit stechendem Blick, bereit, auf Konfrontation zu gehen. Die Frau neben mir verdreht die Augen und legt beruhigend ihre Hand auf meinen Arm.

Widerspruchslos bedecke ich mein Haar. Jetzt bloß keinen Ärger, nicht schon im Flugzeug. Es ist sinnlos, mit Fanatikern zu diskutieren. Doch in mir brodelt es. So brummele ich noch eine Zeit lang vor mich hin und darüber vergehen die fünf Flugstunden wie im Nu.

Wir setzen zur Landung an. Wie immer ist der Anblick von Teheran überwältigend. Als sei der Himmel auf die Erde gekehrt, so strahlen die Lichter der Stadt direkt in mein Herz. Als die Maschine aufsetzt, applaudieren die Passagiere und rufen fröhlich: »*Salam Iran.*« Endlich habe ich die Kontrolle passiert und stürze mich in die Arme meiner Lieben. Im Eifer des Wiedersehens rutscht mir mein *Rusari* vom Kopf. Ein paar Umstehende klatschen lachend Beifall.

Überglücklich genieße ich die Fahrt durch Teheran. Sieben Jahre sind seit meiner letzten Reise vergangen. Die Dunkelheit, die während des Krieges über der Stadt hing, ist geschwunden. Sie erstrahlt, schön wie eine Jungfrau, im Lichterglanz. Ihre Straßen sind frisch geteert und ausgebaut und neue sind hinzugekommen. Die Kriegsschäden sind fast vollständig restauriert. An Plätzen und Rondellen beherrschen farbig beleuchtete Springbrunnen das Bild, geben der nächtlichen Stadt sogar ein romantisches Flair. Der Verkehr ist nach wie vor chaotisch; Fahrzeuge, vorwiegend alte Modelle, beherrschen das Straßenbild. Auch die waghalsigen Manöver sind gleich geblieben. Ein paar Mal halte ich die Luft an, um nicht aufzuschreien. Meine Eingewöhnungsphase.

Beim gemeinsamen Abendessen frage ich meinen Cousin Siavasch und seine Frau, welche Veränderungen Teheran seit Kriegsende erfahren hat. Beide sind zum Glück nicht arbeitslos. Siavasch arbeitet als Tiefbauingenieur, Schokreh ist Hebamme. Doch ihr Traum heißt Kanada.

»Das Schlimmste ist, dass wir mit unseren beiden Gehältern nicht auskommen«, klagt Siavasch. »Embargo und Inflation machen uns schwer zu schaffen.«

»Ja«, fügt Schokreh hinzu, »ein Gehalt frisst allein die Monatsmiete. Die Fleischpreise steigen in den Himmel. So schnell können wir gar nicht gucken. Jede Extra-Ausgabe müssen wir genau berechnen.«

»Wir arbeiten beide sechs Tage die Woche, um uns nicht zu sehr einzuschränken«, empört sich Siavasch. »Manchmal müssen wir sogar die ganze Woche durchpowern. Zeit ist für uns Luxus. Wir sind doch noch so jung und wollen was vom Leben haben.«

»Ja, vor allem möchten wir Kinder.« Schokreh blickt mich an. »Wir sind doch jetzt im richtigen Alter. Aber uns fehlt die finanzielle Grundlage. Ich frage mich, wie können die Menschen ohne Ausbildung im Iran überhaupt noch existieren, wenn wir schon so hart zu kämpfen haben.«

»Ja«, fügt Siavasch hinzu, »in der iranischen Gesellschaft herrscht große Unzufriedenheit. Die Misserfolge der Regierung und die sinnlosen Machtspiele zwischen Revolutionsführer Chamenei und Präsident Rafsandjani schwächen das Land zudem. Chamenei[41] ist eine Schlange, denn ihm geht es ausschließlich um die Macht, während Rafsandjani sich zumindest bemüht, die Wirtschaft wieder zu beleben.«

Meinen Freunden Mahvasch und Kazem dagegen geht es gut. Sie haben sich mittlerweile ein Haus gebaut. Kazem ist jetzt Direktor der Schule, an der er jahrelang als Lehrer arbeitete. So richtig zufrieden sind sie aber nicht. Mahvasch lächelt verstohlen. »Wohlstand ist nicht alles«, sagt sie leise. Kazem wirft ihr einen kurzen Blick zu. »Die Frauen haben es immer noch schwer«, meint er erklärend. »Ich bin nun endgültig zu dem Schluss gekommen, dass die Auslegung des Islams durch unseren sogenannten Gottesstaat menschen- und frauenfeindlich ist und im weiteren Sinne rassistisch und antisemitisch. Hier zeigt sich eine Gewaltbesessenheit, die ihresgleichen sucht. So werden in seinem Namen Menschen getötet, ermordet und vergewaltigt. Das ist Gotteslästerung.«

Ich bin überrascht, solche Worte aus seinem Mund zu vernehmen. Kazem galt für mich immer als Inbegriff eines sanften Menschen, der sich mit Hingabe seinem Glauben widmete. »Du klingst entmutigt.«

»Ja, Bary. Das bin ich. Selbst unabhängiges Denken ist unter dieser staatlich praktizierten Religion verboten. Das war nicht die Idee der Revolution. Ich bin ein gläubiger Mensch, aber was hier im Namen Gottes geschieht, lässt mich vor Zorn manchmal nicht schlafen!« Eine steile Falte zeigt sich auf seiner Stirn. »Wir haben so viele Kinder wie noch nie. Die Schulen quellen über wie kochende Milch und die Stundenpläne geraten außer Kontrolle. Wir können alle Kinder kaum unterbringen. Darum haben die Mädchen jetzt vormittags, die Jungen nachmittags Unterricht.«

»Geburtenkontrolle ist wieder erlaubt«, wirft Mahvasch ein. »Aber ich frage mich, ob es nicht zu spät ist. Was soll aus all den Kindern werden, wenn sie erwachsen sind? Stell dir vor, da es so viele Kinder gibt, fehlt es an Schulen und Kindergärten. Manche Kinder werden von ihren Eltern gar nicht in die Schule geschickt, sondern gleich zum Arbeiten – trotz Schulpflicht. Das Bildungsniveau lässt zu wünschen übrig. Wir können nur auf Besserung hoffen«, seufzt sie und verdreht die Augen.

»Die Bevölkerung Irans hat sich trotz des Krieges fast verdoppelt. Es wird von nahezu 60 Millionen Menschen gesprochen«, wirft Kazem ein. »Bary, erinnerst du dich noch an deinen letzten Aufenthalt in Miyaneh? Damals haben wir darüber gesprochen, dass immer mehr Leute die Provinz verlassen. Wir haben das Gefühl, dass sie alle hier sind. Teheran zählt jetzt nahezu elf Millionen Menschen. Stell dir das mal vor! Noch vor hundert Jahren waren es um die Hunderttausend!«

»Aber warum denn nur?«

»Die starke Landflucht hat erst richtig nach dem Krieg eingesetzt. Unzähligen Bauernfamilien fehlte ganz plötzlich der Ernährer, weil Väter und Söhne aus dem Krieg nicht heimkehrten. So waren sie nicht in der Lage, das Land und die Gärten allein zu bewirtschaften. Viele zog es als letzten Ausweg in die Hauptstadt.«

»Und wie kann die Stadt denn alle auffangen?«

»Gar nicht. Und Arbeit gibt es auch nicht genug. Teheran platzt aus allen Nähten. Südteheran ist ein großer Slum. Dort vegetieren Menschen am Rande des Existenzminimums. Weißt du, wer dort lebt, hat nichts mehr zu verlieren. Darum ist die Kriminalität auch extrem hoch. Im Süden trauen sich nachts nur noch die Katzen auf die Straße.«

»Das klingt beunruhigend.«

»Wenn sich nichts ändert, wird es noch schlimmer werden.«

Als ich meinen ersten Spaziergang durch Teheran mache, zeigt sich mir ein verändertes Straßenbild. Auf den Boulevards begegnen mir stark geschminkte und elegante Frauen, was ein Affront gegen die Mullahs ist. Das Haar wird vom *Rusari* nicht mehr vollständig verhüllt und frisch gefärbte Locken lugen vorwitzig hervor. Zudem hat die iranische Frau aus dem Verhüllungszwang eine Tugend gemacht, indem sie eine neue

Mantelmode entwarf. Der Schnitt ist chic und gefällt mir so sehr, dass ich mir gleich zwei Mäntel kaufe. Ich will mein Krähenimage loswerden. Hier haben die gestrengen Mullahs einen Denkfehler begangen. Sie begreifen nicht, dass die Verhüllungen, in die sie die Frauen zwängen, zum Rahmen werden, der ihre Schönheit betont.

Die *Pasdaran* belästigen uns weniger. Öffentliche Gebäude werden seit Kriegsende nicht mehr kontrolliert. Scheinbar hat das Regime den Daumen gelockert, weil sich der Druck auf Dauer nicht praktizieren lässt. Die Oberfläche wirkt zwar geschönt, doch darf ich mich vom äußeren Blick nicht täuschen lassen. Die Zügel scheinen nur provisorisch lockerer und können im nächsten Moment wieder straffgezogen werden. Willkür und Gewalt herrschen nach wie vor hinter der Kulisse.

Die Teheraner Luft ist stark verschmutzt. Als ich nach meinem ersten Spaziergang nach Hause komme und mir Gesicht und Hände wasche, färbt sich das Wasser schwarz. Leider ist der Umweltschutz nach wie vor ein Fremdwort. Autofahrer lassen weiter die Motoren parkender Wagen laufen, obwohl die Fahrzeuge nun in einem besseren Zustand sind. Die Abgase auf den Straßen belasten die Atemwege. Teheran liegt in einer Mulde und ist nördlich vom Elbursgebirge umgeben. Dadurch steht die Luftverschmutzung im Tal und kann nicht weichen. Als wir einmal an einem strahlenden Sonnentag in der näheren Umgebung ins Gebirge wandern, verschwindet die Stadt hinter uns unter einer Smogglocke.

Auf unserer Wanderung begegnen uns Pärchen Hand in Hand. Auch das ist neu. Zur Zeit der Revolution hat es Frau nicht gewagt, nach der Hand des Liebsten zu greifen. Es galt als Moralverstoß. Manche Frauen, die mir begegnen, tragen über ihrem *Rusari* Baseballkappen. Das sieht seltsam aus, ist aber ein interessanter Versuch, vom lästigen Kopftuch abzulenken.

»Im Winter fahren wieder viele Menschen wie früher Ski«, sagt Siavasch, »allerdings Frauen und Männer getrennt.«

Als wir oben ein wenig verschnaufen, fragt er mich, wie in Deutschland über den Iran gedacht werde. »Es gibt viele Vorurteile«, antworte ich, »die von den Medien noch geschürt werden. Wenn vom Iran gesprochen wird, werden am liebsten wallende *Tschadore* und drohende

Mullahs gezeigt und Menschen, die Fahnen verbrennen und Hassparolen ausstoßen.«

»Nun, so ganz von der Hand zu weisen ist das nicht«, erwidert Siavasch mit einem schiefen Lächeln. »Aber das ist natürlich nur ein Bruchteil von dem, was hier wirklich läuft.«

Mir steckt ein Kloß im Hals. Was ich mitunter bewusst verdränge, stürmt hier mit aller Macht auf mich ein. Es ist der Standpunkt zur Religion und zu jener Kultur, die schließlich auch die meine ist. Der Westen mit seiner liberalen Einstellung singt gern ein Hohelied auf sich selbst. Darum erwartet er, dass der östliche Nachbar ihm nacheifert, weil er, der Westen, sich als Leitbild versteht. So ist ein Urteil schnell gesprochen. In Diskussionen wurde mir wiederholt vor Augen gehalten, dass es die westliche Kultur sei, die den Maßstab in unserer Welt setzen würde. Wie fühlt es sich an, die »schlechtere« Kultur zu haben? Es schmerzt und macht zornig.

Ein herbes Beispiel ist für mich das Mahmoody-Buch *»Nicht ohne meine Tochter«*, das im Westen derart verschlungen und so kritiklos gelesen wurde, wie kaum ein anderes. Das Aha-Erlebnis, die »bessere« Kultur zu haben, war für die Lesenden einfach zu schön. Obwohl auch ich die Verletzung der Rechte von Frauen und Kindern aufs Schärfste verurteile, überwog bei mir das negative Gefühl, dass in diesem Buch pauschalisierend ein ganzes Volk angegriffen wird.

Ich bin kein besonders religiöser Mensch, aber es macht mich betroffen, dass nach dem Bröckeln des Eisernen Vorhangs nun der Islam als neues Feindbild herhalten muss. Sicherlich würde ihm eine Reform guttun und er sollte sich der Kritik auch stellen. Doch die Vorurteile, die im Westen geschürt werden, bedrücken mich. Eindringlich wird über »islamische Fundamentalisten« berichtet, wobei der Anspruch Gewalttätiger, die *»Allah-u akbar* – Gott ist groß!« rufen, morden und brandschatzen, mit der Religion gleichgesetzt wird. Ich bin besorgt, wenn ich sehe, wie sich die Medien darauf stürzen, um diese Bilder der breiten Masse zu präsentieren. Zweifellos gibt es islamische Prediger, die zu Hasstaten aufrufen. Doch warum werden die Laien im Westen nicht auch darüber aufgeklärt, wie sehr sich viele islamische Gläubige von diesen Machenschaften distanzieren? Der Missbrauch der Religion durch Machtgier und Unterdrückung findet nicht nur im Iran statt. Aus dem Koran zitiert mancher selbsternannte Irankenner nur allzu gern Suren, welche die friedliche Seite des Islam in Frage stellen. Dass dies auch mit der Bibel und der Tora möglich ist, verblasst am Rande. Aber lebensfeindliche und frauenunterdrückende Stellen wären in allen großen Weltreligionen anzuklagen, damit die Menschen aller Kulturen zueinanderfinden können.

Ich fiebere der Messe entgegen, dem offiziellen Grund meines Hierseins. Am Rande des Messegeländes erhebt sich majestätisch das Elbursgebirge und bietet mit seinen schneebedeckten Gipfeln einen atemberaubenden Hintergrund. Auf dem weitläufigen Areal wimmeln ameisenhaft die *Pasdaran* und observieren die Messegäste. Prompt werde ich ein paar Mal aufgehalten, weil mein Outfit den Kleidungsvorschriften nicht entspricht. Doch sobald ich mich als Touristin zu erkennen gebe, lässt man mich in Ruhe und wünscht mir einen schönen Aufenthalt. Ich bin verblüfft. Es hat sich etwas geändert in der Islamischen Republik. Ein Aussteller erzählt mir, dass die Regierung bezüglich der Kleidungsvorschriften gegenüber Fremden mehr Toleranz übt, zumindest solange die Messe läuft. Aha, der Tugendbegriff ist also dehnbar.

Ich durchwandere einige Hallen, bis ich am Außenrand auf eine landestypische Ausstellung stoße, die mich fast archaisch anmutet. Ruhig und beschaulich geht es hier zu. Weberinnen und Teppichknüpfer zeigen ihr Handwerk und ich bewundere die filigranen Blumen- und Tiermuster, die so detailgenau geknüpft wurden, als seien sie zum Leben erwacht. Teppiche können hier direkt beim Knüpfer gekauft werden. Und schon feilscht neben mir lautstark ein *Basari*[42] um den Preis. Ein kleiner Teeverkäufer eilt herbei, um ihm geflissentlich ein Glas tiefschwarzen Tee mit *Ghand*[43] zu reichen, während der Händler immer neue Ballen aufschnürt, die wahre Schmuckstücke preisgeben. Ich lausche dem altbekannten Singsang und fühle mich zurückversetzt in das kleine Mädchen von einst, das mit leuchtenden Augen neben seinem Vater oder Tante Giti durch den Basar schritt. In diesem Augenblick bin ich wirklich im Iran angekommen.

Emsiges Gehämmer unterbricht meine Träumerei. Eine Menschentraube hat sich um die Silber- und Kupferschmiede gebildet. Ab und zu fliegt ein Scherz hin und her, dem verhaltenes Lachen antwortet. Ich mische mich unter die murmelnde Menge und genieße es, ein Teil davon zu sein. Fasziniert beobachte ich, wie die Meister mit kleinen Meißeln Vasen und Schalen zu Kunstwerken verzieren. Die Darstellungen erzählen Geschichten aus längst vergangenen Tagen, die heimliche Sehnsucht nach Persepolis. Neben mir flüstert ein Mann: »Schauen Sie nur diese wunderschöne Arbeit des geflügelten Gottes Ahura Masda, dem Herrn der Weisheit. Er vermochte es, Himmel und Erde zu einen. Er war unser Lichtbringer.«

»Was wollen Sie mir damit sagen?«, wispere ich ebenso leise.

»Mutter Iran liegt unter einem dunklen *Tschador.* Sie wurde geschändet und hat ihre Würde verloren, denn Weisheit und Güte wurden verbannt.« Dann taucht er eilig in der Menge unter. Seine Worte hallen noch lange in mir nach. Eine hier nicht ungefährliche Botschaft.

In einem separaten Saal haben körperbehinderte Maler ihre Werke – von der Radierung bis zum Ölbild – ausgestellt. Das Porträt eines loristanischen[44] Mädchens, in Öl gemalt, beeindruckt mich sehr, da das Gesicht dem meiner Tochter ähnelt. Immer wieder gehe ich daran vorbei, kann den Blick nicht davon lösen. Da gesellt sich der Maler zu mir. »*Chanum*[45], das Bild ist käuflich, was das Herz nicht ist. Hört auf seine Stimme.« Fünf Minuten später verlasse ich ihn mit dem eingepackten Bild.

Die nächste Halle überrascht mich. Sie beherbergt die Fotoausstellung der 1. Olympiade muslimischer Frauen. Laut der *Scharia* dürfen Frauen nicht an Olympischen Spielen teilnehmen und ebenso wenig bei Männerspielen im Stadion anwesend sein. Darum haben sie für sich eine Nische gefunden, indem sie ihre eigenen Spiele ins Leben riefen. Die Bilder berühren mich, zeigen sie mir doch eine völlig andere Perspektive: Alle Frauen sind bei ihren sportlichen Aktivitäten in lange Gewänder gehüllt und tragen das Haar züchtig unter einem Tuch verknotet. Das erschwert den Frauen sicherlich die Ausübung ihrer Sportart, wie Laufen, Reiten, Skifahren etc. Dennoch hat der Fotograf eine gewisse Heiterkeit und Harmonie eingefangen und einen Stolz, der durchaus gerechtfertigt ist. So manche Frau in der westlichen Welt würde vielleicht darüber schmunzeln oder spötteln, weil ihr diese Probleme fremd sind. Aber die islamische Frau schöpft mit Kraft alle Möglichkeiten aus, um ihre Lage zu verbessern und sich ihren Platz in der Gesellschaft zu erobern.

Was mich in Deutschland mitunter bedrückt, ist die Unwissenheit über die Kraft iranischer Frauen. Mitunter mitleidig belächelt, verbirgt sich unter dem Schleier oft eine Frau mit einem starken Willen und ausgeprägtem Selbstbewusstsein. Sie trägt in der iranischen Gesellschaft die Hauptlast in der Familie, sie kümmert sich um den Haushalt, die Kinder und sehr häufig auch noch um einen Beruf unter Bedingungen, für die sie stets aufs Neue kämpfen muss. Über all dem liegt wie ein Leben erstickendes Tuch die *Scharia*, die islamische Gesetzgebung. Sie wurde nach der Revolution von einer Gruppe machtbesessener Führer wieder eingesetzt und gibt für das Verhalten in Familie und Gesellschaft Regeln vor. Die Quellen der *Scharia* entspringen dem Koran. Durchtränkt von Überlieferungen und uralten Traditionen passen sie längst nicht mehr in unser Zeitbild. Doch das interessiert ihre Verfechter nicht, die die Herrschaft im Iran an sich rissen und seitdem Frauen, Männer und Kinder unablässig unterdrücken. So ist laut Koran der Mann der Frau übergeordnet, vor allem in der Sexualität, wie die Sure 4,34 vorschreibt. Mit Abschluss des Ehevertrages übernimmt der Mann die Unterhaltspflicht gegenüber der Frau und bekommt dafür das uneingeschränkte Recht auf ihren Körper, nachzulesen in den Suren 2,233 und 2,187. Viel hängt vom eigenen Ehemann ab, dem die Frau auf Gedeih und Verderb ausgesetzt ist. Hat sie einen fürsorglichen Partner, sind die Probleme erträglicher. Hier spielt jedoch Bildung eine wesentliche Rolle.

Zurzeit kann eine Frau im Iran fast jeden Beruf ausüben – aber leider nur mit Erlaubnis des Ehemannes. Ohne die Unterstützung der Frauen würde jedoch die Wirtschaft unweigerlich zusammenbrechen. Dennoch bleiben bestimmte Berufszweige wie das Richter- und Priesteramt den Frauen verschlossen.

Der Tierpark in Teheran wurde während des Krieges nahezu zerstört, die meisten Tiere verhungerten. Inzwischen sind zahlreiche Parkanlagen wieder aufgeforstet und mit Schwänen, Enten und anderen Vogelarten bevölkert. Ich glaube meinen Augen nicht zu trauen, als ich ein paar angekettete Adler und große Eulen auf den Felsattrappen entdecke. Mit hängenden Flügeln und Köpfen hocken sie da, ein Bild des Jammers. Empört frage ich Siavasch: »Wieso werden Tiere hier so würdelos behandelt? Ein Adler oder eine Eule in Ketten! Wer kommt denn auf so etwas?«

Trotzig blickt er mich an. »Du sprichst von den Vögeln? Und wir? Leben wir nicht genau wie die dort? Du denkst an ein paar Vögel. Was ist mit den Menschen?«

»Aber Sia, das sind hilflose Kreaturen. Sind sie nicht Symbole der Freiheit? Ein Adler muss kreisen und fliegen. Die Eule, ein Nachtvogel, braucht den Schutz des Waldes!«

Er schweigt und wendet den Blick ab. Doch ich lasse nicht locker: »Schau mal, umgedreht wird ein Schuh daraus. Wir dürfen doch Tiere nicht darunter leiden lassen, dass wir Menschen unser Leben nicht in den Griff bekommen. Schließlich sind auch Tiere Geschöpfe *Chodas*[46] und verdienen unseren Respekt.«

Er sieht mich lange an. »Respekt? Dass ich nicht lache ...«

»Sei nicht unfair!« Ich bin verstimmt, spüre Zorn in mir. »Wer einen Adler in Ketten legt, darf nicht erwarten, selbst frei zu fliegen!«

Siavasch schimpft: »Du hast ja keine Ahnung ...«

Verdrossen verlassen wir den Park. Keiner will nachgeben. Wir sind so vertieft in unseren Streit, dass wir erschrocken auffahren, als uns plötzlich ein schwarz gekleideter Mann den Weg versperrt. Aus seinem unrasierten Gesicht starren Augen wie glühende Kohlen. Unwillkürlich halte ich die Luft an. Sein Blick brennt auf meinem Gesicht. Mein Zorn ist schlagartig verpufft. Fast willenlos stehe ich vor ihm und fühle mich wie die Maus vor dem Biss der Schlange. Da fährt er mich an: »*Chanum*, rücken Sie Ihr Tuch zurecht! Sie verstoßen gegen die Kleiderordnung.«

Meine Erstarrung löst sich und ich nestele an dem *Rusari*, der mir im Eifer des Streitgesprächs verrutscht ist. Mein Haarknoten hat sich gelöst und die schweren Flechten schauen überall hervor. Schnell bedecke ich sie wieder. Ohne mich aus den Augen zu lassen, zückt der Mann wortlos seinen Ausweis und hält ihn mir unter die Nase. Die Schrift verschwimmt vor meinen Augen. Siavasch tritt eilig neben mich und wirft einen Blick darauf. »Sie sind vom *Monkerat*?« Eine leichte Kopfbewegung ist die Antwort.

»Folgen Sie mir!« Die Stimme klingt kalt und befehlsgewohnt. Erschrocken schauen wir uns an. Einige Leute um uns herum werden aufmerksam. Sie weichen zurück und mustern uns mitleidig.

Der Mann führt uns zu einem Jeep, der etwas abseits steht, und nötigt uns einzusteigen. Hinter dem Lenkrad sitzt ein dunkler Kerl, der uns keines Blickes würdigt. Sie gleichen einander wie Zwillinge. Wie aus einer Form gepresst. Ich muss mich neben den Fahrer setzen und die Klappe mit dem Spiegel herunterlassen, damit der Polizist mein Gesicht sieht, während er hinten im Fond neben Siavasch Platz nimmt. Die Nähe des neben mir Sitzenden verursacht mir Übelkeit. Bisher dachte ich, nur Tiere könnten die Gefahr riechen.

»Zeigen Sie Ihre Ausweise!« Nachdem er den Ausweis meines Cousins kontrolliert hat, blickt er mich ungeduldig an. Wie im Fieber wühle ich in meiner Tasche und versuche, das Zittern meiner Hände zu verbergen. Als er meinen deutschen Pass sieht, stutzt er. Wieder einmal wird mein Pass lange und ausgiebig gemustert. Der Mann hält ihn abwägend in den Händen. »Fahr los, Djengis«, befiehlt er dem Fahrer. Ein Frösteln überzieht meine Haut und ich vermeide, Siavasch anzusehen. Der Wagen schlängelt sich durch den Verkehr. Niemand spricht ein Wort. Das Schweigen zerrt an meinen Nerven, was wohl beabsichtigt ist. Wo fahren wir hin?

»Sie haben ein Geschäftsvisum«, unterbricht der Mann die Stille. »Welche Art von Geschäften führt eine Frau hierher?«

Jetzt heißt es, jedes Wort auf die Waage legen. Obwohl es mich Überwindung kostet, blicke ich den Fragenden durch den Spiegel an. Ich darf mir keine Blöße geben.

»Die Messe in Teheran.«

»Aha. Und wie gefällt sie Ihnen?«

Mühsam versuche ich mich im Plauderton. »Sehr anregend und vielfältig, besonders die landestypischen Produkte. Nebenbei möchte ich auch ein wenig von Teheran sehen.«

Mein Blick streift Siavasch, auf dessen Stirn feine Schweißtropfen glänzen. Eine Ader an seiner Schläfe pocht. »Darf ich den Anlass für ihre Befragung erfahren?« Seine Stimme klingt erstaunlich ruhig.

Der Mann hebt spöttisch die Brauen. »Sie haben sich auffällig verhalten und laut gestritten. Das gehört sich nicht in der Öffentlichkeit.« Und mit einem Blick auf mich: »Gerade eine Frau sollte sich da kontrollieren. Was war der Anlass?«

Bevor er antworten kann, sage ich spontan: »Die Adler.«

»Die Adler? Welche Adler?«

»Wir waren im Park Mellat. Dort entdeckte ich ein paar Vögel, die in Ketten lagen. Das hat mir nicht gefallen.«

»So, so«, murmelt er wieder. »Und darüber muss man laut werden?«

»Ein Adler in Ketten. Das darf nicht sein.«

»Es ist nicht Ihre Aufgabe, darüber zu befinden.« Augenscheinlich hat er keine Lust, weiter darauf einzugehen. Er wendet sich an Siavasch. »Welche Funktion haben Sie an der Seite dieser Frau? Was haben Sie miteinander zu schaffen?«

»Meine Firma hat mich beauftragt, unsere Besucherin zu begleiten. Zum Schutz und um ihr Teheran zu zeigen. Da sie in Europa lebt und mit der Kultur des Landes nicht vertraut scheint, hielt man es für ratsam.«

Ich spüre einen Kloß im Hals. Es ist demütigend, als gestandene Frau wie ein unmündiges Kind behandelt zu werden. Sie sprechen über mich, als säße ich nicht dabei. Aber Siavasch gibt sein Bestes, regimegerecht zu antworten. Hoffentlich hakt der Moralpolizist nicht nach, wo ich wohne.

Abrupt wendet er sich wieder mir zu. »Welche Firma hat Sie hierher geschickt?«

Ich nenne den Namen, denn ich habe für den Notfall alle Daten auswendig gelernt. Auch im Geschichtenerzählen bin ich gut. Ich lüge das Blaue vom Himmel und selbst Siavasch hört erstaunt zu. Innerlich bete ich: Lass den Mann nicht auf die Idee kommen, alles zu überprüfen. An die Folgen mag ich nicht denken.

»Wieso hat man keinen Mann geschickt?«, unterbricht er mich und sieht mich lauernd an.

»Ich spreche *Farsi.* Außer mir spricht niemand in der Firma diese Sprache.« Ich blicke ihn fest an.

»Ja, Sie sprechen sehr gut *Farsi.* Wie ich sehe, steht im Visum der Name ihres Vaters ...«

Ich schweige und denke nicht daran, darauf einzugehen.

»Waren Sie schon früher im Iran?«

Lügen wäre zwecklos. »Vor ein paar Jahren.«

»Auch als Geschäftsreisende?« Oh weh.

»Freunde haben mich eingeladen.«

»Sie haben noch andere Verbindungen in den Iran?«

Sia wirft mir einen warnenden Blick zu.

»Nein, leider nicht.«

»Wie haben Sie Ihre Freunde denn kennengelernt?«

»In Deutschland. Sie waren dort zu Besuch.« Die Angst beschleicht mich, Namen preisgeben zu müssen.

»Und wie gefällt Ihnen Iran?«

»Sehr gut. Ein geschichtsträchtiges Land mit gastfreundlichen Menschen«, entgegne ich spontan, obwohl ich das Gefühl habe, dass sich das schnell ändern könnte. Laut sage ich: »Das wird auch in Deutschland geschätzt. Darum besteht zwischen den beiden Ländern schon seit jeher Handel. Im Hamburger Freihafen sind iranische Firmen seit Generationen ansässig.« Insgeheim hoffe ich, von meinen Freunden abzulenken.

»So, so.« Das Gespräch verebbt. Er blickt aus dem Fenster. Gerade fahren wir an der ehemaligen amerikanischen Botschaft vorbei. Zwei Revolutionswächter stehen davor. Der Eingang ist verbarrikadiert, die Mauerwände sind vollgeschmiert mit den üblichen antiamerikanischen Parolen und eine aufgemalte Freiheitsstatue mit Totenschädel grinst mir entgegen, Sinnbild auch für den jetzigen Iran. Wie im Zeitsprung sehe ich es vor mir. Am 4. November 1979 überfielen islamorientierte Studenten die US-Botschaft und nahmen die Mitarbeiter als Geiseln. Aus heutiger Sicht ein Akt der Barbarei, eine Glaubenshysterie, die ein Regime, das fortan alles niederknüppelte und niederbrannte, was sich ihm in den Weg stellte, nur allzu gern für seine Zwecke nutzte.

Doch dies war nicht vorauszusehen. Um diese Handlungen differenzierter zu verstehen, ist es notwendig, auch von den Hintergründen zu hören, die für die gewaltbereiten Studenten wichtig waren. Wohl die meisten iranischen Menschen sahen damals die Amerikaner als Besatzer und als die Verursacher allen Übels an, weil sie durch sie ihren Glauben verunglimpft sahen und die eigenen Demokratiebestrebungen unterdrückt. Niemand hatte vergessen, dass sich die USA ihrer Marionette bedient hatte, um an die Ölreserven des Iran zu gelangen – personifiziert durch den einst von den Alliierten im Zweiten Weltkrieg eingesetzten Schah Mohammad Reza Pahlavi, dem das Einfühlungsvermögen den iranischen Menschen gegenüber abging. Seine Internatszeit verbrachte er in der Schweiz, er hatte somit nicht die geringste Ahnung, was die iranische Bevölkerung bewegte. Er wollte das Land mit Gewalt modernisieren, statt sanft und behutsam. Um seine Macht abzusichern, baute er die SAVAK auf, einen für seine brutalen Foltermethoden bekannten Geheimdienst, der übrigens auch mit dem deutschen Verfassungsschutz zusammenarbeitete. Reza Pahlavi gründete eine Einheitspartei und verbot andere politische Parteien, sodass er als Alleinherrscher über das Land bestimmte. Offiziell führte er wieder die Zensur ein und verfolgte, wie schon zuvor sein Vater, die ethnischen Minderheiten im Land. Ebenso unterdrückte er soziale Aufstände der eigenen Bevölkerung und schlug diese blutig nieder. Gleichzeitig sah er die Geistlichen als Stolperstein zum Fortschritt. Anstatt sie in den Dialog mit einzubeziehen, begann er, die Theokraten, die kritisch ihre Stimmen gegen ihn erhoben, zu verfolgen und somit auch die Religion in Frage zu stellen. Chomeini war sein stärkster Gegenspieler. Doch der Schah suchte nicht das Gespräch mit ihm, sondern ließ ihn ausweisen, was dem religiösen Führer eine noch größere Anhängerschaft verschaffte. Oppositionelle ließ der Schah gnadenlos verfolgen, einsperren oder umbringen. Und das waren nicht wenige. Als sich das Volk immer mehr gegen ihn erhob, setzte er die Armee gegen die Demonstrierenden ein. Es soll viele Tote gegeben haben und Tausende von Verletzten. All das wurde von den USA unterstützt, und die Amerikaner verhielten sich im Iran so, als hätten sie das Sagen. Sie hatten ihr eigenes Militär im Land stationiert, einige Kinos, Plätze in Hotels und Restaurants waren nur ihnen vorbehalten, der iranischen Bevölkerung war der Zutritt nicht gestattet. Der Schah glaubte sich als Herrscher unantastbar und vergaß darüber, dass ihn die Menschen nicht liebten. In seinem Größenwahn krönte er sich 1968 selbst zum Kaiser oder Schah in Schah – König der Könige, wie im Iran gesagt wird. Das Fest, die 2500-Jahr-Feier, verschlang Millionen, während große Teile der Bevölkerung hungerten. Das war der Anfang vom Ende.

Wären beim Überfall auf die US-Botschaft die feinen Zwischentöne erkannt worden, wäre sicher einiges anders gelaufen. Aber die Schreie nach Freiheit waren zu laut. Die Gemäßigten wissen längst, dass Freiheit nicht dadurch errungen werden kann, indem andere niedergeknüppelt werden. Nun meiden die Menschen diesen Ort. Nur wenn staatlich organisierte Demonstrationen stattfinden, bei denen mal wieder amerikanische Flaggen verbrannt werden, finden sich Regimetreue hier ein.

Wir stecken fest im Stau, immer noch vor der Botschaft. Ich schrecke aus meinen Gedanken auf, als ein Auto laut hupt. Der Polizist weist mit der Hand auf das Gebäude und verkündet stolz: »Kein amerikanischer Teufel wird ungefragt den Fuß in unser Land setzen. Wir wissen uns zu wehren. Wehe dem, der sich uns widersetzt.«

Na toll. Unsere Fahrt verläuft wieder schweigsam und weder Siavasch noch ich wagen zu fragen, wo sie endet. Mir kribbelt die Kopfhaut und ich spüre Schweiß auf meiner Stirn. Wenn ich daran denke, wohin uns unser kleiner Streit führen könnte, wird mir schlecht. Gestern Abend erzählte Schokreh, dass im Zuge einer landesweiten Kampagne gegen »Lasterhaftigkeit und moralische Verderbtheit« mehrere Frauen zu körperlichen Züchtigungen verurteilt wurden. Letzten Monat verhaftete die Miliz in Teheran mehrere hundert Frauen wegen Verstoßes gegen die strikte Kleiderordnung. Und die Bestrafung? Bis zu 74 Schläge sieht der Gesetzgeber gegen dieses »Vergehen« vor. Kann ein Mensch das überleben? Mancher wird denken, was für ein Widerspruch. Warum sind die Frauen immer wieder unvorsichtig und kleiden sich nicht »vorschriftsmäßig«, wenn doch die Gefahr so groß ist, bestraft zu werden? Schwer zu beantworten. Vielleicht regt sich der innere Widerstand stärker, sich diesen willkürlichen Kleidervorschriften nicht zu unterwerfen. Ich gehöre gewissermaßen ja auch dazu und bin »Wiederholungstäterin«.

Als wir in die Vali Asr biegen, beugt sich der Mann plötzlich vor. »Djengis, halt an!« Der Fahrer lenkt den Wagen zur Seite, ohne eine Miene zu verziehen.

»Steigen Sie aus!«, fordert er uns auf und mit Blick auf mich: *»Choda hafez, Chanum!* Ich wünsche Ihnen einen erfolgreichen Aufenthalt und gute Geschäfte.« Und an Siavasch gewandt: »Verhalten Sie sich unauffällig. Wenn Sie die *Hisbollah* auf sich aufmerksam machen, kann ich nichts für Sie tun.«

Mit weichen Knien steigen wir aus und schauen dem Wagen nach, bis er außer Sicht ist. Siavasch blickt mich an. »Die Adler ...«, sagt er leise, »siehst du, wo uns das hinführt?«

»Oh Sia, lass uns nicht wieder streiten. Mir reicht's für heute.«

Die letzten Worte des Polizisten klingen noch in mir nach. Und ich muss an das denken, was mir Kazem bei meinem letzten Besuch über die *Hisbollah* erzählt hat. Gerade diesen Sommer hat das islamische Parlament einen Gesetzentwurf verabschiedet, nach dem die Hisbollahmilizen als Ordnungskräfte nun mit gewissen richterlichen Vollmachten agieren dürfen. Schlimm ist, dass es sich hierbei vorwiegend um 15- bis 20-jährige Jugendliche ohne jegliche Ausbildung handelt. Diese dürfen jetzt bei Abwesenheit des zuständigen Beamten im Falle eines Deliktes eigenständig handeln, das heißt, auch Verhaftungen vornehmen. Ein Delikt wäre in diesem Falle auch unser »unmoralisches« Verhalten gewesen.

Die *Hisbollahs* würde ich als eine zusammengewürfelte Masse von Menschen bezeichnen, die eine Gemeinsamkeit haben, ihren Fanatismus und den absoluten Gehorsam gegenüber der religiösen Führung. Dieser fußt besonders im Hass und der Bereitschaft zur Gewaltanwendung gegenüber Andersdenkenden. Mit dem Ende des Irak-Iran-Krieges im Sommer 1988 waren sie glücklicherweise von der Bühne verschwunden. Doch nun gibt es wieder öfter Demonstrationen und Flugblätter, die sich gegen das Regime wenden. Darum sieht es sich in seiner Existenz bedroht und weil es sich zudem in einer politischen und wirtschaftlichen Krise befindet, werden die *Hisbollahs* wieder »gebraucht«, die innerhalb des Machtspektrums vielseitig einsetzbar sind. Sie dienen nicht nur als Ablenkungs- und Beschäftigungsmittel, sondern vor allem als Unterdrückungswerkzeug gegen die sogenannte Unmoral und gegenüber politischen Gegnern, Männern wie Frauen. Wieder verbreiten sie ihren Schrecken in der Bevölkerung.

Es ist Mittagszeit und die Straßen leeren sich. »Hast du auch solchen Hunger?«, fragt Siavasch mich.

»Ach«, versuche ich wieder Leichtigkeit einzubringen, »ich habe immer Appetit.« Und unser Lachen löst den Bann.

Essen ist im Iran Sinnlichkeit und nicht nur Notwendigkeit. Die persische Küche ist eine Erlebnisreise der Genüsse. Ihre feinen Speisen, versehen mit wohlschmeckenden Kräutern und Gewürzen, deren Duft sogar den Basar, der auch andere Gerüche beherbergt, durchzieht, sind ein Fest für den verwöhnten Gaumen.

Siavasch stößt mich an. »Nun, was ist?«

»Was hältst du von Hammelhoden?«, frage ich ihn.

Er schluckt. »Hammelhoden?«, wiederholt er gedehnt. »Wie kommst du denn darauf? Das ist nicht dein Ernst, oder?«

»Ich habe sie zuletzt zu Lebzeiten meines Vaters gegessen«, erwidere ich lächelnd, »und zwar gegrillt, schön scharf gewürzt. Das war total lecker.«

Misstrauisch mustert er mich. »Du machst doch nicht etwa Spaß?«

»Sia, warum sollte ich? Aber wenn du nicht willst …«

»Hör zu, Bary, ich will kein *Tarouf* machen. Eigentlich sollte das nicht gegessen werden, schon wegen der Gesundheit. Aber eine Ausnahme kann ich mal machen. Wenn du es dir so wünschst, werde ich es dir nicht abschlagen.«

Ich strahle ihn an. »Das ist lieb von dir.« Auf geht's zum Schlachter.

Dort herrscht Hochbetrieb. Die Leute kaufen ein zum Abendessen, denn im Iran wird mittags und abends warm gegessen. Ich mache einen langen Hals und entdecke tatsächlich hinter der Theke Hammelhoden. Endlich ist die Reihe an uns, während die Schlange hinter uns immer länger wird. Der Schlachter lächelt mir zu, ich zeige auf meinen Begleiter. Siavasch druckst rum: »Hätte gerne Hammelhoden«, flüstert er kaum vernehmbar.

Der Schlachter hält die Hand hinters Ohr. »Wie bitte?«

»Hammelhoden«, nuschelt Siavasch. Ich muss mich sehr beherrschen, um nicht loszuprusten. Daran habe ich gar nicht gedacht, dass es ihm peinlich sein könnte.

»Aha, Hammelhoden!«, grölt der Schlachter laut. Alles grient. Also so lustig ist das auch nicht, denke ich. Wir sind doch nicht die einzigen, die hier Hammelhoden kaufen.

»Wie viel?«, fragt der Schlachter.

Bevor mein Cousin antworten kann und wieder in Verlegenheit gerät, rufe ich: »Ein Kilo!« Der Schlachter hebt die Brauen, packt ein und wir ziehen davon, begleitet vom breiten Grinsen der übrigen Kunden.

»Ich habe noch nie Hammelhoden gekauft«, murmelt Siavasch. Wir essen so was eigentlich nicht, höchstens die Alten.

»Ach komm, Sia, ich freue mich schon drauf.«

Heute ist außer uns niemand zu Hause. Gut, ich gebe zu, ein Kilo Hammelhoden ist etwas viel. Mal sehen, was wir daraus zaubern. Grillen können wir sie leider nicht. Auch der Ofen funktioniert nicht. Bleibt nur kochen oder braten. Siavasch fängt an, die Hoden zu schrubben. Ich setze Wasser auf. Als sie kochen, ist der ganze Topf voller Schaum. Wir gießen das Wasser ab und wiederholen die Prozedur. Wieder Schaum. Wieder aufkochen. Das passiert ein paar Mal. Nun sind sie ganz geschrumpft und eine passable Portion für zwei Personen. Siavasch gießt Öl in die Pfanne, würzt, brät sie schön braun und mischt das Ganze mit Rührei. Noch mehr Ei. Ehrlich gesagt, geschmeckt hat es uns beiden nicht, aber ich habe ihn für seine Mühe gelobt.

Meine Tante kommt spätabends zu Besuch. »Was riecht hier so komisch?«, fragt sie. Siavasch wirft mir einen unsicheren Blick zu.

»Wir hatten Hammelhoden«, sage ich und erzähle ihr dann, wie wir sie kauften und zubereiteten. Zuerst ist sie stumm. Starrt von einem zum anderen. Dann bricht sie in schallendes Gelächter aus, dass ihr die Tränen aus den Augen treten.

Siavasch ist jetzt stinkig. »Also, so lustig fand ich das nicht«, brummelt er.

»Wisst ihr«, keucht sie nach Atem ringend, »eure Zubereitung ist schon abenteuerlich. Aber das Beste scheint ihr nicht zu wissen.«

Wir sehen sie verständnislos an. »Hammelhoden gelten bei abergläubischen Menschen als Mittel für die männliche Potenz. Wenigstens wurde früher daran geglaubt. Kein Wunder, dass ihr im Schlachterladen so viel Aufsehen erregt habt, wenn ihr gleich ein Kilo davon kauft ...«

Wir fliegen nach Kisch im Persischen Golf. Einst gehörte die Insel dem Schah. Nun ist sie Freihandelszone, ein Einkaufsparadies. Die wirtschaftliche Misere verleitet viele, dorthin zu fliegen, denn die Preise in den Städten sind immens in die Höhe geschnellt. Zudem sind Inlandflüge im Iran spottbillig, vergleichbar mit einer Busfahrt in Deutschland. Wenn ich ehrlich bin, steht mir nicht der Sinn nach einer Einkaufstour. Aber ich bin schließlich Gast und hoffe, auf Kisch mehr als nur Geschäfte zu sehen. Am frühen Morgen geht's los. Maschine und Besatzung sind russisch. Der Flieger ist klein, nur sechzig Plätze. Beim Anblick der Tupolev überkommt mich leichte Panik. Sie sieht aus wie Flickwerk, so als würde sie jeden Moment zusammenbrechen. Ihre Altersschwäche versteckt sie nicht, sondern scheint eher damit zu kokettieren. Verwundert nehme ich zur Kenntnis, dass wir von hinten in das Flugzeug kriechen müssen. Ich hoffe, das ist kein schlechtes Omen. Während hinter mir alles drängelt und ich mehr die schmale Gangway hinaufgeschoben werde, als dass ich sie selbst erklimme, hoffe ich inständig, dass wir unser Ziel heil erreichen werden.

Der Flug verläuft turbulent, die kleine Maschine ist den Luftströmungen gnadenlos ausgeliefert. Nichts für schwache Nerven und einen empfindlichen Magen. Erleichtert atme ich auf, als die Insel am Horizont erscheint. Wir fliegen so dicht über dem Meer, dass ich Delphine und Haie erkennen kann. Als ich die Haie zähle, wird mir der Hals trocken. Wenn wir hier abstürzen, bleibt von uns nicht viel übrig.

Beim Verlassen der Maschine faucht uns die brütende Hitze ins Gesicht. Ende Oktober ist das Klima hier feucht und heiß, 45 Grad im Schatten. Im Sommer sind es locker 56 Grad. Doch mir macht mehr die Feuchtigkeit zu schaffen, nicht die Hitze. Meine Kleidung klebt bereits nach fünf Minuten am Körper. Klar – ich trage Mantel und Kopftuch. Das ist so ähnlich, als wenn jemand angezogen in die Sauna geht. Mahvasch sagt gar nichts und stöhnt nur. Sie trägt die gleiche Kleidung.

Mit dem Taxi fahren wir zum nächsten Hotel. Kisch wirkt auf mich kahl und irgendwie künstlich. Überall sind neu erbaute Einkaufszentren aus der Wüste gestampft worden. Meine letzten Illusionen verblassen. Wir unternehmen also eine Art »iranische Butterfahrt«. Doch nicht alles ist in Butter.

Im Hotel stellt sich heraus, dass ich den vierfachen Preis zahlen soll, weil ich keinen iranischen Pass dabeihabe. Empört lehne ich ab. Kazem, Siavasch und Schokreh sind aus der gekühlten Halle nicht herauszubewegen. Kurzerhand mache ich mich mit Mahvasch auf die Suche und finde tatsächlich ein klimatisiertes Appartement, in dem wir alle fünf bequem wohnen können. Die Kosten sind gering und der Blick ist herrlich – direkt auf den Persischen Golf. Alle sind zufrieden.

Nun beginnt die wilde Schnäppchenjagd. Sogar ich lasse mich anstecken, obwohl ich gar nichts kaufen wollte. Ich glaube, das ist ein Urtrieb und eint alle. Glücklicherweise sind die Einkaufszentren klimatisiert, denn die tropische Hitze macht uns atemlos. In einem der Zentren schwimmen große Meeresschildkröten. Kristallböden führen die Kauflustigen darüber hinweg. Schön anzusehen, aber ist es auch artgerecht?

Der frühe Morgen gehört stets mir. Wenn alle noch schlafen, schleiche ich mich hinaus ans Meer, das wie ein einziger Türkis funkelt. Ich lasse den Zuckersand durch meine Hände gleiten, knete und liebkose ihn. Über mir spielt der Himmel noch mit seinen Farben, bevor er sich für ein tiefes Blau entscheidet. Andächtig genieße ich die Stille, das leichte Schlagen der Wellen an den Strand, den Geruch nach Salz und Fisch und die leichte Brise, die mir über die Wangen streicht. Mit nackten Füßen laufe ich durch den warmen Sand und sammle Muscheln und Korallenzweige, die das Meer mir schenkt. Auf einem völlig kahlen Baum hockt ein einsamer Rabe, der mich reglos beobachtet. Wir sind die einzigen Lebewesen hier und der Augenblick gehört uns. Was mag er fühlen? Genießt er ihn genauso wie ich? Unermüdlich brennt die Sonne auf den Sand. Gegen Mittag ist er so heiß, dass ich mir fast die Füße verbrenne.

Die Zeit kennt kein Erbarmen. Unerbittlich schreitet sie voran und mit ihr neigt sich mein Urlaub dem Ende zu. Den letzten Tag und ebenso die Nacht verbringe ich bei meiner Freundin Masumeh in Ostteheran. Sima, ihre Nachbarin, mit der sie sich angefreundet hat, gesellt sich eine Zeit lang zu uns. Ich mag Sima vom ersten Moment an. Am Abend klingelt sie und fragt: »Kommst du noch zum Abschiedstee rüber, Bary?«

»Ich muss morgen aber früh raus.«

»Bitte, komm. Mein Bruder Saeid ist gerade zu Besuch, und ich habe ihm viel von dir erzählt«, bittet sie mich lächelnd.

In der Eingangshalle stehen Schalen mit Obst, Gebäck und Pistazien. Die Familie Simas ist vollzählig versammelt. Etwas überrumpelt fühle ich mich schon. Mit so vielen Menschen hatte ich nicht gerechnet.

Da fällt mein Blick auf Saeid. Und jemand hält das Zeitrad an. Die Zeit, die mir bisher davonschlüpfte, verharrt ausgerechnet hier. Ich spüre meinen eigenen Herzschlag laut und vernehmlich. Sein Klopfen durchdringt den Raum und übertönt die Stimmen der anderen, die im Vakuum verklingen. Mit aller Macht bekämpfe ich den Impuls, Saeid immer wieder anzuschauen. Die Zeit aber, die Meisterin aller Dinge, beginnt zwischen uns ein unsichtbares Band zu knüpfen und bricht mit ihrem Lächeln unser Schweigen. Als er das Wort an mich richtet, lese ich in seinem Blick, was mein Herz mir sagt, als schaute ich in einen Spiegel. Da wir miteinander reden, können wir uns auch vor den anderen offen in die Augen schauen. Mit einer feinen Nadel brennt sich sein Anblick in mein Herz: ein klares, freundliches Gesicht, eine ausgeprägte Nase und warmherzige tiefdunkle Augen. Endlos könnte ich dem Klang seiner Stimme lauschen. Mit feinem Lächeln fragt er mich, ob ich Lust hätte, mich mit ihm englisch zu unterhalten, weil er die Sprache länger nicht gesprochen habe. Ich bin überrascht.

»Das spricht doch außer uns hier keiner«, meine ich lachend auf Englisch. »Eben!«, lacht auch er. Zaghaft baut sich Vertrauen auf wie eine unsichtbare Treppe, deren Stufen wir freudig erklimmen. Vertrauen, das Vertrautheit schafft. Wir sprechen über uns, als hätten wir einander immer gekannt. Das Gespräch ist wie ein sanfter Fluss. Unsere Umgebung nehmen wir kaum noch wahr, bis ich plötzlich bemerke, dass wir die Unterhaltung allein bestreiten. Die Umsitzenden sind zu Zuschauenden geworden. Der Zauber löst sich. Verwirrt breche ich ab, fange an zu stottern und kann das Chaos meiner Gefühle nicht ordnen. Auf mein Herz senkt sich die dunkle Wolke des Zweifels. Einen Augenblick lang war ich unsagbar glücklich. Vorbei. Der lächelnde Stern, nach dem ich griff, ist verblasst. Ich will weg, fliehe vor mir selbst, springe auf und verabschiede mich hastig, eine Entschuldigung stammelnd. Verdattert folgt Masumeh mir.

Am Tag meiner Abreise nach Deutschland habe ich meine Gefühle wieder einigermaßen im Griff. Doch als ich in der Morgendämmerung Teheran verlasse und eine strahlende Sonne über der Stadt aufgeht, sitze ich in der Maschine und weine bitterlich. Mir ist, als hätte ich etwas Schönes verloren.

»Liebe und Moschus bleiben nicht verborgen« (1994)

Die Wintermonate ziehen grau und trüb an mir vorüber. Ich habe mich in meine Welt der kalten Wände zurückgezogen und hüte den Kokon, der mein Herz umgibt. Die Zeit, die alte Vertraute, vermag es nicht, mich davon zu befreien. Doch als der Frühling naht, packt mich ein heftiges Fieber, das den Kokon in mir verbrennt, und wie neugeboren entsteige ich der Asche meiner Trauer. Am *Norus,* dem persischen Neujahr, wiege ich mich traumverloren in den alten Tänzen und horche in mich hinein. Da entdecke ich in mir das Kind wieder, das ich längst verloren glaubte, und schwöre ihm, es mehr zu hegen. Unter dem Hauch der Frühlingssonne schmilzt der Schnee und seine Tränen dringen in die müde Erde. Die ersten Krokusse brechen aus dem Erdreich hervor, lugen hoffnungsvoll ins Licht. Als bunter Teppich heißen sie den Frühling willkommen und darüber segelt mit frohem Gesang die Lerche.

Eine Wahrsagerin legt mir das geheime Tarot. Sie offenbart mir Dinge aus der Vergangenheit, die nur ich wissen kann. Dann flüstert sie: »Du wirst schreiben. Einige Bücher. Doch das kommt später. Ich sehe einen Mann in einem fernen Land, und doch ist es dir nicht fremd. Er wartet auf dich. Ihr werdet heiraten, sehr bald schon. Dann werdet ihr euch entscheiden müssen. Kommt er zu dir oder gehst du zu ihm?« Ich lächele ungläubig. Da beugt sie sich ernst zu mir vor. »Das ist kein Spiel, mein Kind. Glaube an die Macht des Schicksals. Auch du hast diese Gabe, in andere Herzen zu sehen. Nutze sie zu deinem Besten und zum Wohl der anderen.« Als ich mich verabschiede, meint sie noch: »Du wirst nicht wiederkommen, aber ich sehe deinen Weg im Licht. Nutze die Gabe!« Ich spüre eine Gänsehaut, doch mit den Tarotkarten werde ich mich noch eingehender beschäftigen.

Bald darauf besuche ich Masumehs Schwester, die in meiner unmittelbaren Nachbarschaft wohnt. Sie lebt schon einige Jahre in Deutschland. »*Salam* Bary! Gut, dass du vorbeischaust. Massy hat gestern aus Teheran angerufen und wollte dich unbedingt sprechen.«

»Wieso hat sie nicht bei mir angerufen?«, frage ich überrascht, weil Masumeh mich doch leicht hätte erreichen können.

»Na, du hast sicher vergessen, ihr deine neue Nummer mitzuteilen, genau wie mir«, meint sie pikiert. Oh weh. Stimmt, fällt es mir siedend heiß ein. Ich frage nach dem Befinden von Massy und nach ihrer Familie und wir reden, wie es im Iran Brauch ist, erst einmal von allem Möglichen und vermeiden dabei geflissentlich den Kern der Sache, nämlich warum Massy mich so dringend sprechen möchte. Endlich kommt ihre Schwester zum Thema. »Saeid, Simas Bruder, trägt sich mit Heiratsabsichten.«

Ein kleiner Stich fährt mir ins Herz. »Und?«, frage ich, »was habe ich damit zu tun?«

Sie sieht mich grinsend an. »Du bist doch sonst nicht so schwer von Begriff, Bary! Du bist seine Auserwählte! Also wenn du Interesse hast, ruf ihn bei Sima an.«

Ich bin verwirrt. »Diese Nachricht muss ich überschlafen.« Wie durch Watte gehe ich nach Hause. Schlafen kann ich jedoch nicht. Ich glaubte die Begegnung mit Saeid tief in der Schatulle meiner Erinnerungen verschlossen. Er hat dich nicht vergessen, singt mein Herz. Ist das ein Wink des Schicksals und somit unser Zusammentreffen in Teheran der Schlüssel für ein gemeinsames Glück? Warum nicht!

Am nächsten Tag melde ich mich klopfenden Herzens bei Sima. Ihre Stimme klingt erfreut, als sie mich erkennt. Schon eine halbe Stunde später ruft Saeid zurück. Er telefoniert in ihrem Beisein. Mein Respekt und mein Vertrauen wachsen. »Ich finde es mutig und seriös von dir, unser Gespräch unter Zeugen zu führen«, beginne ich. »Mir ist nicht nach einem Spiel zumute.«

»Ich meine es ernst mit meinem Anliegen«, entgegnet er ruhig. Mir liegen viele Fragen auf der Zunge, ihm ebenso. Ohne falsche Scheu sprechen wir über unser Leben. Die Tür in meinem Herzen öffnet sich. Wir beschließen, am Abend allein miteinander zu sprechen. So geht es eine Woche lang. Täglich telefonieren wir Stunden miteinander und wachsen immer mehr zusammen. Auch die Telefongesellschaft ist erfreut.

Saeid hat ein Visum für Polen. Er schlägt mir vor, uns dort zu treffen und unsere weitere Zukunft zu beratschlagen. Sofort willige ich ein.

»Was hältst du von einem dreiwöchigen Aufenthalt in Warschau? Dann haben wir mehr Zeit füreinander.«

»Das ist kein Problem«, sagt er glücklich. »Iraner bekommen zwar grundsätzlich nur ein 14-tägiges Visum, erhalten aber laut Aussage des Konsulats problemlos eine Verlängerung. Ich werde mein Visum in Warschau verlängern, das Ticket aber gleich auf drei Wochen ausstellen lassen, weil ich fest buchen muss.«

Der letzte Freitag in diesem April, der Zeitpunkt unseres Treffens, wird mir unvergesslich bleiben. Am frühen Abend landet meine Maschine in Warschau. Saeid ist über Paris geflogen und kommt mit der Air France zwei Stunden später. Während ich in der Flughalle auf ihn warte, befällt mich eine seltsame Unruhe. Ich bedauere, dass er nicht einfach nach Deutschland kommen konnte. Doch Menschen aus dem Iran wird die Einreise massiv erschwert. Im Iran dagegen ist das Risiko wegen der ständigen Repressalien zu groß, um sich unverheiratet zu treffen. So hänge ich düster meinen Gedanken nach. Eine Vorahnung? Laut Anzeige ist die Maschine gelandet. Die Fluggäste kommen durch das Gate, nur Saeid nicht. Beunruhigt bitte ich die Information um Hilfe. Wenig später werde ich aufgefordert, hinter die Sperre zu kommen. Es stellt sich heraus, dass die Beamten ihm die Einreise verweigern. Erstaunt frage ich nach der Begründung, und die klingt seltsam. Sein zweiwöchiges Visum stimme nicht mit seinem dreiwöchigen Ticket überein. Obwohl die polnische Visa-Abteilung Saeid versicherte, es sei kein Problem, das Visum nach Bedarf zu verlängern, wird die Überschneidung von einer Woche von den Zollbeamten in Warschau nicht akzeptiert. Unter diesen Bedingungen ist unser Wiedersehen sehr deprimierend.

Ein Beamter spricht Englisch und fragt nach unserem Reisegrund. Wir erzählen ihm die Wahrheit. Das ist, wie sich herausstellt, ein Fehler, denn nun wird es richtig heftig. Unsere Pässe werden eingezogen, unsere Unterlagen kontrolliert. Man unterstellt mir tatsächlich, ich wolle Saeid zur Flucht aus dem Iran verhelfen. Plötzlich wirken alle sehr beschäftigt. Ein Beamter fragt mich: »Sie haben so einen eigenartigen Namen in

Ihrem Pass. Sind Sie immer Deutsche gewesen? Wie sind Sie eigentlich zu Ihrem deutschen Pass gekommen?«

Ich spüre eine Gänsehaut. Die Situation kommt mir unglaublich vor. Nun bin ich nicht im Iran und schon wieder habe ich Probleme mit meinem Pass. Misstrauisch werde ich beäugt. Dann bohrt der Mann weiter: »Sind Sie Jüdin? Ich schlucke und einen irren Moment lang frage ich mich, ob mein deutscher Pass vielleicht irgendwie gekennzeichnet ist. In einer solchen Situation kommen die kuriosesten Ideen, ich fühle mich irgendwie ertappt, obwohl ich unschuldig bin. Mir dämmert langsam, wie es Menschen zumute sein muss, die Asyl suchen.

Als ich mich mit Saeid persisch unterhalte, sagt ein Grenzer zu mir: »Ach, Sie sprechen fließend Arabisch?«

»Nein«, antworte ich, »das ist *Farsi.*«

»Wie *Farsi*? Das ist doch alles das Gleiche«, meint er gleichmütig. »Es spielt auch keine Rolle, ob Sie im Irak oder in Deutschland leben.«

Soviel Ignoranz lässt mich verstummen. Polen ist unser Nachbarland, aber es scheint mir, als sei ich auf einem anderen Stern gelandet. Wie durch Watte höre ich einen Beamten zu mir sagen: »Mit Iranern gibt es rundweg Schwierigkeiten und immerzu Ärger mit deutschen Behörden.«

Obwohl ich nichts verbrochen habe, bekomme ich ein schlechtes Gewissen. Ich versuche es gütlich, ich bitte, werde dann doch ungeduldig. Nichts hilft. Aber unsere Hartnäckigkeit verzeichnet auch einen kleinen Erfolg. Eine Polizeioffizierin, die anfangs ziemlich harsch mit uns umgeht, wird zusehends weicher. Sie scheint uns zu glauben. Doch sie hat keine Entscheidungsbefugnis. Ich erfahre, der Flughafenkommandant soll am nächsten Tag über unseren Verbleib entscheiden.

Saeid kommt in einen Abschieberaum. Ich bitte darum, bei ihm bleiben zu dürfen, doch das wird mir verwehrt. Es heißt, ich solle mir gefälligst ein Hotelzimmer nehmen. Aber ich weigere mich und bleibe in der Flughalle sitzen. Ich kann mit Worten nicht beschreiben, was ich fühle. Wir haben uns so gefreut, einander zu begegnen, und nun behandelt man Saeid in Europa wie einen Verbrecher. Wie schnell sich das Blatt im Leben wenden kann.

Nachdem ich eine halbe Stunde in der Halle gesessen habe, taucht die Polizeioffizierin plötzlich auf. »Kommen Sie«, sagt sie leise, »ich bringe Sie zu ihm.« Auf dem Weg erzählt sie mir, sie habe ihre Leute überredet, für die Nacht ein Auge zuzudrücken. Ich bin froh, einem Wesen zu begegnen, das trotz der Vorschriften Mensch bleibt. Ihre Fürsorge geht sogar noch weiter. Sie sagt, ihr Dienst würde nun enden, aber sie habe einen Kollegen darum gebeten, ein Auge auf uns zu haben. Dankbar verabschiede ich mich von ihr. Wie froh bin ich, Saeid zu sehen. Er versteht die Welt nicht mehr. Trotz gültigem Visum und gültigem Ticket wird er wie ein Aussätziger behandelt. Obwohl er ein paar Mal Osteuropa bereist habe, fügt er hinzu, sei ihm so etwas noch nie passiert. Ich denke völlig irrational, dass es vielleicht an mir liegt.

Am nächsten Morgen hat der Kommandant Saeids Abschiebung beschlossen, ohne überhaupt mit uns gesprochen zu haben. Erregt verlange ich, ihn zu sprechen. Der Polizist, dem uns die Offizierin anvertraute, sieht mich bedauernd an. »Wollen Sie da wirklich rein?« Aber ich lasse mich nicht abwimmeln. Der Kommandant thront grobschlächtig hinter seinem Schreibtisch. Schon auf den ersten Blick ist er mir unsympathisch. Unsere Debatte verläuft in Englisch. Es stellt sich heraus, dass mein Eindruck nicht trügt und er ein richtiges Ekel ist. Immer wieder versucht er, mich durch Fangfragen in die Enge zu treiben, hört nicht auf das, was ich sage.

»Wie kommen Sie auf die Idee, sich hier in Polen zu treffen?«, fragt er hart. »Warum nicht in Deutschland?« Ich erkläre es ihm.

»Das ist doch alles nur vorgeschoben«, sagt er finster. »Warum ausgerechnet Polen?« Ja, denke ich innerlich, warum ausgerechnet Polen?

»Ich will Ihnen sagen, warum Sie hier sind!«, seine Stimme wird lauter. »Sie sind Fluchthelferin, Sie wollen diesen Mann aus dem Iran nach Deutschland einschleusen!«

Ich frage mich, ob der Mensch noch alle Tassen im Schrank hat. »Ach«, entgegne ich spöttisch, »und dafür suche ich mir ausgerechnet Polen aus! Merken Sie eigentlich, wie widersinnig Ihre Annahme ist? Diese Unterstellung ist beleidigend.« Innerlich kochend, äußerlich um Ruhe bemüht, erkläre ich in knappen Worten, warum wir uns hier treffen, ohne zu viel zu erzählen. Da schreit er mich unbeherrscht an: »Ich werde nicht zulassen, dass Polen für Menschen wie Sie zur Emigration oder etwa für eine Ehe missbraucht wird!« Mir verschlägt es die Sprache. Da er keinem Argument zugänglich ist und überhaupt nicht zur Kenntnis nimmt, was ich vorbringe, komme ich zu dem Schluss, er sei einfach auf Randale aus oder ein mieser Rassist.

Doch etwas muss ich noch loswerden. »Ich finde Ihr Verhalten würdelos, selbstgerecht und beleidigend«, schimpfe ich. »Sie können sich darauf verlassen, dass ich überall erwähnen werde, was uns hier widerfahren ist. Außerdem werde ich allen abraten, Polen als Reiseland in Erwägung zu ziehen. Es ist eine Schande, wie man hier mit Menschen umgeht, die das Land besuchen wollen!« Da springt er vor, als wolle er über mich herfallen, besinnt sich jedoch noch rechtzeitig und tritt einen Schritt zurück. Er rollt mit den Augen, während sich in seinen Mundwinkeln Schaum bildet. Hysterisch kreischt er: »Raus aus meinem Büro, sofort raus! Ich werde Sie abschieben lassen, alle beide. Sie werden Polen nie mehr betreten.« »Worauf du einen lassen kannst«, denke ich vulgär. Sein Gesicht ist puterrot angelaufen. Der Polizist, der vor der Tür gewartet hat, stürmt herein, packt mich am Arm und zieht mich hinaus. Ich glaube fast, er will mich vor dem abstoßenden Kommandanten schützen.

Meine Nerven liegen blank und ich presse die Lippen zusammen, um nicht vor Zorn laut aufzuschreien. Der Polizist bringt mich wieder zu Saeid. Während wir durch die Gänge eilen, flüstert er mir zu: »Der Kommandant ist ein schlechter Mensch und überall unbeliebt. Wir leiden hier alle unter ihm.« Er bleibt stehen und sieht mich fest an: »Ich finde es mutig, dass Sie bei dem Gebrüll vor lauter Schreck nicht gleich davongerannt sind, ja ihm sogar noch widersprochen haben.« Sein Trost hilft mir nicht wirklich. »Viel hat es nicht genützt«, entgegne ich desillusioniert. »Aber mir hat es gutgetan«, sagt er mit schiefem Lächeln. Gerade dieser Polizist entpuppt sich zu unserem Schutzengel, und wir verdanken ihm, dass wir bis zu meinem Abflug beieinander sind und nicht mehr in den Arrestraum zurückmüssen. Mein Ticket lässt sich angeblich nicht tauschen. Saeid kauft mir spontan ein neues. 313 Dollar. Ich fasse es nicht. Mein Hin- und Rückflugticket Hamburg-Warschau kostete weitaus weniger. Ich habe das Gefühl, man bereichert sich hier ganz deutlich an unserer Situation. Im Stillen schwöre ich mir, Polen niemals mehr zu betreten, aber auch die hilfsbereiten Menschen, auf die wir hier getroffen sind, in guter Erinnerung zu behalten. Bis zuletzt wacht der Polizist wie ein guter Geist über uns. Nun heißt es für uns, Abschied nehmen. Ich schlage Saeid ein Treffen in Istanbul vor. Dorthin können wir beide problemlos einreisen. Sofort willigt er ein.

Mit einer kleinen Propellermaschine, deren Anblick Ängste in mir freisetzt, fliege ich am Nachmittag zurück nach Hamburg. Als hätte der Luftgeist Freude, mir einen Schrecken einzujagen, schaukelt er die Maschine wie ein Spielzeug hin und her. Die Turbulenzen verursachen mir Übelkeit. Doch tiefer als die Übelkeit sitzt mir das Entsetzen im Nacken. Armer Saeid. Morgen wird er nach Paris ausgeflogen.

Später erzählt er mir, man habe ihn sofort nach meiner Abreise in eine Gefängniszelle verlegt und tags darauf mit Handschellen wie einen Schwerverbrecher zur Air-France-Maschine gebracht. Der Pilot hat diesen Vorfall nach Paris gemeldet, und dort erwartete ihn auch schon die Flughafenpolizei, die ihn in Begleitung einer Zwei-Mann-Eskorte zur Iran-Air-Maschine brachte. Dort wiederum gab der Pilot diese Nachricht nach Teheran durch, weil er vermutete, einen Verbrecher an Bord zu haben. Erst nach seiner Landung in Teheran und nach stundenlangem Verhör konnte Saeid alles aufklären.

Meine polnische Freundin Marta ist empört, als sie von unserem Missgeschick erfährt. »Polen ist noch sehr weit von einer Demokratie entfernt«, schimpft sie erzürnt. »Und das größte Problem ist, dass noch viele vom ehemaligen Regime Ämter bekleiden und sie missbrauchen. Leider gibt es auch viel Rassismus im Land.«

Aus meiner Sicht gehören viel Ignoranz und Willkür dazu, einen Menschen mit gültigen Papieren wie einen Verbrecher zu behandeln. Einige Tage nach meiner Rückkehr versuche ich, mich bei der Polnischen Botschaft in Hamburg und beim Auswärtigen Amt in Bonn zu beschweren. Niemand fühlt sich zuständig. Mein Vertrauen in unseren Staat erleidet arge Risse. Saeid geht es in Teheran ebenso. Eine Entschuldigung hält man nirgendwo für nötig.

»Zwei Herzen, die eins sind, reißen ein Gebirge nieder«

Unsere Abschiebung hat ein starkes Band zwischen uns geknüpft. Doch Polen ist Vergangenheit. Wir lassen keine unnötige Zeit verstreichen und treffen uns eine Woche später in Istanbul. Istanbul, Stadt am Bosporus. Die Sprache, die Mentalität, alles ist mir vertraut. Mein Herz ist ein Schmetterling, als die Maschine zur Landung ansetzt. Mit einer Leichtigkeit, als sei alle Last von mir gewichen, schwebe ich glücklich aus der Maschine. Schon von Weitem sehe ich Saeid winken und die Steine unter meinen Füßen werden zu Rosen. Wie leuchten wir von innen, als wir einander umarmen! Im Taxi legt Saeid seinen Arm um mich und drückt mir einen zarten Kuss auf den Mund. Da dreht sich der Fahrer empört zu uns um: »Dies ist ein islamisches Land!«, zischt er. Oh Istanbul, denke ich, du warst auch mal eine tolerantere Stadt.

Die Tage, die wir miteinander verbringen, sind harmonisch und spannend zugleich. Jeder Augenblick ist ein Schritt aufeinander zu. Wir staunen wie die Kinder, wie nah wir einander kommen. Würde es nicht so abgedroschen klingen, könnte ich sagen, wir haben das Gefühl, uns Jahre zu kennen. Wir gehören einfach zusammen. Zusammen leben können wir aber nur, wenn wir heiraten. Doch das ist unmöglich, weil mir noch das Ehefähigkeitszeugnis[47] fehlt. Wir könnten natürlich eine Menge Geld bezahlen und illegal heiraten, aber eine solche Ehe würde weder in Deutschland noch im Iran anerkannt werden. Wem würde das nützen?

Unsere Situation in Istanbul unterscheidet sich sehr von der eines normalen Urlaubs, denn wir sind nur wegen unserer Eheschließung eingereist. Schnell geraten wir ins Spinnennetz der Bürokratie und so beginnt ein Papierkrieg mit den Behörden. Unsere Ausdauer wird auf eine harte Probe gestellt. Es kostet viel Mühe und fordert ein starkes Durchhaltevermögen, jedem Papier hinterherzulaufen, uns mit Ämtern, Dolmetschern und Konsulaten auseinanderzusetzen.

Aber es gibt auch die schönen Momente: Wir haben uns Ringe gekauft, das Pfand unserer Liebe, in denen unsere Namen eingraviert sind. Das wundersame Gefühl inniger Verbundenheit und des Vertrauens zueinander lässt uns freudig in die Zukunft blicken. Worte braucht es nicht für das, was ich empfinde. Ich will es leben. Besonders die kleinen Gesten sind es, die ich an Saeid schätze und die ihn so liebenswert machen – wie er zum Beispiel auf der Straße vor mir niederkniet, um meinen Schuhriemen enger zu schnüren. Das ist in Deutschland schon ungewöhnlich, in der Türkei erregt es Aufsehen. Als wir einmal die Iranische Botschaft verlassen, vergesse ich, mein *Rusari* vom Kopf zu nehmen. Saeid zieht es mir lachend mitten auf der belebten Hauptstraße herunter. Touristen, die uns entgegenkommen, schmunzeln, doch ein paar Einheimische bleiben stehen und starren uns entgeistert an. Der Trend geht selbst im großen Istanbul wieder zum Verhüllen, und zwar nicht nur des Kopfes, sondern ebenso des Geistes.

Natürlich gönnen wir uns auch ein paar schöne Tage. Ich erzähle Saeid, dass Istanbul in meiner Familie eine Schlüsselrolle spielte. Bereits meinen Vater hat es in jungen Jahren als Flüchtling hierher verschlagen, bevor er über Umwege nach Deutschland kam. Sieben Jahre seines Lebens hat er in Istanbul verbracht und finanzierte sich sein Studium, indem er als Taucher Leichen aus dem Bosporus fischte. Ich selbst habe durch meine erste Eheschließung, blutjung wie ich war, ein Jahr hier gelebt. Und nun werden Saeid und ich hier heiraten. Eine seltsame Fügung.

Istanbul ist aus meiner Sicht eine Stadt der Parallelgesellschaften, es gibt sehr moderne und aufgeschlossene Menschen und gleich daneben die konservativen, islamischen und sehr nationalistisch eingestellten. Besonders letztere Einflüsse machen sich wiederholt bemerkbar, wenn wir mit den Leuten ins Gespräch kommen. Eine Feststellung, die uns nachdenklich stimmt. Beängstigend finde ich auch die wiederholte Einmischung des Militärs in die Politik.

Die Altstadt Aksaray am Goldenen Horn, wohin es die Feriengäste treibt, ist äußerlich schön. Aber Istanbul, wie ich es kannte – gediegen, freundlich und traditionell –, gibt es längst nicht mehr. Seit die Grenze zwischen Ost und West gefallen ist, zieht die Stadt am Bosporus osteuropäische Menschen magisch an, die hier schnelles Geld machen wollen. Mittlerweile gibt es ständige Busverbindungen zwischen den Staaten Osteuropas und Istanbul. Besonders in den Stadtteilen Aksaray, Laleli und Beyazit – den Touristenzentren – wimmelt es von russischen Frauen und anderen Osteuropäerinnen, die sich an jeder Ecke für ein paar Dollar verkaufen. Ich unterstelle einmal, dass es keine Professionellen sind und dass die Armut oder aber die Aussicht auf schnelles Geld sie dazu treibt. Aber es ist schwierig für die muslimische Bevölkerung der Stadtteile und auch für die Reisenden unangenehm, weil sie an allen Ecken angesprochen werden. Besonders Frauen würde ich davon abraten, sich in diesen Bezirken allein aufzuhalten. Ich denke, bei einheimischen Männern entsteht das Bild, dass jede nicht-türkische Frau, die sich dorthin verirrt, eine Prostituierte ist.

Bettelnde Menschen begegnen uns auf Schritt und Tritt. Eine Straßenszene hat sich mir tief eingeprägt. Ein kleines mageres Mädchen, ungefähr fünf Jahre alt, eines von vielen Bettelkindern. Eine kleine Blume, die bereits verblüht, bevor sie sich entfalten kann. Ungewaschen mit wirrem Haar sitzt sie in zerlumpter Kleidung an eine Hauswand gelehnt und hält den Passanten hilflos beide Hände entgegen. In der rechten Hand liegt eine Münze, die andere ist leer. Das Mädchen blickt abwechselnd auf die Hand mit der Münze und dann auf die Leute, die gleichgültig vorübergehen. Da beginnt sie, herzzerreißend zu weinen, und der Tränenstrom hinterlässt Spuren auf dem staubigen Gesichtchen. Hilflos drücke ich ihr ein paar Münzen in die kleine Hand. Mir tut es weh, weil ich nichts ändern kann. Morgen und jeden Tag darauf wird sie wieder dort sitzen, die Hände flehend emporgehoben. Hinter bettelnden Kindern steht oft eine Bettlerzunft, Erwachsene, die das erbettelte Geld einheimsen – und ist es zu wenig, hagelt es Schläge. Fürsorge vom Staat scheinen diese Kinder nicht zu erhalten.

Obwohl ich zwei wunderschöne Wochen mit Saeid erlebte, verfolgt mich der Anblick des kleinen Mädchens während meines Heimfluges.

Einen Monat später sind wir bereits wieder in Istanbul. Meine Papiere sind nun vollständig. Der Trott hat uns zurück. Wieder müssen wir Dokumente übersetzen lassen. Wahrhaft eine Qual. Pauschalurteile liegen mir fern, aber die Beamten in Istanbul sind nicht nur selbstherrlich, sondern durchweg auch korrupt. Wir zumindest geraten vorwiegend an diese Spezies. Einem Dolmetscher begegnen wir mit Vorsicht, als er vom Auferstehen des Großosmanischen Reiches spricht. Er ist ein

Mann in mittleren Jahren, feist und kahlköpfig. Seine stechenden Augen sind mir unangenehm. Abschätzend betrachtet er uns.

»Die Türkei«, formuliert er theatralisch, »wird nicht ewig vor den sogenannten Weltmächten buckeln. Wir waren und sind ein starkes Volk. Das Osmanische Reich wird wiederauferstehen. Europa wird sich wundern.«

Ich werde neugierig. »Wundern? Wieso?«

»Moscheen werden in den europäischen Städten in den Himmel wachsen. Der Glaube wird uns vorauseilen, und dann wird unsere Stunde schlagen!«

Auch Saeid mischt sich ein. »Habe ich richtig verstanden: Das Osmanische Reich wird über Europa herrschen?« Ich sehe ein spöttisches Lächeln in seinen Mundwinkeln.

»Oh ja. Wir haben einst vor Wien gestanden. Diesmal werden wir nicht stehen bleiben«, doziert unser selbsternannter Prophet. Dann fängt er an, über die Kurden herzuziehen. Sie seien allesamt Verbrecher und hätten kein Recht auf Autonomie. Wenn sie gute Türken werden wollten, würde man sie auch in Ruhe lassen. Der Kollege, mit dem er sein Büro teilt, ist Kurde. Er verdreht die Augen und presst die Lippen zusammen. Auch wir schweigen lieber. Der Typ ist uns unheimlich, und Diskussionen werden seine Meinung auch nicht ändern. Hoffentlich übersetzt er besser, als er redet.

Auf unserem Weg durch die türkische Bürokratie treffen wir seltsame Menschen. Was uns viel Nerven kostet, sind Betrügereien seitens der Beamten. Es scheint für sie eine Art Wettstreit zu sein, uns durch falsche Angaben um unser Geld zu betrügen. Jetzt, beim zweiten Aufenthalt in Istanbul, spüren wir das deutlich. Ich kann mich des Gefühls nicht erwehren, dass sie uns gern Schwierigkeiten bereiten. In ihrem Verhalten gleichen sie kleinen Paschas und nicht etwa Dienstleistern.

In solchen Momenten frage ich mich, wie unser gemeinsames Leben in Deutschland aussehen wird, wenn wir diesen undurchdringlichen Dschungel aus Bürokratie und Betrug endlich überstanden haben. Mit Grauen denke ich an die Horrormeldungen deutscher Medien über Ausschreitungen gegen Ausländer, wie z. B. die Menschenjagd auf Schwarzhaarige in Magdeburg im Mai dieses Jahres. Das ist übrigens einer der Gründe, weshalb ich meine dunklen Haare umgefärbt habe. Es mag schizophren klingen, aber nicht auffallen, ist auch in Deutschland die beste Devise. Wie wird es Saeid ergehen? Immerhin führt er im Iran ein gutes Leben, abgesehen von der dort herrschenden Politik. Soll er das für eine ungewisse Zukunft in Deutschland aufgeben? Darf ich ihm das zumuten? Könnten wir je im Iran leben? Müssen wir bald wieder von einander Abschied nehmen, um neue Papiere, Dokumente, Unterlagen zu sammeln? Saeid lacht und zerstreut meine Bedenken.

Eine weitere Hürde ist überwunden, als wir unsere Unterlagen beim Standesamt in Şişli vorlegen. Am gleichen Nachmittag um 16 Uhr können wir heiraten. Es ist der 4. Juli, der amerikanische Unabhängigkeitstag – wird es auch unserer? Jede Saite in uns vibriert. Aufgeregt sitzen wir Hand in Hand und fiebern dem Termin entgegen. Während wir auf den Standesbeamten warten, treffen wir auf Abbas, einen Iraner, der seit Jahren in Istanbul lebt. Er ist Angestellter des Amtes und soll laut Standesbeamten unsere Eheschließung bezeugen, wie er uns erklärt. Allerdings müssten wir noch 250 Dollar für die Trauung entrichten, fügt er bedauernd hinzu. Erst sehr viel später stellt sich heraus, dass er das Geld selbst eingesteckt hat. Die Eheschließung ist kostenlos, ein Zeuge erhält kein Honorar. Wir sind empört. Wie schlimm, nun auch von den eigenen Landsleuten betrogen worden zu sein.

Im Warteraum gesellt sich ein Fotograf zu uns. Er ist Armenier und hält mich wegen meiner blauen Augen scheinbar auch für eine Armenierin, denn er spricht mich zuerst in der Sprache dieser Volksgruppe an. Wie aus heiterem Himmel wettert er plötzlich über den Islam und die Türken, die den Genozid an der armenischen Bevölkerung bis heute nicht zugeben. »Nie«, schimpft er, »wurden die Türken für das, was sie den Armeniern antaten, zur Rechenschaft gezogen. Nie haben sie es zugegeben, geschweige denn sich entschuldigt. Alles wird schön unter den türkischen Teppich gekehrt!«

Wir nicken zustimmend, obwohl wir gern so kurz vor unserer Heirat ein anderes Gesprächsthema hätten. Nun folgt die nächste Schimpftirade auf den Islam. »Diese Verhüllungen mit dem Kopftuch. Was soll uns das sagen? Der Islam ist eine Bedrohung. Wie Marionetten zappeln die Menschen an den Bändern, die die Mullahs dirigieren. Frauen haben gar nichts zu melden ...«

Der Standesbeamte kommt zu uns und fragt mich nach meiner Konfession. Als ich »Muslimin« antworte, treten dem Fotografen die Augen aus dem Kopf. Mit überschlagender Stimme mischt er sich ein: »Nein, nein! Das muss ein Irrtum sein! Sie ist aus Deutschland, also Christin!« Wie er sich so ereifert, tut er mir fast leid.

Durch meine liberalen Eltern, meine jüdische Mutter und meinen muslimischen Vater, fühle ich mich in beiden Religionen zu Hause. Doch den Gott, wie er in den Kirchen, Moscheen oder Tempeln gepredigt wird, konnte ich so für mich nie akzeptieren. Jede Religion erhebt stets den Anspruch, die allein richtige zu sein. Mir war zu viel Rache und zuviel Eigennutz in all diesen Religionen, etwas, was die Menschen eher trennt als eint. Gott ist für mich die reine Liebe.

Kurz bevor wir heiraten, denke ich noch bei mir: »Hoffentlich machen wir alles richtig, hoffentlich wird alles gut!« Und Saeid, als habe er meine Gedanken erraten, sagt zu mir: »Noch kannst du es dir anders überlegen. Noch ist es nicht zu spät!« Ich drücke seine Hand. Alles klar! Schließlich liebe ich ihn.

Der Trauungssaal wirkt feierlich mit seinen hohen Stuckdecken, den schön geschnitzten Möbeln, den schweren roten Vorhängen und dem polierten Parkettboden. In der Mitte liegt wie ein Schmuckstück ein runder persischer Teppich. Der Standesbeamte erwartet uns in einer roten bodenlangen Robe. Hinter ihm hängt unübersehbar ein Bildnis von Atatürk, dem Begründer der modernen Türkei. Der Personenkult erstaunt mich immer wieder. Die Zeremonie ist kurz und feierlich. Glücklich und dankbar geben wir uns unter dem Porträt des ersten Staatspräsidenten das Jawort und einen innigen Kuss. Der Standesbeamte erhebt sich und breitet die Arme weit aus, als wolle er uns segnen, und erklärt uns zu Mann und Frau.

Wir erhalten eine internationale Heiratsurkunde. Es ist ein rotes, in mehreren Sprachen nach dem Pariser Abkommen ausgestelltes Büchlein. Beim genauen Durchlesen stelle ich fest, dass sich in unserem Ehebuch doch tatsächlich ein Fehler eingeschlichen hat. Wäre ja auch zu schön gewesen, wenn alles reibungslos geklappt hätte. Ich bin doppelt froh, dass ich so misstrauisch bin. Durch diesen Schreibfehler hätten wir gewiss Probleme mit der Anerkennung unserer Heirat gehabt. Im Hotel geloben Saeid und ich uns, einander glücklich zu machen. Dann fallen wir heißhungrig über unsere kleine Hochzeitstorte her, die wir zuvor in einer Konditorei gekauft haben. Sie schmeckt köstlich, wie das Leben, das wir uns gemeinsam erhoffen, und ist süß wie unser Jawort. Es mutet seltsam an, ohne unsere Freundeskreise und Familien zu heiraten, aber es ist sehr romantisch und darum genießen wir den ersten Tag unserer jungen Ehe ganz intensiv.

Am Abend erzählt Saeid mir etwas Kurioses. Vor seiner Abreise nach Istanbul gestand seine Schwester Sima ihm unter Tränen, dass sie vor einem halben Jahr, gerade als wir uns das erste Mal begegneten, bei einer weisen Frau gewesen sei. Als er sie fragte, warum sie deswegen denn weine, sagte sie nur, die Prophezeiung würde sich nun erfüllen. Ihr sei vorausgesagt worden, er würde die Familie einer Frau zuliebe, die in einem fremden Land lebt, verlassen. Überrascht erzähle ich ihm von der Prophezeiung der Wahrsagerin, die ich aufgesucht hatte, und wie mich danach der Wunsch beseelte, Tarot zu erlernen. Saeid ist das unheimlich. Von diesem Tag an will er mit Prophezeiungen nichts mehr zu tun haben, obwohl ich ihm versichere, dass sie kein Hokuspokus sind, sondern nur einen Blick in die menschliche Seele offenbaren.

Unser Hochzeitstag braucht eine Erinnerung. Was liegt näher, als einen Fotografen aufzusuchen? Wie viel Spaß wir allerdings bei diesem türkischen Fotografen haben werden, damit haben wir nicht gerechnet.

Als ich dem Fotografen erzähle, dass wir frisch verheiratet sind, ist er höchst motiviert. Bevor wir unser weiteres Anliegen vortragen können, eilt er beflissen hin und her, schiebt Kulissen, Dekorationen und Lampen. Erstaunt blicken wir uns an. Wir tragen Freizeitkleidung, aber der Fotograf veranstaltet einen Affenzirkus, als wären wir im Hochzeitsstaat. Unseren zaghaften Einwand, nur ein einfaches Porträtbild zu wollen, wischt er mit einer Handbewegung beiseite. Er ist so in seinem Element, dass wir uns fügen und die seltsamsten Stellungen einnehmen, in denen er uns ablichtet. Zum Abschluss muss ich mich auf einen hohen Hocker setzen, der mehr einem Küchenschemel gleicht, während ich krampfhaft meine offenen Sandalen mit den Zehen zu halten versuche. Saeid steht vor mir in Jeans und Turnschuhen und soll mir nun die Hand küssen. Als ich uns beide im gegenüberliegenden Spiegel betrachte und dazu noch Saeids gespitzten Mund sehe, ist es mit meiner Beherrschung vorbei. Ich schütte mich aus vor Lachen und die Sandalen fallen klatschend auf den Boden. Auch Saeid platzt los. Als wir endlich Luft holen, sehen wir das genervte Gesicht des Fotografen, dessen Finger unruhig gegen die Kamera klopfen. Er findet das überhaupt nicht lustig und unser Gebaren albern. Doch es dauert noch eine geraume Weile, bis die Szene im Kasten ist. Als wir die fertigen Bilder abholen, lehnen wir gackernd an der Hauswand und können uns kaum einkriegen. Dafür ernten wir manch missbilligenden Blick. Doch wir freuen uns diebisch über unsere lustige Hochzeitserinnerung.

Im Nachhinein fragen mich Freunde und Bekannte: »Wie konntet ihr so schnell heiraten, ohne einander richtig zu kennen? Wir hätten uns das nicht getraut!« Doch wann kennen sich Menschen richtig? Im Iran ist es nicht ungewöhnlich, früh zu heiraten, aber selbst dort wird sich ein wenig mehr Zeit gelassen. Für deutsche Verhältnisse haben wir uns wohl unmöglich verhalten. Aber wir hatten keine andere Wahl – und wer nicht wagt, der nicht gewinnt! Letztendlich haben uns die Umstände dazu gezwungen. Wie hätten wir sonst miteinander leben können?

Der Abschied naht. Saeid war aus Kostengründen mit dem Bus aus Teheran angereist und tritt nun per Bus die Heimfahrt an. Ich bedauere ihn, denn er hat nun über 3500 Kilometer Fahrt vor sich. Unter guten Bedingungen ist er drei Tage unterwegs. Später erzählt er mir, es sei die reinste Höllenfahrt gewesen. Einerseits ist es kein Vergnügen, durchs Kurdengebiet zu fahren – die Busse werden ständig von der Militärpolizei kontrolliert –, und andererseits ist er ein großer Mann und die Bussitzplätze ziemlich eng bemessen. Nach der Fahrt spürte er jeden Knochen einzeln.

Ein paar Tage nach unserer Reise ruft er mich aufgeregt an. Das Deutsche Konsulat in Teheran will unsere Ehe nicht anerkennen, weil die iranischen Behörden sie nicht beglaubigen wollen. Begründet wird dies damit, dass wir nicht islamisch, sondern nur standesamtlich geheiratet haben. Obwohl wir im Besitz einer internationalen, überall in Europa anerkannten Heiratsurkunde sind, stellt sich ein Teil deutscher Bürokratie quer und versteckt sich hinter dem Rücken der iranischen Geistlichkeit, die sich auch nicht an die internationalen Regeln hält. Ich bin wirklich überrascht, denn ich habe keine Schwierigkeiten erfahren. Aber wie auch immer, wir müssen also abermals nach Istanbul fliegen, um in der schiitischen Moschee zu heiraten, damit die Ehe auch religiös abgesichert ist. Uns beschleicht das Gefühl, als wolle das Schicksal uns ernsthaft prüfen, indem es uns immer neue Hindernisse in den Weg stellt. Ich frage mich, was andere in unserer Situation tun, die nicht über die nötigen Geldmittel verfügen. So billig ist Reisen mit allen Nebenkosten schließlich auch nicht. Ich danke innerlich meinen Eltern dafür, dass sie mir damals die Entscheidung überließen, welche Religion in meinen Papieren stehen soll. Sonst hätte ich eventuell noch konvertieren müssen, damit unsere Ehe Gültigkeit hat. Keine schöne Vorstellung.

Zum dritten Mal fliege ich nach Istanbul. Ein Besserwisser würde jetzt sagen, aller guten Dinge sind drei. Mir ringt das kaum ein müdes Lächeln ab. Es ist Samstag, der 30. Juli. Uns bleiben nur drei Tage Zeit, um in der Moschee zu heiraten, weil ich am Dienstagnachmittag bereits wieder nach Hamburg zurückkehren muss. Saeid wartet bereits auf mich. Unsere Anspannung spiegelt sich in unseren Gesichtern. Da wir immer im gleichen Hotel absteigen, sind wir dort mittlerweile bekannt, alle nehmen Anteil an unserem Schicksal. Das federt einiges ab.

Am Sonntag gehen wir zum Iranischen Konsulat und beantragten die islamische Eheschließung. Nach einem langen Palaver wird uns das Ehevertrags-Formular für die einzige schiitische Moschee in Istanbul ausgehändigt. In diesem Vertrag soll ich die Morgengabe benennen, die ich von Saeid verlangen darf, wenn die Ehe schiefgehen sollte. Ich will das nicht, finde es altmodisch und sehe dies als eine Art Brautkauf an. Der Konsulatsbeamte und Saeid beschwören mich jedoch, die Morgengabe anzugeben. Es sei Tradition und gehöre zum Ehevertrag, der ohne

Benennung der Brautgabe ungültig ist. Jeder Mann muss seiner Frau bei der Heirat eine Brautgabe zahlen. Es kann sich dabei um einen Geldbetrag, einen Sachwert wie Gold oder auch um einen symbolischen Betrag handeln. Die Brautgabe ist also kein Geschenk, sondern ein Recht, das der Frau laut Gesetz zusteht, und dient ihrer finanziellen Absicherung, falls die Beziehung auseinandergehen sollte. Im Gegensatz zum Christentum hat die Ehe im Islam keinen geweihten Charakter, sondern basiert lediglich auf einem Vertrag zwischen Mann und Frau, der mit einer eventuellen Scheidung wieder aufgelöst wird. Der Konsulatsbeamte schlägt mir vor, symbolisch fünf Dinge in Gold zu benennen. Dies überlasse ich getrost Saeid und kann mir ein Grinsen nicht verkneifen.

Montag, der 1. August, wird uns unvergesslich bleiben. Am frühen Vormittag wollen wir zur Moschee aufbrechen. Als wir in der Hotelhalle stehen, überlege ich, bequemere Schuhe anzuziehen. Warum wir noch einmal gemeinsam umkehren, weiß ich nicht. Vielleicht um einander nicht aus den Augen zu lassen. Im Gang vor unserem Zimmer führen ein paar Stufen nach oben. Ein Querbalken hängt ziemlich tief von der Decke herab. Als wir das Zimmer wieder verlassen, höre ich hinter mir einen Knall und einen Aufschrei. Als ich mich umdrehe, hockt Saeid am Boden und bedeckt seinen Kopf mit den Händen. Erschrocken beuge ich mich über ihn, er ist jedoch nicht ansprechbar. Als ich seinen Kopf berühre, schreit er vor Schmerzen laut auf. Meine Hand ist mit Blut beschmiert. Mit Entsetzen sehe ich, wie sich sein weißes Hemd in Sekunden blutig färbt. Seine Hände, sein Gesicht, alles ist voll Blut. Ich würge meine Panik hinunter und versuche ihn in unser Zimmer zu bugsieren. Schwer stützt er sich auf mich und lässt sich auf das Bett gleiten, dessen weiße Laken sich bald rot färben. Die Zeit scheint anzuhalten, denn an all das, was nun folgt, erinnere ich mich wie in Zeitlupe. Saeid steht unter Schock, und die Stimme in mir befiehlt: »Du darfst jetzt nicht durchdrehen. Du musst vor allen Dingen einen klaren Kopf behalten.« Als erstes die Wunde säubern. Doch sobald ich nur in ihre Nähe komme, schreit und stöhnt Saeid. Sie muss höllisch wehtun. Ich eile hinunter zur Rezeption, um einen Arzt zu bestellen. Nach einigen Telefonaten heißt es, wir sollen ins Krankenhaus fahren, denn die Ärzte seien der Meinung, der Kopf müsse geröntgt werden.

Wieder haste ich nach oben. Saeids Wunde hat aufgehört zu bluten, und so wechsele ich sein blutgetränktes Hemd, reinige sein Gesicht, so gut ich kann, und helfe ihm in ein neues Hemd. Taumelnd steht er auf und stützt sich schwer auf meine Schulter. So geleite ich ihn hinunter zur Rezeption. Draußen wartet bereits ein Taxi, das uns umgehend ins Krankenhaus bringen soll. Als Saeid ins Taxi steigt, unterdrückt er mühsam seine Schmerzen. Mir klopft das Herz bis zum Hals, als ich sein blutverkrustetes Haar ansehe. Die Pässe! Noch einmal renne ich zurück, um sie zu holen. Der Taxifahrer fragt, ob er uns ins Städtische Krankenhaus bringen soll. Da stöhnt Saeid: »Nein, nein. Nicht ins Krankenhaus, Bary. Wir müssen zur Moschee.«

»Aber Saeid, du musst erst einmal zum Arzt. Hinterher können wir immer noch heiraten.« Tiefe Sorge erfüllt mich. Die Wunde sieht gar nicht gut aus. Doch Saeid lässt sich trotz seiner Schmerzen nicht beirren. Daraufhin weise ich den Fahrer an, uns zum Iranischen Konsulat zu fahren, weil ich nur von dort aus den Weg durch die winkeligen Gassen zur Moschee kenne. Die Fahrt über das holperige Kopfsteinpflaster ist eine Tortur für Saeid, jede Erschütterung gleicht einem Hieb auf seine Wunde. Die Straßen enden in engen Gassen, hier müssen wir aussteigen und zu Fuß weitergehen.

Ein Stoßgebet sprechend, machen wir uns auf den Weg. In mir kämpft die Angst, er könne den anstrengenden Weg nicht durchhalten. Es ist zwar nicht weit zur Moschee, aber die Gassen sind sehr eng, ein Schlauch voller Menschen, die uns stoßen und sich rücksichtslos an uns vorbeischieben. Zudem sind die Wege uneben und es besteht Stolpergefahr. Jeder Windhauch, der die offene Wunde trifft, bereitet Saeid arge Schmerzen. Glücklicherweise habe ich an Mantel und *Rusari* sowie unsere Unterlagen gedacht. Kurz nach elf erreichen wir die Moschee, die natürlich – wie soll es anders sein – geschlossen ist. Oh Himmel, was nun? Was sollen wir tun, wenn heute niemand kommt? Ich bemerke ein anderes iranisches Paar, das ebenfalls heiraten will und vor dem Portal wartet. Ein alter Türke sitzt vor seinem Laden in der Sonne. Ich frage ihn, ob der Mullah noch kommt. »Er kommt gegen 13 Uhr zum Mittagsgebet.«

Für Saeid in seinem Zustand wird das eine lange Wartezeit. Erschöpft lässt er sich auf die Stufen am überdachten Eingang der Moschee nieder, sodass die pralle Sonne ihm nicht direkt auf den Kopf scheint. Doch welch Glück: Der Geistliche erscheint bereits eine Stunde eher. Saeid ist plötzlich hellwach, begrüßt ihn überschwänglich wie einen alten Bekannten. Aufgedreht stakst er hinter dem Mullah die Treppe zum Eingangsportal hoch und erzählt ihm gestenreich von seinem Unfall. Ich erkenne ihn kaum wieder. Die baldige Erledigung unserer Angelegenheit hat ihm neuen Auftrieb gegeben. Nachdem ich meine Schuhe abgelegt habe, ziehe ich Saeid die Schuhe aus, weil er sich mit seiner Wunde so schlecht bücken kann, und wir betreten endlich den Innenraum der Moschee.

Der Mullah beginnt nun, den persischen Ehevertrag fein säuberlich in das Buch der Moschee einzutragen, Wort für Wort von Saeid unterstützt. Er scheint seinen Unfallschock überwunden zu haben und diktiert dem Geistlichen fleißig alles Wissenswerte. Und ich? Ich bin einfach nur glücklich, einen Ehemann mit einem so starken Willen zu haben. Wir nehmen vor dem Mullah Platz. Feierlich sieht er uns an und bittet uns sodann um unsere Einwilligung, ihn als Anwalt Gottes anzunehmen. Ich lege das muslimische Glaubensbekenntnis ab und der Mullah liest in arabischer Sprache die Sure der Eheschließung aus dem Koran. Die Segenswünsche spricht er persisch und belehrt mich, meinem Mann immer zu gehorchen. Gehorchen? Mein Rücken versteift sich. Das ist nun doch etwas starker Tobak. In meinem Blick muss etwas Widerspenstiges liegen, denn Saeid blickt mich warnend an, was so komisch wirkt, dass ich mühsam ein Grinsen unterdrücke. Beim Aufstehen kippe ich beinahe vor Aufregung die Lautsprecheranlage um, die dem Geistlichen dazu dient, die Gläubigen zum Gebet aufzurufen. Saeid springt rasch herbei, damit nicht noch mehr kaputtgeht. Nachdem der Mullah unsere Heiratsurkunde beglaubigt hat, ist mein Saeid voll und ganz der Alte. Er beginnt doch tatsächlich, um den Preis für die Zeremonie und das Entgelt des Mullahs zu feilschen. Draußen meint er lakonisch: »Das gesamte Geld steckt sowieso alles der Mullah ein!« Na denn ... ich fühle mich froh und heiter und unendlich erleichtert. Wir haben wirklich alles Erdenkliche getan, damit wir endlich »richtig« verheiratet sind.

Nun aber schleunigst das nächste Krankenhaus aufsuchen. Die Wunde bedarf dringend der Behandlung. So marschieren wir wieder durch das Gewirr endloser Gassen und Gässchen, sehen endlich ein Taxi, das uns zum Krankenhaus bringt! Das städtische Krankenhaus ist total überlaufen und wirkt zudem nicht sehr steril. Massen von Menschen sitzen oder stehen in den Gängen. Ich glaube, jeder hat zudem noch seine Familie mitgebracht. Hier müssen wir bestimmt den ganzen Tag warten, um überhaupt einen Arzt anzutreffen. Nein, wir müssen ein anderes Krankenhaus finden! Ich frage einen Wartenden, ob es hier in der Nähe noch ein anderes Krankenhaus gibt. Ja, meint er, auf der gegenüberliegenden Seite gäbe es ein privates Krankenhaus. Aber dort sei es sehr teuer. Egal. Rasch überqueren wir die Straße. Im Warteraum vergeht keine Minute, schon wird sich um Saeid gekümmert. Die Ärztin ist sehr nett und erlaubt mir, dabei zu sein. Saeid legt sich auf die Liege, und die Ärztin beginnt, seine Wunde – sie ist drei Zentimeter lang – zu reinigen. Dabei stellt sie fest, dass sie genäht werden muss, und ruft eine Schwester. Währenddessen erkundigt sich die Ärztin, wann das passiert sei und warum wir so spät kämen. Ich berichte ihr in kurzen Worten den Hergang. Als ich erzähle, wie wir uns im Taxi für die Reihenfolge erst Heirat, dann Krankenhaus entschlossen haben, herrscht kurzes Schweigen. Die Ärztin schaut mich an, dann Saeid und lacht plötzlich lauthals auf. »Das ist eine kuriose Geschichte«, gluckst sie und betrachtet mich prüfend. Ich hoffe nur, dass sie nicht denkt, ich hätte Saeid die Wunde beigebracht, »um ihn zu überzeugen«. Auf jeden Fall sorgt unsere Anwesenheit für Heiterkeit in dem kleinen Krankenhaus, denn unsere Geschichte verbreitet sich wie ein Lauffeuer, und aus jeder Ecke erschallt lautes Gelächter. Alle wollen einmal einen Blick auf dieses kuriose Paar werfen. Im Beisein von mehreren Ärzten und Schwestern wird die Wunde endlich genäht. Ich glaube, keine Wunde wurde unter so viel Gelächter und Scherzen geflickt wie Saeids Stirnwunde. Die Ärztin verfügt über eine gehörige Portion Humor, denn sie meint, sie habe einen Zwirn verwendet, der zu

Saeids Haarfarbe passe – also Ton in Ton. Zum Schluss zurrt sie noch einen Mullpropfen auf der vernähten Wunde fest und «krönt« sie mit einer Schleife, sodass der Verband nun wie ein kleines Präsent wirkt. »*Tamam!* – Fertig!« Sie tritt lächelnd zurück. »Ist er nicht hübsch?« Als wir uns bedanken wollen und nach der Rechnung fragen, antwortet sie: »Zahlen müsst ihr nichts. Das ist mein Hochzeitsgeschenk an euch beide.« Unter lachenden Segenswünschen der Ärztin und dem Pflegepersonal verabschieden wir uns. Nachdem die Wunde gut versorgt ist, fühlt Saeid sich besser.

Am nächsten Tag, dem Tag meiner Abreise, lassen wir unsere islamische Heiratsurkunde vom Iranischen Konsulat beglaubigen. Außerdem auch die persische Übersetzung unserer internationalen Heiratsurkunde aus Şişli, die wir vorsichtshalber inklusive aller Nachbemerkungen und Erklärungen noch einmal ins Deutsche übersetzen und von einem Notar beglaubigen lassen. Wir nennen uns jetzt schon »die Hundertfünfzigprozentigen«. Mittlerweile tragen wir einen Packen von Urkunden mit uns herum. Schließlich teilt uns das Deutsche Konsulat in Istanbul mit, alles sei in Ordnung, die Deutsche Botschaft in Teheran könne sich nicht weiterhin sperren, unsere Ehe anzuerkennen. Wohlgemerkt: In Deutschland war die Urkunde vorher längst akzeptiert worden – selbst die deutsche Bürokratie teilt sich in Segmente und macht die armen Antragstellenden zum Spielball. Wohl dem, der nicht auf sie angewiesen ist!

Die Dolmetscher in der Türkei finde ich weiterhin katastrophal. Selten wird die versprochene Zeit eingehalten, und bei den Übersetzungen müssen wir stets höllisch aufpassen, dass sie mit dem ursprünglichen Wortlaut übereinstimmen. Kurz vor meinem Abflug kocht nochmal der Ärger hoch. Ich bekomme Streit mit dem Notar, der unsere übersetzten Urkunden beglaubigen soll, sich aber weigert, weil die Übersetzung nicht korrekt sei. Buchstäblich im letzten Moment und weil wir hartnäckig bleiben, bekommen wir alles hin. Saeid ist erschöpft. Seine Verletzung und der Stress verursachen zudem arge Kopfschmerzen. Die Wunde pocht. Normalerweise hätte er ruhen müssen.

Mein Abflug nach Hamburg soll gegen 17.00 Uhr sein, aber ich bin hier noch nie pünktlich weggekommen. Die Menschenmassen auf dem

Flughafen sind erdrückend. Wir bräuchten einen Kampfanzug, um zum Schalter durchzukommen. Nachdem wir uns tapfer durchgekämpft und alles erledigt haben, nehmen wir erschöpft Abschied voneinander. Diese drei Tage hatten es in sich. Bis zuletzt schaut Saeid mir hinter der gläsernen Wand nach und mir krampft sich das Herz zusammen.

Zurück in Teheran legt Saeid der Deutschen Botschaft unsere Heiratspapiere vor. Endlich werden sie anerkannt und beglaubigt. Der Beamte versichert ihm, sie zügig an die Ausländerbehörde in Hamburg weiterzuleiten. Saeid wird innerhalb der nächsten zwei Monate einen Termin in der Botschaft erhalten. Dann wird sich entscheiden, ob er zu mir ausreisen darf. Am Telefon wirkt Saeid deprimiert. Er misstraut mittlerweile den deutschen Behörden und befürchtet, dass sie uns weitere Schwierigkeiten machen werden. Jetzt bin ich es, die ihm Mut zuspricht.

Milch und Honig

Der Septemberhimmel zeigt sein honiggelbes Lächeln. Aufröhrend schwingt sich unser Perlmuttvogel in die Lüfte. Und ich kann es kaum erwarten, wieder in den Iran zu kommen und meinen Ehemann in die Arme zu schließen. Wenn ich zurückdenke an die Kilometer und Wochen, die uns immer wieder trennten, erfüllt mich trotz allem Dankbarkeit. Sie haben ein untrennbares Band zwischen uns geknüpft, auf dem ich blind balancieren könnte. Ich schaue aus dem Fenster des Flugzeuges und bohre meinen Blick in den schwarzen *Tschador* der Nacht. Mir ist, als habe die Zeit ihr Stundenglas angehalten. Zähflüssig ringt sie mit mir um jede Minute. Als schließlich die ersten Lichter in der Ferne aufblinken, fühle ich mich leicht wie Sternenstaub. Hinter mir ruft jemand: *»Salam Iran.«* Hände klatschen und mein Herz schlägt im Takt dazu.

Ich kuschele mich in Saeids Lächeln und umarme im Überschwang mein neues Leben. Um mich herum lachende Gesichter. In den Gesichtszügen seiner Mutter erkenne ich meinen Liebsten wieder. Klein und zierlich steht Maman neben ihrem großen Sohn und blickt mich aus gütigen Augen an. »Willkommen Bary! Ich freue mich so sehr, dass du endlich da bist.« Im Nu fliegt ihr mein Herz entgegen. Und Sima flüstert mir ins Ohr: »Na, das wird auch Zeit. Saeid hat von nichts anderem mehr gesprochen. Die letzten Wochen ist er wie ein Trunkener durch die Gegend getorkelt.« Ihre Töchter Minou und Mojgan strahlen um die Wette und Kazi, ihr Mann, hält mir einen Strauß Tuberosen hin. Es ist, als käme ich nach langer Zeit nach Hause. Ich tauche mein Gesicht in das Bukett und atme tief ein. Es duftet nach Iran und Angekommensein.

Vor dem Haus erwartet mich Saeids Vater. In seinen Händen hält er ein Räucherpfännchen mit *Esfand,*[48] das feinen Wohlgeruch verströmt. Segnend wiegt er es über meinem Kopf: »Willkommen, meine Tochter!«, sagt er feierlich, »möge *Choda* deinen Eintritt segnen!« Ein liebevoller Blick. Dann nimmt er mich in die Arme, küsst mich auf Wangen und Stirn. Ich habe wieder einen Vater, jubelt es in mir.

Die kunterbunte Mischung an Düften will nicht enden. Aus der Küche dringt ein köstlicher Wohlgeruch und prompt läuft mir das Wasser im Mund zusammen. Empört knurrt mein Magen, denn hoch über den Wolken habe ich keinen Bissen heruntergebracht. Als wir alle um den großen Esstisch versammelt sind, fühle ich mich geborgen. Dieser erste Augenblick im Kreise meiner Lieben wird mir stets unvergesslich bleiben. Was mich sehr berührt, ist die Reinheit des Herzens, die keine Fragen stellt.

»Übrigens wollte *Aghadjan* dir zu Ehren ein Schaf schlachten«, sagt Saeid, während wir essen. Erschrocken blicke ich ihn und dann seinen Vater an. Im Nu ist mir der Appetit vergangen. »Keine Sorge«, fährt Saeid fort, »ich habe geahnt, dass dich das wenig erfreuen würde.«

»Stimmt. Ich wäre untröstlich, wenn wegen mir ein Tier sterben muss.« Unbekannt ist mir diese archaische Sitte nicht. Im Iran ist es eine hohe Auszeichnung gegenüber dem Gast oder neuen Familienmitglied, ein Schaf zu schlachten, damit dieser über das Blut hinwegschreitet. Ein Opfer, das Glück bringen soll.

»Und nun?« Fragend blicke ich Saeid an.

»Ich habe meine Eltern gebeten, von diesem Brauch abzulassen, weil er dich betrüben würde. Beide haben das sofort akzeptiert und sich dir zuliebe über diese Tradition hinweggesetzt.«

»Danke. Mögen ihre Hände niemals schmerzen.« Ich bin tief gerührt, wie achtsam und respektvoll alle miteinander umgehen.

Maman hat unser Gespräch mitgehört und lächelt still vor sich hin.

Einen Tag später sprechen wir gemeinsam in der Deutschen Botschaft in Teheran vor, um noch einmal unsere restlichen Übersetzungen beglaubigen zu lassen. Saeid hatte ja bereits einige Versprechungen erhalten, doch durch unseren gemeinsamen Auftritt wollen wir es uns ersparen, dass uns eine Scheinehe unterstellt wird. Die Angst davor sitzt tief und demütigt uns. Erstaunlicherweise werden wir sehr freundlich empfangen. Bereitwillig gibt man uns Auskunft. Mit den beglaubigten Unterlagen ziehen wir wieder ab.

Als Nächstes suchen wir einen Fotografen auf. Saeid will unbedingt noch ein vorzeigbares Hochzeitsbild von uns machen lassen. Tatsächlich geniert er sich, die türkischen Bilder der Familie zu zeigen. Das amüsiert mich. »Saeid, sieh es doch mal so: Wir haben eine ungewöhnliche Ehe geschlossen und darum fallen auch die Bilder aus dem Rahmen.«

Doch er lässt nicht mit sich reden. Ich weiß, das ist gemein, aber ich kann mir nicht verkneifen, die Bilder heimlich Sima und Maman zu zeigen. Wie erwartet lösen sie große Heiterkeit aus.

Simas neue Wohnung liegt im lebhaften Stadtteil Haft Hos[49], in dem meine Schwiegereltern leben. Als ich aus dem Fenster schaue, sehe ich auf der gegenüberliegenden Straßenseite einen Umzugswagen. Umziehen scheint in dieser Stadt so eine Art Volkssport zu sein, denn die Menschen wechseln ständig ihren Wohnsitz.

»Sag mal Sima, wieso ziehen die Leute so häufig um? Früher nahm ich an, es seien die Auswirkungen der Revolution, die eine gewisse Unruhe mit sich brachte.«

»Mit der Revolution hat das nur indirekt zu tun. Die Wohnungen haben oft Mängel. In unserer vorigen Wohnung haben wir zehn Jahre gelebt, als sie sich bemerkbar machten.«

»Das verstehe ich nicht. Die Häuser sehen doch sehr solide aus.«

»Die schmalen Abflüsse sind stets verstopft. Die Wasserversorgung klappt nicht richtig und die Wände bekommen Risse.«

»Wenn das allgemein bekannt ist, wieso werden dann nicht von Anfang an breitere Abflüsse gelegt und warum werden die Handwerker nicht angehalten, sorgfältiger zu arbeiten?«

»Seit der Revolution gibt es im Iran wenig gute Baumeister oder Architekten. Die Massenflucht hat auch hier ihre Spuren hinterlassen. Zudem sind die Honorare der Architekten sehr hoch, daher greifen manche auf einen Baumeister zurück, dessen Können mitunter Lücken aufweist. Die Kette setzt sich bei den Handwerkern fort. Den Maurern, Zimmerleuten oder Malern fehlt oft eine fundierte Ausbildung. Schlecht gebaute Wohnungen aber sind schnell verwohnt.«

»Aber was passiert mit diesen Wohnungen?«

»Oh, sie lassen sich trotz allem nicht schlecht verkaufen. Alle wollen in Teheran wohnen. Das hebt auch die Miet- und Grundstückspreise.«

»Aber das ist doch gefährlich, wenn eine Wohnung oder ein Haus den Sicherheitsvorschriften nicht entspricht. Es könnte einstürzen.«

»Ach Bary, das ist unser Schicksal. Erdbebensicher sind sie gewiss nicht. Nicht auszudenken, wenn Teheran einmal von einem Erdbeben heimgesucht wird.«

Der Gedanke ist beängstigend. Ich habe einmal ein Erdbeben in einem türkischen Dorf erlebt, wie viel verheerender würde sich das hier in der dichtbebauten Riesenmetropole auswirken. Wiederholt hat es in letzter Zeit Erdstöße gegeben.

Saeid liest mir jeden Wunsch von den Augen ab und das auch beim Kochen. Mich reizt nicht nur die feine exklusive persische Küche, sondern ich mag es auch gern traditionell. Wer für mich *Kal-e Padje* zubereitet, bei dem stehe ich tief in der Schuld, denn ich verstehe davon nicht allzu viel. So überrascht Saeid mich tags darauf tatsächlich mit diesem Gericht. *Kal-e Padje* sind Kopf und Füße vom Lamm. Im Iran wird diese Speise vorwiegend zum Frühstück gegessen. In Deutschland stoße ich oft nur auf Abwehr und heftiges Kopfschütteln, wenn ich erzähle, wie gut sie mir schmeckt. Dabei ist die Zubereitung eine herbe Schufterei, weil die Reinigung des Kopfes sehr viel Sorgfalt erfordert und der Geschmack darunter leidet, wenn nicht aufgepasst wird. Gehirn und Zunge bleiben im Kopf. Die Zähne müssen herausgebrochen werden.

Kopf und Füße werden sehr lange mit frischen Kräutern gekocht. Der Sud ist wohlschmeckend und wird mit frischem *Barbari*[50] oder *Sangak*[51] gestippt. Mir läuft das Wasser im Mund zusammen, wenn ich nur daran denke. Aus gesundheitlichen Gründen wird der Schafskopf inzwischen weniger gegessen als früher. Schade. Aber die Beine und die Zunge sind nach wie vor ein Leckerbissen. Einige behaupten, das Gericht helfe sogar gegen Fieber. Kranke sollen schneller genesen, wenn sie davon essen.

Wir starten zu einem Kurztrip nach Maschad. Vor unserer Abreise bereitet Maman uns ein Riesenlunchpaket, denn sie hat wieder einmal Sorge, dass wir nicht genug essen. Bevor wir das Haus verlassen, segnet sie uns mit dem Heiligen Koran, den wir ehrerbietig küssen, und schüttet uns ein Glas Wasser hinterher für eine gute Rückkehr.

Der Flug verläuft turbulent. Die russische Tupolev zittert vor Altersschwäche, heult, als quäle sie ein tiefer Schmerz, und watet wackelnd durch die Wolken. Nach der Landung schwanken wir aus der Maschine und können immer noch nicht fassen, dass wir den Flug überlebt haben. Im Hotel macht uns der Portier mit maliziösem Lächeln einen Sonderpreis, das heißt einen besonders hohen Preis, weil ich mit deutschem Pass reise, also als Touristin gelte. Aber wir können nichts ändern. Einen iranischen Pass besitze ich noch nicht, und die Heiratsurkunde beeindruckt ihn keineswegs. Es wird höchste Zeit, die iranische Staatsbürgerschaft zu beantragen. Ich selbst darf das nicht tun, da ich sonst meine deutsche wieder verliere. Mein Mann dagegen darf den Antrag für mich stellen, ohne dass es für mich Folgen hat. Seltsame Gesetze haben wir – und diesmal meine ich: in Deutschland. Wie viel einfacher wäre die Möglichkeit einer doppelten Staatsbürgerschaft.

Maschad, die Hauptstadt der Provinz Razavi-Chorasan, ist die zweitgrößte Stadt Irans und liegt circa 850 Kilometer östlich von Teheran. Sie ist eine traditionelle Handelsstadt, an der in alten Zeiten die Seidenstraße vorbeiführte. Vor allem aber ist sie eine der sieben heiligen Städte der *Schia*.[52] Das zieht Menschen aus allen Regionen an. Viele Pilger reisen aus den Nachbarländern an, z.B aus Afghanistan oder Turkmenistan, sie sind leicht an ihrer Landestracht zu erkennen. Die afghanischen

Männer tragen ihren *Pakol*, den flachen Filzhut, einige ihrer Frauen Burkas, die Gesicht und Körper verhüllen, was von den iranischen Frauen mit Unmut gesehen wird. Die turkmenischen Frauen dagegen fallen durch ihre fröhliche, farbenfrohe Kleidung auf und ihre langen Zöpfe, die unter den Schleiern hervorlugen.

Mein erster Eindruck vom Stadtkern ist ein buntes Wirrwarr. Auf den Straßen um den Basar herrscht reges Treiben. Hupende Autos quälen sich durch den dichten Verkehr, der in einer blauen Wolke von Auspuffgasen verschwimmt. Stände und Läden von Bäckern, Schlossern, Fleischern und Tischlern reihen sich wie die Glieder einer Kette eng aneinander. Durch die engen Gänge eilen Lastenträger zwischen feilschenden Händlern, wallenden *Tschadoren* und spielenden Kindern hin und her. Ein Teeverkäufer balanciert sein Tablett elegant über die Köpfe der Passanten hinweg und wir fühlen uns in dem Geschiebe der Massen wie Seilartisten, immer darauf bedacht, nicht den Boden unter den Füßen zu verlieren, denn er ist zudem noch uneben. In einer Gasse bleibt ein Melonenhändler mit seinem Karren eingekeilt zwischen zwei Lieferwagen stecken. Wie flüssiges Öl ergießt sich seine Schimpftirade auf die Fahrer, die weder vor noch zurück können und ebenfalls wütend zetern. Einige Schaulustige machen spöttische Bemerkungen, was den Händler noch mehr zum Keifen bringt. Da hält ihm einer ein *Piroschki* hin und das Eis ist gebrochen. Herzhaft beißt der Mann in das gefüllte Hefebrötchen.

Im Herzen der Stadt liegt die Gowharschad-Moschee, die Andersgläubige nicht betreten dürfen. Sie wurde benannt nach der Fürstin Gowhar Schad aus der Dynastie der Timuriden. Ihr Name bedeutet übersetzt »Freude spendender Edelstein« und sie machte ihm Ehre, denn unter ihren Händen erblühten persische Literatur, Kunst und Architektur.[53] In der Gowharschad-Moschee befindet sich das größte Heiligtum der Schiiten, das Haram[54] mit dem Schrein von Imam Reza. Schon aus der Ferne sehe ich ihre goldene Kuppel wie den Thron der Sonne leuchten. Den Weitgereisten muss sie wie der Eingang des Paradieses erscheinen, ähnlich wie den Christen die Kathedrale von Santiago de Compostela.

Gegen Abend machen wir uns auf den Weg zum Haram. Zuvor hülle ich mich in meinen schwarzen *Tschador*, damit mir der Einlass nicht verwehrt wird. Dazu möchte ich anmerken, dass eine Moschee von iranischen Frauen grundsätzlich nur im *Tschador* betreten wird. Das schreibt der Koran vor und hat nichts mit dem jeweiligen Regime zu tun. Es ist die Achtung vor dem Schöpfer, wenn wir den Fuß in sein Haus setzen, so wie sich ein Jude eine Kippa aufsetzt, wenn er eine Synagoge betritt, und zum Beten einen Tallit, einen Gebetsschal, umlegt. Weder in Moscheen noch in Synagogen wird es gerne gesehen, wenn Andersgläubige sich nicht an diese Regeln halten. Dies gilt vor allem für westliche Touristinnen und Touristen, die mitunter durch unangepasstes Verhalten oder unpassende Kleidung, wie Miniröcke und kurze Hosen auffallen. Es ist eine Sache des Verständnisses auf beiden Seiten.

Am Tor drängen sich viele Menschen. Geduldig passieren wir die Kontrollen – Männer und Frauen getrennt. Saeid ist etwas beunruhigt. Im Sommer hat es hier einen Bombenanschlag gegeben, hinter dem eine militante Oppositionsbewegung steckte und der sechsundzwanzig Menschenleben forderte. Darum müssen wir alles, was wir bei uns tragen, den Wächtern übergeben. Wir bekommen ein Fach und die dafür entsprechende Nummer ausgehändigt.

Staunend betrachte ich das Jahrhunderte alte Bauwerk, das sich nun voll erleuchtet gegen den Nachthimmel abhebt. Mir ist, als schrumpfe ich zu einer winzig kleinen Ameise. Nie zuvor sah ich eine mächtigere Moschee. Andächtig betrete ich den ersten Vorhof. Die blankpolierten Fliesen glänzen im Licht wie eine Sternenwiese. Am Rande thront mit geschwungenem Dach ein prachtvoller Tempel, dessen Außenwände mit blau-goldenen Kacheln verziert sind. Still verrichten hier die Pilger und Pilgerinnen ihre rituellen Waschungen. Auf den Gesichtern der Betenden liegt ein entrücktes Lächeln. Ein Raunen und Flüstern ertönt von allen Seiten, so als würden die Mauern mit steinernen Lippen sprechen.

Die Mitte des nächsten Innenhofs krönt ein Springbrunnen aus Alabaster, so fein geschliffen, dass er fast durchsichtig scheint. Munter tanzen seine Fontänen, um sich in Kaskaden zu verneigen, untermalt von Regenbogenlichtern. Seine heitere Stimmung ergreift die Menschen, die ihn umlagern. Sie haben auf dem Spiegelboden bunte Teppiche und Decken ausgebreitet, auf denen sie fröhlich schwatzen oder meditieren. In jedem der folgenden Innenhöfe herrscht ein ähnliches Bild: Alte, Junge, Behinderte, Bettler und Reiche. Menschen verschiedenster Nationen sitzen einträchtig beieinander – ein Bild des Friedens. Hier sind alle gleich.

Ich spüre, wie die Stimmung auch mich erfasst, wie mein Gang sich verändert, eine angenehme Ruhe mich durchwirkt. Mir ist, als streife ich durch einen atmenden Körper, denn selbst die Steine scheinen lebendig, als wir das Haram Imam Rezas im Herzen der Moschee erreichen. Es strahlt mit seinen vergoldeten Ornamenten und abertausenden Kristallspiegeln wie eine Sonne und verscheucht die Finsternis. Atemberaubend schön. Saeid greift nach meiner Hand und still schleicht das Glück in diesen Augenblick.

Imam Reza ist der 8. Imam in der schiitischen Reihenfolge und der einzige, der im Iran beerdigt wurde. Der schiitische Glaube besagt, dass zwölf Imame in diese Welt gesandt werden, um die Menschen zu belehren. Elf Imame sind bereits gekommen. Der zwölfte und letzte Imam, der Mahdi, wird noch allgemein erwartet. Wenn er kommt, so heißt es, wird diese Welt gerechter und lebenswerter für alle Menschen. Zu Lebzeiten Chomeinis gab es tatsächlich Menschen, die ihn anfangs für den Mahdi hielten. Doch über diesen Irrtum spricht heute niemand mehr. Allein die Vorstellung lässt mich grausen.

Meinen Wunsch, direkt an den Schrein zu gehen, muss ich leider verwerfen. Im Haram halten sich unzählige Menschen auf. Die Eingänge in alle vier Himmelsrichtungen sind nach Männern und Frauen getrennt. Saeid befürchtet, dass wir uns in dem Menschengewimmel durch die geschlechtertrennende Aufteilung verlieren. Schade, so komme ich um ein schönes Erlebnis. Um diese Grenze zu überschreiten, würde ich mir für die Zukunft Moscheen wünschen, in denen Frauen neben Männern gleichberechtigt beten. Doch uns bleibt nur ein schönes Plätzchen, um von dort das friedliche Bild auf uns wirken zu lassen. Der Gedanke, dass an diesem Ort des Friedens noch vor Kurzem Blut vergossen wurde, ist unbegreiflich.

Tags darauf sind wir unterwegs nach Tus, einer kleinen Stadt circa 30 Kilometer entfernt von Maschad. Dort liegt der Dichter Ferdowsi begraben, der hier um 940 gelebt hat. Die Fahrt in dem klapperigen Taxi wird ein wahrer Höllentrip, denn der Fahrer saust die engen Straßen entlang, als wären sämtliche Teufel hinter ihm her. Unsere Zurufe wie »Langsam!«, »Vorsicht Kurve!« oder »Nicht überholen!« nimmt er mit einem Kopfnicken zur Kenntnis, kümmert sich aber nicht weiter darum. Zum Glück sitzt unser Schutzengel mit im Wagen. Schweißgebadet und wackelig auf den Beinen steigen wir nach einer Dreiviertelstunde aus. Nachdem Saeid seine Sprache wiedergefunden hat, nimmt er sich den Taxifahrer vor. »So, jetzt gut zuhören: Wenn du ein gutes Geschäft machen willst und uns weiterhin fahren willst, ändere deinen Fahrstil!«

»Wieso, ihr ward doch schnell am Ziel?«

»Darum geht es nicht. Wir wollen heil ankommen!«

»Seid ihr nicht heil angekommen. Steht ihr nicht gesund vor mir?«

Saeid ist kurz vorm Platzen. »Das ist reiner Zufall. Genauso hätten wir aus einer Kurve getragen werden oder einen Zusammenstoß mit dem Gegenverkehr haben können.«

»Ist das geschehen? Nein. Gott, der Allmächtige hält schützend die Hand über uns Gläubige! *Allah-u akbar!*«

»Ein letztes Mal: Du änderst deinen Fahrstil oder wir suchen uns einen anderen Fahrer!«

»Ist ja schon gut«, mault der Fahrer. Ich hoffe, es ist eine Zustimmung.

Nach der wilden Fahrt durch staubige Steppen und karstige Pässe, erscheint uns der grüne Park, in dem das Grabmal Ferdowsis steht, wie eine wahre Oase. Erschöpft lassen wir uns unter einer schattigen Platane nieder. Im Gegensatz zu den Grabmälern von Sa'adi und Hafez erinnert uns der weiße Marmortempel Ferdowsis an Persepolis. Ferdowsis spirituelle Schriften sind allen verständlich. Sein größtes Werk ist zugleich das berühmteste der persischen Literatur, das *Schāhnāme,* das Buch der Könige. An diesem Werk hat er dreißig Jahre lang gearbeitet, es soll fünfzigtausend Doppelverse enthalten, die Sagen und historische Ereignisse von den Anfängen bis zur Eroberung Persiens durch die Araber beschreiben. Jedes Kind im Iran lernt Teile aus dem Nationalepos, dessen Held Rostam ist, mit dem Wundervogel Simorgh an seiner Seite. Ferdowsi hat einiges dazu beigetragen, die Erinnerung an den Glauben und die Heldentaten seiner persischen Vorfahren im Volk wachzuhalten. Leider fand er als Freigeist zu Lebzeiten wenig Anerkennung.

Ein kleines Museum steht auf dem Gelände, in dem wir uns ein paar Originalschriften und Bilder aus dem *Schāhnāme* ansehen. Der Gedanke, dass während der Revolution wertvolles Schriftgut unserer Dichter einfach verbrannt wurde, verursacht mir Übelkeit. Damals kannten die fanatisierten Massen kein Erbarmen und machten auch vor historischen Bauten und Monumenten nicht halt. Dahinter verbarg sich nicht selten die diffuse Ideologie fehlgeleiteter Prediger, alles, was nicht islamisch ist, zu vernichten. Doch als der Befehl erging, die Statue des Volksdichters Ferdowsi und seine Schriften zu vernichten, kamen die Menschen zur Besinnung. Vehement verweigerten sie sich, denn die geplante Auslöschung ihres großen Dichters wäre einer Selbstverstümmelung gleichgekommen.

Unsere Fahrt geht weiter über Torghabe nach Schāndiz. Der Fahrer blickt zwar hin und wieder beleidigt zu uns, aber er reißt sich zusammen und wir lehnen entspannt in den harten Polstern. Torghabe ist bekannt für seine feinen Gewürze. In der Straße der Gewürzhändler werden auch Blumen feilgeboten. Unsere Sinne schwelgen in einem Bukett aus Düften und Farben. Begeistert feilschen wir um die Preise von feinem Ingwerpuder, Bocksklee, Koriander und Gelbwurz. Um auch in Hamburg unserem Leben weiter Würze zu geben, decken wir uns ordentlich ein.

Schāndiz ist berühmt wegen der schönen Gärten. Aus der ganzen Region kommen Menschen hierher, um die Last des Alltags abzuwerfen, vor allem aber wegen des köstlichen Kebabs, das von allen gelobt wird. Der weitläufige Restaurantgarten ist von hohen Mauern umgeben. Im Garten plätschert fröhlich ein Springbrunnen, an dem ein paar Vögel ihren Durst stillen. Dichtbelaubte Platanen spenden ihren Schatten, während Bedienstete im Windschatten gewürztes Lammfleisch auf Holzkohle grillen. Appetitlich zieht uns der Geruch gerösteten Fleisches in die Nase. Einige Gäste sitzen vergnügt auf Teppichen oder Sitzkissen und lassen sich das

Essen servieren. Wir laden unseren Fahrer, der einen langen Blick auf die Speisenden wirft, zum Essen ein. Doch er ziert sich erst einmal. Nach vielen *Taroufs* nimmt er die Einladung endlich an und gesellt sich zu uns. Wir ziehen unsere Schuhe aus und setzen uns auf ein *Tacht-e tschubi.*[55] Beflissen eilt ein Diener herbei mit Wasserschalen für unsere Hände. Bald darauf kommt er mit einem riesigen Tablett anstolziert. Von der Menge, die er dann vor uns aufbaut, könnten locker sechs Personen satt werden. Jeder von uns erhält je zwei Spieße von gewiss einem halben Meter Länge, dazu eine Riesenplatte Reis, Joghurt, Salat, Schafsbutter und *Dough,* das beliebte Joghurtgetränk mit Pfefferminze. Jeder Bissen dieses köstlichen Mahles ist ein Genuss und, oh Wunder, wir lassen kaum etwas übrig. Danach liegen wir mit gefalteten Händen auf den *Puschtis* und bringen kein Wort mehr über die Lippen, bis der Tee aufgetragen wird.

Auf dem Rückweg röhrt der Motor ekstatisch. Mitten in der Steppe haben wir eine Panne. Dampf steigt aus der Motorhaube auf. Der Keilriemen ist gerissen. Unweit liegt eine Ruine. Als ich unseren Fahrer danach frage, behauptet er, es sei einst das Gefängnis des Kalifen Harun al-Raschid gewesen, dem wir in den Geschichten aus *»Tausendundeine Nacht«* begegnen können. Das kümmert mich jetzt wenig. Eilig schlüpfe ich hin und entledige mich meiner Strumpfhose, um sie Saeid zu geben, damit er daraus einen Keilriemen basteln kann. Dann kehre ich zurück, um den gelben Ziegelbau genauer zu betrachten. Hier drinnen ist es erstaunlich kühl. Meterhoch ziehen sich die Wände im Rechteck und münden in einer luftigen Kuppel. Einige der hohen Steinfenster sind erhalten und werfen ein filigranes Muster auf den Lehmboden. Im Schatten der Ruine beobachte ich den Wind, der mit dem Sand spielt. Immer wieder bläst er ihn in die Höhe und lässt ihn kreisend tanzen. Ein Gecko mit einem dicken Stachelpanzer um den Hals sitzt auf einem Stein und verharrt reglos. Eine Zeitlang starren wir uns an. Da höre ich Saeid rufen. Die Maschine funktioniert wieder. Der Gecko und ich laufen in verschiedene Richtungen.

Freunde von Sima haben uns ihr Strandhaus in Māzandarān zur Verfügung gestellt. Da Saeids Vater und Schwager im Basar zu tun haben, reist er nun mit fünf Frauen in seinem Wagen. Wir durchqueren das Elbursgebirge, das Teheran im Norden vom Kaspischen Meer trennt. Als wir hoch in den Bergen sind, verfärbt sich der eben noch blaue Himmel schiefergrau. Die Nacht packt sich den jungen Tag. Ahnungsvoll biegt Saeid in eine Einbuchtung und schaltet den Motor aus. Plötzlich bricht die Wolkendecke. Pfeilschnell und gebündelt schießen Blitze auf uns nieder, denen ein bedrohlich tiefes Donnergrollen folgt, als wolle uns der Berg verschlingen. Wild schäumend ergießt sich eine gewaltige Wasserflut über die Straße. Die Temperatur ist rapide gesunken und uns alle überläuft ein Frösteln. Wir sitzen hilflos beieinander, den entfesselten Naturgewalten ausgesetzt. Die Straße gleicht mittlerweile einem reißenden Bach. Was wird, wenn unser Wagen davon erfasst wird? Ich sehe Maman still beten und halte den Atem an. Unsere Scheiben beschlagen und wir sind von der Außenwelt abgetrennt. Gelöst von Zeit und Raum, denn was uns wie eine Ewigkeit erscheint, dauert gerade mal eine Viertelstunde. Als sich der Wettergeist zurückzieht, öffnen wir zaghaft die Fenster. Gerade reißt sich der Himmel das dunkle Tuch von seinen Augen, die nun im schönsten Blau leuchten und mit wimprigen Sonnenstrahlen die erkühlte Erde wärmen. Die Sonne gewinnt wieder an Macht und kurz darauf ist alles getrocknet, so als sei nichts geschehen.

Auf seinen Höhen ist die Landschaft des Elburs wild und bizarr. Nichts außer nacktem Fels. Sein höchster Gipfel ragt rund 5 600 Meter in den Himmel. So hoch hinauf müssen wir natürlich nicht, doch erst als wir wieder die Tausendmetergrenze erreichen, tauchen vereinzelt Baumgruppen oder Büsche auf. Quellen plätschern hier durch das Gebirge, dessen Mantel sich hie und da mit Blumen schmückt. Die Landschaft wird weicher. Den Tälern, die wie Oasen wirken, folgen kristallklare Flussläufe mit wilden Strudeln und Windungen. Das Land trägt nun ein grünes Kleid und wird hügeliger. Ich sehe die ersten Reisfelder auftauchen. In weichen Wellen ziehen sich die Ebenen bis zum Meer hinunter, besungen von den nimmermüden Zikaden. Und hier, eingebettet in einen wildblühenden Garten, liegt das Ferienhaus direkt am Strand. Das Meer bietet dazu mit seiner unendlichen Weite und den feinen Schaumkronen, die wie hingetuscht auf den Wellen reiten, einen königsblauen

Rahmen. In unermüdlichem Liebesspiel mit dem Sand rollt es seine Wogen aufs Land und zieht sich sanft wieder zurück. Kein Mensch lässt sich blicken und wir nehmen uns die Freiheit, den einsehbaren Garten ohne Kopfbedeckung zu genießen. Wir sind angekommen im kleinen Paradies. Ein paar Kilometer von unserem Domizil entfernt, liegt Mahmud Abad, ein Fischerort. Im kleinen Hafen bieten die Fischer ihre soeben gefangenen Fische an. Wir kaufen ein paar Entenfische und sind entzückt, dass ihre Mäuler wirklich wie Entenschnäbel aussehen.

Bei einem Strandspaziergang entdecke ich ein paar armdicke tote Schlangen. »Hier gibt es Wasserschlangen?«, frage ich Saeid überrascht.

»Nicht im Meer, eher in den sumpfigen Ausläufern, die sich manchmal bis zum Meer ziehen.«

»Aber die sind doch giftig.«

»Richtig, es ist besser, ihnen nicht zu nahe zu kommen.«

»Aber was ist mit den Kindern, die dort hinten im Fluss herumtollen?«

»Die sind hier aus der Gegend und lernen schon von klein auf, mit der Gefahr zu leben.«

Weiter draußen im Meer tummeln sich Frauen in Mantel und *Rusari.* Ich frage mich, ob sie damit überhaupt schwimmen können. Die von den Mullahs verhängte Kleiderordnung lässt es nicht zu, dass sich eine Frau im Badeanzug zeigt. Auch hier gibt es bei Zuwiderhandlungen Schläge und Peitschenhiebe.

Ein paar Tage später, wir sind zurück in Teheran, sehe ich *Aghadjan* noch am späten Abend stumm an seinem Schreibtisch sitzen und auf einen Stapel Akten starren. Eine düstere Wolke liegt auf seiner Stirn.

»Gibt es Probleme?«, frage ich zaghaft.

»Ach, Tochterherz, das Leben hier ist ein einziges Problem. Wer sich nicht auf eine liebe Familie und gute Freunde verlassen kann, ist wahrlich verlassen.«

»Das sind ernste Worte. Was betrübt dich denn?«

»Ach, Bary, es ist der ständige Rechtsbruch dieses Staates, der selbst der übelste aller Verbrecher ist. Möge Allah ihn verdammen. Im Sommer, als ihr geheiratet habt, hat das islamische Parlament ein Gesetz verabschiedet, wonach alle Staatsanwaltschaften aufgelöst wurden. Es hat zur Folge, dass die Richter gleichzeitig die Rolle des Staatsanwalts übernehmen. Das heißt, der Richter vereinigt damit in seiner Person beide Funktionen: Er klagt an und er spricht dann selbst das Urteil.«

»Aber das geht doch nicht. Das sind ja Zustände wie zu Anfang der Revolution, als Blutrichter wie Chalchali noch eigenhändig ihre Todesurteile vollstreckten!«

Aghadjans Blick verschleiert sich. »Ja, Chalchali, dieser Teufel, sagte einmal zu einem 16-jährigen Jungen: ›Höre gut zu, mein Junge. Bist du wirklich unschuldig, wie du beteuerst, wirst du das Paradies sehen. Bist du jedoch schuldig – so wie ich dich verurteile –, erhältst du nur deine gerechte Strafe.‹ Dann schoss er ihm eine Kugel in den Kopf und richtete seine Waffe auf den nächsten Angeklagten.«

»Menschenverachtend und grausam. Haben wir bald die alten Zustände wieder? Da kann jeder Richter schalten und walten, wie er will.«

»Ja, Bary, es scheint so. Der Islam predigt uns Geduld und Güte. Wir sollen demütig ertragen, was uns auf die Stirn gezeichnet wird, sind wir doch wie Schafe mit einem starken Hirten, der über uns wacht. Ich frage mich manchmal, wie lange wird der Allsehende dieses Unrecht ertragen? Vielleicht erwartet er, dass wir uns selbst daraus befreien, gerade um seinetwillen. Dieser islamische Staat erblödet sich nicht zu verkünden, er empfange seine Anweisungen direkt von Gott und ein Ausscheren oder Zuwiderhandeln sei Frevel und werde schwer bestraft. Schamlos missbraucht er Macht und Glauben. Statt Menschenliebe predigt er Hass, statt Recht bringt er Verderben und zeigt damit seine hässlichste Fratze, indem er die Rechtsprechung nicht nur tatsächlich, sondern auch laut Gesetz aufhebt. Möge der Allwissende unseren Kindern beistehen.«

»Schreibt denn die Presse nicht darüber?«

»Oh, gerade die Teheraner Presse schreibt viel darüber. Tag für Tag erscheinen Meldungen, denen zufolge unsere Gerichte willkürlich Gefängnisstrafen verhängen, aber auch zur Todesstrafe und anderen grausamen Strafen verurteilen. Menschen verschwinden spurlos hinter Gefängnismauern, von denen niemand je wieder etwas hört. Doch auch hier greift der Arm der Macht. Eine Zeitung, die sich zu weit vorwagt, wird am nächsten Tag von den Milizen geschlossen. Das Recht liegt in diesem Land im Sterben.«

Ich bin bedrückt. »Im Westen ist Justitia eine Frau. Hier im Iran trägt sie keine Augenbinde, sondern einen Schleier über dem Gesicht, aus Trauer um die verlorene Gerechtigkeit und Würde. Längst hat man Justitia die Waage aus der Hand genommen und durch eine Peitsche ersetzt.«

»Die Sanftmütigkeit und Klugheit der Frauen weiß ein weiser Mann stets zu schätzen. Ohne sie verliert die Welt ihr Lächeln«, seufzt *Aghadjan*. »Nun lass uns zur Ruhe gehen und auf einen neuen sorgenfreien Tag hoffen. »*Schab becheyer* – Gute Nacht, Bary.«

Als Rechtsgelehrter ist *Aghadjan* viel auf Reisen. Maman gefällt das auf Dauer gar nicht. Die beiden sind einander sehr zugetan. Wir haben am Vortag viel mit ihr herumgealbert und *Aghadjan* wegen seiner unzähligen Reisen aufgezogen. Dabei haben wir über die Versuchungen gescherzt, denen er auf seinen Reisen ausgesetzt ist. Nach dem Frühstück sagt Maman zu mir: »Bary, ich habe letzte Nacht von *Aghadjan* geträumt.«

Ich lache: »Du kannst wohl keinen Tag und keine Nacht ohne ihn sein.«

»Ja, das ist richtig. Aber ich träumte, er sei nach Isfahan gereist und habe von dort eine andere Frau mitgebracht!«

»Maman, Träume sind Schäume«, tröste ich sie, »gestern, das war doch alles nur Spaß.« Doch sie ist unruhig und traurig. Ihr Traum scheint sie nicht loszulassen. Obwohl *Aghadjan* niemals auf diese Idee käme, hätte er laut *Scharia* sogar das Recht dazu. Nach der *Scharia* ist die Mehrehe mit bis zu vier Frauen erlaubt. Ich denke, dass Mehrehen eher in unteren Bildungsschichten vorkommen oder in fundamentalistisch geprägten Familien, welche sowohl die Grund- und Menschenrechte als auch die Religionsfreiheit missachten. Zudem sind sie gegen eine Trennung von Staat und Religion und verstehen sich als Gegner der Demokratie. Nur wer diese Ideologie verinnerlicht hat, ist im Stande, so zu handeln.

Bevor wir abreisen, legt *Aghadjan* unvermittelt seinen Arm um Mamans Schultern und sagt schmunzelnd: »Damit ihr es wisst, ich würde Maman gegen keine andere Frau der Welt eintauschen. Sie ist mein Augapfel und mein Gewissen.« Da huscht eine Sonne über Mamans Gesicht und sie strahlt so glücklich, dass uns unsere Neckereien der letzten Tage leidtun.

Wieder heißt es, Abschied zu nehmen. Ich spüre plötzlich Minous kleine Hand in der meinen. Fest hat Saeids kleine Nichte den Teddy an sich gepresst, den ich ihr aus Hamburg mitbrachte. »Geh nicht wieder weg«, flüstert sie mir zu. »Das geht leider nicht, aber ich komme wieder. Der Teddy wird dich immer an mich erinnern«, antworte ich und drücke ihr einen Kuss auf die Stirn. Noch erahne ich nicht die Wichtigkeit dieses Teddys in Minous weiterem Leben, der zu einem Band zwischen uns wird. Er wird sie von nun an überall hin begleiten, über Jahre hinweg nachts auf ihrem Kissen liegen und auf ihrem Schreibtisch sitzen, wenn sie als junge Studentin ihre Magisterarbeit schreibt.

Kurz nach meiner Rückkehr erhalte ich eine Vorladung von der Ausländerbehörde, die ich problemlos überstehe, und im Oktober ist Saeid bereits bei mir. *Tâ seh nashe bâzi nashe* – aller guten Dinge sind drei. Ein drittes Mal heiraten wir in der Iranischen Botschaft und ich bekomme endlich meinen iranischen Pass. Wir werden nie vergessen, wie schwer wir unser Glück erkämpft haben. Staunend schauen wir uns an. Wir haben uns innerhalb eines halben Jahres kennengelernt, reisten in drei Länder und haben dreimal geheiratet. Ist das nicht ein Wunder?

Die Weisheit des Narren
(1996)

In Hamburg gibt es seit einiger Zeit den Offenen Kanal, einen Fernsehsender,[56] den alle Bürger und Bürgerinnen für ihre Zwecke nutzen können, das heißt, sämtliches Zubehör von der Kamera bis zur Schnittmaschine wie auch die Räumlichkeiten werden kostenlos zur Verfügung gestellt. Dort tummelt sich ein buntes Völkchen, um der übrigen Welt sein Statement zu verkünden. Auch einige meiner Landsleute versuchen sich mit politischen und literarischen Programmen. Aber etwas Besonderes war bisher selten darunter, bis ich eines Tages zufällig Reza sah.

Reza hat die Sechzig bereits überschritten. Sein schütteres Haar ist glatt zurückgekämmt, die hagerere Gestalt stets mit Anzug und Krawatte bekleidet. Er präsentiert jeden Mittwochabend ein Ein-Mann-Programm in *Farsi.* Zuerst begrüßt er nicht etwa die Zuschauenden, sondern zwei Bilder, die er säuberlich im Hintergrund aufgestellt hat und welche die Konterfeis des Schahs und seiner Schahbanu Farah Diba zeigen. Unter den kratzigen Klängen der alten Schahhymne steht er stramm davor und fordert sein Publikum mit feierlichem Gesichtsausdruck auf, Haltung anzunehmen. Danach nimmt er die Schahbilder in die Hände, drückt sie an sein Herz und betrachtet sie liebevoll. Manchmal küsst er sie sogar. Im Anschluss erzählt er stets eine kleine Anekdote aus seinem Leben, um dann sein eigentliches Programm in Angriff zu nehmen.

Mit sonorer Stimme beginnt er, Alltägliches über die iranischen Künstler zu erzählen. Er scheint über ein unerschöpfliches Repertoire zu verfügen. Während er seine Sendung präsentiert, steht er kaum einen Moment still. Vermutlich glaubt er, sie lebendiger zu gestalten, indem er hin und her hüpft, wobei er mit den Händen wedelt oder die Mimik seines Gesichtes spielen lässt. Sein Programm besteht daraus, Gedichte von Hafez oder Ferdowsi vorzutragen und schlimmstenfalls auch noch zu singen.

Mitunter lässt er Tonbänder mit dem Gesang beliebter iranischer Sänger und Sängerinnen laufen, die alle etwas gemeinsam haben. Sie sind bereits tot. Während die Lieder vom Band spielen, nimmt er sein

Mikrofon und singt lauthals mit, indes im Hintergrund eine automatische Barbiepuppe rhythmische Bauchtanzbewegungen vollführt. Davon abgesehen, dass er nicht singen kann, sondern eher wie ein brunftiger Hirsch klingt, wirkt das Ganze eher peinlich. Das stört ihn keineswegs. Nach jedem Stück bleibt sein ernsthafter Kommentar nicht aus, der dem Publikum bald vermittelt, dass es sich hier nicht um einen Schabernack handeln soll, sondern um eine Interpretation des zuvor vorgetragenen Liedes. Das ärgerte einige iranische Zuschauer und sie beschwerten sich über seinen Gesang, wie Reza offenherzig in einer seiner Sendungen zugab, indem er einen ziemlich dicken Stapel Briefe hervorholte und Auszüge daraus vorlas. Fanpost, wie er es nannte. In höflichen Worten bat er um Nachsehen, strich mit seiner Hand über die Lippen und schwor, er würde ab nun nicht mehr öffentlich singen. Abschließend setzte er sein freundlichstes Lächeln auf und bewegte nur noch tonlos die Lippen am Mikrofon, während die Lieder abspielten. Das wirkte noch grotesker, besonders wenn die Interpreten weiblich waren. Da die ausgewählten Lieder bevorzugt melancholisch sind, stehen ihm oft vor Rührung Tränen in den Augen und er presst die Hand aufs Herz. Mitunter nimmt er eine von seinen Requisiten, eine Schneiderpuppe, und tanzt mit ihr zu der Musik. Diese Puppe nahm im Laufe seiner Sendungen immer mehr an Wichtigkeit zu und damit änderte sich auch ihre Gestalt. So malte Reza ihr mit kindlichem Eifer ein Gesicht, setzte ihr einen Hut auf und irgendwann hatte sie auch ein Kleid an. Mit ihr tanzt er Tango und auch persische Folklore, während er sie innig anschaut, als wäre sie ein lebendes Wesen.

Ehrlich gesagt, waren mir seine Darbietungen anfangs ausgesprochen unangenehm, zumal ich erfuhr, dass sich auch Deutsche im Publikum eingefunden hatten, die sich an seinen pantomimischen Vorführungen ergötzten. In der Uni wurde ich mehrmals auf den lustigen Spaßmacher aus dem Iran angesprochen. Ich unterschlug die Information, dass Reza sich selbst als ernsthaften Akteur sieht. Obwohl mir mitunter der Unmut bis zu den Haarwurzeln steigt, kann ich es der unfreiwilligen Komik wegen nicht lassen, seine Sendungen zu verfolgen, zumal sie mich aufheitern.

Reza wagte sich mit der Zeit auch hinaus aus dem Studio. Er hatte anscheinend einen Kameramann gefunden, der ihn in jeder Position filmte. So lief er einmal am Elbstrand entlang, stieg über Menschen hinweg, die sich dort sonnten, während aus seinem Tonbandgerät lautstark ein persisches Klagelied erklang. In der Hand hatte er, wie sollte es anders sein, ein Mikrophon, das er an seine sich lautlos bewegenden Lippen hielt. Entgeisterte Blicke der Hamburger Jungs und Deerns folgten ihm, alles schön auf Video festgehalten. Doch Reza ließ sich nicht beirren, ja er verneigte sich sogar, als das Lied zu Ende war.

Ein anderes Mal zeigte er sich in Planten un Blomen, dem Botanischen Garten, im Stadtkern. Auf dem Bildschirm war als Erstes ein stiller Teich, umgeben von hohen Rhododendronbüschen, zu sehen. Ein Schäferhund kam munter angetrabt, lief zum Steg und schnupperte neugierig am Boden. Ihm folgte, sichtlich in den Anblick der Seerosen versunken, eine Frau mittleren Alters. Ein Bild voller Poesie. Stille. In diesem Moment ging's los. Lautstark erklang ein Liebeslied der stimmgewaltigen persischen Sängerin Haideh. Die Frau fuhr erschrocken herum. Reza hüpfte aus dem Gebüsch, das Tonbandgerät unter dem Arm, das Mikrophon vor dem Mund, der sich wieder lautlos zu dem Gesang der Interpretin bewegte. Frau und Hund standen wie vom Donner gerührt. Die Ohren des Hundes waren steil aufgerichtet, da er anscheinend nicht wusste, ob er beißen oder fliehen sollte. In diesem Moment gewahrte die Frau den Kameramann, verharrte einen Moment unschlüssig, um dann eilends die Flucht zu ergreifen. Reza hielt unbeirrt das Mikrophon an seine tonlosen Lippen und schloss verzückt die Augen, während die Sängerin Haideh sang: »*Tanha ba golha*«, was soviel heißt wie: Allein mit den Blumen ... Ob das nun sein Ziel war, blieb ungeklärt.

Er lässt sich immer wieder etwas Neues einfallen, die Ideen scheinen ihm nicht auszugehen. Ich verfolge seine Sendungen mittlerweile regelmäßig und wenn es sie nicht gäbe, würde mir etwas fehlen.

Saeid und ich wollen wieder in den Iran fliegen. Wie erstaunt sind wir, als der Taxifahrer, der vor unserer Tür klingelt, kein geringerer ist als Reza. Während der Fahrt zum Flughafen spreche ich ihn an.

»Sie sind doch Reza Razmi. Ich habe Ihre Sendungen im Fernsehen verfolgt.«

Er blickt in den Rückspiegel. »Ja gewiss. Das freut mich, dass Sie mich erkennen.«

»Nun, Ihre Sendungen sind auf eine gewisse Weise sehr einprägend.«

Geschmeichelt lächelt er mich an. »Ja, ich gebe mir Mühe. Hier in der Fremde geht viel verloren, auch unsere Kultur, unser Liedgut, unsere herrlichen Gedichte.«

»Waren Sie schon länger nicht mehr im Iran?«

»Seit der Revolution bin ich nicht mehr da gewesen. Ich habe niemanden mehr dort, müssen Sie wissen, meine Dame.«

»Und sind Ihre Freunde und Familie hier?«

»Auch nicht. Ich habe keine Kinder, keine Frau.« Er lächelt traurig. »Das macht sehr einsam.«

»Haben Sie denn gar kein Heimweh in den Iran?«

»Doch, doch … sehr sogar. Aber es ist dort nichts mehr so wie früher. Alles zerstört, alles vernichtet. Unsere berühmten Künstler leben fast alle im Exil.«

»Nun, die Zeiten haben sich geändert. Aber das ist der Lauf der Welt. Nichts bleibt, wie es ist. Wenn etwas stirbt, wird etwas Neues geboren.«

»Auch ich war mal auf der Suche nach etwas Neuem. Seit über fünfundzwanzig Jahren fahre ich Taxi. Immerhin lernte ich so die Menschen besser kennen.«

»Fünfundzwanzig Jahre ist eine lange Zeit. Da haben Sie gewiss einiges erlebt.«

»Oh ja. Dennoch fühlte ich mich immer wie ein Hamster im Rad. Ich kam als junger Mann hierher, machte mal dies, mal das, aber die Wege endeten alle im Nichts. Oft fühlte ich mich müde und ausgebrannt.«

»Sie sagen, die Wege endeten alle im Nichts. Wie meinen Sie das?«

»Ich hatte mich selbst verloren. Es dauerte lange, bis ich begriff, woran es lag. Meine Wurzeln sind im Iran geblieben, während ich hier wie eine Schnittblume in der Vase vegetierte. Kann ein Baum ohne Wurzeln leben?« Noch bevor ich antworten kann, spricht er weiter. »Oh, nein, verstehen Sie mich nicht falsch. Ich hatte immer ein Dach über dem Kopf, konnte mich immer gut versorgen. Ich habe nette Nachbarn und Kollegen. Was mir fehlte, war mein Iranischsein.«

»Oh, ich denke, das geht uns allen so. Aber es hilft, ab und zu mal in die Heimat zu fliegen.«

»Und dann? Sind Sie glücklich damit?«

»Für den Moment zumindest. Bin ich eine Zeit lang im Iran, sehne ich mich zurück nach Deutschland, wo unsere Kinder und Freunde sind, nach deutscher Gemütlichkeit und vor allem nach gesellschaftlicher Freiheit. In Deutschland sehne ich mich in den Iran, vermisse die tiefe Herzlichkeit, die Sentimentalität, für die ich mich dort nicht rechtfertigen muss, die Sonne, die Sprache.«

»Sehen Sie. So ist unser Leben. Wir teilen uns in zwei Welten und gehören doch keiner allein.«

»Stimmt. Das zerreißt mich innerlich. Sich als Weltbürgerin zu bezeichnen, ist eines, doch sich auch so zu fühlen, etwas anderes.«

Wir schweigen. Dann frage ich: »Wie kamen Sie auf die Idee, im Offenen Kanal diese Sendung zu machen?«

»Ich fand oft Frieden im Herzen, wenn ich persische Musik hörte oder Gedichte las. Da war ich wieder ganz ich. Mit der Zeit spürte ich, mir fehlte eine Aufgabe. Da dachte ich, wie mir geht es bestimmt auch anderen Landsleuten. Warum ihnen nicht ein Stückchen Heimat ins Haus bringen in einer eigenen Sendung? Also habe ich gehandelt. Meine Mittel sind vielleicht einfach. Aber ich will doch nur die Menschen fröhlich machen.«

»Das haben Sie«, sage ich leise.

Während ich im Flieger sitze und mein Herz vor Wiedersehensfreude wild klopft, sehe ich ihn deutlich vor mir, wie er die Schneiderpuppe umarmte und herzte. Er nannte sie Iran.

Geduld ist ein Baum …

Als wir an diesem Oktoberabend in Teheran landen, sind wir unter den ersten Fluggästen, die abgefertigt werden. Unser Gespräch dreht sich um

Aghadjan, der kürzlich einen Schlaganfall erlitten hat. Darum achten wir nicht sonderlich auf den Beamten, der unsere Pässe kontrolliert. Nachdem er sie uns ausgehändigt hat, warten wir darauf, dass die Schranke sich hebt. Da versperrt uns ein Soldat den Weg. »Folgen Sie mir bitte«, fordert er uns knapp auf und führt uns, ohne lange Erklärungen, in ein Büro, in dem ein Offizier sitzt. Dieser beschäftigt sich eingehend mit unseren Papieren. Wir sitzen wie Angeklagte auf der Bank und haben Zeit nachzudenken. Endlich blickt er auf und sieht uns abschätzend an.

»So, ich habe jetzt ein paar Fragen an Sie beide. Teilen Sie mir bitte mit, wie viel Geld Sie bei sich führen.« Ich frage mich, was ihn das angeht. »Nennen Sie mir die Namen Ihrer Eltern und was sie beruflich machen«, wendet er sich an Saeid. Nachdem er die Auskunft bekommen hat, fragt er mich: »Ihr Vater ist deutscher Staatsbürger?« Ich bejahe. Die Fragen nach meinem Vater kenne ich ja schon.

»Schon immer?« Nun stutze ich doch.

»Wieso fragen Sie?« Und wieso habe ich plötzlich Angst?

»Nun, Ihr Vater ist nicht in Deutschland geboren.«

»Was hat das mit meinem Pass zu tun?«

»*Chanum*, die Fragen stelle hier ich!« Seine Stimme klingt kalt. »Was machen Sie beruflich und wo arbeiten Sie?« Und nach meiner knappen Auskunft, will er wissen: »Haben Sie noch Geschwister?«

»Ja, einen Bruder.«

»Und was macht Ihr Bruder beruflich?«

Irritiert sehe ich ihn an. »Mein Bruder? Er ist Jurist.«

»Aha!« Er mustert mich und beißt auf seinen Bleistift.

»Glauben Sie an Gott?« Verblüfft sehe ich ihn an.

»Was soll diese Frage?«

»Antworten Sie!«, sagt er schneidend.

»Ja.«

»Akzeptieren Sie, dass der heilige Mohammad der letzte der Propheten ist?«

»Ja«, würge ich hervor. Was hätte ich darauf wohl sonst erwidern sollen? Ich hatte inzwischen kapiert, dass es das Beste ist, auf solche Fragen nur mit Ja zu antworten.

»Ist der heilige Koran das Wort Gottes?«

»Ja.«

»Als Sie ein Kind waren, hat Ihr Vater da gebetet, gefastet und den Heiligen Koran gelesen?« Oha, darauf läuft es also hinaus.

»Ja.« Innerlich bitte ich meinen Vater um Verzeihung. Wenn er alles Mögliche getan hat, das bestimmt nicht.

»Werden Sie ein Schriftstück unterzeichnen, dass Sie an Gott, den Propheten, den Heiligen Koran und die Wiederauferstehung glauben?«

»Ja.«

Ich würde alles unterzeichnen, nur um hier wieder rauszukommen. Meine Hände werden feucht. Obwohl wir reinen Gewissens sind, beschleicht mich ein Schuldgefühl. Plötzlich habe ich ein Déjà-vu-Erlebnis und sehe uns in Polen. Wird das hier ähnlich? Aber hier ist doch unsere Heimat. Wozu dient dieses Verhör? Vor allem, wem dient es? Unsere Pässe sind in Ordnung. Wir besitzen beide die iranische Staatsbürgerschaft. Ich habe meinen *Schenasname*, die persische Geburtsurkunde, die zugleich als Ausweis dient, bei mir. Darin ist alles Wesentliche aufgeführt. Hat der Mann nur Langeweile? Wieder wirft er mir einen eigentümlichen Blick zu.

»Hm … teilen Sie mir beide doch mal den Grund Ihrer Eheschließung mit«, fordert er uns auf. »Wo haben Sie sich kennengelernt und wieso haben Sie in der Türkei geheiratet?«

Saeid gibt ihm gelassen Auskunft. Wir haben nichts zu verbergen. Doch nach zwanzig Minuten werde ich nervös und überlege, wie wir reagieren sollen, falls sie uns trennen. Genau das ist der Punkt, an den Willkür-Regime die Menschen führen wollen. Sie sehen zu, wie man in die Irrationalität abgleitet und Fantasien entwickelt. Ich fühle mich beschämt und gedemütigt. Den Offizier stört das keineswegs. Genüsslich lehnt er sich zurück und faltet die Hände über der Brust. Plötzlich unterbricht er Saeid scharf: »Wieso haben Sie gerade diese Frau geheiratet? Gab es im Iran nicht genug Heiratskandidatinnen?«

Ein Hieb mit der Keule. Saeid presst die Lippen zusammen und ich kneife mir in den Arm, um nicht unbedacht zu reagieren. Selbst die Zeit verharrt reglos in diesem Augenblick. Da sagt Saeid in die Stille: »Weil ich sie liebe, und weil man manchmal weite Wege gehen muss, um der Liebe zu begegnen.«

Das erste Mal sehe ich den Mann sparsam lächeln. »So, so«, murmelt er und hebt die Brauen. »Nennen Sie uns bitte Ihre Aufenthaltsadresse in Teheran.«

Noch gibt es im Iran keine Meldepflicht. Während Saeid ihm unsere Adresse mitteilt, schießt mir ein Gedanke durch den Kopf: Halten sie uns vielleicht für Oppositionelle?

Ein Seitenblick. Saeid verzieht keine Miene. Und gerade als ich denke, das Verhör sei beendet, beugt sich der Offizier plötzlich zu mir vor: »Sagen Sie mal, was haben Sie vor drei Jahren im Iran gemacht? Wer hat Sie eingeladen und warum? Mich interessiert, wie Sie Ihren Mann hier kennengelernt haben.«

Hört das denn nie auf! Mein Herz schlägt Trommelwirbel. Wenn jetzt der Schwindel von damals rauskommt, ist auch mein Cousin Siavasch dran. Sind wir beim Geheimdienst gelandet? Aber warum? Ich bemühe mich, meiner Stimme Festigkeit zu verleihen. Eines kann ich: Geschichten erzählen. So beginne ich eine rührende Geschichte über Freundschaft und Sehnsucht. Erstaunlicherweise werde ich nicht unterbrochen. Am Ende fragt der Offizier, wie denn die Freundin hieß, bei der ich damals zu Besuch war. Saeid gibt Massys Namen an, ohne die Adresse zu nennen. Es überrascht und beruhigt mich, dass niemand danach fragt. Vielleicht hatten sie wirklich nur Langeweile.

Es gibt nichts mehr zu klären. Da uns »nichts nachzuweisen« ist, lässt man uns schließlich ziehen. Doch warum man uns verhörte, bleibt ungeklärt.

Ich sehe Saeid stumm an. Er drückt beruhigend meine Hand. »Das war nur ein typisches Balzgehabe«, sagt er ruhig, »sorge dich nicht, es wird keine Folgen haben.«

Bei der Gepäckkontrolle wird alles gefilzt. Die Kassette mit Nasrins politischen Gedichten bleibt zu unserem Glück unentdeckt. Ich habe mich bereit erklärt, sie in Teheran weiterzuleiten. Nasrin, eine Bekannte, hat früher im Iran als Journalistin gearbeitet und betätigt sich im Widerstand. Ich weiß, ich war naiv, als ich die Kassette entgegennahm, aber ich habe Nasrin vertraut und war mir der Gefahr nicht bewusst, in die mich ihr Besitz bringen könnte. Mich und alle, die bei mir sind. Erst in diesem Moment verstehe ich das Ausmaß. Wäre sie nach unserem Verhör entdeckt worden, hätte man uns beide als Verräter verhaftet und ins Evin[57] gebracht.

Zu Hause erwartet uns *Aghadjan*. Wo ist der einst kräftige Mann mit der klaren Stimme geblieben? Abgemagert und gebeugt steht er vor uns, ein Schatten seiner selbst. Seine Wangen sind eingefallen und seine Augen haben ihren Glanz verloren. Nicht nur seine Stimme zittert, auch seine rechte Hand. Es hieß, er hätte den Schlaganfall gut überwunden, doch einem nunmehr gebrechlichen Vater gegenüberzustehen, haben wir nicht erwartet. Nachdem Saeid seinen Vater umarmt hat, geht er erst einmal in unser Zimmer und weint.

Im Iran hat sich die Lage verschlimmert. Die Stimmen der Gemäßigten sind sehr leise geworden. Laut dagegen sind die Fanatiker, die voller Hass alle Andersdenkenden drangsalieren. Die *Hisbollahs* sind im Auftrieb und schwingen ihre Knute.

»Bary, lass uns die Kassette vernichten!« Saeid sieht mich eindringlich an. »Sie bringt uns alle in Gefahr. Ich habe erfahren, dass letzte Woche in unserem Stadtteil Wohnungen von den *Bassidschi*[58] durchsucht wurden.«

»Was für eine Kassette?«, fragt Sima.

»Ach, Nasrin hat mir eine Kassette mit selbst verfassten politischen Gedichten mitgegeben, die ich an Freunde weiterleiten soll.«

»Wo hast du sie?«

»In einem Kofferfach.«

»Gib sie mir, ich verstecke sie bis zur Übergabe.« Und an Saeid gewandt meint Sima: »Sei ohne Sorge. Besonders wir Frauen dürfen uns nicht zur Furcht verleiten lassen«

»Wie schlimm ist denn die Lage der Journalisten und Schriftsteller inzwischen im Iran?«, will ich wissen. »Und wie ist die Situation der Frauen in diesem Bereich?«

»Die Geheimpolizei macht gerade wieder Hatz auf sie. Selbst das kleinste Gedicht, das sich mit der jetzigen Situation befasst, kann für die

Schreibenden tödlich sein.«

»Also ist auch ihre Lage im Land der Rosen und Nachtigallen alles andere als rosig. Allein der Gedanke daran, macht mich verrückt. Ich könnte das nicht ertragen.«

»Ja, Bary, aber sie kämpfen tapfer dagegen an, indem sie immer wieder ihre Stimme erheben. Die Folgen sind allerdings hässlich. Erst vor ein paar Wochen wurde ein Anschlag auf zwanzig Schriftsteller verübt, die in einem Bus im Nordiran unterwegs waren. Zum Glück schlug er fehl.«

»Hört das nie auf? Da fällt mir ein: Gibt es was Neues von Simin Behbahani?«

»Ihre Bücher sind alle auf der schwarzen Liste. Doch es gibt immer Wege, eines davon zu ergattern. Sie sind nach wie vor heiß begehrt. Wir Frauen hier im Stadtteil unterhalten heimlich einen Lesezirkel, bei dem wir uns kritischer Literatur widmen, um nicht geistig zu verkümmern. Da darf ein Buch von Simin nicht fehlen.«

Simin Behbahani wird im Iran liebevoll die »Löwin des Iran« genannt und gehört zu den wohl bekanntesten und beliebtesten Schriftstellerinnen. »Nichts gehört allein den Männern«, war und ist ihr Slogan. So unterbrach sie unerschrocken und wirkungsvoll mit ihrer Dichtkunst die Männerdomäne.[59]

Viele starke Frauen gibt es zu dieser Zeit im Iran, die sich, ihrer Rechte beraubt, nun Nischen suchen, um nicht auch noch literarisch zu verhungern. Der Literaturzirkel der Professorin Azar Nafisi, Tochter des ehemaligen Bürgermeisters von Teheran, ist ein bekanntes Beispiel. Aufgrund ihrer Weigerung, den *Tschador* zu tragen, hat man sie inzwischen von der Universität Teheran gefeuert. Seitdem trifft sie sich heimlich mit ihrer Klasse und gemeinsam fliehen sie in eine Welt von Nabokov, Austen oder Fitzgerald, einer Literatur, die im Iran längst der Zensur zum Opfer fiel als Quelle der Gedanken- und Meinungsfreiheit.[60]

Immer mehr zementiert das iranische Recht die Ungleichheit zwischen Mann und Frau. Hätten wir zum jetzigen Zeitpunkt heiraten wollen, wäre die Chance auf Erfolg verschwindend klein. Politisch scheint alles aus den Fugen zu geraten. Wir hätten keinen schlechteren Zeitpunkt für unsere Reise wählen können. Im Basar heißt es, dass Rafsandjani voraussichtlich nächstes Jahr nicht wieder gewählt wird. Er ist einer der Gemäßigten unter den Geistlichen, ein Mann, der sowohl Mullah als auch ein reicher Kaufmann ist. In Rafsandjan, einer Provinz im Süden, von der sich sein Familienname ableitet, besitzt er riesige Pistazienplantagen. Sein Auge ist sehr auf die Entwicklung der Wirtschaft gerichtet. Seine Tochter Faizeh setzt sich indes für die Frauenrechte im Iran ein, erfahre ich von Sima, denn vor allem die Menschenrechtsverletzungen Frauen gegenüber nehmen im Iran nicht ab, sondern eher zu.

Auf der Straße herrscht eine gedrückte Atmosphäre. Besonders abends muss ich mich in Acht nehmen. Unbeschwert in unserem belebten Stadtteil Haft Hos zu bummeln, ist mir nicht möglich. In Minibussen, die am Straßenrand parken, lauert die Moralpolizei wieder auf Frauen, die unachtsam mit ihrer Kleidung umgehen, also zu viel Haar unter dem Tuch hervorzeigen oder zu stark geschminkt sind. Saeid hat jedes Mal Angst, wenn ich mit Sima unterwegs bin. Allein würde er mich nirgendwo hingehen lassen, und wenn ich ehrlich bin, hätte ich dort dazu auch kein Bedürfnis. Einmal verspäten Saeid und ich uns bei Sima. Sie ist völlig aufgelöst, weil sie angenommen hat, wir seien in die Hände der *Pasdaran* geraten.

Noch vor zwei Jahren trugen Frauen und Mädchen Mäntel und *Rusari* in allen möglichen Farben. Nun tragen neunzig Prozent wieder Schwarz und Dunkelblau wie zu Zeiten des Krieges. In einem Geschäft sehe ich einen schönen Mantel mit passendem Schal, ein sehr ausgefallenes Modell. Ich möchte ihn kaufen, aber Saeid meint, ich darf ihn tagsüber unmöglich tragen, er sei zu auffällig. Die *Pasdaran* könnten mich vielleicht unter einem fadenscheinigen Grund ergreifen. Selbst ein Mantel unterliegt noch der Kontrolle. So heißt es weiterhin, ein Rädchen im Getriebe zu bleiben und bloß nicht aufzufallen. Ich könnte diesen Druck auf Dauer nicht ertragen.

Das Straßenpflaster in Teheran ist uneben, die Schuhe verschleißen schnell. Alles ist staubig, schmutzig, verfallen wie das System, das auf die Menschen wie ein Presslufthammer einschlägt. Der Verkehr scheint noch chaotischer geworden zu sein. An der Heckscheibe eines Taxis entdecke ich folgenden Spruch: »Beten bringt ein ruhiges Herz!« Ja, wie einfach das klingt. Hier beten viele um ihr Leben und darum, die vielen Rechnungen bezahlen zu können.

Mitte Oktober beträgt die Lufttemperatur in Teheran angenehme 30 Grad. Doch, wie so oft, hängt eine gewaltige Dunstglocke über der Stadt, sodass ich das Elburs-Gebirge nicht mehr erkennen kann. Und wieder quält mich die ständig steigende Luftverschmutzung, denn immer mehr Fahrzeuge verstopfen die Straßen. Meine Augen tränen, die Nase ist verstopft und ab und zu muss ich die Lunge freihusten. Einige Menschen tragen nun sogar einen Mundschutz. Ab und zu demonstrieren Schulkinder zwar für eine saubere Umwelt, doch werden weitere Straßen gebaut, weil die alten nicht ausreichen. Neuwagen werden ohne Katalysator importiert, weil es leider kein bleifreies Benzin gibt. Im Lande des Erdöls! Mich ärgert, dass Fahrzeuge nach wie vor mit laufenden Motoren am Straßenrand abgestellt werden, besonders bei Bussen ist das eine Zumutung.

Zur Entlastung des Verkehrs soll die Metro dienen. Seit über zwanzig Jahren ist der Bau geplant, doch verzögert er sich immer wieder, weil die Finanzmittel fehlen.[61] Saeids Bruder Navid ist Tiefbauingenieur und leitet die Bauarbeiten. Er erzählt mir, dass fast alle Bauarbeiter Chinesen sind. Das finde ich erstaunlich, gibt es doch im Iran genug arbeitslose Menschen. Vielleicht ist ihr Lohn noch geringer als der von iranischen Arbeitern?

Ich erkundige mich danach, wie es der Familie im Iran geht. Navid und seine Frau Saeideh sehen ihre Zukunft in den schwärzesten Farben. Vor Kurzem weilte Saeideh mit beiden Kindern zu Besuch bei ihrem Bruder, der an der Universität in Washington lehrt. »Es ist furchtbar«, ereifert sie sich, »aus einer unbefriedigenden und hoffnungslosen Situation, wie hier im Iran, zu kommen und in einem anderen Land eine positivere Sicht zu erhalten, um dann in die negative zurückkehren zu müssen. Gerade dann wird mit aller Macht klar, was man selbst entbehrt.« Petram, ihr 14-jähriger Sohn, leidet extrem unter diesem Kulturschock. Seit dieser Reise ist er aufmüpfig und unzufrieden. Kein Wunder. Saeid und ich sind nachdenklich. »Es wäre zu schön, wenn sich dieser erzwungene Kinderboom eines Tages gegen die Verursacher richten würde«, werfe ich hoffnungsvoll ein. Navid lächelt müde: »Bleibt nur die Hoffnung.« In letzter Zeit frage ich mich wiederholt: Könnten wir hier je leben?

Mein Schwager Kazem ist ein fröhlicher und positiver Mensch. »Stell dir vor«, sagt er zu mir, »ich habe vor einiger Zeit dem Bauamt einen Beschwerdebrief geschrieben und mich darin über den Zustand eines Nachbarhauses beklagt, das immer mehr verfällt und für das die Stadt verantwortlich ist. Gut, ich habe in meinem Schreiben wohl ein bisschen dick aufgetragen. Aber ich konnte nicht anders. Also habe ich den Staat als korrupt und tyrannisch beschimpft.« Mir fehlt die Kinnlade herunter. »Das ist nicht dein Ernst!«

»Doch«, grinst er, »aber ich habe den Brief nicht unterschrieben.«

Ich blicke Sima fragend an. »Ja, das ist Kazi«, lächelt sie. »Daraufhin wurde tatsächlich nach ihm gefahndet. Sogar in der Tageszeitung erschien ein Artikel darüber.« Zum Glück blieb die Suche erfolglos.

Azar, Saeids ältester Bruder, hat kein einfaches Leben. »Mit meinem Gehalt als Lehrer kann ich meine vierköpfige Familie nicht ernähren«, antwortet er, als ich ihn nach seiner Lage befrage. »Ich habe eine zweite Arbeit als Sport-Trainer angenommen.«

»Aber wie ist das möglich? Du hast doch studiert!«

»Als wenn es darauf ankäme«, winkt er ab. »Schau Bary, die Inflationsrate schnellt weiter in die Höhe und die Miete verschlingt schon ein Monatsgehalt. Würde manche Frau nicht mitarbeiten, könnte die Familie kaum überleben.« Seine Frau ist nicht berufstätig. Eine Frage verkneife ich mir. »Ich war letztens im Basar und habe festgestellt, dass ausländische Artikel mittlerweile so teuer sind wie in Deutschland.«

»Stimmt, wobei zu berücksichtigen ist, dass ein Durchschnittseinkommen hier bei 150 Dollar liegt.«

Wie ihm geht es dem Durchschnittsbürger im Iran. Selbst Brot wird immer teurer. Zum Glück geht es unserer Familie gut. *Aghadjan* und Maman gehen stets achtsam mit den Brotresten um. Jeder kleine Brocken wird gesammelt. Das alte Brot legen sie in einen gesonderten Behälter.

»Was macht ihr mit dem alten Brot?«, frage ich neugierig.

»Das ist für die Rinder.«

»Für die Rinder?« Ich bin verblüfft.

»Ab und zu kommt ein Mann mit seinem Karren vorbei, der es abholt.« Und tatsächlich höre ich am nächsten Tag von der Straße einen Ausrufer, der das alte Brot einsammelt.

Aghadjan leidet. Als Genussmensch schätzt er gutes Essen. Doch seit seine Cholesterinwerte in die Höhe geschnellt sind, darf er sein geliebtes Lammfleisch nur noch in Maßen genießen und muss sich mit weißem Fleisch begnügen. So steht gekochtes Huhn oft auf dem Speiseplan, bei dessen Anblick er wie ein Rohrspatz schimpft. Heimlich fährt er dienstags zu seinem Freund aufs Land. In dessen Obstgarten grillt eine fröhliche Männerrunde und so erhält er doch noch sein leckeres Kebab. Wir wissen es alle, doch wir geben uns ahnungslos und gönnen ihm sein kleines Geheimnis. Einmal bereitet Sima auf meinen Wunsch Nudeln mit Hack zu. Da nimmt er mich beiseite: »Bary, entschuldige bitte, dass wir heute kein Mittagessen haben!« Eine Mahlzeit ohne Reis ist für ihn kein Essen.

Maman ist aufgewühlt. »Also Kinder, ich fahre nun«, sagt sie mit Tränen in den Augen und begibt sich auf den Weg zu Aziz, ihrer alten Mutter, ins 300 Kilometer entfernte Arak. Dort wurde sie als einzige Tochter von Aziz geboren, die schon 19-jährig Witwe wurde. Aziz wollte Arak nie verlassen. Hier kennt sie jeden Stein und lebt vergnügt mit ihrer dicken schwarzen Katze in ihrem kleinen Häuschen. Doch nun soll ihr am rechten Auge eine Linse implantiert werden, um ihre Sehkraft wieder herzustellen. Damit sie sich nicht aufregt, haben wir ihr verschwiegen, dass wir im Iran sind. Maman ist untröstlich. Nun muss sie allein eine Woche zu Aziz fahren.

Inzwischen ist sie fast eine Woche fort und es wird wohl noch eine weitere dauern, bis Aziz alles überstanden hat und sie zu uns zurückkehren kann. Am Telefon weint sie und beklagt ihr Schicksal: »Nun seid ihr endlich hier und ich kann nicht bei euch sein! Was habe ich getan, dass *Choda* mich so straft!«

Mir mangelt es hier sehr an kultureller Abwechslung. Dabei ist das iranische Volk sehr musisch. Theater und Opern sind seit der Revolution geschlossen und an Musikshows ist gar nicht zu denken. In den Kinos werden zensierte und teils bedrückende Unterhaltungs- oder gar Kriegsfilme gezeigt. Das Fernsehprogramm ist noch trister und natürlich wird immer wieder versucht, die Menschen zu instrumentalisieren, indem gebetsmühlenartig an den längst vergangenen Krieg erinnert wird. Davon abgesehen, dass es die Menschen depressiv macht, erweckt es den Anschein, als wenn schon der nächste Krieg ansteht.

Was mich bedrückt, ist der Rechtsruck, den das Regime unter die Leute bringt. Der Vater des verjagten Schahs war unbestritten ein großer Anhänger Hitlers. Das hat ihn letztendlich auch die Macht gekostet und war zudem einer der Gründe, warum er in die Verbannung geschickt wurde. Doch nun werden Stimmen unter den militanten Glaubenseiferern laut, die Hitler dafür loben, dass er so viele Juden umgebracht hat. Die Hassprediger haben eine regelrechte Hetzkampagne gegen Israel entfacht. Das hat es vorher im Iran nie gegeben! Die Menschen lebten einigermaßen friedlich miteinander. Viele stehen diesem neuen Horrorbild neutral gegenüber. Furcht ist es nicht. Das iranische Volk ist nicht ängstlich. Die Bevölkerung wartet einfach ab. Hinzu kommt, dass die Existenznöte vorrangig vor plakativen Aussagen sind. So werden die fünf staatlichen Fernsehprogramme von Fundamentalisten dominiert, die alles Westliche streng zensieren und ihre eigene Meinung propagieren. Folglich erreichen seriöse Informationen die Menschen spärlich. Als Ausweg nutzen viele Menschen heimlich die nicht erlaubten Satellitenschüsseln, um eine andere Sicht und vor allem fröhlichere Programme zu bekommen. Ich hoffe auf die neuen Technologien wie Internet. Aber davon ist Iran momentan noch Lichtjahre entfernt. Ich glaube fest daran, dass mehr Informationen auch im Volk etwas bewirken können.

Kinder sind das schwächste Glied in diesem System. Für sie wird wenig getan. Es hängt von den Eltern ab, wie gut sie sich ihren Kindern widmen können. Wenn ich Minou anschaue, fällt mir auf, wie einfach und behütet sie aufwächst. Das Fernsehprogramm für Kinder ist trist. Minou sammelt fleißig Disneyfilme. Allerdings ist das Angebot spärlich und von schlechter Qualität. Oft sind es Raubkopien, die zu Unsummen gehandelt werden. Minou möchte herumtollen, in Bewegung sein. Auf der Straße spielen kann sie nicht, aufgrund des Verkehrs und weil Mädchen einfach nicht draußen spielen dürfen. So bleibt ihr der *Hayat*, der Innenhof des Hauses. Minou ist nun zehn Jahre alt und muss jetzt öfter ein Kopftuch tragen. Für den Schulweg und in der Schule sowieso.

Seit dem 1. Schuljahr trägt sie eine Kluft, die aus Mantel, *Rusari* und langer Hose besteht, Pflicht für alle Mädchen. Während des Unterrichts dürfen die Mädchen ihre Kluft nicht ablegen, obwohl es reine Mädchenklassen sind und egal, wie heiß es ist. Die Klassen sind nicht klimatisiert. Sogar beim Sport muss Minou verhüllt bleiben, ein kleines Mädchen! So wird ihr selbst die Freude an der Bewegung vergällt. Es sind doch Kinder! Aber das haben die Greise an der Macht vergessen. Sie durften wohl selbst nie welche sein.

In Teheran grassiert ein Virus. Die ganze Familie hat er ergriffen. Erst trifft es Minou, dann Sima und schließlich Saeid und mich. Es beginnt mit Halsschmerzen und Atemnot, mein Kopf schmerzt zum Bersten. In den Ohren höre ich ein Rauschen, ich kann kaum die Augen öffnen und spüre jeden Knochen, als wenn ich innerlich vertrockne. Am nächsten Tag bin ich so schwach, dass ich nicht aufstehen kann. So krieche ich wie ein Tier auf allen Vieren durch die Wohnung. Einen Arztbesuch verweigere ich standhaft. Wegen jedem Pups verordnen die Ärzte hier gleich starke Antibiotika. Ich nehme eine Paracetamol, um die Schmerzen ein wenig einzudämmen. Doch meine Gesundung verdanke ich Maman, die mir *Khakshir*,[62] ein altes Hausmittel, braut. Stündlich geht es mir besser und vier Tage später bin ich reisefit für Maschad.

Noch einmal in Maschad

Schwer wie ein Damoklesschwert hängt das amerikanische Embargo weiter über dem Land. Auch für den Flugverkehr hat es Auswirkungen. Permanent wird der Kauf von neuen Flugzeugen unterbunden wie auch die Besorgung von Ersatzteilen, weil die USA prozentual überall beteiligt sind. So bleiben Abstürze nicht aus. In den klapprigen Secondhand-Regionalfliegern aus Russland sind die Fluggäste besonders gefährdet. Wir sitzen bereits im Flugzeug, als wir aufgefordert werden, die

Maschine wieder zu verlassen. Es heißt, sie sei fluguntauglich und soll repariert werden. Stunden später starten wir mit dem gleichen Flieger nach Maschad. Also schweben wir auch bei meinem zweiten Besuch im Osten Irans nicht nur über den Wolken, sondern auch in Ungewissheit, ob wir gut landen. Das Pochen und Knarren im Rumpf wirkt beängstigend. Über dem Elbursgebirge gerät die Maschine in ein paar Luftlöcher. Sie schwankt und schaukelt, als würde sie jeden Moment nach unten stürzen. Krampfhaft halten wir uns an den Händen und atmen erleichtert auf, als wir heil in Maschad ankommen.

Zu Kriegszeiten war die Fahrt in die Nähe der Grenze ein zu gefährliches Unternehmen. Doch dieses Mal können wir es wagen und das Grabmal des Dichters Chayyām in Nischapur besuchen. Durch meinen Vater, der ein stiller Bewunderer seiner Verse war, habe ich bereits als Kind meine Liebe zu Chayyām entdeckt.

Noch immer führt die alte Seidenstraße von Maschad nach Nischapur. Die Entfernung von 100 Kilometern ist kein Problem, wohl aber unser Taxi. Erst mitten in der Einöde erkennen wir, worauf wir uns eingelassen haben. Und ich habe wieder ein Déjà-vu-Erlebnis. Unwillkürlich muss ich an unsere Taxifahrt von Maschad nach Tus zum Grabmal des Dichters Ferdowsi denken. Doch es wird sogar noch schlimmer. Die Straße ist holperig und weist viele Schlaglöcher auf, doch unser Wagen hat keine Stoßdämpfer. Jeder unserer Knochen meldet sich einzeln zu Wort. Das ist aber nur der Anfang. Mir ist, als entblättere sich der Wagen nach und nach wie eine Haremsdame, um uns dann grinsend zu demonstrieren, dass er eigentlich ein Eunuch ist. Als die Landschaft gebirgiger wird, stellen wir entsetzt fest, dass die Handbremse defekt ist, und zwar in dem Moment, als sich der Kühler meldet. Er raucht. Die Fahrt muss mehrmals unterbrochen werden, um seinen unerschöpflichen Durst zu stillen. Saeids Aufgabe ist es, sobald unser Fahrer aussteigt, mit dem linken Fuß kräftig auf die Bremse zu treten, damit der Wagen nicht wegrollt. Sogleich begibt sich der Fahrer auf die Suche nach einem Stein, den er hinter den Reifen legt. Dann erst ist Saeid erlöst. Anfangs sind wir belustigt. Später nicht mehr. Ein Blick auf den Tacho sagt mir, dass er nicht funktioniert. So schleichen wir den alten Karawanenweg voran.

Um dem Ganzen noch das Sahnehäubchen aufzusetzen, geraten wir plötzlich in eine Polizeikontrolle. Ein Offizier winkt uns mit der Kelle an die Seite. Er plustert sich gewaltig auf und stolziert finsteren Blickes auf unser Taxi zu. Oha. Mir schwant nichts Gutes. Doch das klapprige Vehikel bemängelt er nicht. Sein ungeteiltes Interesse gilt uns, den Insassen. Er beugt sich durch das geöffnete Fenster, befiehlt herrisch: »Zeigen Sie Ihre Ausweise!«, und hat nicht vor, höflich zu sein. Viel zu lange gleitet sein abschätzender Blick über mich. Siedendheiß schießt es mir durch den Kopf: Unsere Ausweise! Wir tragen sie nicht bei uns.

Saeid steigt aus. »Unsere Shenasname haben wir im Hotel bei der Rezeption hinterlassen.«

»Warum das?«, bellt der Offizier. »Wenn Sie unterwegs sind, müssen Sie immer Ihren Ausweis bei sich tragen.«

»Nun, das ist doch üblich in Hotels«, weist Saeid ihn zurecht. Der Offizier mustert ihn aus zusammengekniffenen Augen: »Sind Sie überhaupt verheiratet?«

»Ja, natürlich. Was soll die Frage?«

»Das kann ich Ihnen sagen. Hier behaupten viele, verheiratet zu sein, die es gar nichts sind«, bläst er sich auf. »Das Komitee hat schon verschiedentlich Leute festgesetzt, die die Unwahrheit sagten.«

»Was soll das? Wollen Sie mir drohen?«

Könnte er, wenn wir nicht verheiratet wären. Denn als Unverheiratete würden jedem von uns etwa 74 Peitschenhiebe drohen. Saeid knirscht mit den Zähnen und ich kann seinen Zorn fast körperlich spüren. In mir ist alles in Alarmbereitschaft. Mühsam demonstriere ich Gelassenheit und lehne mich zurück, während mein Puls mich Lügen straft. Immerhin hat der Kerl die Macht. Und das weiß er. Rings um uns ist nur Steppe, weit und breit kein Mensch, keine Ortschaft. Wir sind ihm völlig ausgeliefert.

Draußen fliegen die Worte weiter hin und her. Das Gespräch dreht sich im Kreise und wirkt fruchtlos wie der trockene Busch, den der Wind gerade über die Steppe fegt. Plötzlich verlangt der Offizier: »Ich will die Frau verhören!« Mir sitzt ein Kloß im Hals. Da ist es wieder, das Gefühl, schuldig zu sein, obwohl ich doch gar nichts verbrochen habe.

Saeids Stimme klingt bestimmt: »Das verbiete ich mir energisch. Sie haben mit meiner Frau nichts zu schaffen.«

Ich merke, wie sich meine Nägel in die Handflächen graben. Das hat mir gerade noch gefehlt. Da kommt uns der Fahrer zur Hilfe. Die ganze Zeit hat er voll Ungeduld mit den Händen auf dem Lenkrad herumgetrommelt. Mit einem Satz springt er aus dem Wagen und mischt sich gestenreich in das Gespräch ein. »Nun ist aber mal genug. Wann geht es endlich weiter? Wir wollen heute nach Nischapur und wieder zurück. Das sind noch ein paar Kilometer!«

Der Offizier mustert ihn sichtbar verärgert, weil er sich eingemischt hat. »Haben Sie Ihre Insassen gefragt, ob sie verheiratet sind?«

»Das ist nicht nötig. Ich habe sie vom Hotel abgeholt und musste in der Halle auf sie warten« Das stimmt zwar nicht ganz, aber ich atme auf. Nachdem sich das Gespräch ein letztes Mal im Kreise gedreht hat, lässt er uns endlich weiterfahren.

Im Auto schimpft der Fahrer ausgiebig über das Regime. »Das kann ja wohl nicht wahr sein. Jede Filzlaus denkt hier, sie hat das Sagen.«

Saeid wirft mir einen Seitenblick zu und sagt auf Deutsch: »Du bist schön. Das reizt hier so manchen Mann.« Unter anderen Umständen hätte ich mich über dieses Kompliment gefreut, aber so ziehe ich mir den Schleier einfach tiefer ins Gesicht.

So weit ich schaue, zieht sich unendlich die Steppe. Vereinzelt zeigt sich ein Busch, doch die Sonne brennt mitleidlos auf den ausgedörrten Boden. Hie und da wagt sich ein zartes Pflänzchen hervor, über das der nimmermüde Steppenwind seinen heißen Atem haucht. Inmitten dieser Einöde steht wie eine Oase, umgeben von schattigen Bäumen, Chayyāms Grabmal. Chayyām lautet übersetzt Zeltmacher, und wie ein Zelt, so leicht und luftig, wirkt sein Grabmal aus weißem Marmor. Am äußeren blauen Kachelgrund des Monuments stehen in schönster persischer Kalligrafie einige seiner Verse geschrieben. Ich setze mich auf einen Stein, um ihren Sinn zu verinnerlichen, und gerate ins Träumen. Während mir der Steppenwind warm über das Gesicht streicht, entstehen vor meinen Augen märchenhafte Bilder: Tonscherben, die zum Leben erwachen und in denen sich die Gesichter längst Verstorbener zeigen. Ein

Dschinn, der Schabernack mit einem *Derwisch*[63] treibt, Liebende, die beim Klang der *Ney* ihre Weinkelche ins Mondlicht halten und sich ewige Treue schwören.

Gestern zerschlug ich meinen Krug mit Wein
in meiner Trunkenheit an einem Stein.
Da sprach des Kruges Scherbe: »Wie du bist,
war ich, und wie ich bin, wirst du einst sein.«

Zu seiner Zeit, er lebte von circa 1048 bis 1123, war der Dichter auch als Gelehrter hoch angesehen. Die Freiheit des Denkens und des Forschens war für Chayyām von großer Bedeutung. Das verstand er wunderbar mit seiner Dichtung, seinen *Robaiyats,* zu verbinden.[64] Der Weintrunk tritt darin immer hervor und galt deshalb in erster Linie als Sinnbild für freies Denken.

Auch die Rückfahrt in unserem Eunuchen, wie ich das Taxi mittlerweile nenne, wird zur Tortur. Fast alle fünf Minuten müssen wir anhalten, weil der überhitzte Motor in Gefahr gerät zu bersten. An einer Tankstelle füllen wir alle Behälter mit Wasser, um den Durst des nimmersatten Kühlers zu stillen. Wir sind gerade ein paar hundert Meter gefahren, da eilt eine Sandhose auf uns zu. Im Nu ist die Welt um uns herum gelbbraun. Obwohl Fenster und Türen geschlossen sind, kriecht der feine Sand singend durch alle nicht sichtbaren Ritzen, setzt sich fest auf Kleidung und Haut. Mir reicht's, und ich mache meiner schlechten Laune Luft.

Kurz vor Maschad schneidet uns ein Wagen mit rasantem Tempo, in dem zwei Uniformierte sitzen. Unser Fahrer beginnt ein waghalsiges Manöver, überholt nun seinerseits und beschimpft den Fahrer lautstark, als sich die Wagen in gleicher Höhe befinden. Die anderen brüllen zurück. Ich sehe, wie der Offizier zum Handy greift. Doch Saeid meint lakonisch, das sei alles nur Show. Diesmal irrt er. Uns überholt ein weiterer Wagen und mit einer Kelle wird unser Fahrer aufgefordert anzuhalten. Wagen und Kleidung der Insassen weisen sie als Beamte des Komitees aus. Wieder geht die Fragerei der Moralpolizei los. Erst wird der Fahrer lautstark beschimpft, der allerdings zurückbrüllt, wofür ich ihm meine höchste Anerkennung zolle. Dann beschäftigt man sich mit unserer Wenigkeit. Die berühmte Frage erfolgt dann prompt: »Sind Sie verheiratet?«

Diesmal kochen nicht nur wir vor Empörung, sondern auch unser Fahrer und der Motor. Zornig schimpfen wir alle durcheinander, bis uns die Tugendwächter genervt entlassen. Die Kontrollen sind zeitraubend und würdelos. Nicht auszudenken, wenn wir unverheiratet gewesen wären. Vielleicht wären wir sogar ins Gefängnis gekommen. Oder hätten wir uns freikaufen müssen? Maschad zählt zu den heiligen Städten, und ich gehe davon aus, dass deswegen die Menschen verstärkt kontrolliert werden. Mir ist das unheimlich. Und ich beschließe, das war hier vorerst mein letzter Besuch.

Abends auf dem Weg zum Haram will Saeid eine Flasche Cola kaufen. Allerdings muss er lange darauf warten, denn der Ladenbesitzer packt erst einmal ganz gemütlich einen Karton Zigaretten aus. Zeit hat hier jeder, unendlich viel Zeit. Währenddessen stehe ich draußen vor dem Laden. Sein Sohn, ein vielleicht 10-jähriger Knirps, verkauft vor dem Laden geschäftstüchtig Süßwaren. Eine kinderreiche Familie kauft ein paar Kleinigkeiten. Die Mutter sieht ein Stück Kuchen unter dem Cellophan und will es für ihre Kinder erwerben. Aber das Geld reicht nicht. Sie drückt dem Jungen einen Schein in die Hand. Doch der lässt sich nicht beirren, gibt der Frau das Geld zurück und scheucht sie fort. Dann blickt er mich an und lächelt. Ich lächele zurück, obwohl ich traurig bin. Nebenan vor dem Juwelierladen steht ein kleiner Junge und blickt mit leuchtenden Augen auf die glitzernden Auslagen. Die Mutter will weiter, doch er bettelt darum, noch ein bisschen schauen zu dürfen. Da packt sie ihn grob am Ohr und zerrt ihn mit Gewalt fort.

Ich gebe Bettlern immer gern etwas. Doch diesmal fällt mir ein etwa 12-jähriger Junge mit groben Gesichtszügen unangenehm auf. Es ist die Art, wie er die Leute anstarrt, die an ihm vorübergehen, während er ihnen fordernd die Hand hinhält. Obwohl er noch ein Kind ist, erfasst mich Abneigung, für die ich mich sogleich schäme. Da packt er mich am Ärmel meines Mantels und verlangt herrisch Geld, nennt sogar eine Summe. Erschrocken wehre ich ihn ab, bin nicht bereit, ihm das geforderte Geld zu geben. Nun fängt er an, mich zu bedrohen, wird immer zudringlicher, bis Saeid, der gerade aus einem Geschäft tritt, ihn endlich verscheucht.

Iran gerät wirtschaftlich mehr und mehr ins Trudeln. Viele Menschen müssen allein um die nackte Existenz kämpfen und der Umgang miteinander wird dadurch rabiater. Auch das Verhalten den Tieren gegenüber ist rüder geworden. Mir fällt auf, wie furchtsam sie sich vor den Menschen gebärden. Nicht selten werden sie mit Steinen beworfen, seien es die streunenden Katzen auf der Straße oder die Spatzen in den Bäumen. Selbst dem Esel, der unter seiner Last schier zusammenzubrechen droht, wird noch der Stock gegeben. Wird der angekettete Adler, den ich vor drei Jahren in einem Teheraner Park sah, hier zum Symbol unserer Gesellschaft? Der Gedanke schmerzt mich.

Unter dem dunklen Samt des Nachthimmels leuchtet das Haram. Wie damals spüre ich seine wohltuende Kraft. Geht es allen so wie mir? Wohin ich blicke, sehe ich ein Strahlen in den Gesichtern, das tief von innen kommt. Wie ehedem ist alles unverändert. Hier scheint selbst die Zeit auszuruhen. Wir sitzen wieder am weißen Marmorbrunnen und halten uns lächelnd an den Händen. Ein paar Ghaschghai, Nomaden aus dem Südiran, lassen sich neben uns nieder. Fröhlich plaudernd hocken sie beieinander, unbeirrt in bunte Kleidung gehüllt. Die stolzen und oft sehr schönen Frauen dieses Volkes tragen trotz Verschleierungsgebot ihr Haar nur dürftig bedeckt. Die Ghaschghai sind für ihren Mut und ihre Freiheitsliebe bekannt. Kein Unterdrücker hat es je geschafft, sie sesshaft zu machen. Ihre Stammesanführer wurden getötet, als sie sich während der Revolution erhoben, ihr Stammesbund zerschlagen. Dennoch leben sie weiter frei wie die Vögel. Ich denke, sie würden eher sterben, als sich selbst aufzugeben.[65] In unserer Nähe erhebt sich, an den Händen haltend, eine Gruppe *Asaris*[66] und beginnt, im Kreis zu schreiten und in einem Singsang den Gütigen zu preisen. Aus der Anrufung Allahs wird eine sanfte Melodie und das Schreiten wird übergangslos zum Tanz. Ihre Bewegungen sind voll Anmut und Schönheit und in ihren Augen liegt ein überirdischer Glanz. Immer mehr Menschen schließen sich an und bald tanzt der halbe Platz.

Am nächsten Tag heißt es schon wieder *Choda hafez.* Was wäre jedoch ein Besuch in Maschad, ohne eine kleine Menge von dem kostbaren Safran zu erstehen, von dem es heißt, er sei der Beste der Welt? Also auf zum Basar. Aus dem persischen Wort za'farān, was so viel heißt wie »sei gelb«, ist das Wort Safran entstanden. Am Fuße des Zagros wächst der echte Krokus, dessen kostbare Stempelfäden das feinste Aroma hergeben. Dieses Gewürz ist ein Muss in der persischen Küche. Es gibt allerdings auch den unechten Safran, der von der Röhrenblüte der Färberdistel gewonnen wird. Doch ihm fehlt das feine Aroma. Ein Laie kann jedoch leicht darauf reinfallen. Echter Safran wird und bleibt gelb, beim Test mit hinzugefügtem Natron. Ein uralter Trick im Orient. Leider ist der echte Safran in Europa sehr teuer. Darum kaufen wir ihn nur im Iran oder lassen ihn uns schicken.

Über der Abfertigungshalle des Maschader Flughafens steht in Riesenlettern »Internationaler Flughafen«. Doch kein einziger Flieger ist auf dem Rollfeld. Unsere Maschine, eine russische Tupolev, wird aus Teheran erwartet und soll laut Plan um 19.15 Uhr starten. Aber schon beim Einchecken erfahren wir, dass sie eineinhalb Stunden Verspätung hat. Um 21.00 Uhr ist der Flieger immer noch nicht da. Verärgert suche ich den Schalter auf, über dem in dicken Lettern »Information« steht. Aber Auskunft erhalte ich keine. Hinter einer dicken Glasscheibe sitzen drei Männer, die eher an die drei berühmten Affen erinnern: der eine antwortet nicht, der andere hört nicht zu und der dritte sieht mich nicht einmal an. Egal, was ich frage, die Informationstroika ignoriert mich einfach, mich und alle anderen, die hinter mir stehen. Auf dem Flugfeld herrscht Totenstille. Keine Maschine. So viel zum internationalen Flughafen.

Wir kommen ins Gespräch mit einem Mitreisenden. Er vermutet, das Flugwetter sei zu schlecht für einen Heimflug. Woher er diese Information hat, weiß ich nicht. Draußen nieselt es ein bisschen – was in diesen Breiten selten vorkommt –, aber es ist nicht einmal windig oder nebelig. Ein Mann, der Endlosgespräche am Handy tätigt, mischt sich ein. »Unsere Maschine ist erst um 20.30 Uhr von Teheran gestartet!«, tönt er, während jemand im Hintergrund dazwischen ruft: »Ach was, die Maschine ist defekt und muss erst mal repariert werden.« Tolle Aussichten! Mittlerweile plärren überall Kinder. Ringsum erschöpfte Gesichter. Saeid und ich streiten miteinander, weil wir mit den drei Informationsaffen nicht klarkommen. Die Stimmung heizt sich auf. Was mich als Euro-Iranerin am meisten irritiert: Niemand bemängelt, dass man uns im Unklaren lässt. Die Macht der Gewohnheit, immer im Unklaren zu leben.

Um 22.30 Uhr kommt ein Aufruf zum Gate. Wieder bildet sich eine Schlange. Nichts geschieht. Die Beamten blicken desinteressiert über die Menge hinweg, die immer mehr anwächst, und versperren uns weiter den Weg. Wie Schlachtvieh stehen wir hier, schießt es mir durch den Kopf. Endlich lässt sich einer der Beamten zu einer Auskunft herab: »Es gibt für die Passagiere eine Abendmahlzeit. Betrachten Sie sich als Gäste des Flughafens. Bitte, finden Sie sich im Restaurant ein.« Ich habe keinen Hunger, bin nur müde. Saeid meint: »Das wird eine einzige Völlerei. Aus Frust werden sich die Leute die Mägen so vollschlagen, dass sie hinterher nicht mehr laufen können.« Wie wahr, wie wahr.

Endlich rücken wir zur Kontrolle vor und kurz nach Mitternacht startet unser Flieger. Turbulenzen im Luftraum klingt geschmeichelt für das, was uns über den Wolken erwartet. Unsere Maschine schaukelt wie ein Karussell. Mitunter sackt sie in ein Loch und gibt, wie auf dem Herflug, seltsame Geräusche von sich, untermalt vom Gewürge einiger Fluggäste. Nichts für schwache Mägen. Saeid und ich halten uns verkrampft an den feuchten Händen, während die Angst ihre kalte Hand dazwischenschiebt. Mit dem Flugzeug stimmt etwas nicht. Sicher wurde es wieder nur notdürftig geflickt. Trotz der Beklommenheit glimmt in mir die Wut. »Verdammtes Embargo!«, zürne ich laut und ernte zustimmendes Gemurmel. Ist nicht letztens erst eine Maschine in den Bergen nahe Isfahan zerschellt? Als wir in Teheran landen, fällt mir ein Fels von der Seele und am liebsten würde ich den Boden küssen.

Gegen Morgen fallen wir erschöpft in unsere Betten. Kaum sind wir eingeschlafen, da werden wir durch ein entsetzliches Getöse aus dem Schlaf gerissen. Auf den sonst so ruhigen Straßen herrscht ein grauenhaftes Spektakel, als stünde der Weltuntergang bevor. Aus Lautsprechern kreischen verzerrte Stimmen Koransprüche, die eher wie Drohungen klingen und unser Trommelfell zum Bersten bringen. Ein Zustand, als habe die Hölle ihre Tore geöffnet. Ich habe mich in eine Ecke des Zimmers gehockt, den Kopf auf den Knien, die Hände auf die Ohren gepresst und heule hilflos wie ein Schlosshund. In diesem Augenblick spüre ich nur Hass in mir.

Was ist der Anlass für den Krawall? Ein paar verweste Leichen von im Krieg gefallenen Märtyrern sollen – warum auch immer – umgebettet werden. Die mit der Nationalfahne bedeckten Särge werden unter lautem Wehgeschrei der Begleitpersonen und – weil das noch nicht genug stört – verstärkt durch kreischende Lautsprecher durch die Stadt getragen. Welcher Sinn aus dieser schlechten Inszenierung gezogen werden soll? Die Glaubenseiferer tyrannisieren uns, damit wir ja nie vergessen, wer hier das Sagen hat. Der Glaube aber verblasst.

»Liebst du die Rose, nimmst du die Dornen in Kauf«

Ach, *Aghadjan.* Diese Szene hat sich wie mit heißer Nadel in meine Erinnerung gebrannt. »Kommt, meine lieben Kinder, ich habe eine Überraschung für euch!« Ein wenig gebückt schlurft er vor uns her und winkt uns in den Salon. »Schaut, was ich euch aus dem Basar mitgebracht habe!« Er hockt sich nieder und nestelt an einem großen Paket. Ein kostbarer Seidenteppich öffnet sich wie der Kelch einer Blume. »Einen Tābrizi!«, rufen wir wie aus einem Mund und knien nieder, um das zarte Muster zu bewundern. Es ist so fein geknüpft, als habe ein Maler ein wunderschönes Bild entworfen.

»Wie hast du ihn transportiert?«, fragt Saeid ahnungsvoll.

»Natürlich auf meinem Rücken«, sagt er ruhig. »Noch gehöre ich nicht aufs Altenteil.«

Seit seinem Schlaganfall kann er nicht mehr gerade gehen. Wenn ich mir vorstelle, dass er diesen Teppich ganz allein vom Basar nach Hause geschleppt hat, nur um uns eine Freude zu machen, brennt mein Herz. Stumm drücke ich seine Hand an meine Stirn.

An einem lauwarmen Morgen, es ist der 3. November, machen wir uns reisefertig. Die Koffer sind gepackt. Es fällt uns schwer, die Familie zu verlassen. Zum Abschied hält mir *Aghadjan* segnend den Koran über den Kopf. Als ich ihn auf die Wange küsse, sind seine Augen feucht. Eine Träne rinnt ihm über die faltige Wange. »*Choda negah dar* – Gott schütze dich!« Maman schluchzt und streicht mir noch einmal die Wange. »Pass gut auf dich und auf Saeid auf!« Mir ist weh ums Herz. *Aghadjan* und Maman. Ich liebe sie wie leibliche Eltern.

Unser Gepäck haben wir aufgegeben. Nun warten wir in der Schlange, um uns einzuchecken. Plötzlich springen vier Beamte aus dem Nichts und packen einen Mann, der weiter vorn steht. Aufgeregtes Palaver. Ich höre das Wort »verhaftet«, dann ziehen ihn die Männer fort. Entsetzen in unserer Schlange. Keiner wagt, den anderen anzuschauen. Viel später erfahren wir, dass der Mann Faradj Sarkuhi war, ein Journalist und Schriftsteller, der wie wir in Deutschland lebt. Er hat wiederholt kritische Schriften gegen die Islamische Republik verfasst. Das wird ihm nun zum Verhängnis.[67]

Doch auch auf uns wartet eine böse Überraschung. Bei der Passkontrolle schaut uns der Beamte kurz an: »Ihr gemeinsamer Pass ist reiseuntauglich.«

»Was?«, fragen wir entgeistert wie aus einem Mund. »Aber warum denn?«

»Sie sind mit Wohnsitz im Iran gemeldet. Ihrem Pass fehlt ein Stempel. Hat man Ihnen im Iranischen Konsulat in Hamburg nicht gesagt, dass Sie hier im Passamt den Ausweis noch einmal abstempeln lassen müssen?« Nein, hat man nicht.

»Was heißt das jetzt für uns?«, fragt Saeid.

»Ganz einfach«, antwortet der Beamte gemächlich. »Sie dürfen nicht ausreisen!«

Das ist wie ein Hieb in den Magen. Fassungslos starren wir ihn an. »Machen Sie Platz!«, schnarrt er. »Hinter Ihnen warten noch andere Leute!«

Ich bin wie gelähmt und kann es kaum glauben, dass die verzwickte Geschichte unserer Ausweispapiere noch eine Fortsetzung bekommen soll. Mein sonst so ruhiger Saeid ist dagegen außer sich. Laut schimpft er auf die unfähigen Beamten, auf das ganze marode System. Um uns hat sich eine Menschentraube gebildet. Ein paar Männer darunter sind von der Miliz. Einer droht Saeid: »Reißen Sie sich endlich zusammen. Wir können auch anders!«

Ich bekomme Angst: »Bitte Saeid, mach uns nicht unglücklich. Bleib bitte ruhig! Wir finden eine Regelung.« Doch Saeid ist so in Rage, dass er meine Bitte nicht wahrnimmt.

Da weist der Beamte mit dem Finger auf mich und sagt lautstark: »Nehmen Sie sich ein Beispiel an Ihrer Frau. Sie ist viel einsichtiger.« Schönes Beispiel! Will er uns gegeneinander ausspielen? Ohnmächtig blicke ich auf meine geballten Fäuste.

Das Flugzeug startet mit unserem Gepäck – aber ohne uns. Niedergeschlagen schauen wir uns an. Nur was wir am Körper tragen, ist uns geblieben. Die Alternative wäre unsere Inhaftierung gewesen. Wir sitzen fest. Wann wir Iran verlassen können, ist ungewiss. Im Flughafenbüro muss Saeid lange um seine Fassung ringen, bis er sich wieder unter Kontrolle hat. »Warum hat man uns nicht sofort bei der Einreise auf das Fehlen des Stempels hingewiesen?«, frage ich den Beamten. Er zuckt nur mit den Schultern. Bleibt stumm. Vielleicht hat man uns das auch wohlweislich verschwiegen, denke ich böse. Die Gleichgültigkeit grinst uns hämisch an. Keiner fühlt sich verantwortlich. Wir erkundigen uns nach der Adresse des Passamtes, um schnellstens unsere Angelegenheiten zu regeln.

Die Flughafenhalle ist fast ausgestorben, als wir die Treppe – immer noch wie betäubt – hinabgehen. Einsam steht eine Frau am Treppenfuß und blickt uns an. »Sima! Du bist noch hier?« Ich stürme die Treppe hinunter und kann es nicht fassen. »Unser Flieger ist längst abgeflogen. Wieso bist du geblieben?«

»Ich hatte plötzlich ein ungutes Gefühl«, sagt sie leise. Ich umarme sie und kann sie gar nicht wieder loslassen. Meine Sima. In Windeseile erzählen wir, was uns widerfahren ist. Dann fahren wir gemeinsam zum Amt.

Das Passamt wird von Soldaten bewacht. Vor dem Einlass werden wir kontrolliert. Selbst wenn keine Aufpasser herumlungern, hast du ständig das Gefühl, als folgen dir unsichtbare Augen. Ich frage Saeid: »Warum trägt die Hälfte der Beamten hier Uniform?«

»Das sind keine Beamten, Bary, das sind Soldaten! Sie haben oft keinen blassen Schimmer vom Arbeitsablauf. Wir müssen aufpassen. Sie stellen oft falsche Dokumente aus.«

»Na, das wird ja eine Odyssee!« Am Schalter schickt man uns noch einmal fort, um bei der Bank unsere Gebühren einzuzahlen und nebenan beim Fotografen Passfotos machen zu lassen. Ohne Moos nix los. Das Geschäft des Fotografen floriert. Er scheint hier der einzig Glückliche zu sein, denn er verdient bestimmt mehr als manch ein Gelehrter. Sein Laden ist gerammelt voll. Stimmengewirr, stickige Luft. Helfer kopieren im Akkord Unterlagen und lichten Pässe ab. Es gibt nur dieses eine Passamt für nahezu 13 Millionen Menschen! Die entwickelten Bilder sind scheußlich, sehen aus wie Fahndungsfotos, spiegeln aber unsere momentane Verfassung wider.

Im Passamt deutet Saeid auf zwei postergroße Bilder, auf denen ein paar Mullahs versuchen, seriös auszusehen. Darunter steht: »Wir haben Glück gehabt, dass wir die Botschaft Amerikas überfielen, denn Amerika hätte dieses Land kaputt gemacht. Die Demokratie Irans ist die stärkste und sicherste der Welt.« Ich kann gerade noch ein hysterisches Auflachen unterdrücken. Kaputtmachen schaffen die Mullahs ohne Amerikaner.

Während wir am Schalter warten, brabbelt neben uns ein schwarzvermummtes Weibchen. Es hat den Schleier etwas vor das Gesicht gezogen und da es weder mich noch Saeid beim Sprechen ansieht, dauert es eine Weile, bis mir klar wird, dass sie mit mir redet. Aus ihrem Gebrabbel geht hervor, dass sie »mein tugendloses Verhalten« tadelt. Ich beschließe, sie zu ignorieren. Nun hat Saeid sie an der Backe. Den Zipfel ihres *Tschadors* halb vor das Gesicht gepresst, den Blick gesenkt, schimpft sie drauflos: »Ich bin Moralwächterin des *Monkerat.*«

Saeid genervt: »Was wollen Sie von mir?«

»Die Frau da neben Ihnen, gehört sie zu Ihnen?«

»Ja, und?«

»Sie verhält sich unschicklich.«

Saeid: »Was soll das heißen?«

»Ihr *Rusari* ist nicht tief genug ins Gesicht gezogen. Man sieht die

Haare!« Saeid blickt mich an. Fangen wir hier einen Streit an, landen wir ganz schnell in einer anderen Amtsstube oder vielleicht im Gefängnis. Saeid knirscht mit den Zähnen und ich mache mich unsichtbar. Wortlos ziehe ich mir den Schleier tiefer ins Gesicht. Schräg gegenüber im verfleckten Spiegel entdecke ich mein blasses Konterfei. Meine Augen sind fast schwarz vor Zorn. Ich senke den Blick und schlucke ungesagte Worte herunter, die mir würgend in der Kehle liegen.

Weshalb sie uns beim Sprechen nicht angeschaut hat? Ganz einfach, sie will sich mit unserem Anblick nicht besudeln. Aus ihrer Sicht sind wir Abschaum und stehen weit unter ihr. Ich vergesse für einen Moment meine gute Erziehung und habe die Vorstellung, diese fromme Eiferin mal so richtig durchzuprügeln. Die Gedanken sind zumindest frei. Doch sie ist noch nicht mit mir fertig.

»Hier ist die Abteilung für Männer. Sie haben hier nichts zu suchen«, schnarrt sie mich an, wobei sie außer Acht lässt, dass sie selbst hier steht.

»Aber wir haben einen gemeinsamen Pass!«, entgegne ich empört.

»Das spielt keine Rolle. Hier stehen zu viele Männer am Tresen. Schauen Sie sich um, Sie sind die einzige Frau hier. Frauen werden dort hinten am Schalter abgefertigt.« Sie weist in irgendeine dubiose Richtung in der Ferne.

»Wir haben doch einen gemeinsamen Pass!«, wiederhole ich gebetsmühlenartig.

»Das interessiert mich nicht!«

»Was soll ich da hinten ohne Pass?«, werde ich lauter. Inzwischen beobachten ein paar Wartende interessiert unseren Disput. Aufmerksamkeit haben wir zumindest, was sie vermeiden wollte.

»Setzen Sie sich dort ans Fenster!«, keift sie mich an und scheucht mich zu einer Bank, auf der bereits drei Männer sitzen. Aha. So werde ich von der Seite meines Mannes verbannt, darf mich aber neben drei völlig fremde Männer quetschen. Dieses Paradox bestätigt nur die dummdreiste Willkür des Regimes und leider geben sich dafür auch Frauen her.

Wehe dem, der hier versucht, den Bürokratiedschungel zu durchdringen. Die Beamten schwelgen in Selbstherrlichkeit, beantworten weder unsere Fragen noch schauen sie uns ins Gesicht, wenn wir unser Anliegen vortragen. Wir sind für sie einfach gar nicht vorhanden. Jeder noch so kleine Beamte hat hier das Sagen und vertritt sein eigenes Gesetz. Darum ist es unmöglich, sich darüber zu beschweren – und das wissen sie. Regimetreue gilt mehr als qualitatives Arbeiten. So läuft es scheinbar in allen Ämtern und Behörden. Möchte jemand Frust abbauen und andere ordentlich schikanieren, hier ist mit Sicherheit der richtige Ort. Manche Antragsteller warten Monate auf ihre Unterlagen, manche warten umsonst.

Pass und *Schenasname* haben wir abgegeben. Der Beamte teilt uns mit, dass wir die fertigen Unterlagen erst in drei Tagen wieder abholen können, obwohl der Stempel neben ihm liegt. Damit er ihn auch benutzt, müssen wir drei Tage warten! Doch wir können das Land nur mit diesem gültigen Stempel verlassen, weil wir im Iran gemeldet sind. In Deutschland müssen wir das schnellstens ändern. Bekommen wir unsere Unterlagen wirklich in drei Tagen zurück? Mit bangem Gefühl fahren wir zurück in unser Teheraner Zuhause.

»Oh weh, Filiz!«, schießt es mir siedendheiß durch den Kopf. Meine Tochter Filiz erwartet uns in Hamburg am Flughafen. Als wir bei ihr zu Hause anrufen, ist sie schon weg. Wir informieren einen Bekannten, der in der Nähe des Hamburger Flughafens wohnt, und bitten ihn, sie zu finden und zu beruhigen, zudem sich um unser Gepäck zu kümmern. In Tränen aufgelöst ruft Filiz uns an. »Um Gotteswillen, ihr kommt doch wieder nach Hause?«, schluchzt sie. Ihre Angst ist verständlich. Der zuständige Mitarbeiter von Iran-Air Hamburg hat sich geweigert, ihr unser Gepäck auszuhändigen. Es heißt, sie erhalte es nur, wenn sie ein Telex von Iran-Air Teheran mit unserer Vollmacht, auf ihren Namen ausgestellt, vorlegt. Wir versprechen, am nächsten Tag zum Flughafen zu gehen und alles in die Wege zu leiten.

Vorher rufen wir dort an. Doch als wir unsere Situation schildern, macht man uns wenig Hoffnung. Es sei uns nicht erlaubt, von Iran-Air ein Telex aufzugeben. Eine Begründung erhalten wir nicht. Was machen wir nur, wenn wir unser Gepäck jetzt auch noch verlieren? Außer Kleidung befinden sich auch Wertsachen darunter, vor allem das Geschenk von *Aghadjan*. Wie leicht unbescholtene Menschen im Iran dieser Willkür ausgesetzt sind, zeigt unsere Pechsträhne. Ich rufe in der Universität an und Saeid in seiner Firma. Wir schildern unsere Lage und finden viel Verständnis. Mein Professor[68] ist empört. Mit Mühe kann ich ihn davon abhalten, sich sofort an das Auswärtige Amt zu wenden. Wir wollen noch abwarten. Werden die Hornissen hier aufgeschreckt, könnte das übel für uns enden. Am Abend näht mir Sima aus einem bunten Betttuch ein Hauskleid, damit ich zumindest in der Wohnung Kleidung zum Wechseln habe. Beim Abschied nehme ich es später zur Erinnerung mit.

In der Nacht machen wir kaum ein Auge zu. Unsere Nerven sind bis zum Zerreißen gespannt. Beide sind wir uns einig, so schnell kommen wir nicht wieder. Am frühen Morgen sind wir am Flughafen. Nun beginnt unsere Odyssee durch das Labyrinth des Nichtwissens. Als wir die Hoffnung schon fast aufgegeben haben, geraten wir schließlich an einen der wenigen Beamten, die schon vor der Islamischen Revolution hier tätig waren. Er zeigt Verständnis für unsere Lage und das Telex wird gesandt. Unsere Hoffnung steigt, zumindest für unser Gepäck. Dann unterrichte ich Filiz von dem Ablauf. Sie will nach der Schule gleich wieder zum Flughafen gehen.

Am gleichen Abend ruft sie an. »Im Iran-Air-Büro des Hamburger Flughafens saß diesmal so ein engstirniger *Hisbollah*«, berichtet sie uns. »Du weißt schon, diese bärtigen Kerle, die einen nicht mal angucken, wenn du mit ihnen sprichst. Stell dir mal vor, trotz Telex weigerte er sich, mir das Gepäck auszuhändigen.«

»Und dann?«, frage ich sie atemlos.

»Daraufhin habe ich mich bei der Flughafenzentrale beschwert. Zwei Männer sind mit mir gekommen. Die haben dann Druck auf den Mann ausgeübt. Er hat mir dann zähneknirschend das Gepäck herausgegeben, nicht ohne noch vorher ausfallend zu werden.«

Ich frage: »Ausfallend? Wieso?« Sie ist den Tränen nahe: »Er hat mich angebrüllt, dass ihr sowieso nicht wiederkommt. Und dann hat er noch geschrien, dass verdächtige Elemente, wie ihr es seid, erst einmal weggeschlossen werden. Mama, das stimmt doch nicht, oder?«

»Bleib ganz ruhig«, versuche ich nicht nur sie zu beruhigen. »Der war nur sauer, dass er das Gepäck doch herausrücken musste. Alles wird gut.«

»Weißt du, Mama, wenn dieser Mensch schon in Hamburg so auftreten kann, wie furchtbar ist es dann erst im Iran?« Darauf gebe ich lieber keine Antwort. Im Unterschied zum Iran ist es in Deutschland zumindest möglich, sich zu beschweren. Im Iran wird gleich mit Arrest gedroht.

In der Familie bangen alle mit und sorgen sich. Wie tröstlich ist es, sie um uns zu haben. Beim ersten Abschied auf dem Teheraner Flughafen haben alle geweint, ohne zu ahnen, dass wir uns ein paar Stunden später wieder sehen. Ich denke, wenn wir nun abreisen, gibt es ein Freudenfest. Durch unsere Situation wird ihnen wieder einmal ihre eigene Lage klar, die sie gerne mal verdrängen. Ein bitteres Gefühl, vor allem für die, die zurückbleiben müssen. Indes haben wir optimistisch einen Flug nach Hamburg reservieren lassen.

Die Nacht vor unserem Gang zum Passamt schlafe ich ruhig und deute das als gutes Omen. Doch die Stimmung in der Familie ist gedrückt. Saeid sieht dem Tag pessimistisch entgegen. Vor dem Amt bleiben Sima und ich im Wagen zurück. Noch einmal gehe ich da nicht freiwillig rein. Zähflüssig rinnt die Zeit, als ob sie uns absichtlich auf die Folter spannt. Endlich eilt Saeid herbei und sein strahlendes Gesicht ist wie ein aufgeschlagenes Buch. Sofort lassen wir am Flughafen unsere Tickets bestätigen. Maman bricht vor Erleichterung in Tränen aus. Als *Aghadjan* vom Basar heimkehrt und die frohe Botschaft erhält, hören wir den Stein förmlich von seinem Herzen plumpsen.

Der Druck der letzten Tage, dieser Willkür gnadenlos ausgesetzt zu sein, ist nicht spurlos an uns vorbeigegangen. Wir litten beide unter rasenden Kopfschmerzen, die Angst saß uns im Nacken und Saeid explodierte, sobald er angesprochen wurde. Manchmal stelle ich mir die Frage, ob die deutsche Botschaft uns geholfen hätte. Aufgrund meiner Doppelstaatsbürgerschaft gelte ich im Iran *nur* als Iranerin.

Die erste Novemberwoche ist vergangen. Kein Windchen weht. Die Bäume bereiten sich auf den Herbst vor. Kraftlos gleiten die müden Blätter auf das staubige Straßenpflaster. Die sommerliche Wärme ist auf

23 Grad gesunken und zieht sich leise aus Teheran zurück. Abends wird es jetzt empfindlich kühler. Ganz Teheran wartet auf den Regen, der nicht kommen will. Die verpestete und staubige Luft scheint zu stehen. Jede Regenwolke, die sich am Himmel zeigt, leckt der trockene Wind gierig auf. Als die Männer abends vor dem Fernseher ihrem Sport nachhängen, gehe ich mit Sima und Minou auf den Spielplatz. Der Wind bläht auf, vereinzelt fällt ein Regentropfen, den der Staub sofort verschluckt. Auf dem Spielplatz drängelt sich eine fröhliche Kinderschar. Lebensfreude auf kleinstem Raum. Endlosschlangen bilden sich an den Rutschen. Ich gehe mit Minou dorthin, schaue zu, wie sie sich einreiht, hinaufklettert und jauchzend mit erhobenen Armen herabrutscht. Kurze Momente der Freiheit, denn unbegleitet lässt Sima sie nicht aus dem Haus. Zu gefährlich. Minou ist so neugierig auf das Leben und hat sich trotz Einschränkungen ihr fröhliches und liebenswertes Naturell bewahrt.

Ja, meine kleine Minou habe ich ganz besonders in mein Herz geschlossen. Wie lange währt ihre halbwegs unbeschwerte Kindheit noch? Wie sieht ihre Zukunft aus? Sobald sich das Schultor hinter ihr schließt, reiht sie sich ein in die verschleierten kleinen Marionetten, liest in Schulbüchern, in denen pflichtgemäß nie das Konterfei Chomeinis fehlt. Sie lernt, antiamerikanische Zeichnungen zu interpretieren.

Allmorgendlich vor Unterrichtsbeginn steht sie wie eine kleine Soldatin in Reih und Glied, erhebt die kleine Faust und schreit »*Margh Amerika* – Tod Amerika« und »*Margh Israel* – Tod Israel«. Ich sage ihr: »Lass es nicht zu, dass man dich hassen lehrt. Denke still bei dir an etwas Schönes.«

Alltäglich, eingehüllt in ihren kleinen *Tschador*, macht sie sich mit ihren Klassenkameradinnen zum verordneten Gebet bereit. Ich sage zu ihr: »*Choda* ist die Liebe und schützt die unschuldigen Kinder im Iran und in der ganzen Welt. Bete nie darum, dass jemand stirbt.«

Und innerlich bete auch ich: *Choda,* halte sie vom bösen Einfluss fern.

Ohne Gepäck passieren wir diesmal schnell die Eingangskontrollen. Doch bei der Passkontrolle kommt es erneut zum Eklat. Wir haben zwar einen gemeinsamen Pass, aber mir fehlt ein gültiges Visum für Deutschland. Sie wollen mich nicht ausreisen lassen. Saeid kramt in seiner Tasche und zum Vorschein kommt – oh Wunder – mein deutscher Pass. Ich hielt es nicht für nötig, ihn mitzunehmen, aber er hatte ihn gegen meinen Willen eingesteckt. Mein weiser, vorausschauender Mann. Hätte er den Pass nicht eingesteckt, wäre ich zurückgeblieben. Als wir unsere Plätze eingenommen haben, sind wir uns einig, Iran ein paar Jahre fernzubleiben. Aber es ist, als würde ich mich ins eigene Fleisch schneiden, so weh tut der Gedanke. Mein Iran ist so schön und hat so viele liebenswerte Seiten – trotz alledem. Und meine Liebe zum Land und seinen Menschen wird deswegen nicht weniger.

»Ein Esel bleibt ein Esel, selbst wenn sein Sattelkissen von Atlas wäre« (2001)

Wie ein Dämon greift der Hass nach den Eiferern, um sie mit seinem Gift zu durchtränken. Als die Türme in New York brennen, raubt das Entsetzen unsere Sprache. In der Uni schleichen die Kollegen bedrückt durch die Gänge. Wie ein Lauffeuer hat sich in meinem Umkreis herumgesprochen, dass ich am 13. September nach Teheran fliegen will. Verstohlene Blicke streifen mich mit einer unausgesprochenen Frage. Mitunter verstummen die Gespräche, wenn ich mich nähere. Das Misstrauen geht um und meine Nerven liegen blank. Ein Professor fragt mich direkt, wieso ich ausgerechnet jetzt in den Iran fliegen wolle. Mein Verhalten sei unüberlegt, ereifert er sich, ja einfach unmöglich. Ich schweige resigniert. Soll ich zum wiederholten Male erklären, dass meine Reise schon länger geplant ist und dass ich einfach nur meine Familie sehen möchte? Seit die islamischen Fundamentalisten erstarken, gerate ich in Erklärungsnöte, mich für meine andere Heimat rechtfertigen zu müssen. Dazu trägt häufig die westlich-politische Einstellung bei, Iran eher negativ zu sehen und gar nicht erst zu versuchen, einen Blick hinter den Schleier zu werfen. Aber mit solchen Pauschalisierungen ist niemandem geholfen, sie schwächen vor allem die Opposition im Iran, deren Stimme oftmals ungehört verhallt, rufen Ängste hervor und hindern die Menschen an einer klaren Sichtweise.

Gleich nach dem Anschlag hat Chamenei, der religiöse und politische Führer des Iran, in seiner Rede die Massaker an wehrlosen Menschen zwar verdammt und betont, dass die Ermordung Unschuldiger, ob Moslems, Christen oder Angehörige anderer Religionen, zu verurteilen ist. Er sagte: »Es bedeutet keinen Unterschied, ob ein solches Verbrechen in Hiroschima, Nagasaki, Ghana, Sabra, Schattila, Deir Yasin, Bosnien, Kosovo, Irak oder in New York oder Washington stattfindet.« Doch diese Worte aus dem Munde des ersten Unterdrückers im Iran klingen scheinheilig, obwohl sie vielleicht ehrlich gemeint sind. Gerade in seinem Land werden Andersdenkende nach wie vor massiv verfolgt. Doch es ist die Art und Weise des Anschlags, die selbst Hartgesottene erschreckt.

Erst kürzlich hat US-Präsident Bush den Iran als »Schurkenstaat« gebrandmarkt und auf die sogenannte »Achse des Bösen« gesetzt, wohl um das eigene Verhalten zu legimitieren. Die »Schurken« im Iran zeigen indes Mitgefühl mit den Opfern, beweinen die Toten in der Öffentlichkeit, beten für sie in den Moscheen und zünden Kerzen zu ihrem Gedenken an. Leider gibt es, wie überall in der Welt, auch Verblendete, die nur an Rache denken und ihre Schadenfreude offen zur Schau tragen.

Hinter den Gittern gärt es. Die Beschimpfung »Schurkenstaat« demütigt ein ganzes Volk. Später wird sich herausstellen, dass kein einziger Iraner an dem Anschlag in New York beteiligt war. Wieder eine hinterhältige Unterstellung amerikanischer Politik, um die westliche Welt zu verunsichern und Iran noch mehr ins Abseits zu bringen – wie auch die Vermutung, Iran könnte einen Krieg beginnen.

Iran hat keine offensiven Kriege geführt. Der Iran-Irak-Krieg Anfang der 1980er-Jahre ist auf den Angriff Saddams zurückzuführen, der die Gunst der Stunde nutzte, während die Revolution im Iran tobte. Hinter Saddams breiten Schultern standen die USA, Russland und Frankreich. Sie scheuten nicht davor zurück, den einen Diktator gegen den anderen zu unterstützen. Wäre dieser Krieg verhindert worden, der das iranische Volk von den inneren Missständen im Land ablenkte, hätte die Revolution vielleicht einen anderen Verlauf genommen.

Nachdem Saddam nun seine Macht ausbaute, behaupteten die USA, im Irak werde heimlich eine Atombombe gebaut. Im Iran glaubt kaum jemand daran, obwohl die Bevölkerung dem Irak nach dem jüngsten Krieg noch grollt.[69] Natürlich ist das auch ein Thema im Basar, wo iranische Politik tagtäglich diskutiert wird. Viele *Basaris* sind vom Gegenteil überzeugt wie auch die Menschen auf der Straße, die sich fragen, ob die Aussagen der USA nur ein Vorwand sind, um im nächsten Schritt auch Iran als wichtigen Erdölstaat mitsamt seinen Bodenschätzen durch einen Angriffskrieg in Besitz zu nehmen.[70] Es wäre nicht das erste Mal.

Schmerzlich erinnern sich noch manche an die Zeiten Mossadeghs[71]. Er steht noch heute, lange nach seinem Tod, als Lichtgestalt für den iranischen Traum. Seine Liebe zum Iran und sein Einsatz für Demokratie, hat das Land Anfang der 1950er-Jahre aus den Klauen Großbritanniens befreit, denn er setzte die Verstaatlichung der Erdölindustrie durch, die bis dahin fest in der Hand eines britischen Konzerns war. Doch diese Freiheit währte nicht lange. Nun waren es die USA, die alles daran setzten, Mossadegh zu bekämpfen, um selbst in den Genuss des Erdöls zu kommen. Sie verhängten ein Embargo, sodass Iran sein Öl nicht mehr verkaufen konnte. Dadurch kam es zu einer Wirtschaftskrise und die junge demokratische Regierung wurde durch einen Militärputsch gestürzt, unterstützt von der CIA. Besonders dem Schah kam das sehr gelegen, gewann Mossadegh im Volk doch immer mehr an Macht und Beliebtheit. Letztendlich wurde Mossadegh vor ein Gericht gestellt und erhielt lebenslangen Hausarrest. Ins Gefängnis wagten sie ihn nicht zu stecken, weil die Menschen ihn verehrten.

Aus all dem ist zu sehen, dass Iran im letzten Jahrhundert stets ein Spielball westlicher Mächte war. Da kann die Abneigung der Bevölkerung gegen westliche Politik nicht verwundern.

Das Problem ist, dass die Machthaber im Iran gern mit den Säbeln rasseln und den Anschein erwecken wollen, da wäre noch was im Busch gegen Bush. Wir nennen es »iranischen Poker«. Das Misstrauen des Westens sieht mancher als Kompliment, ohne zu bedenken, dass eine Waffe auch geladen sein kann.

Nichtsdestotrotz brennt der 11. September ein tiefes Loch in die Erinnerung. Doch im Iran schmerzt noch eine weitere unverheilte Narbe: Am 3. Juli 1988 wurde ohne Vorwarnung eine Iran-Air-Maschine auf einem Linienflug nach Dubai mit 290 Menschen an Bord, darunter 66 Kinder, von einem amerikanischen Kriegsschiff über dem Persischen Golf abgeschossen. Angeblich wurde sie als angreifende Militärmaschine identifiziert.[72] Dieser Anschlag brachte tiefes Leid über viele Familien. Allein ein Familienvater verlor bei diesem Anschlag die Frau und sieben Kinder. Es gab zwar internationale Proteste, doch der Vorfall geriet schnell in Vergessenheit. Das Aufklärungs-Interesse des Westens war mäßig und so wurde nie geklärt, warum der Angriff geschah. Die US-Regierung hat sich damals mit Ausflüchten herausgeredet und bis heute nicht einmal entschuldigt. Der Kapitän des amerikanischen Flugzeugträgers wurde nach einer Untersuchung sogar von George Bush mit einem Orden ausgezeichnet, die beteiligten Offiziere befördert. Im Westen kam niemand auf die Eingebung, den Abschuss als einen terroristischen Akt zu bezeichnen. Das sind Fakten, die Bitternis hinterlassen.

So zieht sich ein Graben durch Ost und West. Jedes ermordete Leben ist eines zuviel – hier wie dort. Es nützt nichts, über Amerika zu schimpfen oder den Iran zu verteufeln. Es ist gut zu wissen, dass es auch in Amerika Menschen gibt, die das Leid im Iran beklagen. So wie Amerika nicht nur aus George W. Bush besteht, so gibt es im Iran nicht nur machtlüsterne Theokraten und verschleierte Frauen. Hier leben viele Menschen, die nichts so sehr wollen wie Frieden mit der westlichen Welt. Doch was wollen eigentlich die Medien?

Der Teheraner Alltag mit all seinen Sorgen und Nöten fängt uns schnell ein. Die Nachricht, dass *Aghadjan* schwer an Parkinson erkrankt ist, ist der Hauptgrund unserer Reise. Als er uns gegenübersteht, spüre ich einen Stachel im Herzen. Tief gebeugt, weit über seine Jahre hinaus gealtert, kommt er uns mit unsicherem Schritt entgegen. Wie ein Schilfrohr im Wind, denke ich, kaum ein Schatten von dem stattlichen Mann, der er einmal war. Zitternd streckt er seine Arme aus, während er mühsam um Haltung kämpft. Sein ehemals leuchtender Blick ist nur noch ein müdes Glimmen: »*Chosch amadi Bary* – Willkommen Bary«, flüstert er heiser. Als ich seine eingefallenen Wangen küsse, würge ich meine Tränen hinunter. Auch Saeid kämpft um Fassung, als er seinen alten Vater in die Arme schließt. Eine Ewigkeit scheint er ihn festzuhalten, so als könne seine Kraft den alten Mann wieder stärken.

Aghadjan ist nun vollständig auf die Hilfe der Familie angewiesen. Eine Unzahl von Medikamenten türmt sich vor ihm, die er täglich schlucken muss. Wir sind besorgt, angesichts der Nebenwirkungen, die sich bereits bemerkbar machen. Düsternis umwölkt seine Stirn, mitunter wirkt er, als habe er unsere Welt verlassen. Dann sitzt er still auf dem Boden und brütet dumpf vor sich hin. Er, der einst so starke Mann, der für alle sorgte, kann sich kaum allein erheben. Doch gibt es auch kostbare Momente, dann wenn sich der Vorhang von seiner Pupille schiebt, hinter der sich der alte *Aghadjan* versteckt, und ein Leuchten in seine Augen tritt.

Ein weiterer Schatten liegt auf der Familie. Die misslungene Ehe von Saeids Nichte Mojgan. Es war eine dieser arrangierten Ehen, zu der die junge Frau ihr Jawort gab, weil Mortezar ihr finanziell einiges bieten konnte und zudem passabel aussah. Ein Märchenprinz, von dem sie immer träumte. Kurz darauf wurde sie schwanger. Erst während dieser Zeit fand sie heraus, dass ihr Mann nebenbei noch eine *Sigheh,* eine Zeitehe, mit einer anderen Frau unterhielt, die schon vor ihrer Eheschließung bestand.

Die *Sigheh* ist eine alte Tradition und wird im Iran relativ häufig praktiziert. Man braucht nur ganz unbürokratisch einen gegenseitigen Vertrag aufzusetzen, der von einem Mullah abgesegnet wird. Darin kann das Paar die Dauer der Ehe exakt festlegen; möglich ist jeder Zeitraum zwischen einer Stunde und neunundneunzig Jahren. Die Ehe auf Zeit ist aber umstritten. Die Geistlichen sind sich uneins darüber, ob der Prophet Mohammed diese Form der Ehe in seinem späteren Leben verbot, nachdem er sie zunächst erlaubt hatte. Andere halten die *Sigheh* zudem für eine verdeckte Form der Prostitution, die im Iran seit 1979 verboten ist. Mit der *Sigheh* erscheint die Prostitution in einem ganz anderen Licht und lässt sich sogar vertraglich regeln. Junge Männer, die im Iran mittellos sind, greifen gern auf eine *Sigheh* zurück, weil sie sich eine richtige Ehe mit Morgengabe einfach nicht leisten können, ihre sexuellen Bedürfnisse aber ausleben möchten. Für die Frauen ist es allerdings nicht so einfach. Sind sie einmal eine *Sigheh* eingegangen, ist es für sie nahezu unmöglich, einen rechtmäßigen Ehemann zu finden. Eine *Sigheh* kann übrigens jeder verheiratete Mann mit einer anderen Frau eingehen, ohne dass es für ihn Folgen hat, auch wenn sein Verhalten unmoralisch ist. Eine verheiratete Frau dagegen kann das nicht. Ich frage mich, was aus den Kindern wird, die aus solchen Ehen hervorgehen. In Zeitungsanzeigen lese ich, dass ein Teheraner Reisebüro für »Zeitehen-Ferien am Kaspischen Meer« wirbt. Im Pauschalpreis neben Flug und Vier-Sterne-

Hotel inbegriffen: die Kosten für einen Mullah zur Registrierung der Zeitehe. Mir bleibt die Luft weg. Andererseits sind normale sexuelle Beziehungen zwischen Unverheirateten im Iran nicht erlaubt. Was bleibt denn den jungen Menschen im Land, von denen über die Hälfte unter dreißig Jahre ist?

Nachdem Mojgan von der *Sigheh* erfuhr, verließ sie Mortezar noch während ihrer Schwangerschaft. Das kleine Mädchen, durch Kaiserschnitt entbunden, wurde gleich danach der Familie seines Vaters übergeben.

Unsere Familie ist immer noch in Aufruhr und erbost über das schäbige Verhalten Mortezars. Gerade als wir darüber diskutieren, besucht uns Cousine Parvin. Sie lebt seit zwanzig Jahren in Schweden und ist zeitgleich mit uns nach Teheran gereist. Als sie von Mojgans Unglück hört, will sie gleich mehr wissen. »Nun erzählt doch schon, was hier los ist!«, fordert sie energisch.

»Mortezar entpuppte sich schon vor der Ehe als zwielichtiger Mann, der es mit der Wahrheit nicht so genau nahm«, erzählt Mojgans Mutter Sima. »Einige seiner Weibergeschichten sickerten durch. Doch wir nahmen das nicht ernst und hielten sie für Gerüchte, weil sie niemand so richtig bestätigen konnte.«

»Na toll«, stöhnt Parvin. »Schon das hätte euch abhalten sollen. An jedem Gerücht ist etwas dran.«

»Nun, er hatte andererseits eine gewisse Position inne und wirkte sehr charmant«, fällt Mojgan ein, die in Liebesdingen sehr Unerfahrene. »Ich fand ihn nett und dachte, nach der Eheschließung wird er das schon ändern.«

Parvin und ich sehen uns stumm an. Wenn Mojgan in ihrer Naivität so dachte, ist es mir dennoch ein Rätsel, wieso die Familie die Augen zugemacht hat. Aber es steht mir nicht zu, hier den Stab zu brechen. Mojgan trägt schwer genug an ihrem Schmerz. Ich sehe ihr tieftrauriges Gesicht, eine verletzte und enttäuschte junge Frau.

»Als wir dann verheiratet waren, hat er immer mehr Alkohol getrunken und Hasch geraucht und anderes Zeug. Als ich das merkte, war ich schon schwanger.«

»Und dann?«

»Er hat mich abends oft allein gelassen und kam manchmal gar nicht nach Hause. Dann habe ich Nachforschungen angestellt und herausbekommen, dass er eine *Sigheh* eingegangen ist. Das war's dann. Mehr will ich dazu nicht sagen.«

Doch Parvin hakt unerbittlich nach. »Aber wieso hast du Saman weggegeben? Sie ist doch deine Tochter!«

Mojgan schießen die Tränen in die Augen. »Lasst mich doch in Ruhe!«

Saeid sagt beschwichtigend: »Überdenke deinen Entschluss bitte noch einmal gründlich. Du hast schließlich Verantwortung. Die kannst du nicht so einfach ablegen.«

Dass sie ihr kleines Mädchen nach der Geburt weggegeben hat, kann keiner von uns nachvollziehen. Aber da urteilen wir drei wohl nach europäischem Maßstab.

»Habt ihr daran gedacht, was für ein dorniger Weg das im Iran ist, als geschiedene Frau ein Kind großzuziehen?«, schluchzt Mojgan. »Nach unserer Rechtsprechung erhalte ich das Sorgerecht für das Kind nur ein paar Jahre. Dann muss ich es dem Vater übergeben. Ich halte das nicht aus. Ich kann das nicht.«

»Mojgan, aber dein Kind braucht dich doch auch! Du kannst es doch nicht von Anfang an in fremde Hände geben«, werfe ich ein. »Du darfst doch nicht nur an dich denken!«

»Ich kann nicht«, schluchzt sie, »ich kann es einfach nicht.«

»Weißt du, Bary, für Frauen mit Kindern wurde das Recht auf Scheidung und das Sorgerecht weiter eingeschränkt«, erklärt Sima. »Das bedeutet, der Vater erhält das alleinige Sorgerecht für Jungen ab zwei und Mädchen ab sieben Jahren.[73] Ausnahmen sind selten. Welche Mutter erträgt es, ihr Kind nach ein paar Jahren einfach abzugeben? Den Staat interessiert das Wohl des Kindes doch kein bisschen.«

»Ja, aber wird denn nicht auf die Mängel des Ehemanns eingegangen?«, frage ich entrüstet.

»Wenn eine Frau sich scheiden lassen möchte, muss sie auf die Morgengabe verzichten oder nachweisen, dass ihr Mann drogensüchtig, impotent, abwesend, geisteskrank oder vom Glauben abgefallen ist.«

»Ja, aber dieser Umstand ist doch hier gegeben!«

»Da steht Mojgan in der Beweispflicht, Bary. Und das ist sehr schwer. Die Richter sind alle Männer und hier greift auch das Gesetz der *Scharia.*«

»Und ich will außerdem zu Mortezar keinerlei Kontakt mehr.« Mojgan weint und stürmt aus dem Raum.

»Aber das ist ja schrecklich, Sima«, sage ich leise, »die Kleine bei so einem Vater zu lassen.«

»Nein, sie lebt nicht bei ihm, das wäre fatal. Sie lebt bei seiner Schwägerin, die selbst zur gleichen Zeit ein Kind geboren hat. Ihr Mann führt allerdings einen ähnlichen Lebenswandel wie sein Bruder.«

»Vielleicht können wir das Kind mit nach Deutschland nehmen«, schlage ich vor. »Nein«, wehrt Saeid ab, »das ist viel zu schwierig, wir bekämen Saman mit Sicherheit nicht außer Landes und wir können uns auch zeitlich einem kleinen Kind nicht widmen.«

Wie wir auch beratschlagen, uns fällt kein Ausweg ein.

Am Kaspischen Meer

Wir sind mit Mojgan in einem Restaurant verabredet, um unsere Kurzreise ans Kaspische Meer zu besprechen. Gerade als wir das Haus verlassen und *Aghadjan* in den Wagen helfen, werden wir auf einen Bettler aufmerksam. Er sitzt laut weinend am Straßenrand. »Warum weinst du?«, fragt Saeid. Doch die Frage erübrigt sich, als wir seinen verbundenen Fuß sehen. Aus dem schmutzigen Tuch sickert Blut. »Herr, ich bin in eine Glasscherbe getreten. Es tut schrecklich weh!«

Bei dem Anblick wird mir ganz elend. »Du musst die Wunde reinigen«, sagt Saeid.

Aus dem Nebenhaus eilt eine Nachbarin herbei. In der Hand hält sie eine Schüssel mit frischem Wasser. »Komm her«, fordert sie ihn auf, »und wasche deine Wunde aus.«

»Können wir ihn nicht ins Krankenhaus bringen?«, frage ich Saeid.

»Sie werden ihn nicht annehmen. In der Moschee wird er vielleicht Hilfe bekommen.«

Der Bettler erhebt sich. Saeid steckt ihm ein paar Scheine zu. »Hier, damit kannst du dich behandeln lassen.«

»Dast-e schoma dard nakonad!«, stöhnt er und humpelt zu der Nachbarin, die ihm ein sauberes Tuch reicht. Ich sehe, wie auch sie ihm Geld zusteckt.

Bedrückt wische ich mir die Tränen aus den Augen. »Ich werde wohl niemals damit klarkommen, dass Menschen so leben müssen.«

»Du kannst diese Welt nicht ändern, Bary«, sagt Saeid zu mir. »Wir können nur ein wenig dazu beitragen, um anderen ihr schweres Los zu erleichtern.«

Mir ist der Appetit vergangen.

Vor dem Restaurant zieht sich eine Schlange, deren Kopf verborgen im Untergeschoss weilt, während wir die Schwanzspitze bilden. Fast anderthalb Stunden warten wir geduldig, bis wir einen Tisch bekommen, während *Aghadjan* im Auto ausharrt. Unterdessen ertönt durch Lautsprecher im Restaurant die Aufforderung: »Wir haben heute viele Gäste. Bitte, räumen Sie die Tische sofort nach Beendigung Ihrer Mahlzeit!« Wie ungemütlich, für iranische Verhältnisse auch ungewöhnlich!

Tags darauf sind wir früh unterwegs. Als vorbildliche Beifahrerin schnalle ich mich an, was allgemein große Heiterkeit auslöst. »Bary, was machst du da? Du bist doch nicht in Deutschland!«, lachen sie. »Was nützt schon so ein Gurt. Wenn wir vom Wege abkommen, dann ist es sowieso aus«, wird gescherzt.

Iraner sind allesamt Gurtmuffel. Entgegen meiner Überzeugung und vor mich hinbrummend löse ich den Gurt. Doch das letzte Wort kann ich mir nicht verkneifen: »Irgendwann werdet ihr alle angeschnallt im Auto sitzen, und dann lache ich!«

»Komm schon«, sagt Sima versöhnlich und steckt mir eine frische Dattel in den Mund.

Während wir aus der Stadt fahren, fallen mir die vielen Taxen auf. Überrascht entdecke ich auch Fahrerinnen. »Sagt mal, sehe ich richtig? Weibliche Taxifahrer? Wie kommt denn das?«

»Oh ja, die Frauen setzen sich durch. Wir haben auch weibliche Busfahrerinnen.«

»Das wundert mich aber. Ich meine wegen der Geschlechtertrennung.«

»Nun, die hat darauf wohl keinen Einfluss. Doch die Männer haben es sich mit diesen Taxifahrerinnen verdorben.«

»Wieso?«

»Einige Männer wollten für die Tour nicht voll oder gar nicht bezahlen. Sie dachten, bei einer Frau könnten sie sich das erlauben. Daraufhin haben sich die Fahrerinnen entschlossen, ihre Sammeltaxis nur noch Frauen zur Verfügung zu stellen.«

Ich muss grinsen. »He, das finde ich gut, dass sich die Frauen immer weniger gefallen lassen. Wie rechnet sich das mit den Benzinkosten?«

Sima rechnet nach. »Eine volle Tankladung kostet umgerechnet zwischen 2 und 3 Euro. Taxifahrten sind zwar günstig, aber die Menge macht's.«

Die Stadt liegt hinter uns. Nun führt die Straße steil ins Gebirge. Die Grenze der Provinz Teheran zu Māzandarān verläuft über den Damavānd, den höchsten Berg[74] des gewaltigen Elburs-Gebirges. Damavānd lautet übersetzt »frostiger Berg«. Selbst im Sommer schmückt ihn eine Schneekrone, deren kristallklare Eisspitzen meterhoch in den Himmel wachsen. Nach persischer Mythologie wurde der dreiköpfige Drache Azi Dahaka an seinen Fuß gekettet. Es heißt, er wird erst frei sein, wenn das Ende der Menschheit anbricht. Azi ist das alte Wort für Schlange. Darum beschreibt unser Dichter Ferdowsi in seinem Buch der Könige Azi Dahaka als den Königssohn Zahâk, dem aus den Schultern zwei Schlangen wuchsen, denen er, um ihren Hunger zu stillen, täglich zwei Jünglinge opfern musste, deren Gehirn sie fraßen. Daraufhin erhob sich nach tausend Jahren sein Volk gegen ihn und der Held Kaweh schmiedete ihn an den Bergfuß, um weiteres Unheil zu verhindern. Die Nomaden erzählen, des Nachts sei sein Brüllen zu hören und dem einsamen Wanderer mache er Versprechungen, damit er ihn aus seinen Ketten befreie.

In alten Zeiten zogen die Karawanen auf beschwerlichen Pfaden durch den Elburs und brachten Reis aus dem Norden ins Land. Heute sind es die Reisenden in ihren Blechkolonnen, die der Küste entgegenstreben, um sich ein paar vergnügte Tage zu machen. Immer noch ist es ein Abenteuer, durch das wild zerklüftete Land zu reisen und die engen Gebirgspässe zu bewältigen.

Auf der Landkarte betrachtet, hat Iran eine gewisse Ähnlichkeit mit einer hockenden Katze. Darum wird das Land in der Bevölkerung auch liebevoll *Gorbe Iran* – Katze Iran genannt. Unser Ziel Namak Abrud liegt, geografisch gesehen, zwischen Hals und Buckel der Katze, ungefähr 230 Kilometer von Teheran entfernt.

Immer höher geht es in die Berge. Wir erreichen den Lar-Staudamm, der die Millionenstadt Teheran mit Wasser versorgt. Der Anblick des Staubeckens bedrückt uns. Das größte von vier Becken ist nur noch bis zu einem Drittel gefüllt, die anderen sind nahezu ausgetrocknet.

»Teheran ist ein bodenloses Loch«, sagt Saeid. »Wie soll der Wasservorrat auf Dauer reichen?«

»Ich fand es schon seltsam, dass jede Woche einen Tag lang das Wasser in der Stadt abgedreht wird«, werfe ich ein. »Hier haben wir die Antwort. Ich frage mich nun, ob es wirklich hilft, dass stadtteilmäßig ein wasserfreier Tag eingeführt wurde. Die Leute, die kein Wasser haben, weichen in die anderen Stadtteile aus oder sammeln das Wasser vorher in Zisternen oder sonstigen Behältern.«

»Ach, Bary, was sollen wir denn tun? Das Wachstum der Stadt ist nicht aufzuhalten«, stöhnt Sima.

»Solange vom Staat nichts geschieht ... Aber im wasserarmen Tag sehe ich wenig Sinn. Immer wieder fallen mir Leute auf, die die Gehwege und Ladenzonen mit Wasser besprengen. Das ist reine Verschwendung.«

»Das tun sie, um den Staub zu bekämpfen, der bis in die Wohnungen dringt. Auch die Grünanlagen brauchen Wasser. Du weißt doch selbst, dass es im Sommer so gut wie gar nicht in Teheran regnet.«

Saeid meint düster: »Wenn das so weitergeht, ist die Stadt in zehn Jahren ohne Wasser. Ich frage mich, was dann aus all den Menschen werden soll.«

»Ohne die Atomenergie, die die Stadt mit dem nötigen Strom versorgt, wäre es das Aus«, urteilt Sima. »Niemand hat je damit gerechnet, dass Teheran zu einem solchen Monstrum heranwachsen würde, das jeden Tag gefräßiger wird. Doch das gilt auch für andere Großstädte

Irans, die immer mehr Rohstoffe brauchen. Vergesst nicht, zwei Drittel unserer Bevölkerung lebt in den Städten. Das Interesse an erneuerbaren Energien ist gegenwärtig leider eher gering. Und mit dem Öl haben wir teilweise schon Engpässe, weil es größtenteils exportiert wird, damit Gelder ins Land kommen.«

Die Weiterfahrt wird anstrengend. Obwohl die Hauptreisezeit vorüber ist, in der es die Stadtbevölkerung an die See zieht, sind noch genug rücksichtslose Autofahrer unterwegs, die eine entspannte Fahrt verhindern. So werfen wir seltener einen Blick auf die zerklüftete und wildromantische Berglandschaft und beobachten lieber wachsam den Verkehr. Zu allem Überfluss beginnt es auch noch zu regnen. Die Farbe des Himmels wechselt vom klaren Blau in ein tiefes Violett, und plötzlich senken sich feine Nebelschwaden auf die Straße und nehmen uns die Sicht. Fernes Donnergrollen kündigt ein Gewitter an.

Ein paar Verrückte riskieren weiter ihre Überholmanöver. Die vielgelobte orientalische Ruhe bezieht sich allgemein nicht auf das Autofahren. An den wilden und konfusen Fahrstil im Iran konnte ich mich nie gewöhnen. Neu jedoch sind die Gewissenlosigkeit und das Inkaufnehmen von Menschenleben hier oben in den Bergen. Selbst auf unübersichtlichen Bergstraßen wird noch in der Kurve überholt und andere Autofahrer einfach abgedrängt. Wir erleben, wie ein vollbesetzter Personenwagen waghalsige Überholmanöver unternimmt, sich immer wieder bei Gegenverkehr zwischen die Fahrzeuge drängt und so die anderen Autofahrer zu scharfen Bremsmanövern zwingt. Tatsächlich verschuldet er direkt vor uns einen Auffahrunfall. Der Geschädigte springt wütend aus dem Auto und will dem Verursacher eine ordentliche Tracht Prügel verpassen. Da springen zwei andere Männer herbei und halten ihn davon ab. Leider. Ich sage leider, denn ich hätte ihm diese Hiebe aus vollstem Herzen gegönnt. Als wir an einer Quelle rasten, sehen wir denselben Fahrer unbeirrt mit den gleichen Manövern an uns vorbeirauschen.

Eine weitere unangenehme Begleiterscheinung ist der Plastikmüll auf Picknick- und Parkplätzen, der sogar den Straßenrand säumt. Vom Umweltschutz ist Iran noch Lichtjahre entfernt.

Endlich geht es hinab ins Tal und in der Ferne sehen wir das Meer schimmern, über das sich der Himmel wie ein blaues Segel spannt. Obwohl das Kaspische Meer der größte See der Erde ist, führt es salzhaltiges Wasser. Der Name des Dorfes Namak Abrud bedeutet übersetzt »fließendes Salzwasser« und liegt in der Provinz Māzandarān, in der wir nach unserer Hochzeit ein bisschen geflittert haben. Verträumt lächelt uns der Ort entgegen und schmiegt sich wie ein Geliebter sanft an den Meeresbusen. Māzandarān – das klingt so weich nach ruhigen Stränden und leichtem Wellenschlag, nach Sonnenhimmel und nach biegsamen Palmen, die der Seewind tanzen lässt, während die Fischer mit den Booten ihren Fang einholen.

Unser Haus ist Teil einer gepflegten Anlage, die sich wie ein riesiger Park kilometerweit ausdehnt. Hier unterhalten die Betuchteren der iranischen Gesellschaft ihre Sommervillen. Es ist ein Reich für sich, umgeben von einem kilometerlangen Zaun, der aber verborgen bleibt, weil ihn blühende Ranken überwuchern oder Bäume verdecken. Überall arbeiten Gärtner, die die Anlage hegen. Unser Domizil gehört der Bank Mellat, in der Mojgan arbeitet. Wenn Angestellte hier ihren Urlaub verbringen wollen, stellt die Bank ihnen die Unterkunft zuzüglich einer Putzfrau kostenlos zur Verfügung. Das Haus ist geräumig und bietet eine herrliche Aussicht nach Osten auf die Berge und nach Westen auf das Kaspische Meer.

Ich stehe auf dem Balkon und schaue auf ein wiegendes Blumenmeer, das der Wind leise dirigiert. Das feuchtwarme Klima schenkt Mutter Natur hier Üppigkeit. Kiwi- und Mandarinenbäume tragen pralle Früchte und der Duft des wilden Jasmin dringt betörend zu mir herüber. Ich gehe in den Garten und sammle ein paar Blüten, um mich an ihrem Duft zu berauschen. Der Chor der Singvögel hält im Schutze des Dickichts ein Ständchen und aus den grünen Matten erklingt das Konzert der nimmermüden Grillen. Ich denke an Omar Chayyām, der Māzandarān einst ein Gedicht widmete:

Māzandarān, mein Land, ich denke dein.
Mög immerdar dir Frucht und Duft gedeihn!
Dein Garten ist von Blumen immer schön,
Tulpen blühn und Narzissen auf den Höhn.

Die Luft ist klar, die Erde wohlgestalt,
ein steter Frühling, nie zu warm, zu kalt.
Im Garten schluchzt ihr Lied die Nachtigall,
Gazelle steigt vom hohen Hang zu Tal.
Wie Rosenwasser ist der Flüsse Flut,
so frisch, das gibt der Seele frohen Mut.
Ob Winter, Lenz, ob Sommer, Erntezeit,
stets prangt voll Blüten alles weit und breit.
Und Jahr um Jahr der Flüsse Ufer lachen;
Jagdfalken überall auf Beute wachen.
Von Rand zu Rande ist das Land geschmückt:
Brokat, Gold – alles was beglückt!
Nur dem, der hier in diesem Land des Frühlings lebt,
erfüllt sich ganz, was insgeheim sein Herz erstrebt.

Am nächsten Morgen sehe ich die Schattenseiten von Māzandarān, als ich an den Strand gehe. Abfälle, wohin ich blicke. Dieser Anblick blieb dem Dichter erspart. Niemand scheint die Strände oder Rastplätze zu pflegen oder sich verantwortlich zu fühlen. Meine Freude an dem herrlichen Panorama ist dahin. Hier wimmelt es sicher von Krankheitserregern, denke ich bedrückt. Trotzdem baden hier Menschen! Auf dem Rückweg, den wir auf einem schmalen Pfad durch das Schilf zur Straße nehmen, schlägt uns ein bestialischer Gestank entgegen. Der aufgeblähte Kadaver eines riesigen Hundes liegt am Wegrand. Rundherum liegen stapelweise Abfälle. Abfälle! Hätte die Natur eine menschliche Stimme, sie würde laut um Hilfe rufen.

Ich bin froh, als wir in unsere abgeschirmte Idylle zurückkehren, die mir wie eine Insel der Glückseligkeit erscheint. Hier herrschen eigene Gesetze. Keine Frau trägt hier ein Kopftuch. Wir legen unsere schließlich auch ab und freuen uns über das bisschen Freiheit. Hinter dem Haus führen Sandwege direkt zu dem nahe gelegenen Dorf und weiter zum Wald, der an die Berge grenzt. Wir schauen den Bauersfrauen beim Weben ihrer *Kelims*[75] zu und erkunden die Umgebung. Hier ist die Natur noch ungebändigt. Wilde Blumen wachsen am Wegrand und der feine Duft von Kräutern schwängert die Luft, untermalt vom Zirpen eines Zikadenchors. Vereinzelt sehe ich eine wilde Katze durch die Wiesen streunen. Im Unterholz züngelt es. Fasziniert beobachte ich, wie sich eine schwarzgrüne Schlange herauswindet und sich glänzend auf dem Weg ringelt. »Minou! Mojgan!«, rufe ich begeistert. »Das müsst ihr sehen.« Meine Nichten eilen herbei. Doch bevor ich noch etwas sagen kann, saust es wie ein Komet an mir vorüber und die Schlange verschwindet erschrocken im Gebüsch. Von meinen Nichten ist nur noch eine Staubwolke zu sehen. Eine olympiareife Leistung. Aus der Ferne höre ich ihre Schreie *»Mar! Mar!* – Schlange!« Verdrießlich folge ich ihnen und stoße auf eine Kuh, die mir den Weg versperrt. Sie sieht nicht sehr friedlich aus mit ihren riesigen Hörnern und dem gesenkten Kopf. Iranische Kühe sind zwar kleiner als die deutschen Milchkühe, aber auch angriffslustiger. Nun bin ich es, die rennt.

Am Nachmittag fahren wir mit der Seilbahn auf den Berg. Mitten in der Fahrt hängen wir mit unserer Vier-Personen-Gondel fest, tief unter uns undurchdringlicher Urwald. Durch den Wind gerät die Gondel ins Schlingern. Die Halterung knackt verdächtig. Ich spüre einen Kloß im Hals und blicke Sima an. Sie ist kreidebleich. Während die Gondel hin- und herschwankt, beherrscht uns alle die Frage, ob die Bahn regelmäßig gewartet wird, denn das Embargo trifft auch die Ersatzteile. Fast eine Viertelstunde hängen wir in schwindelerregender Höhe. Wir versuchen starr, den Blick nach unten zu meiden. Als es weitergeht, atmen wir erleichtert auf und werden sofort durch ein herrliches Panorama belohnt: Aus der Ferne leuchtet das Meer wie ein geschliffener Kristall in allen Blautönen. Kleine Dörfer säumen die Ufer, deren Häuser wie bunte Bauklötze fröhliche Farbtupfer abgeben, umrandet von lindgrünen Reisfeldern, die sich bis zum Urwald erstrecken. Auf dem Berg ist es feucht-kühl. Der Wald liegt im Halbdunkel, denn kein Sonnenstrahl vermag das dichte Blätterdach der riesigen Bäume zu durchdringen. Bänke und Tische aus massivem Holz laden zum Verweilen ein. Fröhliche Stimmen erschallen von überall. Einige Familien haben ihre gewebten Decken ausgebreitet und trinken Tee oder grillen. Abfälle liegen hier nirgends herum. Ich bin überrascht, wie zutraulich die Vögel hier oben sind. Es liegt an der Behutsamkeit der Menschen, die diesen Ort besuchen. Sogar Rotkehlchen flattern bis auf Armeslänge heran, beäugen uns neugierig und nehmen gern ein paar Kekskrümel entgegen. Mojgan stößt mich an und weist auf ein großes Transparent, das zwischen zwei Bäume gespannt ist. Ich lese: »An Frauen und Mädchen: Verhaltet euch sittsam. Achtet auf eure Kopfbedeckung!« Wieso erinnert mich das an George Orwells Buch *»1984«*?

Am Abend berichten die Nachrichten ausführlich über die Flüchtlingswellen aus Afghanistan. Seit das Land mit der Kriegsdrohung der USA leben muss, haben sich Scharen von Flüchtlingen zur iranischen Grenze aufgemacht. Hier ist man ratlos, wie man den Ansturm bewältigen soll, denn mit den zwei Millionen afghanischen Flüchtlingen, die bereits im Lande sind, läuft nicht alles reibungslos. Die Kriminalitätsrate, besonders bei Raubüberfällen, ist seitdem gestiegen. Viele Flüchtlinge haben leider keine Arbeit. Empörung auch über die Pauschalisierungen des Westens. Die verbalen Entgleisungen gegen Moslems stoßen auf Unverständnis. Und wieder einmal hat sich amerikanisches Militär am Persischen Golf postiert. Jedoch Iran verweigert der amerikanischen Luftwaffe ausdrücklich die Flugerlaubnis über dem Land. Die Sorge vor einem weiteren Brand im Nahen Osten ist allgegenwärtig. Besorgt schauen alle Richtung Westen.

Unsere erholsamen Tage vergehen wie im Flug. Die Rückfahrt verläuft entspannter. Entlang des wilden Lar, dessen jadefarbige Wasser über Kiesel und Fels mit rasanter Geschwindigkeit durch die Täler jagen, führt uns unser Weg vorbei an Pappel- und Zypressenhainen. Ab und zu entdecken wir ein malerisches Bergdorf, als habe es ein großer Pinsel dort hingetupft. Dicht schmiegt es sich an den Fels und klebt dort wie ein buntes Schwalbennest. Die Menschen im Nordiran lieben es, ihren Heimen einen farbenfrohen Anstrich zu geben. Doch meine Freude an der Schönheit erleidet einen Hieb, als ich sprachlos beobachte, wie ein Mann am Wegrand ein paar Plastiktüten und Flaschen aufsammelt und in den Fluss wirft. Der Lar fließt direkt zum gleichnamigen Staudamm. Welches Problem mag im Iran momentan größer sein, die Umweltverschmutzung oder die Wasserarmut?

Bisher haben wir das Trinkwasser in Teheran sorglos aus dem Hahn getrunken. Damit ist es nun vorbei. Nachdem, was wir gesehen haben, sind bakterielle Magen- und Darmkrankheiten geradezu vorprogrammiert. Es gibt inzwischen auch einige Lebensmittelskandale bei Milch und Öl. Rohmilch gilt als nicht keimfrei und es wird empfohlen, nur pasteurisierte Milch zu kaufen. Betroffen sind auch Speiseeis und Brot, die Milch- oder Fettzusätze enthalten. Die frischen Kräuter, die ich so gern esse und die sonst bei jedem Mahl beiliegen, können wir nur unter Vorbehalt genießen. Wir müssen darauf achten, aus welchem Anbaugebiet sie kommen und ob sie nicht gar mit irgendwelchen Pestiziden behandelt worden sind. In der Zeitung sticht mir eine Werbung ins Auge. Sie verspricht mit dem Zusatz von Antibiotika eine schnelle und keimfreie Hühneraufzucht.

Nun warnt der Staat zudem vor Fischen aus dem Kaspischen Meer, das die Erdölstadt Baku ohne Rücksicht verschmutzt. Auch im Nachbarstaat Aserbaidschan setzen sich die Menschen kaum mit den Folgen der Ölgewinnung auseinander. Teheran erwägt einen Boykott von kaspischem Fisch. Doch das trifft auch unsere eigenen Fischer. Trotz alledem wird weiterhin starker Wildfang nach dem Stör betrieben, dessen grauer Kaviar, das Gold des Meeres, immer höhere Preise erzielt. Inzwischen sind die Fischgründe stark abgefischt, sodass es den Fischern immer schwerer fällt, ihren Fang einzubringen. Dem iranischen Staat ist das klar. So versucht er, mit Fangquoten der wilden Fischerei Herr zu werden. Mittlerweile gibt es an der Nordküste Aufzuchtstationen, ein Versuch, das Gleichgewicht wieder herzustellen. Alles ist eine Kostenfrage, denn bis einem Weibchen Kaviar entnommen werden kann, vergeht eine ziemliche Zeit. Ist es soweit, wird es betäubt, der Bauch geöffnet, der Kaviar entnommen, das Ganze wieder vernäht. Dieser Vorgang kann ein paar Mal wiederholt werden. Das hört sich barbarisch an. Ist es auch. Die Fischer aus Baku trieben es in der Vergangenheit noch schlimmer. Sie fingen die Störe, schlitzten ihnen bei lebendigem Leibe die Bäuche auf, nahmen den Kaviar heraus und warfen die sterbenden Fische zurück ins Meer.

Mojgan geht ihren Problemen weiter aus dem Weg und uns auch, wenn wir sie darauf ansprechen. Ich kann ihre Zerrissenheit verstehen. Dennoch ist es wichtig, dass sie sich den Dingen stellt. »Wie läuft die Scheidung von Mortezar?«, frage ich vorsichtig.

»Ach, Bary. Er ist kein guter Mann. Die Scheidung läuft, aber er wirft mir einen Stein nach dem anderen in den Weg.«

»Wie das?«

»Haben wir einen Termin vor Gericht, verweigert er mir entweder die schriftlich vereinbarte Morgengabe oder will sie nur teilweise auszahlen. Hätte ich Saman behalten, würde er mich noch mehr unter Druck setzen. Auch darum habe ich verzichtet. Ich denke, er würde ganz sicher auf sein Recht pochen, dass ich ihm die Kleine in ein paar Jahren überlasse.« »Recht?«, rufe ich entrüstet. »Was sind das für Rechte?«

Sima liest mir aus der Zeitung vor: »Männer, die nach der Scheidung ihren Ehefrauen die Morgengabe verweigern, werden ab sofort mit Gefängnis bestraft.«

»Vielleicht wird diese Nachricht Mortezar zur Vernunft bringen«, meine ich hoffnungsvoll.

»Ach Bary, die Realität sieht doch ganz anders aus. Selbst für die Einhaltung des Ehevertrages muss eine Frau im Iran kämpfen – eben weil sie eine Frau ist.«

»Ich finde es empörend, dass ein verheirateter Mann mit einer anderen Frau oder mehreren Frauen eine Zeitehe eingehen kann und ungeschoren davonkommt, während er seine Frau wie ein Vieh behandelt«, schimpfe ich. »Solche Ungerechtigkeiten vertritt die Islamische Republik Iran, indem sie Familien nicht schützt.«

»Es ist das Gesetz der *Scharia*«, seufzt Sima.

»Mich packt der Zorn, wenn ich nur an diese Anmaßung denke, sich damit zu brüsten, Gottes angeblichen Willen zu vertreten«, platze ich heraus. »Weißt du, Sima, jedes Mal komme ich hoffnungsvoll nach Iran und hungere nach Neuigkeiten, die mir das nahe Ende der Mullah-Ära verkünden.«

»Ach Bary, bis dahin ist es noch ein weiter Weg!«

»Das ist mir klar. Aber weißt du, woran ich stets denke: Das Verbot, das die Mullahs während des Irak-Iran-Krieges zur Empfängnisverhütung sowie zur Abtreibung erließen, geht nach hinten los. Unsere Bevölkerung hat sich in zwanzig Jahren verdoppelt. Allein in den Ballungszentren Teherans wimmelt es derart von Kindern und jugendlichen Erwachsenen, dass fast von indischen Verhältnissen gesprochen werden könnte.«

»Ja, stimmt. Wir haben die jüngste Bevölkerung der Welt. Ich glaube, das Durchschnittsalter ist achtzehn Jahre.«

»Und wir in Deutschland«, füge ich schmunzelnd hinzu, »haben dagegen mit neununddreißig Jahren die älteste Bevölkerung der Welt.«

»Wie ist es mit der Arbeitslosigkeit in Europa?«

»Ach, das ist von Land zu Land unterschiedlich. Deutschland hat momentan so ungefähr zehn Prozent.«

»Wir haben zurzeit eine Arbeitslosenquote von fünfundzwanzig Prozent. Die trifft besonders die Jugendlichen. Du brauchst nur die Nachrichten lesen. Die sind voll davon. Es gibt weder Abwechslung noch Lebensqualität für die jungen Menschen. Was bleibt ihnen da übrig, als in den Parks oder Einkaufspassagen herumzulungern? Im Alltag werden sie mit scheinheiligen Phrasen und Lügen überschüttet, überall, ob auf der Straße, am Arbeitsplatz oder in der Universität. Setzen sie sich zur Wehr und kritisieren diesen Staat, werden sie verprügelt und eingesperrt. Dabei möchten sie doch einfach nur jung sein und ihre Freiheiten genießen.«

»Gab es denn in letzter Zeit wieder Demonstrationen?«

»Natürlich, Bary. Aber die werden ganz schnell durch die *Pasdaran* niedergemacht. Erst im Sommer haben sie wieder sechzig Studenten und Studentinnen verhaftet, die für Meinungs- und Pressefreiheit demonstriert haben. Unter den Angreifern schrien viele *›Allah-u akbar‹* und haben sie blutig geschlagen.«

»Wieso ist über diese Proteste so wenig in der westlichen Presse zu erfahren?«

»Weil das Regime alles unter den Teppich kehrt. Offiziell gibt es keine Gegenmeinung.«

»Mich verwundert immer weniger die zunehmende Abkehr von der Religion, besonders bei den jungen Menschen. Zwang und Glauben passen nicht zueinander. Wir brauchen uns doch nur in unserer Familie umzusehen. Außer Maman und *Aghadjan* betet kaum noch jemand bei uns.«

»Nun ja«, lächelt Sima. »Sie haben noch einen Traum. Sie wollen einmal in ihrem Leben nach Mekka reisen.«

Ich hoffe, die Machthaber im Iran werden die Rechnung für ihre Willkür und ihren Missbrauch bald präsentiert bekommen. Ihr radikales Verhalten und ihre strengen Verbote haben genau das Gegenteil von dem erreicht, was sie beabsichtigten. Der Traum von einer neuen Generation, die sich als willenloses Werkzeug gängeln und durch Parolen zügeln lässt, ist bald ausgeträumt. Diese Generation ist zwar abgewandt, jedoch wach und wird sich nicht instrumentalisieren lassen. Da bin ich sicher. Sie ist es überdrüssig, ewig die gleichen Litaneien zu hören, und schaltet die Ohren gelangweilt auf Durchzug. Das Aufbegehren, besonders unter der jüngeren Bevölkerung, wächst ständig. Die Kinder der Revolution lassen sich nicht mehr – wie einst ihre Eltern – als brave Schafherde an den Abgrund treiben. Dabei unterstützt sie das Internet. Es hat inzwischen zu meiner Freude seinen glorreichen Einzug gehalten. Das Internet gibt den jungen Menschen Antworten auf ihre Fragen und erweitert ihren Horizont, auch wenn der Mullahstaat nichts unversucht lässt, selbst da ihre Rechte zu beschneiden.

Noch gibt es keine geregelte Schulpflicht. Kinder aus unteren Bevölkerungsschichten, in denen die Religion der einzige Halt ist, haben selten einen Hauptschulabschluss oder gar eine Ausbildung und arbeiten bereits als Hilfskräfte, um die Familie zu unterstützen. Diese hofft das Regime noch im eigenen Sinne lenken zu können, denn in ihrer Abhängigkeit können sie später nicht einmal eine Familie ernähren und als unausgebildete Erwachsene kaum eine vernünftige Arbeit finden.

Dagegen gibt es in anderen Bevölkerungsschichten sogar immer mehr Mädchen, die eine höhere Bildung anstreben. Das Schulsystem im Iran hat fünf Grundschuljahre, dem drei weitere Schuljahre bis zur Beendigung des Hauptschulabschlusses folgen. Gute Schüler und Schülerinnen wechseln dann für vier weitere Jahre aufs Gymnasium.

Minou hatte heute ihren ersten Schultag auf dem Mädchengymnasium. Gespannt warte ich auf ihren Bericht.

»Nun erzähl schon«, fordere ich sie ungeduldig auf, als sie sich gemütlich auf dem Diwan räkelt und nicht mit der Sprache herausrückt.

»Weißt du, Bary, die Schule ist wie eine kleine Stadt. Ist ganz leicht, sich zu verirren! In meiner Klasse gibt es 39 Schülerinnen, aber – und nun staune – es gibt noch zehn weitere Parallelklassen mit je 40 Schülerinnen.«

»Mein Gott!«, entfährt es mir. »Was soll aus dieser Menschenflut werden! Und wie ging es weiter?«

»Natürlich wurde erst einmal gebetet, als die Klasse vollzählig war«, stöhnt sie und verdreht die Augen. »Dann erhielten wir eine Stunde Unterricht in Benimm, das heißt, keine Haare zeigen, keinen Lack auf den Nägeln, kein Schmuck, dunkle unauffällige Kleidung und so weiter ...«

»Und bist du jetzt klüger?«, frage ich schelmisch.

»Ja«, seufzt sie, »ich bin gleich meine tolle Uhr losgeworden, die ich von dir geschenkt bekommen habe. Sie sei zu auffällig, hieß es.«

»Waaaas?«, entfährt es mir unbeherrscht.

»Ist schon in Ordnung. Nach der Unterrichtsstunde bekam ich sie zurück, darf sie in der Schule aber nicht mehr tragen.«

»So also werdet ihr als Schülerinnen auf eure Rolle als unmündige Frau vorbereitet«, seufze ich. »Zum Glück hat die Erfahrung gezeigt, dass Frauen und Mädchen im Iran aus anderem Holz geschnitzt sind.«

»Allerdings.« Minou lacht. »Und«, fügt sie augenzwinkernd hinzu, »nach diesem ganzen Hokuspokus haben wir auch endlich was gelernt in Chemie, Physik und Biologie. Danach«, und sie verdreht die Augen, »wurde wieder gebetet. Das war's. Unser Schultag beginnt und endet mit Gebeten. Sicher kannst du dir vorstellen, wie groß die Angst unter uns ist, durch falsches Verhalten ins Auge der Moralwächterinnen zu geraten.«

»Mist«, entfährt es mir undamenhaft. »Das schürt natürlich Unsicherheit.« Minou grinst. »Wir finden schon unsere Ecken.« Dann wird sie ernst: »Weißt du, Bary, mein sehnlichster Wunsch ist es, Rechtsanwältin zu werden, um mich für die Rechte der Frauen und Mädchen einzusetzen, oder Psychologin, um Seelen zu heilen. Hier gibt es so viele gebrochene Herzen, so viele gestörte Menschen.« Ich stimme ihr zu, welche Wahl sie auch trifft, in beiden Berufen hätte sie jede Menge zu tun.

»Azar, was sagst du dazu?« wendet sie sich an ihren Onkel, der gerade das Haus betritt. »Soll ich Psychologin werden, um dich in der Schule zu unterstützen?«

Azar lacht. »So eine wie dich, die nicht auf den Mund gefallen ist, könnten wir gut gebrauchen.«

»Azar, wir sprachen gerade über das Schulsystem«, flechte ich ein. »Ich begreife nicht, wieso die Schülerinnen immer noch in *Hedjab,*[76] Mantel und langer Hose am Sportunterricht teilnehmen müssen? Sie gehen doch auf eine reine Mädchenschule, in der nur Lehrerinnen unterrichten.«

»Tja Bary«, meint er und sieht mich verschmitzt an, »aber der Hausmeister ist ein Mann!« Und dann ein Stoßseufzer: »Wir hoffen alle sehr, dass dieser sogenannte Gottesstaat bald in sich zusammenfällt, sonst ist Iran am Ende.«

»Wieso ist Arabisch immer noch ein Haupt- und Pflichtfach? Es wird doch nur zum Lesen des Koran benötigt.«

»Eben darum«, antwortet Azar bedächtig. »Die Menschen sollen doch verstehen, was sie beten. Die Sprache des Koran ist nun mal arabisch.«

»Aber Englisch und andere Fremdsprachen werden dagegen vernachlässigt. Schau dir Minou an. Sie ist fremdsprachenmäßig auf dem Stand einer Anfängerin.«

»Ja, Bary, und das wird sich kaum ändern. Ich habe auch auf dem Gymnasium nur einmal die Woche Englisch«, mischt Minou sich ein.

»Darum erhält sie in den Sommerferien Privatunterricht«, sagt Sima. »Ich befürchte, allzu viel wird er leider nicht bringen.«

»Aber zu einem kulturellen Austausch ist Englisch die beste Brücke. Es wäre sinnlos, darüber zu streiten, dass nicht nur Gutes aus dem Westen kommt. Das weiß doch jedes Kind im Iran.«

»Ja, Bary. Wir sind zwar durch unsere Vorgeschichte sehr empfindsam. Aber hier fragen sich manche, ob wir deswegen jungen Menschen von vornherein die reelle Chance verwehren dürfen, sich eine eigene Meinung zu bilden. Wenn die Jugend auf den Straßen mehr Freiheit fordert, ist das nicht nur der Einfluss des Westens, sondern der Wunsch nach Unabhängigkeit vom Regime und einem freien Iran.

Auf dem Dach des Hauses gegenüber werkelt ein Mann an seiner Satellitenschüssel.

»Der ist ganz schön mutig, so am helllichten Tag«, sage ich staunend.

Azar grinst. »Stimmt, zumal die Mullahs das Verbot der Satellitenschüsseln jetzt mit dem Vorwand begründen, dass damit auch Pornokanäle empfangen werden könnten. Übrigens wird auch das Internet eifrig beschnitten.«

»Gefährliche Medien«, lache ich. »Staatsfeind Nr. 1.«

»Ja, Bary. Nach wie vor sollen die Einflüsse von westlichen Medien begrenzt gehalten werden. Aber das hält die Installateure nicht davon ab, nachts auf den Hochhäusern die Parabolantennen anzubringen. Sie verdienen dabei gutes Geld.«

»Und wenn sie erwischt werden?«

»Dann werden sie wie Verbrecher behandelt. Übrigens ist das Interesse an den Pornokanälen sehr gering. Die meisten Familien bitten von vornherein darum, diese Kanäle zu kappen. Doch regelmäßig gibt es Razzien. Dann kreisen Hubschrauber über der Stadt, um Standorte illegaler Satellitenanlagen ausfindig zu machen. Wird jemand erwischt, wird die Anlage zerstört. Aber die Menschen lassen sich nicht entmutigen. Gegen den Fortschritt kann sich eine bigotte Theokratenmacht nicht zur Wehr setzen.«

Mit Azar plaudere ich gern über die Situation im Land, die er stets mit einem lachenden und einem weinenden Auge schildert. Da er Lehrer ist und ihm politisch wie auch sozial das Wohl des Landes am Herzen liegt, sind die Gespräche sehr berührend. »Ich bin gern Lehrer«, meint er einmal traurig lächelnd, »aber manchmal erreiche ich meine Grenzen, und das macht mich fertig.«

Auf meine Nachfrage erklärt er mir: »Ich unterrichte viele Kinder mit seelischen Problemen. Aber es besteht keine Möglichkeit, sie zu therapieren. Der Staat tut da rein gar nichts.«

»Welcher Art sind die Probleme?«

»Du musst dir einmal vorstellen: In einer Klasse habe ich allein zwanzig Kinder, deren Eltern oder ein Elternteil Selbstmord begangen haben. Viele Familien sind kaputt, zerbrochene Ehen gibt es genügend. Die hohe Selbstmordrate ist im Iran ein Tabuthema, ebenso wie die hohe Scheidungsrate. Es wird einfach nicht darüber gesprochen. Ein großes Manko ist auch, dass ich mich aufgrund der vielen Problemfälle dem einzelnen Kind nicht individuell widmen kann. Da gibt es Wunden, die werden ein Leben lang mit sich herumgeschleppt und niemals heilen. Hinzu kommen die schlechten Noten, denn Kinder mit solch immensen Problemen können natürlich auch nicht gut lernen. Wie sollen sie als Erwachsene nur klarkommen, wenn sie dieses Trauma nicht bewältigen?«

»Wie kommst du selbst damit klar?«

»Gar nicht«, antwortet er kurz und seine Augen werden feucht.

Die Studentenrevolten gegen das Mullahregime häufen sich auch während meines Aufenthalts. Die Studierenden fordern mehr Freiheit in Bildung und Gesellschaft – einfache Menschenrechte, die zu einer Demokratie gehören. Wieder einmal haben konservative Mullahs einige liberale Zeitungsverlage geschlossen, einige Schriftsteller festgenommen und, wie ich höre, verschwinden lassen.

Azars Sohn Parviz nimmt regelmäßig an diesen Demonstrationen teil. Eines Tages gerät er in die Hände von Schlägertrupps der Miliz. Sie schlagen mit ihren Knüppeln so lange auf ihn ein, bis er schwer verletzt am Boden liegen bleibt. Sein Glück ist, dass einer der Schläger ihn eigenhändig ins Hospital gebracht hat. In seinem Krankenzimmer stehen wir fassungslos an seinem Bett. Ich betrachte seinen geschundenen Körper und überwinde den Brechreiz. Bin einfach froh, dass er noch lebt. Zum Glück haben sie ihm nicht den Kiefer gebrochen, sodass er uns in knappen Sätzen den Ablauf berichten kann.

»Als die Schlägertrupps über uns herfielen, dachte ich, mein letztes Stündlein sei gekommen. Ihre Knüppel waren armdick. Diese Schmerzen. Es war wie ein Feuer. Habe ich geschrien? Ich weiß nicht, war wie von Sinnen vor Schmerzen ... Plötzlich gebot ausgerechnet einer der schlimmsten Schläger den anderen Einhalt. Das ist der Sohn meines Lieblingslehrers, hat er geschrien. Tut ihm nichts mehr!«

Vor Schmerzen stöhnt Parviz auf, als er eine unbedachte Bewegung macht. Dann kann er seine Schilderung fortsetzen: »Der hat sich dann bei mir entschuldigt und ich glaube, er hat mir sogar – das klingt irre – das Leben gerettet. Einen meiner Kumpels haben sie, glaube ich, totgeschlagen.«

Er lehnt sich erschöpft zurück. Sein röchelnder Atem scheint den Raum zu füllen. Fragend blickt er einen nach dem anderen an: »Was ist aus den anderen geworden? Wir waren eine Gruppe von zwölf. Alles Kommilitonen. Alles meine Kumpel. Wurden sie festgenommen?« Wir zucken bedrückt mit den Schultern. Niemand hat etwas gehört.[77]

Ausschreitungen wie diese gibt es häufig, aber sie haben nicht so viel Gewicht, dass sie als Nachrichten die Grenzen überfliegen. Der Westen ist eher damit beschäftigt, Berichte und Reportagen über »militante Islamisten« zu zeigen, weil das die Einschaltquoten erhöht. Besonders jetzt nach dem 11. September reicht es schon, dass du sagst, du bist Moslem, und schon trägst du das Kainsmal. Wer aber spricht und berichtet von all denen, die ihr Leben aufs Spiel setzen für Freiheit, Gerechtigkeit und Frieden? Auch das sind Moslems.

»Azar«, frage ich, »was ist von der iranischen Revolution geblieben? Hat sich keines unserer Ideale durchgesetzt?«

»Die iranische Revolution! Sie hat uns mit Stacheldraht gefesselt. Jede Bewegung schmerzt. Das hat die Menschen verändert und ihr Urvertrauen verletzt.«

»Was können wir denn tun? Von außen sieht die Welt erhobene Fäuste, Mäuler, die *»Allah-u akbar«* brüllen, und brennende Fahnen. Aber wenn ich mit wachen Augen durch das Land gehe, dann sehe ich, dass hinter dem Schleier der Wille nach Freiheit und Menschenwürde ungebrochen ist.«

»Richtig. Aber ein starkes Manko, das viele Menschen zurückhält, bis zum Äußersten zu gehen, ist der fehlende Weg. Das Ziel dagegen kennt jeder.«

»Auch ich spüre das. Da ist so eine verlorene Traurigkeit in den Menschen und zugleich ein Verharren. Kleiderordnung, Glaubenseiferer, Gewalt und dann noch die hohe Inflation höhlen die Menschen hier aus. Wo bleibt da noch die Kraft, sich gegen Missstände zu wehren und sich für positive Veränderungen in der Gesellschaft einzusetzen?«

»Ja, das Leben im Iran ist für den Durchschnittsbürger sehr hart. Jeder ist ausschließlich mit sich und seinen Alltagsproblemen beschäftigt.«

»Das ist wohl auch der Grund dafür, dass die Menschen ihre Umwelt so lieblos behandeln.«

»Wahrscheinlich. Doch was wir auf der einen Seite vernachlässigen, kommt auf der anderen Seite zum Vorschein. Wir sind ein mitfühlendes Volk und Hilfsbereitschaft und Gastfreundschaft sind nach wie vor ungebrochen.«

»Wie machen sich westliche Einflüsse bemerkbar, Azar? Zum Beispiel bei jungen Menschen?«

»Die zeigen sich eher negativ. So besteht gerade bei den Jüngeren die Neigung, alles Westliche zu glorifizieren – und dieses unkritische Verhalten reißt die Menschen tiefer in die Depression. Durch das Internet sind sie von der Außenwelt nicht mehr so abgeschnitten und es wird ihnen bewusster, was ihnen fehlt. Es braucht noch ein wenig Zeit, bis sie ihren Weg gefunden haben.«

»Weißt du, Azar, und darin liegt meine Hoffnung. Vielleicht werden die Kinder der Revolution die Veränderung bringen.«

Aus unserem Nachmittagsschlaf werden wir durch einen Aufschrei geweckt. *Aghadjan* ist hingefallen. Zum Glück hat er sich nichts gebrochen, aber sein Knie schmerzt stark und ist geschwollen. Obwohl alle Räume mit dicken Teppichen ausgelegt sind, glitt er ausgerechnet auf den Fliesen in der Küche aus. Diese verdammte Parkinson-Krankheit! Sie macht uns alle hilflos. Sobald er sich erhebt, springt stets einer von uns auf, um ihn zu stützen. Diesmal hatten wir alle geschlafen und machen uns Vorwürfe. Die Liste seiner zahlreichen Medikamente ist mir unheimlich. Einmal die Woche sitzen Sima und Azar auf dem Teppich, vor sich einen Haufen Tabletten. Sie überwachen gemeinsam die genaue

Dosierung. Nicht eine Tablette darf vergessen werden. Wenn bloß die Nebenwirkungen nicht wären!

Aghadjan sitzt auf den *Puschtis* und blickt trübsinnig auf den Granatapfelbaum im Garten, den er einst pflanzte. Vielleicht denkt er an die Zeit zurück, als er jung und stark war und er sein Leben fest in den Händen hielt. Ich lege eine CD mit traditioneller Musik auf. »*Aghadjan*, schau, ich tanze für dich«, versuche ich ihn aufzumuntern. Dann beginne ich einen persischen Tanz und spüre, wie die Melodie längst vergessene Träume in mir weckt. Mein Blut beginnt zu singen und eine tiefe Freude ergreift mich. Ich tanze mein Leben und gebe mich der Musik ganz hin. Der weiche Teppich im Salon federt meinen Schritt und als ich an *Aghadjan* vorbeitanze, sehe ich das Leuchten in seinem Gesicht und bin glücklich. Er lächelt und klatscht vergnügt in die Hände. Als die Musik verklingt, knie ich lachend bei ihm nieder. Da zückt er seine Geldbörse und gibt mir ein paar Scheine. Ich küsse ihn auf die Stirn und streiche das Geld lachend ein. Das ist Glücksgeld. Da flüstert er mir zu: »*Dastet dard nakon-e,* meine Lieblingsschwiegertochter. Keine von den Mädchen hat mein Herz so erfreut wie du.« Frohgemut umarme ich ihn, weiß ich doch, das war kein *Tarouf.*[78]

Zu Beginn der Revolution war ein Teil der Familie von *Aghadjan* überzeugte *Hisbollahs.* Das zu erfahren, hat mich sehr überrascht, denn *Aghadjan* passt keineswegs in das Bild eines engstirnigen, strenggläubigen Moslem. Er ist ein gläubiger, jedoch bodenständiger und toleranter Mensch. Gleich zu Anfang der Revolution hat er sich von dem Regime klar distanziert. Seine Verwandten, die sich voll Enthusiasmus für Chomeini begeisterten, mieden ihn daraufhin. Inzwischen ist die Luft raus und der Euphorie folgte die bittere Erkenntnis, dass es sich nur um eine weitere Diktatur im Iran handelt, geschickt umhüllt mit dem Tarnmantel der Religion. Auf diese Art wurden unzählige gläubige Moslems enttäuscht, die auf ein besseres und gerechteres Leben hofften. Nun klopfen sie wieder an *Aghadjans* Tür, fragen nach seinem Wohlergehen und holen seinen Rat ein. Dabei höre ich manch unmutiges Wort über die Mullahdiktatur.

Meine Kinder rufen aus Deutschland an. Sie sorgen sich wegen der Kriegsgerüchte um uns. Ein Krieg in Afghanistan scheint unwiderruflich im Kommen. Aufgeregt berichten sie, dass die Zeitungen voll davon seien, Fernsehen und Radio melden jede naslang neue Hiobsbotschaften. Wir können sie nur mühsam beruhigen. In drei Wochen sind wir wieder zu Hause.

Obwohl ein Großteil der Familie in Teheran lebt, würde ich diese Stadt wohl eher nicht wählen, um im Iran zu leben. Teheran ist hektisch, chaotisch, mitunter sogar abweisend. Trotzdem behauptet fast jeder Iraner, Teheraner zu sein, und ist stolz auf diesen Moloch. Wie ein Magnet zieht er die Menschen an, die hier das große Glück suchen. Es ist eine Art Hassliebe. Viele verabscheuen die Stadt und kommen doch von ihr nicht los.

»Mein Sohn! Kein Reichtum ist größer als der Verstand, keine Armut ist wie die Unwissenheit. Nichts ist so abstoßend wie Selbstbewunderung und keine Lebensart ist so genussvoll wie gutes Benehmen.« (Ausspruch Imam Alis zu seinem Sohn Hassan)

Am Vorabend zum Geburtstag Imam Alis, dem Begründer der *Schia*, herrscht munteres Treiben auf den Straßen. Die sonst so triste Stadt schmückt sich fröhlich mit Blumen und Bannern. Als am Abend die Lichter in Teheran angehen, lädt uns Sima in ein traditionelles Restaurant ein, das die Form eines riesigen Nomadenzeltes hat. Der Innenraum, in dessen Mitte ein Springbrunnen sprudelt, kann locker vierhundert Menschen aufnehmen. Das Licht der Messinglampen, die tief von der Decke hängen oder auf den Tischen stehen, hüllen den Raum in geheimnisvolles Licht. An den Wänden hängen gewebte *Kelims* und kunstvolle Kachelbilder aus dem alten Iran. Überall flattern bunte Nomadenfähnchen an *Esfand*schnüren von den Decken, die die Gäste willkommen heißen und gegen den bösen Blick schützen sollen. Die Tische sind mit *Gol-e Maryam* geschmückt, der duftenden weißen Tuberose. Rund um den äußeren Kreis des Raumes befinden sich *Tacht-e tschubi*, Holzpodeste für Gäste, die nicht an Tischen, sondern traditionell auf Teppichen und Sitzkissen speisen wollen. Im mittleren Ring stehen Tische und bequeme Stühle. Es gibt ein Vorspeisen-Buffet mit allerlei Köstlichkeiten der persischen Küche. Kellner in iranischen Trachten tragen riesige Tabletts mit duftenden Speisen.

Ein Kellner tritt an unseren Tisch und schwenkt über unseren Köpfen ein kupfernes Räucherpfännchen mit *Esfand*. Während er es sacht hin- und herwiegt, knistern die brennenden Kräuter und verbreiten einen wohltuenden Duft. Tief atmen wir den Rauch ein, lehnen uns entspannt zurück und genießen die Magie des Orients, diesen alten heiligen Brauch, entstanden lange vor dem Islam, der böse Geister vertreiben soll.

Musik ist seit nahezu drei Jahren in den Restaurants wieder erlaubt. Sogar Gesang ist gestattet, allerdings nur von Männern. Frauen dürfen nur für Frauen singen – Männer für alle! Die Krönung dieses Abends ist eine traditionelle Musikgruppe mit den typischen Instrumenten *Daf*[79], *Santur*[80] und *Kamanche*[81]. Die Musiker beginnen zu spielen, das Essen wird aufgetragen und die Stimmung steigt, als die alten Weisen erklingen, untermalt von fröhlichem Stimmengewirr. Fast ist es, als seien die alten Zeiten wieder heraufbeschworen. Zwei Männer treten mit ihren *Dai're*[82] auf die Bühne. Die Stimmung steigt. Einige Gäste johlen und klatschen und auch ich beteilige mich eifrig, wobei mir ein paar Mal der Ruseri herunterrutscht. Erschrocken blicke ich um mich. Doch Simas Hand ruht beruhigend auf meiner Schulter. Saeid zückt lachend die Kamera und fotografiert mich ohne Tuch und Sima zieht das ihre weiter zurück, sodass es auf der äußersten Kante des Hinterkopfes ruht. Wir ernten wohlwollende Blicke von den Nachbartischen.

In Deutschland würde es heißen, unser Essen ist ein Gedicht. Ich genieße mein *Choreschte Fessendjun,* das ist Hühnchen in Walnuss und Granatapfelsaft mit feinem persischen Reis. Mit Fasan oder Ente schmeckt es ebenso ausgezeichnet. Saeid hat sein geliebtes *Tschelo-Kebab,* zartes Lammfilet, geklopft und gegrillt, das im Mund wie Butter zergeht, natürlich mit Safranreis. Sima und Kazi teilen sich ein *Kufte Tābrizi,* das ist ein Reiskloß, groß wie ein Fußball, mit Hack gemischt und allen erdenklichen Kräutern gewürzt, gefüllt mit Walnüssen, Eiern und Backpflaumen, der in einem riesigen Topf zubereitet wird. Mein Vater hat es tatsächlich einmal geschafft, als Füllung ein ganzes Huhn darin zu verstecken. Nach dem Essen eilen die dienstbaren Geister beflissen herbei und reichen Tee und Wasserpfeifen. Ich nehme einen tiefen Zug und schwebe in anderen Sphären. Was für ein Tabak! Ich bin wahrlich berauscht. Azar schmunzelt: »Ja, Bary, das ist tatsächlich die einzige Möglichkeit, sich ohne Alkohol einen kleinen Rausch zu genehmigen.« Ein Sänger tritt ans Mikrophon. Seine wohlklingende Stimme verzaubert mich. Ich schmelze förmlich dahin und lasse mich von den sanften Tönen davontragen. Oder ist es nur mein Rausch, der mich so abheben lässt? Die Stimmung im Saal erreicht den Höhepunkt. Die Männer erheben sich und beginnen mitzusingen, und nun fallen auch die Frauen laut mit ein. Es ist 1.00 Uhr morgens. Die erlaubte Öffnungszeit des Restaurants ist weit überschritten. Niemand macht Anstalten zu gehen. Immer mehr Zugaben werden verlangt. Mir zuckt es in den Beinen. Tanzen! Ach, wie herrlich wäre es, sich nach der vertrauten Musik zu wiegen. Ich denke, vielen geht es wie mir. Nieder mit den Freudenmördern, die uns in wallende Gewänder stecken und das Lächeln von den Lippen stehlen!

Gegen 2.00 Uhr morgens stimmt ein Sänger das Lied *Ey Iran* an, unsere (heimliche) wahre Freiheitshymne, unbeugsam gegenüber Schah oder Mullahregime. Niemand sitzt mehr. Wir singen und weinen und lachen zugleich. In diesem Augenblick sind wir alle eins, untrennbar miteinander verbunden. Als das Lied ausklingt, verlassen wir ohne Kommando still und geschlossen das Restaurant. Kein Flüstern ist zu hören. Das Schweigen ist beredter als jedes Wort.

Draußen empfängt uns ein Pfeifkonzert. Jugendliche haben sich um das Lokal versammelt und protestieren aufgebracht. Wie ich erfahre, haben Ordnungshüter sie aus einer Passage vertrieben, einem beliebten Treffpunkt gleich neben dem Restaurant. Eine kleine Hand greift nach meinem Arm. Erstaunt blicke ich in das Kindergesicht eines etwa sechsjährigen Jungen, der mir ein Kaugummipäckchen entgegenhält.

»Was machst du denn nach Mitternacht noch auf der Straße?«

»Ich muss verkaufen! Bitte, meine Dame, kauf etwas!«

Kinderarbeit! Abseits steht ein Mann, der den Kindern Anweisungen gibt. Schnell drücke ich dem Kind einen Geldschein in die Hand. Sofort kommt ein weiterer Junge angelaufen, noch jünger als der erste, und hält mir seine Ware entgegen. Kazi zückt eine kleine Geldnote. Ein Blick darauf und der Junge wehrt entrüstet ab. »Ich bin doch kein Bettler!« Meinen Schein hat er genommen, denke ich innerlich schmunzelnd. Der war auch mehr wert. Ich streiche den Jungen noch kurz über sein struppiges Haar. Da ruft Saeid ungeduldig: »Nun komm schon, Bary, da ist gerade eine ganze Horde im Anmarsch!«

Die organisierte Bettelei mit Kindern hat Hochkonjunktur. Die Landflucht in die Stadt hat die Armut sichtbar vermehrt, besonders hier in Südteheran. Auf dem Rückweg gerät der Verkehr plötzlich ins Stocken. Mitten auf der vielbefahrenen, mehrspurigen Straße hockt ein Mensch auf einem Holzbrett oder das, was von ihm körperlich übrig geblieben ist; denn er hat weder Arme noch Beine. Ein Bettler. Sein Blick ist starr geradeaus gerichtet, als könne ihm kein Auto etwas anhaben. Die Autofahrer umfahren ihn. Niemand hält – auch wir nicht. Zu gefährlich. Meine eben noch so heitere Stimmung ist dahin.

Bisher kam ich bei meinen letzten Reisen nie auf die Idee, in Teheran eine Friseurin aufzusuchen. Als meine Nichten einen Termin verabreden, beschließe ich, sie zu begleiten. Ehrlich gesagt bin ich neugierig, wie es in diesen verzwickten Zeiten dort zugeht. Gerüchten nach wird Frauen, die einen Friseursalon betreiben, ein lockerer Lebenswandel nachgesagt – natürlich von den Männern, die dort keinen Zutritt haben. Was hier als »lockerer Lebenswandel« gilt, ist in Europa nur Normalität. Äußerlich ist von einem Salon nichts zu erkennen, keine großen Fenster, keine Reklame, sondern dicke Mauern, die jeglichen Einblick verwehren, geschweige denn erkennen lassen, was sich dahinter verbirgt. Über dem Eingang der Tür lediglich ein kleines Schild mit der englischen Aufschrift »Beauty Salon«, was in *Farsi »Arayeschgah-e siba«* lauten würde.

Hinter der Tür erwartet mich eine andere Welt. Gleich am Eingang thront hinter einem riesigen Schreibtisch die Inhaberin. Sie nimmt die Wünsche der Kundinnen entgegen, prüft den Termin, ohne den sie keiner Frau Einlass gewährt, kassiert auch das Geld. Die ganze Zeit, die ich hier verbringe, sehe ich sie Geldscheine zählen, denn das Geschäft floriert. Mantel und *Rusari* werden mir von einer Garderobiere abgenommen, dafür erhalte ich eine Marke. Nun darf ich den Salon betreten und verharre verblüfft an der Schwelle.

Aus versteckten Lautsprechern ertönt moderne persische Tanzmusik. Der riesige Salon gleicht einem sinnenfreudigen Harem, dem nur die Eunuchen fehlen, um Süßigkeiten zu reichen. Frauen und Mädchen, schlanke und mollige, lassen sich hier in einer fast lüsternen Atmosphäre verwöhnen. Aus einem angrenzenden Raum klingt fröhliches Geschwätz. Hier verzaubern zarte Hände die Gesichter zu wahren Kunstwerken, sodass selbst die unscheinbarste Frau zur Schönheit erblüht. Ich sehe in Porzellangesichter, die vollen Lippen glänzen sinnlich rot, die Mandeln tiefdunkler Augen von Kajal umrandet. Grazil schweben verführerische Gestalten durch den großen Saal, bewegen sich aufreizend in ihren hautengen Hosen und knappen Röcken. Aus den tiefen Ausschnitten schwellen verheißungsvoll die Brüste, einige tragen nur ein Handtuch um die Lenden. Auf den Liegen räkeln sich genussvoll die Frauen und lassen sich von munter quasselnden Mädchen massieren. Alles fließt, ist in Bewegung, die Masseurinnen, das massierte Fleisch und die unermüdlich schwatzenden Münder. Auch ich tauche ein in diese Welt, die nur den Frauen gehört. In diesem Salon schaltet die moderne Iranerin ab von der Außenwelt und den gestrengen Zeigefingern, die ihr mit der Nagelspitze den Schleier über das Gesicht ziehen.

Hier sitzen oder liegen sie vereint nebeneinander, die Professorin neben der Hausfrau, die Studentin neben der Sekretärin. Strähnchen sind der Renner und mit der Igelalufolie auf dem Kopf wirken sie alle miteinander futuristisch und ich stelle mir insgeheim vor, wie sie im Gleichschritt durch die Alleen von Teheran marschieren, Transparente in den Händen: Mein Haar gehört mir! Gefärbt wird, was das Zeug hält. Gelobt seist du, du lichtes Blond! Das schöne schwarze Haar verschwindet unter dem stinkenden Bleichmittel und gleicht mitunter, seiner natürlichen Kraft beraubt, einem abgezogenen Schaffell.

Auch Permanent Make-up hat hier seinen siegreichen Einzug gehalten. Während ich die einzelnen Gesichter betrachte, fällt mir auf, dass sich jede zweite Frau, die hier sitzt, bereits einigen Schönheitsoperationen unterzogen hat, wie aufgespritzte Lippen, Gesichtsstraffung und

Nasenverkleinerung. Manche werden sich fragen, wieso sich gerade im Lande des *Tschadors* so viele Frauen einer Schönheitsoperation unterziehen. Darum will ich den Schleier der Unwissenheit ein wenig heben, um einen Blick dahinter zu gestatten. Chomeini betrachtete die Transsexuellen des Irans mit Argwohn. Ihm gefiel die verschwommene Grenze zwischen den Geschlechtern nicht. »Die Körper dieser Menschen sind ihre Kerker und darum gilt es, sie daraus zu befreien«, ließ er verlauten und erließ 1984 eine *Fatwa*, die Transsexuellen eine Geschlechtsumwandlung erlaubte.[83] Prompt erhielten männliche Frauen einen Penis und frauliche Männer eine Vagina. In seinem Vermächtnis lautete die klare Weisung, dass Iran ständig ein Budget für Geschlechtsumwandlung bereitzuhalten habe. Das war der Auftakt für einen Boom an Schönheitsoperationen, geschaffen von dem »Licht Gottes«, Ayatollah Chomeini, der nun zum Gott der plastischen Chirurgen wurde und Iran zum gelobten Land dafür machte. Damit schuf er – vielleicht ungewollt – eine Doppelmoral: Einerseits wird den Frauen vorgeschrieben, sich in der Öffentlichkeit unauffällig zu kleiden, ihre Haare unter dem Schleier zu verbergen und das Schminken zu unterlassen, um die Männer nicht zu verführen. Andererseits wird von höchster Stelle gestattet, der Schönheit mit dem Skalpell nachzuhelfen. Dieser Widersinn wurde zum Eigentor, der die »frommen Wünsche« zunichte gemacht hat.

Besonders Nasenoperationen erfreuen sich großer Beliebtheit. Einige Frauen tragen auch hier im Salon noch ihre Bandagen. Im Gegensatz zu europäischen Frauen verstecken sich operierte Iranerinnen nicht, bis die Narben verheilen. Sie tragen stolz ihre bepflasterte Nase zur Schau, als würden sie Escada tragen. Mir persönlich gefiel die »iranische Nase«, sie gab dem Gesicht der Frauen etwas Geheimnisvolles. Doch sie wird immer seltener, denn die Iranerinnen wollen keine Nase, die aus dem Rahmen des Kopftuchs hervorlugt. Sie träumen von einer schlanken nordeuropäischen Nase,[84] die westlichen Maßstäben entspricht und sich zugleich gegen herkömmliche Maßstäbe richtet. Also im weitesten Sinne eine »politische« Nase.

Der Schleier, unter den das Regime die Frau nötigte, begrenzte ihre Erscheinung auf Hände und Gesicht und führte dazu, dass das Resultat gelungener Operationen viel augenfälliger wurde. So zwingt er den Mann, der Frau ins Angesicht zu blicken. Und was sieht er dort? Fein gezupfte Brauen wölben sich im zarten Bogen über ausdrucksvollen dunklen Augen, deren halbgeschlossener Blick, begrenzt von langen Wimpern, verführerisch wie ein Liebespfeil direkt in sein Herz sticht. Versucht er sich der Kraft dieses Blickes zu entwinden, fällt sein Auge auf eine zarte Nase, unter der sich der halbgeöffnete Mund wie eine reife Kirsche offenbart. Schlanke Hände mit langen rotlackierten Nägeln streichen wie unabsichtlich eine Strähne aus der Stirn. Benommen taumelt er davon, um gleich darauf in das nächste schöne Gesicht zu schauen. Hat Chomeini damit gerechnet?

Ich blicke in den Spiegel. Die Kosmetikerin bemalt meine Augen mit Kajal und betupft meine Lippen mit zartem Rot. Meine Frisur ist gelungen und die Haarkünstlerin lächelt zufrieden. Beim Aufstehen lege ich mein *Rusari* darüber.

Iran hat seit jeher ein fußballbegeistertes Volk. Gerade unter den Frauen finden sich viele Fußballfans, darum trifft das Stadionverbot sie besonders schwer. Alle brennen wir darauf, dass sich die Nationalmannschaft für die Fußballweltmeisterschaft qualifiziert. Es ist Freitagabend. Iran hat im Vorspiel gegen Thailand 1:0 gewonnen. Jubelnd ziehen die Menschen durch die Straßen. Der Verkehr stockt. Wir sind auf dem Nachhauseweg und stehen im Stau. Unmerklich ändert sich die Stimmung. In den Winkeln von Haft Hos versammeln sich immer mehr Jugendliche. Zusehends wachsen die Gruppen zu Massen. Aus dem fröhlichen Gejohle wird ein Brüllen. Tief aus dem Inneren scheint es zu wachsen und schlagartig gellt aus sämtlichen Kehlen ein einziger Aufschrei. Müllcontainer werden umgestoßen, die vorübergehenden Menschen angriffslustig gemustert. Erste Steine fliegen. Plötzlich dröhnen Polizeisirenen. Polizisten mit Schlagstöcken tauchen überall auf, versuchen beflissen, die Jugendlichen auseinanderzutreiben. Maman und *Aghadjan* sitzen schweigsam im Fond unseres Wagens, haben Angst. Aber ich kann mein Frohlocken kaum unterdrücken und spüre den Glanz in meinen Augen fast körperlich. Fußball ist ein Ventil, nicht nur

Freude, sondern auch Frustration und Zorn herauszulassen. Den Menschen reicht es mal wieder. Das Spiel ist ein Anlass, dem Regime die Stirn zu bieten. Die hohe Jugendarbeitslosigkeit ist Grund genug.

Glas splittert. Unsere jungen Wilden zeigen ihren Überdruss. Maman ist aufgeregt. *»Ey Choda«*, stöhnt sie, »sie werden uns die Fensterscheiben einschlagen. Es wird Raub und Plünderungen geben. Vielleicht wird Schlimmeres geschehen und Blut fließen.«

»Maman, warum sollten sie gerade unsere Schreiben einschlagen? Die Wut richtet sich doch nicht gegen Privatpersonen.«

»Ach, Bary, mir stecken noch die Ausschreitungen der Revolution in den Knochen. Da wurde jeder angegriffen.«

»Beruhige dich doch, das ist doch keine Revolution. Es ist ein Aufbegehren gegen die Unterdrücker. Ehrlich gesagt, ich freue mich darüber. Endlich wehren sich die Menschen.«

Seufzend hält Saeid den Wagen an. Ein Blick nach draußen zeigt mir, dass wir von Menschen eingekeilt sind. Es ist kein Vorankommen.

Aghadjan wirft ein: »Ich denke, weitere Aufstände könnten eher unsere Lage verschlimmern. Sie werden es uns büßen lassen.«

»Das glaube ich nicht, *Aghadjan*. Schlimmer geht's nimmer. Ich denke, die Menschen würden sich dann erst recht zur Wehr setzen, denn was hätten sie noch zu verlieren? Schlimmer wären nur die Taliban. Aber das sind Sunniten. Die würden hier keinen Fuß auf die Erde kriegen.«

Zähflüssig wälzt sich die Blechkolonne voran. Das Straßenbild ist überall gleich: umgestürzte Mülleimer, losgelöste Steine, Polizei. Als wir endlich in unsere Gasse einbiegen, bemerken wir zwei junge Männer auf einem Motorrad, die uns augenscheinlich folgen. Als wir an der Haustür aussteigen, halten sie mit laufendem Motor hinter uns und mustern uns provokativ. Wir beschließen, sie zu ignorieren, und bitten Kazi, der uns nach Hause gebracht hat, schleunigst zurückzufahren. Er macht eine abwehrende Handbewegung und winkt lachend ab. »Nein, ich will mir noch einmal die Unruhen aus der Nähe ansehen und abwarten, wie sich die Situation entwickelt.« Ich beneide ihn. Wie gern würde ich ihn begleiten. Heimlich hat jeder von uns das Motorrad im Auge. Erst als Kazi die Gasse verlässt und wir vom sicheren Hausinneren die Straße beobachten, wendet das Motorrad und verschwindet. Die Situation war doch etwas mulmig.

Der Zauber Isfahans

»*Esfahan nesf-e djahan* – Isfahan ist die Hälfte der Welt«, lautet eine persische Weisheit. Hier leben vier Millionen Menschen – muslimische, jüdische, armenisch-christliche – mehr oder weniger friedlich miteinander. Die Stadt am Fuße des Zagrosgebirges mit ihren bezaubernden Gärten und prächtigen Palastanlagen ruht in einer Flussoase. Isfahan, dein sanfter Name schmilzt mir wie Schokolade auf der Zunge. Wieso zweifele ich daran, mich in deinen Mauern wohlzufühlen? Deine Schönheit verblasste in meiner Erinnerung, die Kriegstage aber hielt sie fest. Wenn ich an Isfahan denke, sehe ich im Geiste wieder den angsteinflößenden Panzergürtel vor mir, der sich rund um die Stadt zog, spüre den feindlichen Angriff, die Bedrohung. Nun bin ich zurück, um die trüben Schatten zu vertreiben. Froh hasche ich nach Saeids Hand und fühle mich gut, als wir durch die Stadt wandern.

Der Himmel ist taubenblau und darin erhebt sich wie pures Gold die Sonnenscheibe über märchenhafte Paläste und Moscheen und bricht ihre Strahlen in den Fontänen der Wasserspiele, die ihre farbige Schatten auf weißem Marmor widerspiegeln. Auf dem belebten Iman Hosseini-Platz wühlen wir uns durch das ausgelassene Treiben der Händler und Tagediebe, während von der Straße das alltägliche Hupkonzert tönt. Diese Bilder pulsierenden Lebens erfüllen mich mit Freude. Weiter zieht es uns ins Herz der Altstadt. Im Wirrwarr der Gässchen lächelt mir Isfahan augenzwinkernd zu, um mir seine Juwelen zu präsentieren.

Die Plakate, die im Krieg den Naghsche Djahan verunzierten, sind zum Glück verschwunden, doch der Platz heißt noch immer Meydoun-e Imam Chomeini – Platz des Imam Chomeini, was mir einen Stich versetzt. Bezeichnend ist jedoch, dass die Menschen in Isfahan den Namenszusatz Chomeini einfach weglassen, ihn also kurzerhand »Imamplatz« nennen, wobei Imam übersetzt schlicht »Glauben« heißt. Über die wahre Größe des Platzes, so ungefähr 560 mal 160 Meter, wird viel gestritten. Auf jeden Fall zählt er zu den größten Plätzen der Welt und aus meiner Sicht ist er einzigartig, abgesehen von Persepolis.

Wer den Hauch von Weisheit und die Magie Isfahans verinnerlichen möchte, sollte dem Naghsche Djahan einen längeren Besuch abstatten. Er ist wie eine Rose, die sich nach und nach dem inneren Auge ganz öffnet. Hier blüht die Erinnerung an eine Zeit, in der der Freigeist die Menschen beflügelte. Unter den Händen des damaligen Schah Abbas, der Isfahan zur Hauptstadt seines Reiches machte, gedieh die Stadt im späten Mittelalter zu einem wachsenden Zentrum, in dem Glauben und Handel zwei tragende Säulen waren. Es wird erzählt, Schah Abbas ließ den Naghsche Djahan nach den Paradiesvorstellungen des Korans bauen. Wie dem auch sei, die Verbindung von Geistigem und Weltlichen wird an diesem Ort besonders deutlich. Hier stehen sich Moscheen und Basar freundlich gegenüber, so wie es sein sollte. Am meisten fasziniert mich, dass alle Bauwerke fast zeitgleich errichtet wurden. Naghsche Djahan lautet übersetzt »Plan der Welt«, eine passende Bezeichnung, denn er war zugleich Gerichtsort und Festplatz. Hier empfing der Schah, umringt von seinem Hofstaat, Gesandte aus aller Herren Länder und in seiner Mitte wurden sportliche Wettkämpfe ausgetragen, wie Pferdepolo, das seinen Ursprung im alten Persien hat. In der Mitte zwischen den Arkaden, wo im Krieg eine sandige Fläche war, wächst heute lebendiges Grün. Übermütig sprudeln die Fontänen der zahlreichen Springbrunnen und stille Wege laden zum Verweilen ein, während auf dem Rundweg Pferdedroschken die Besucher zu Rundfahrten einladen. So friedlich.

Am südlichen Ende erhebt sich die Königsmoschee. Sie ist die schönste Moschee, die ich je gesehen habe, und überragt die übrigen Bauwerke auch durch ihre Größe. Ihre beiden Minaretttürme heben sich dem Himmel entgegen wie zum stummen Gebet. Ihre Wände sind mit kostbaren türkis-blauen Kacheln übersät, denen das Sonnenlicht einen ganz besonderen Zauber verleiht. Vom Innenhof führen vier Hallen in alle vier Himmelsrichtungen, die nach den Jahreszeiten benannt sind. Im Süden in der Halle des Sommers liegt eine besonders gekennzeichnete Bodenplatte, deren Sinn uns nicht klar ist. Der alte Wächter, der am Eingang gemächlich seine Wasserpfeife schmaucht, lächelt uns zu. »Ihr müsst euch darauf stellen und mit den Fingern schnipsen.« Als wir der Aufforderung folgen, ertönt von allen Seiten ein Echo. »Hier erfüllen sich Wünsche, Tochter«, schmunzelt er mir zu. »Du musst sie nur aussprechen.«

Im Osten des Naghsche Djahan steht mit ihrer mosaikbesetzten Rundkuppel die Scheik-Lotfollah-Moschee, die Schah Abbas zu Ehren seines Schwiegervaters Lotfallah erbaute. Ihre Besonderheit sind die gelb-blauen Kacheln, die je nach Lichteinfall ihre Farbe wechseln. Sie sind wie Edelsteine geschliffen. Es heißt, die Moschee sei einst durch einen unterirdischen Gang mit der gegenüberliegenden Hohen Pforte verbunden gewesen, um die weiblichen Angehörigen der königlichen Familie vor fremden Blicken zu schützen. Unheimlich. Haben sich die Frauen auf ihrem langen Weg durch die Finsternis des unterirdischen Gewölbes nicht gefürchtet?

Doch unser Hauptinteresse gilt dem fünfstöckigen Ali Qāpu Palast, der auch Hohe Pforte heißt. Hier lebte der Herrscher und empfing seine Gäste. Die fröhlichen Wandminiaturen im Inneren schuf Irans berühmtester Maler Reza Abbasi[85], der hier eine Zeit der Toleranz und Mystik erlebte, die wir heute schmerzlich vermissen. Als ich aus einem der Fenster schaue, entdecke ich den Weg zum Gartenpalast Chehel Sotun, in dem ich vor Jahren einmal vierzig Säulen suchte und zwanzig fand.

Über den großen Festsaal zieht sich eine kunstvolle Holzdecke, in die Hohlräume in Form von altpersischen Musikinstrumenten geschnitzt sind. Sie verleihen dem Salon ein besonderes Klangerlebnis. Um uns das zu demonstrieren, hat sich ein Musiker auf einem *Puschti* niedergelassen und spielt mit geschlossenen Augen auf seiner Rohrflöte. Die warmen melancholischen Töne klingen durch den stillen Palast und laden zum Träumen ein. Auch ich schließe meine Augen und überlasse mich meiner Fantasie. Sie entführt mich zu einem stillen See. Der Wind spielt mit dem Seidenhaar des Schilfes und lässt seine biegsamen Rohre unter seinem Atem tanzen. Darüber kreist jauchzend *Schahin,* der Königsvogel, und erfreut sich seiner Freiheit.

Seufzend steigen wir die steile Wendeltreppe zur Veranda im vierten Stockwerk hinauf. Sie wird *Peleh Schahi* genannt, das bedeutet »Königstreppe«, und ihr Dach wird von achtzehn Holzsäulen getragen. Außer uns ist hier oben niemand mehr. Der junge Abend belohnt uns mit einem paradiesischen Blick über den gesamten Naghsche Djahan. Unzählige Lampen tauchen Moscheen und Basar in ein schimmerndes Licht, lassen sie wie von innen erstrahlen. Leise weckt die Nacht ihre Freundin, die Vergangenheit, und die Schleier heben sich. Nun fühle ich mich selbst als Teil eines Märchens, das hier einst gelebt wurde. Jasminduftende Haremsdamen, die Wangen mit Ambra gefärbt, spielen filigrane Musikinstrumente. Während ihre Finger über die Saiten gleiten, zitieren die Dichter ihre *Robaiyats,* umringt von andächtigen Höflingen. Granatrot glänzt der Wein in den Pokalen … Sanft stupst Saeid mich aus meinem Träumen. »Wollen wir gehen?« In der Finsternis tasten wir uns siebzig steile Stufen hinunter und ich frage mich, wie viele Unfälle es in vergangenen Zeiten hier wohl gegeben haben mag.

In Isfahan leben die Meister einer lukullischen Süßigkeit namens Gaz, die im ganzen Iran beliebt ist. Gaz schmeckt so, wie eine Rose duftet. Es schmeckt nach Iran. Der Bonbonmeister rührt eine schneeweiße Masse aus Eiweiß, Honig, Stärke, Zucker und Rosenwasser an. Je nach Region fügt er Pistazien, Mandeln oder Walnüsse hinzu. Ist die Masse fertig, wird sie in kleine Stücke geschnitten und in Cellophan verpackt oder in Mehl gewälzt. Die bekannteste Zuckerbäckerei befindet sich nördlich des Naghsche Djahan, rechts vor dem Eingang des Basars. Gaz könnte mit jenem Nougat verglichen werden, den die Franzosen im Orient entdeckten und nach Europa brachten und den es bei uns in feinen Kaffeeläden gibt. Aber dieser Geschmack ist lange nicht so köstlich wie der von Gaz. Allein bei dem Gedanken bildet sich bei mir eine Pfütze auf der Zunge. So stehen wir geduldig in der langen Schlange der Käufer, um gleich einige Kartons zu erstehen. Der Vorrat muss eine Zeit lang reichen.

Der gewöhnliche Basar am Rande hat für uns keinen Reiz. Der Ghaysarieh-Basar jedoch, der sich außen und innen um das Rechteck des Naghsche Djahan entlangzieht, ist eine Jahrhunderte alte Tradition, die immer noch liebevoll gepflegt wird. Das traditionelle Kunsthandwerk zeigt sich lebendig in seinen Erzeugnissen. Teppiche, Messing-, Kupfer- und Silberwaren, Holzkunst und Miniaturen werden von den Händlern angeboten. Aus jeder Ecke klingt emsiges Gehämmer, und wir genießen es, den Handwerkern über die Schultern zu schauen und zu erleben, wie unter ihren Händen so manch schönes Kunstwerk entsteht, das direkt beim Künstler erworben werden kann.

Über dem Basar befindet sich eine *Tschai-Chane,* ein Teehaus. Der Eingang liegt versteckt. Eine schmale Stiege führt hinauf aufs Dach. Unter dem Sternenhimmel genießen wir die abendliche Stimmung. Der nunmehr verwaiste Platz wirkt melancholisch. So trinken wir schweigend unseren starken Tee und schmauchen eine Wasserpfeife, während die Vergangenheit uns zum Abschied kleine Bilder vorgaukelt, die meine Eindrücke vom ersten Besuch endgültig überdecken. Polospieler jagen mit ihren wilden Pferden über das Feld, bejubelt von den Zuschauenden. Die Sternenkundler in ihren langen Gewändern wetteifern miteinander und von fern klingt der Gesang der *Derwische* herüber, die sich in allumfassender Liebe im Kreise drehen, um in ihrem Tanz eins zu werden mit dem Universum. Wer einmal den Naghsche Djahan gesehen hat, kann sich kaum seiner Anziehungskraft entziehen. Und so gehen wir erst, als die *Basaris* ihre Lichter löschen und die Läden schließen.

Als wir zum Fluss hinuntergehen, offenbart sich uns ein atemberaubender Anblick auf Isfahan und die Kadju-Pol, die sich über das trockene Flussbett des Zayandeh Rud zieht. Die Kadju-Pol ist eine Schleusenbrücke mit dreiundzwanzig Bögen, die als Schleusentore dienen. Ihre Bögen sind nun hell erleuchtet und überall sitzen lachende und schwatzende Menschen, zwischen denen die Teeverkäufer hin und her eilen. Diese Jahrhunderte alte Brücke dient als Wehr und reguliert die Wasserversorgung des Flusses, um die kunstvollen Gärten der Stadt am Blühen zu halten. Doch dieses Jahr führt der Zayandeh, bedingt durch die immense Trockenheit, kaum Wasser. Ihrer Aufgabe beraubt, steht Kadju-Pol im trockenen Flussbett und dient allen als Teestube.

•

Als wir die Freitagsmoschee von Isfahan besichtigen, lernen wir Tayeb und Sonja kennen, ein deutsch-iranisches Paar, das in England lebt. Da wir Gefallen aneinander finden, beschließen wir, gemeinsam die Stadt zu erkunden. Während wir durch die Straßen schlendern, fällt mir auf, dass einige Moscheen auf ihrem Hauptdach eine kleine Pagode tragen, was seltsam anmutet. Als ich nachfrage, erklärt mir ein Wächter, es sei ein Überbleibsel aus der Mongolenzeit, als Timur[86] die Stadt überfiel und die Bethäuser für sich vereinnahmte. Eine kleine Pagode schmückt auch das Dach der tausendjährigen Freitagsmoschee, in der sich etliche Baustile von einstigen Eroberern wiederfinden. Mich erstaunt, dass ihre Krypta nach Timur benannt wurde: Schabestan-e Timury. Das bedeutet, dass die Mongolen nicht nur als eine wilde Horde hier einfielen, sondern auch eine gewisse Achtung errangen.

Ein Geheimnis verbirgt sich hinter den »schwingenden Türmen«. Etwas außerhalb von Isfahan liegt das Grabmal des *Sufis* Amu Abdullah Ben Mohammad, gekrönt von zwei kleinen Minaretten. Dieser Ort gibt mir Rätsel auf, denn was sich dem Auge offenbart, dringt nicht unbedingt in den Geist. Bei der geringsten Berührung mit den Händen geraten die Minarette in Schwingung, obwohl sie aus Stein und nicht etwa aus Gummi bestehen. Dieses Phänomen kann uns niemand erklären. Ich schaue mir den schmalen Gang mit den riesigen Stufen an, der sich wie ein Schraubengewinde hinaufzieht, und wage den Aufstieg. Als ich die enge Wendeltreppe wieder hinabsteige, ist mir schwindelig, weil jemand den Turm von außen ins Schwingen gebracht hat.

Neben dem alten Judenviertel Isfahans liegt der Stadtteil der armenischstämmigen Bevölkerung. Leider leben sie sehr zurückgezogen und ihr reserviertes Verhalten macht es uns schwer, mit ihnen ins Gespräch zu kommen. Aber ihre Kirche »Vank Dscholfar«, die Engelskathedrale, ein byzantinisches Gebäude, überrascht uns durch ihr farbiges Innenleben. Ein weiterer Edelstein aus der Schatztruhe Isfahans. Kein Platz an Decken und Wänden wurde unbemalt gelassen und liebevoll mit kunstvollen Fresken oder Ikonen geschmückt. Wir wandern darin umher wie in einem bunten Bilderbuch, um uns den Lebensweg des Heiligen Gregor anzuschauen.

Im kleinen Museum nebenan liegen verschiedene Ausgaben der Bibel. Eine ist so winzig, dass ich durch eine große Lupe schauen muss, um ein einzelnes Haar zu erkennen, auf das ein Künstler einen Bibelspruch geschrieben hat. Im nächsten Raum überläuft mich eine Gänsehaut. Nur ein Wort: Aghet. Das ist armenisch und bedeutet Katastrophe. Es bezieht sich auf den Genozid vor fast hundert Jahren am armenischen Volk durch die »Jungtürken«. Akribisch wird uns dokumentiert, wie der Völkermord begann, der nicht nur einem anderen Volk, sondern auch der christlichen Religion galt. Er begann mit der Verschwörungstheorie, die Armenier hätten die Türken an die Russen verraten. Ihr folgte die Vertreibung in Wüsten und Steppen, begleitet von schrecklichen Massakern mit dem Ziel, das gesamte armenische Volk zu töten. Mir ist, als lege sich ein schwerer Stein auf mein Herz. Mir bleibt die Luft weg bei dem, was ich sehe. Zeitzeugen, in Bild und Filmmaterial festgehalten, dokumentieren die Leiden der armenischen Menschen und wozu entmenschte Kreaturen fähig sind: abgehackte Schädel, säuberlich nebeneinander aufgereiht, aus denen tote Augen blicken, abgeschlagene Kinderhände, die wie kleine Steine zu Tausenden Straßen und Wege pflastern, skelettartig abgemagerte Menschen, Leichenberge in Lagern. Über all dem hängt triumphierend das ständige Grinsen in den Gesichtern der Peiniger, die ihre Opfer quälen. Erst als mich ein Armenier anspricht, spüre ich meine Tränen.

»Niemand hat uns Genugtuung für all dies gegeben«, sagt der Mann leise, der sich Argisht nennt. »Bis heute warten wir auf eine Entschuldigung der Türken, die sich ihrer Taten nicht schämen, ja, sogar den Völkermord an uns leugnen.«

»Ich begreife das nicht«, erwidere ich. »Wieso übergeht die Welt dieses schreckliche Kapitel? Und wo bleibt die Gerechtigkeit? Ich habe einiges darüber gelesen.«

»Ach«, seufzt er, »aber die Hintergründe sind vielen Menschen unbekannt, vielleicht weil sich da mehrere Regierungen falsch verhalten haben.«

»Oh, ja. Eine bittere Pille auch für die deutsche Politik, die damals diesen Genozid still duldete, um ihren türkischen Bündnispartner im Ersten Weltkrieg nicht zu verlieren. Und heute? Da ist es auch nicht anders.«[87]

Argisht lächelt bitter. »Hinter jedem Leid steckt Eigennutz. Damals haben türkische Gerichte die Schuldigen in Abwesenheit verurteilt.

Damit war die Sache erledigt. Niemand wanderte je hinter Gitter. Einige der Täter fanden in Deutschland Aufnahme. Hat nicht Talat Pascha,[88] der Drahtzieher des Ganzen, einige Zeit in Berlin gelebt?

»Ja, dorthin hatte er sich abgesetzt. Als ich in Istanbul war, entdeckte ich Straßen und Plätze, die nach ihm benannt wurden. Ich war entsetzt, als ich feststellte, dass sie ihm dort sogar ein Denkmal gesetzt haben.«

»Was ist dazu noch zu sagen, wenn selbst heutzutage die Bündnispartner sich schwertun, ein Wort darüber zu verlieren.« Resigniert sieht er mich an. »Wir Armenier können froh sein, dass wir zumindest im Iran auf diese Katastrophe aufmerksam machen können. So kommen manchmal Menschen aus westlichen Ländern und erfahren hier Dinge, die ihnen zu Hause verschwiegen werden.«

»Mir fallen Parallelen zum Holocaust auf, der gut zwanzig Jahre später an der jüdischen Bevölkerung folgte. Die Vorgehensweise ist zumindest identisch.«

Nachdenklich sieht Argisht mich an. »Sie glauben, die Deutschen haben sich das damals abgeguckt?«

»Ist das nicht naheliegend?« Wir schweigen betreten. Als er sich verabschieden will, frage ich ihn: »Können Sie Ihre Religion hier im Iran uneingeschränkt ausüben?«

»Nicht mehr und nicht weniger als alle anderen auch«, antwortet er diplomatisch. »Ehrlich gesagt, fühlen wir uns alle unfrei, viele sind ausgewandert.[89] Aber dennoch, es ist auch unsere Heimat.«

Vor der Kirche lauert die übliche Horde Kinder, die Kleinkram wie Nadeln, Pflaster und Broschen verhökern wollen. Hartnäckig hängen sie an unseren Fersen, bis wir im Restaurant verschwinden.

Im Garten unseres Hotels gibt es ein traditionelles Teehaus, in dem wir alltäglich unseren *Tschai* einnehmen. Die Bediensteten tragen Landestracht und sprechen überraschend ein paar Brocken Deutsch. Sicher liegt es daran, dass sich in allen Orten der Welt reiselustige Deutsche einfinden. Gruppenreisen in den Iran sind leider sehr kostspielig. Doch anders kann das Land kaum bereist werden, denn es ist aufgrund der besonderen Situation nicht ungefährlich. Reisegruppen bekommen selten engeren Kontakt zu der Bevölkerung, was ich persönlich bedauere.

Aber zumindest erhalten sie einen Einblick und sehen so wunderbare Orte wie Isfahan, Schirāz und Persepolis.

Die Luft in Isfahan ist längst nicht so verschmutzt wie in Teheran, obwohl auch hier ständiger Verkehr herrscht. Die Isfahanis sind eher zurückhaltend, aber freundliche Menschen. Meine Vorliebe für greise Gesichter wird hier belohnt. Ich mag sie, weil Geschichten aus ihnen sprechen, und halte sie darum gern mit der Kamera fest. Im Zentrum der Stadt, mitten auf der Straße begegne ich einem uralten Männlein, tief gebeugt unter der Last seiner Jahre. Er führt seinen weißen Esel am Zügel, der liebevoll gepflegt ist. Ich begrüße ihn höflich: »*Salam* Väterchen. Möge Allah dir noch viele schöne Jahre schenken. Wie ist dein Befinden?«

»Danke, meine Tochter, und wie geht es dir?«

Er sieht mich aus klaren blanken Augen an, in deren Winkeln sich seine einstige Kraft versteckt.

»Ich kann nicht klagen. Darf ich um etwas bitten?«

»Sprich nur, der Mensch denkt und *Choda,* der Weise, lenkt.«

»Väterchen, darf ich dich fotografieren?«

Er lächelt mit seinem zahnlosen Mund und scherzt. »Was willst du einen alten Mann auf deinen Film bannen? Schau dich um, es gibt hier so viele hübsche junge Männer.«

»Ach, Väterchen, die interessieren mich nicht. Einen Jungen habe ich selbst an meiner Seite. Ich mag das alte Gesicht, in dem sich Erfahrung und Weisheit spiegelt, die ein Leben erzählen.«

»Ich fühle mich geschmeichelt, liebes Töchterchen. Aber auch ich habe eine Bitte.«

»Gerne werde ich sie dir erfüllen.«

»Wenn du ein schönes Bild von mir und dem Eselchen gemacht hast, kannst du mir ein bisschen Geld für ihn geben? Er braucht jeden Tag Futter und mein Beutel ist schmal.«

Sofort zücke ich einen Schein und lege ihn in die geöffnete Hand. Er lächelt mich an und sagt treuherzig: »*Dastet dard nakon-e* ... dieser Esel ist alles was ich habe.« Ich weiß nicht, ob er noch lebt, denn sein Alter war gesegnet. Doch sein Konterfei gehört heute nach wie vor zu meinen Lieblingsbildern.

Mein Blick fällt auf ein Plakat. Heute findet ein Kinderfilmfestival im Isfahaner Kulturzentrum statt. Parallel dazu läuft eine Ausstellung über die Machart der Filme. Das wollen wir uns nicht entgehen lassen. Außer Puppentrickfilmen werden auch Spielfilme mit englischen Untertiteln gezeigt. Tatsächlich begegne ich hier einem deutschen Fernsehteam. Der iranische Film hat auf internationalen Filmfestspielen wiederholt auf sich aufmerksam gemacht und auch Preise erhalten. Im Hotel Abbasi trifft sich nun ein vergnügtes Künstlervolk, um von den Journalisten interviewt zu werden. Fröhliche Kinder tollen überall umher, obwohl der Abend weit fortgeschritten ist. Wir haben uns ins Teehaus verdrückt, zusammen mit unserer Reisebekanntschaft sitzen wir bequem vor dem bunt beleuchteten Springbrunnen und knabbern Gaz. Plötzlich geht kurz vor Mitternacht das Licht aus. Wir blicken uns verdutzt an. Die Hotelleitung fordert die Kinder freundlich auf, nach Hause zu gehen, und wünscht ihnen eine gute Nacht. Als die Kinder fort sind, geht das Licht wieder an.

»Internationale Filmfestspiele«, sagt Saeid. »Wie viel Hoffnung steckt in diesem Wort und welch bitterer Beigeschmack in einem Land, in dem die Kunst zensiert wird.«

»Stimmt, die Kunst spaziert auf Messers Schneide. Ich denke dabei an die Filmemacherin Tahimeneh Milani«, werfe ich ein. »Eine mutige Frau. Ihre Arbeit ist eine ständige Gratwanderung zwischen Tradition und Emanzipation und ein Spagat zwischen Freiheit und Zensur. Übrigens geht das Gerücht, dass sie verhaftet wurde.«

»Das ist leider kein Gerücht. Es geschah Anfang September. Ich habe es in der Zeitung gelesen«, klärt Tayeb uns auf. »Verliert Milani ihren Prozess, droht ihr wohl in den nächsten Tagen die Hinrichtung. Was hat sie eigentlich ›verbrochen‹? Habt ihr darüber mehr Hintergrundinformationen? Ich weiß nur so viel, dass ihr Film *›Die versteckte Hälfte‹* bereits durch die Zensoren und das Kulturministerium geprüft worden war. Dennoch wurde sie auf Befehl des iranischen Revolutionsrates verhaftet.«

»Ich habe gehört, ihr Film spielt in der Gegenwart und schildert in Form von Rückblenden politische Kämpfe, die im Iran nach 1979 stattgefunden haben«, erinnert sich Saeid, »also nachdem das jetzige Regime an die Macht gekommen war, und das ist immer brenzlig. Nun muss sie sich dem Vorwurf stellen, ›Dinge gegen die nationale Sicherheit unternommen und mit gegenrevolutionären Kräften außerhalb des Iran zusammengearbeitet zu haben‹. Wir wissen alle, dass das eine der schlimmsten Beschuldigungen ist und darauf steht im Iran der Tod.«

Bedrückt schweigen wir.[90]

Wie leicht selbst wir in Gefahr geraten können, verrät der kommende Morgen. Am nächsten Tag treffen wir uns in der Hotelhalle und begrüßen uns gedankenlos mit einem Wangenkuss.

Als wir hinausgehen, meint Saeid: »Habt ihr eigentlich daran gedacht, dass unter dem Mullahregime der Austausch von Zärtlichkeiten in der Öffentlichkeit nicht gestattet ist?«

»Oh Gott!«, Tayeb schlägt sich auf die Stirn. »Das hätte ins Auge gehen können.«

»Mehr als das. Denkt nur an Helmut Hofer. Und der war Deutscher!«

»Nicht auszudenken, wenn irgendwo einer dieser Moralwächter gelauert hätte. Es verstößt gegen die guten Sitten, wenn ein verheirateter Mann die Frau eines anderen verheirateten Mannes küsst. Siebzig Hiebe mit der Peitsche sind da gewiss.«

Den Hamburger Helmut Hofer hatte der Vorwurf, er habe mit einer Iranerin eine sexuelle Beziehung unterhalten, Ende der 90er-Jahre sogar zwei Jahre seiner Freiheit gekostet, immer mit der Angst im Nacken, hingerichtet zu werden. Im Grunde wurde er zum Spielball eines inneriranischen Machtkampfs zwischen den Konservativen und den Reformkräften und so auch zu einer Geisel iranischer Außenpolitik. Seine vermeintliche Geliebte erhielt zur Strafe hundert Peitschenhiebe. Für sie hat sich übrigens kaum jemand eingesetzt.

Nein, denke ich, unter diesen Bedingungen kann ich mir nicht vorstellen, hier wieder zu leben. Der schmale Grat, auf dem wir uns stets bewegen, führt nur am Abgrund entlang.

Noch einmal statten wir unserem Lieblingsplatz einen Abschiedsbesuch ab. Da die Zeit eng wird, beschließen wir, ein Taxi zu nehmen. »Zum Meydoun-e Imam!«, ruft Tayeb.

Der Fahrer blickt in den Rückspiegel und hebt unwillig die Brauen: »Sie meinen wohl zum Meydoun-e Schah?«

Ich rufe: »Nein, zum Naghsche Djahan!«

Ein Strahlen geht über sein Gesicht. »Ja«, sagt er bedächtig, »nur dieser Name passt. Der andere Name ist eine Beschimpfung. Wir sind hier alle maßlos verärgert über die Umbenennung unseres heiligen Ortes.«

Am Rande des Ghaysarieh-Basars liegt etwas versteckt ein kleiner Handwerksbetrieb, der Metallgefäße aus Messing und Kupfer herstellt. Darin sitzt ein alter Mann, vertieft in seine Arbeit an einer *Sineh*, einer Tischplatte aus Messing. In seinen Auslagen bewundere ich ein schönes Kaschkul, das Trinkgefäß eines *Derwisches*. Ich möchte es unbedingt haben. Während wir um den Preis feilschen, entdeckt Saeid einen alten Messingtopf mit Ornamenten, die Szenen aus Persepolis zeigen. Er wird unserem Schatz hinzugefügt. Es bedeutet uns viel, die Gegenstände direkt vom Kunsthandwerker zu kaufen, ihn in seinen Werken wiederzuerkennen. Meine Liebe zum Basar trage ich seit meiner Kindheit in mir.[91] Ich fühle mich wohl inmitten des bunten Treibens, umgeben von feilschenden Händlern. Doch die Künstler berührten mich stets am meisten, wenn ich beobachtete, wie unter ihren Händen die schönsten Vasen, Teller oder Figuren entstanden. Bei den Malern und Kalligrafen, die meisterhaft Miniaturen nach alten Traditionen auf Elfenbein oder Papier zaubern, könnte ich heute noch den ganzen Tag verbringen.

Der Abschied von Isfahan ist fröhlich. Der Panzergürtel von damals ist zu Staub zerfallen und hat einer geheimnisvollen märchenhaften Stadt Platz eingeräumt, die mein Herz bezaubert hat.

»Wenn die Schlange alt wird, reiten sie die Frösche«

Teheran verursacht uns Kopfschmerzen. Die Luft ist verpestet und Amerika bombardiert Afghanistan. Wird etwa Irak das nächste Ziel sein? Oder Iran? Ein miserables Gefühl. Die Menschen fragen sich entsetzt: Wie ist es möglich, dass ein – vermutlich durch Wahlbetrug an die Macht gekommener – US-Präsident, einen Krieg anzettelt? Mit der ›offiziellen Absicht‹, ausschließlich Verstecke der Al-Qaida-Organisation und Einrichtungen des Taliban-Militärs anzugreifen, fliegen alliierte Streitkräfte Tausende von Bombenangriffen, unterstützt von Angriffen ferngelenkter Raketen und Drohnen – und nehmen dabei Tote und Verletzte in der Zivilbevölkerung in Kauf.[92]

Täglich werden die Berichterstattungen der Medien grauenvoller. Wir bekommen hier Bilder präsentiert, die Europa mit Bedacht vorenthalten werden: Afghanistans Untergang. Unzählige Tote, zerstückelt, zerfetzt, verbranntes Fleisch, verbrannte Erde. Doch auch die Bilder, die in Europa ständig auf den Bildschirmen präsent sind – Gewalt an Frauen bis hin zu Steinigungen durch die Gotteskrieger – sind entsetzlich. Schlimm sind sie auch deswegen, weil sie bereit machen sollen für Aggression und kriegerische Handlungen. Instrumentalisierungen hier wie dort.

Flüchtlingstrecks strömen im Osten zur iranischen Grenze. Im Iran kippt die Stimmung gegenüber den USA immer mehr. Selbst die Gemäßigten erheben ihre Stimmen: »Sie nennen sich zivilisiert, Weltpolizisten, aber sie sind weiter nichts als Barbaren, die morden und plündern.« »Hat nicht Mutter Amerika eigenmächtig dieses Kind des Terrors geboren, das sich jetzt gegen sie erhebt?« »Diese sunnitischen Taliban sind ein übles Geschwür, aber wer brachte es denn nach Afghanistan?« Auch ich mache mir Gedanken um diese Doppelmoral. Ist Terror die Antwort auf Terror?

Das Regime im Iran lernt ebenso wenig dazu. Wieder mal reiten die Konservativen im Aufwind und treten alles nieder, was nur einen Hauch von Freiheit verspüren lässt. Wieder werden Zeitungsredaktionen willkürlich geschlossen, mitunter aus fadenscheinigen Gründen, wie den Revolutionsführer Ayatollah Chomeini beleidigt und «Äußerungen des verehrten Imam verändert und in einer beleidigenden Weise veröffentlicht zu haben«. Außer aktuellen Berichterstattungen laufen gebetsmühlenartig auf allen Fernsehkanälen Berichte und Filmreportagen über den vergangenen Krieg. Die Iraner werden wahrlich mit Propaganda »totgeschlagen«. Was mir sauer aufstößt: mit den jetzt Lebenden beschäftigt sich keiner.

»Stell dir vor«, sagt Sima, »sie haben Ayub festgenommen, den Sohn unserer Nachbarin.«

»Wieso das?«, frage ich entsetzt. Er ist gerade mal siebzehn Jahre alt.

»Ein selbst ernannter Moralwächter hat beobachtet, wie er einem Mädchen etwas zugesteckt hat.«

»Wie zugesteckt?«

»Nun, er mag sie schon lange und hat ihr einen Liebesbrief geschrieben. Daraufhin hat man ihn festgenommen und verhört. Das Mädchen soll heute vernommen werden.«

Mir läuft ein Schauer über den Rücken. Unwillkürlich muss ich an Helmut Hofer denken.

Die Menschen brauchen ein Ventil. Es gärt schon allzu lange. Und wieder ist es ein Fußballspiel, das dazu den Anlass gibt. Doch dieses Mal wird es noch heftiger auf den Straßen. Gerade lief ein sagenhaftes Spiel zwischen Iran und Irak: Iran hat 2:1 gesiegt! Jubel bricht aus. Teheran ist ein einziger Lautsprecher, Hupkonzerte auf den Straßen, Fahnen schwingende fröhliche Menschen. In meinen Ohren klingt es wie Musik. Während wir auf dem Nachhauseweg in den verstopften Straßen feststecken, ändert sich plötzlich die Geräuschkulisse. Lautes Rufen und Schreien, Getrappel von vielen Füßen. Überall erklingen Sirenen. Unsere Fahrt endet schon nach 200 Metern. Saeid blickt angestrengt, seine Hände umkrallen das Lenkrad so heftig, dass die Knochen weiß hervortreten. Ein starkes Polizeiaufgebot, gewappnet in Panzerwesten mit Schutzschilden und schwer bewaffnet, versperrt uns den Weg, darunter viele *Bassidschi*, die jugendlichen Gehilfen des Mullahregimes. Auf der gegenüberliegenden Kreuzung stehen dicht gedrängt Menschen – vorwiegend Männer im Alter zwischen achtzehn und fünfundzwanzig Jahren. Aber ich erblicke dazwischen auch ältere Frauen und vereinzelt junge Mädchen, und sogar einen Mullah. Die Straße ist mit Steinen übersät und im Hintergrund erklingt dumpfes Trommeln. Die Menschen – offensichtlich unbewaffnet – haben nicht vor zu fliehen. Oh, wie gerne stände ich jetzt dort drüben zwischen ihnen. Mit leuchtenden Augen verfolge ich das Geschehen. Da bahnt sich ein *Bassidschi* aggressiv den Weg zu unserem Wagen.

»Fahren Sie sofort weiter!«, herrscht er uns brüsk an, während er drohend den Schlagstock in seiner Hand auf und nieder schwingt. Ist er blind? Wir können uns weder vorwärts noch rückwärts bewegen.

Saeid, nun genervt, schreit ihn an: »Soll ich fliegen? Und nehmen Sie endlich den verdammten Stock aus meinem Blickfeld!« Gut gebrüllt, Löwe, denke ich zufrieden. Haarscharf saust ein Stein an dem *Bassidschi* vorbei. Ihm folgen weitere Steine, die dröhnend auf das Pflaster knallen. Der *Bassidschi* eilt zu seiner Gruppe. Auch die Polizisten heben die Schilder zur Abwehr. Die Trommeln auf der anderen Seite schlagen drohender. Ich sehe die Furcht in den Augen meiner Schwiegereltern, die im Fond des Wagens sitzen, und schäme mich einen Moment, dass ich die Situation so sehr genieße.

Urplötzlich kommt Bewegung in die Massen. Es entsteht eine Bresche. Saeid gibt Gas. Er fürchtet um die Autoscheiben oder schlimmer, dass wir zwischen die Fronten geraten und die Widerständischen die Guten von den Bösen nicht mehr unterscheiden können. Gerade als wir in eine Nebenstraße einbiegen, fallen Schüsse. Es geht nur im Schritttempo weiter. Den Straßenrand säumen Menschen unterschiedlichster Verhaltensweisen: Manche stehen ruhig und beobachtend, einige schreien und drohen, wieder andere singen, untermalt vom dumpfen Klang der Trommeln. Aber bewaffnete Passanten sehe ich so gut wie gar nicht. »Ach«, seufzt Saeid, »das erinnert mich an die Anfänge der Revolution, als ich noch jung war. Wir waren jeden Tag auf der Straße. Wie groß war unsere Hoffnung, einen demokratischen Iran zu schaffen. Leider ging das so ziemlich in die Hose, wie man nun sieht.«

Saeid biegt ab. Doch 100 Meter weiter brennt die Straße. Demonstranten haben einen Feuerwall aus Gummireifen und Holzbalken errichtet. Ohrenbetäubender Lärm umgibt uns. Heulende Sirenen machen jedes Gespräch unmöglich. Einige Motorräder fahren haarscharf am Feuer vorbei. Das können wir mit unserem Wagen natürlich nicht wagen. Meine Schwiegereltern zittern jetzt vor Angst, und wir sorgen uns um sie. Neben uns ist eine schmale Einbahnstraße. Wir fahren sie in Gegenrichtung hoch, um dem Inferno zu entgehen. Glücklicherweise kommt uns niemand entgegen. Als wir unsere Gasse endlich erreichen, stehen wir auch hier einer aufgebrachten Menge gegenüber. Das erste Mal fühle ich so etwas wie Bedrohung. Ich kann die ohnmächtige Wut der Menschen körperlich spüren. Hier fehlt nur noch der letzte Kick. Das Fünkchen, das ein gewaltiges Feuer entfacht. Was muss noch geschehen, bis den Menschen selbst das eigene Leben egal ist? Wir verharren abwartend im Auto.

Die Enttäuschung über die Folgen der Revolution steckt wie ein Dorn im Fleisch aller iranischen Menschen. Ein missbrauchtes Volk, das seine Wurzeln wieder finden wollte, das von Freiheit und Demokratie träumte und einem weiteren Verrat unterlag. Ist die Zeit schon reif für Veränderung? Die Bevölkerung Irans hat sich verdoppelt. Was die Alten nicht mehr vermögen, liegt nun in den Händen der Kinder. Die Kinder der Revolution. Meine ganze Hoffnung ruht auf ihnen und auch auf dem Zuspruch der westlichen Welt. Sie sollte nicht kämpferisch eingreifen, denn Frieden kann nicht importiert werden, doch es wäre hilfreich, wenn sie vermitteln und den Menschen Mut zusprechen würde.

Als wir ins Haus treten, wird die Wohnungstür gegenüber aufgerissen. Ich blicke in verweinte Mädchenaugen. Die 14-jährige Schiman schluchzt: »Ich war mit meinem Bruder Asgar unterwegs. Wir haben uns verloren!«

»Wie ist das passiert?«

»Wir waren draußen und haben mit den anderen unseren Sieg gefeiert. Und dann ging's plötzlich los. Überall fielen Steine. Wir sind nur noch gerannt. Vor uns wurde einer getroffen und ist nicht mehr aufgestanden. Die Leute hinter mir drängten und alle sind über ihn weg. Alle schrien und die Miliz hat uns gejagt. Es war schrecklich. Und plötzlich war Asgar weg. Ich habe ihn gesucht, aber ich konnte ihn nicht finden. Da bin ich, so schnell ich konnte, nach Hause.«

»Und deine Eltern?«

»Die sind unterwegs, Asgar suchen.«

Wir nehmen sie zu uns. Nach Mitternacht treffen alle drei erschöpft, aber gesund ein. In der Sicherheit der Wohnung halte ich es nicht lange aus. Ich steige auf das Dach und blicke hinunter auf die andere Seite zur Hauptstraße. Die Feuer auf den Straßen beleuchten die Nacht taghell.

Ich sehe es wie eine Metapher. Schreien dringt zu mir herüber. Doch unter dem Trommelwirbel grünt unverzagt das Pflänzchen Hoffnung, während in der Ferne das Trappeln vieler Füße auf dem Asphalt verhallt. Ich spüre mein Herz bis zum Halse schlagen. Immer mehr sind es, die nicht mehr schweigen ... eines Tages ...

Am Morgen herrscht absolute Ruhe. Weder Radio noch Fernsehen berichten über die Ausschreitungen der letzten Nacht. Typisch. Ihr könnt auf Dauer nicht alles totschweigen! Die Straße sieht aus wie ein Schlachtfeld. Einige Gebäude sind beschädigt. Gleich um die Ecke hat es die staatliche Telefongesellschaft erwischt. Alle Fensterscheiben sind zerschlagen und sogar die Metallgitter, die die Eingangsbereiche schützen sollten, sind zerschmettert. Ein Mann erzählt uns, er habe gesehen, dass dort Handgranaten gezündet worden seien. Es stellt sich heraus, dass es noch mehr Firmen und Ämter getroffen hat. Die Wut hat sich sehr gezielt auf staatliche Gebäude gerichtet. In den Mienen der Menschen spiegelt sich deutlich wider, was sie denken. Einige lächeln verstohlen, andere zeigen unverhohlen ihre Freude. Niemand scheint zu bedauern, was geschehen ist.

Mein Schwager Kazi kommt nach Hause. Er hat bis zum frühen Morgen auf der Straße verbracht, um Zeuge zu sein. »Die Polizisten haben auf die Demonstranten eingeprügelt, vereinzelt sogar auf sie geschossen«, berichtet er.

»Wie konntest du nur so unvorsichtig sein«, schilt Sima ihren Mann. »Es hätte auch dich leicht treffen können!«

»Gib es doch zu, Sima«, lenke ich ein, »Du wärest doch gern selbst dabei gewesen, so wie ich.«

»Stimmt!«

Minous Augenlider beginnen zu flattern. »Ist ja gut«, beruhigt sie Sima, »ich habe es doch nicht getan, schon dir zuliebe nicht!«

»Diese Nachricht wird euch freuen«, unterbricht Kazi. »Letzte Nacht herrschte wohlgemerkt nicht nur in Teheran Krawall, sondern auch in anderen Städten, wie zum Beispiel Isfahan, gab es Unruhen. Navid hat mich vorhin angerufen, um es mir zu sagen.«

Kein Wort in der Presse. Doch auch wenn die konservativen Geistlichen die Berichterstattung verbieten, die Mund-zu-Mund-Propaganda funktioniert noch gut und die Handygeneration ist fleißig dabei, die Informationen zu streuen. Doch schon erscheinen eilig die staatlichen Räumkommandos, um alle Scherben dieser Nacht schnellstens fortzukehren. Ihr könnt die Scherben fortfegen, die äußeren Spuren beseitigen, denke ich. Doch nicht die Hoffnung. Die Menschen werden nicht aufgeben, jetzt erst recht nicht.

Unser Aufenthalt neigt sich dem Ende zu und wir lassen unsere Lieben mit ihren Wünschen und Träumen zurück. Mamans sehnlichster Wunsch ist die *Hadsch* nach Mekka. Sie und *Aghadjan* haben einen Antrag in der Moschee gestellt. Die Entscheidung läuft über ein Losverfahren. Mitunter dauert es Jahre, denn Mekka kann nur eine begrenzte Anzahl von Pilgernden aufnehmen. Doch der Wunsch aller gläubigen muslimischen Menschen ist es, einmal im Leben nach Mekka zu pilgern und als *Hadschi* oder *Hadschi-Chanum* zurückzukehren. Aber vor der Reise müssen sich alle einem Gesundheitscheck unterziehen. Dabei stellt sich heraus, dass diese beschwerliche Reise *Aghadjan* nicht zumutbar ist. Seine Gesundheit ist zu stark angegriffen. Er muss seinen Traum endgültig begraben. Damit Maman aber trotzdem reisen kann, braucht sie sein schriftliches Einverständnis. So ist das hier. Bereits letztes Jahr war das Los auf Maman gefallen, aber wegen *Aghadjans* schwacher Gesundheit und Mojgans misslungener Ehe hatte sie um Verschiebung auf einen anderen Termin gebeten. Nun ist sie ganz niedergeschlagen. Bevor wir abreisen, spreche ich einen Segenswunsch für sie, damit das Los sie noch einmal trifft.

Iran scheint momentan den Atem anzuhalten. Das Land hungert nach Veränderungen, einem Umbruch. Irgendwie im Niemandsland zwischen Aushalten und Ausbrechen. Kommst du mit den Menschen ins Gespräch, beginnt es meist als heitere Plauderei über das Wetter, die Kochkünste, die Familie – wie überall. Aber das ist nur die Einführung. Plötzlich sind selbst Fremde mitten in einer Diskussion über die Lage im Iran und die damit verbundene Unzufriedenheit. Die Hälfte der Bevölkerung würde das Land verlassen, wenn sie die Gelegenheit dazu hätte, und im Westen ihr Glück versuchen. Doch die wenigsten Menschen wollen Iran als Flüchtlinge verlassen. Für immer? Jahrelang in der Fremde? Nein, das wollen die meisten nicht. Zu sehr sind sie mit dem Heimatboden verwurzelt.

Als die Maschine abhebt, muss ich weinen. Jedes Mal, wenn ich wieder fort muss, habe ich das Gefühl, als schneide mir jemand ein Stück aus meinem Herzen. In unserer Nähe sitzt eine gemischte Reisegruppe aus Deutschland, ältere Herrschaften, die lebhaft ihre Reise Revue passieren lassen. Natürlich gilt auch für diese Damen Kopftuchzwang. Einige zupfen unentwegt an ihrer ungewohnten Kopfbedeckung, was mich zum Lächeln bringt. Andererseits nötigen sie mir Respekt ab, dass sie eine beschwerliche und teure Reise auf sich nahmen, um Iran kennenzulernen. Mit dem Ehepaar vor uns kommen wir ins Gespräch. Begeistert berichten sie uns von ihren Erlebnissen, angetan von der Herzlichkeit der Menschen. Der Herr, ein Lehrer, sagt nachdrücklich: »Man muss wirklich selbst in den Iran fahren, um sich ein Gesamtbild über die Menschen und ihre Kultur zu machen. In den Medien wird so viel Falsches und Negatives berichtet, was mich sehr ärgert. Ich habe ein völlig anderes Land kennengelernt als das, was mir im Westen durch die Medien suggeriert wird.«

Seine Frau stimmt eifrig zu: »Mir ist übrigens aufgefallen, wie oft die Menschen, mit denen wir ins Gespräch kamen, durch irgendwelche Sicherheitskräfte zurückgedrängt wurden. Darum haben mich die unerschrockenen Menschen beeindruckt, die sich mit uns in englischer Sprache offen über die Missstände im Lande unterhalten haben.«

Ihr Mann fügt hinzu: »Von allen Städten, die wir im Iran besuchten – es waren so an die sieben – hat mir Isfahan am besten gefallen.«

Isfahan ist ein sichtbarer Edelstein Irans. Doch andere, unsichtbare, wirken im Verborgenen.

Auf dem Teppich bleiben ...

Während meines Aufenthalts im Iran schenkte mir ein Freund einen kleinen Teppich, in den das Konterfei des persischen Dichters Nizami[93] geknüpft ist. Natürlich freue ich mich sehr über das Geschenk, aber es passt nicht so richtig in unsere Wohnung. Darum entschließe ich mich, mein Büro mit dem Teppich zu verschönern. Hier gibt es in einer Ecke seit Urzeiten einen hässlichen Fleck auf dem Boden, der den Putzkünsten unseres Raumpflegepersonals nicht weichen will. Kurzerhand lege ich den Teppich darüber – und siehe da, das Büro wirkt durch den Farbklecks gleich viel lebendiger. Mit der Zeit wird der Teppich ein richtiger Blickfang; denn er wird aufmerksam gemustert von allen, die mein Büro betreten.

Eines Tages fragt mich ein Student, als er sich für eine Klausur anmeldet, unvermittelt: »Beten Sie eigentlich regelmäßig?«

Irritiert sehe ich ihn an.

»Wie – beten? Was soll denn diese Frage?«

»Nun ja«, er deutet auf den Teppich, »das ist doch offensichtlich.«

Im ersten Moment muss ich lachen.

»Das ist doch kein Gebetsteppich, sondern ein *Ghalidsche,* ein kleiner Wandteppich.«

»Aha. Na, dann nichts für ungut. Ich hatte schon Befürchtungen ...«

Befürchtungen.

»Die müssen Sie höchstens wegen Ihrer Noten haben«, erwidere ich kühl und spüre eine leichte Verärgerung in mir emporkriechen. Dann ist die Sache für mich abgehakt.

Doch zunehmend gerät auch bei den Kollegen das politische Zeitgeschehen ins Visier. Islam und Terrorismus sind die vorherrschenden Themen. Und plötzlich diskutieren die Leute überall darüber. Taliban, Al-Quaida und Iran werden mitunter in einem Atemzug genannt und im Eifer der Wortgefechte miteinander vermischt. Da zählen tatsächlich einige Iran zu den arabischen Staaten. Versuche ich, das richtigzustellen, heißt es abwertend: »Iran – Irak, es ist doch alles das gleiche dort unten.« Obwohl ich verärgert bin, verstehe ich die Sorge. Doch hin und wieder habe ich das Gefühl gegen eine Wand zu laufen, so zum Beispiel, als mich mein Kollege Axel auf dem Gang anspricht: »Sag mal, ich habe gehört, du fliegst demnächst in den Iran?«

»Stimmt. Ich will die Familie besuchen.«

»Mich wundert, wie du das aushalten kannst, da freiwillig hinzufliegen.«

»Warum aushalten? Das ist doch auch meine Heimat, ein Teil von mir!«

»Hm, klingt etwas sentimental!«

»Sentimental? Nur weil ich die Familie besuchen will?«

»Die können dich doch hier besuchen.«

»Können sie nicht. Man verwehrt ihnen ein Einreisevisum.«

»Wieso das denn?«

»Weil man ihnen in der Deutschen Botschaft unterstellt, sie wollten hierbleiben.«

»Nun, das ist unter den politischen Gegebenheiten wohl kein Wunder. Und wollen sie?«

»Nein, sonst wären sie schon zu Beginn der Revolution geflohen. Außerdem wird nach gegenwärtigem deutschen Recht iranischen Staatsangehörigen kein Asyl mehr gewährt.«

»Tja, man weiß ja auch nicht, wer hier so rüberkommt.«

»Was soll das in meinem Fall heißen?«

»Na, na, halte mal den Ball flach. Du bist doch nicht gemeint. Aber schau doch mal hin, was allein der Islam überall anrichtet. Und der Terrorismus! Sind nicht gerade die religiösen Attentäter ein Produkt des Islam?«

»Der Islam wird von einigen religiösen Führern als Machtwerkzeug missbraucht. Aber nicht alle Gläubigen teilen deren Auslegung des Islam.«

»Das glaubst du doch selbst nicht. Schau auf die Hetzkampagnen gegen den Westen, das Verbrennen der Fahnen. Da stehen dumme Bauern neben Mullahs und Studenten.«

Meine Kollegin Carmen gesellt sich zu uns. »Ich habe euch zugehört und wollte mich eigentlich nicht einmischen, aber ich finde deine Kritik sehr einseitig«, wendet sie sich an Axel.

»Inwiefern?«

»Die Diktatur im Iran treibt Missbrauch, sowohl mit der Religion als auch mit der Politik. Vieles wird bewusst zur Schau gestellt. Da werden die Stillen, die gar nichts damit zu tun haben wollen, leicht übersehen. Ich denke, es gibt genug Menschen dort, die das Regime nicht gutheißen. Bekanntlich stürzt sich die Presse doch stets auf die, die am lautesten brüllen. Eine aufreißerische Berichterstattung treibt die Zuschauerquoten schnell in die Höhe. Wen interessieren da schon die friedfertigen Moslems?«

»Ach friedfertig! Wie kannst du den Islam als selbstbewusste Frau überhaupt verteidigen? Und dann diese Verschleierungen. Was steckt dahinter?« Und an mich gewandt: »Oder tragen die Frauen den Schleier freiwillig?«

»Nein. Sicher nicht. Dazu gibt es sehr unterschiedliche Meinungen. Mit dem Islam, denke ich, hat das weniger zu tun. Im Iran herrscht jedoch staatlich verordneter Kopftuchzwang. Es ist das Regime, das ihn fordert, nicht der Islam. In meiner Familie gibt es auch religiöse Frauen, aber den Schleier würde keine von ihnen freiwillig …«

»Und dann die Männer«, unterbricht er mich. »Schau dir doch mal an, wie ungepflegt sie ausschauen mit ihren unrasierten Gesichtern.«

»Also, ich kann ja jetzt nur vom Iran sprechen. Hier gilt das unrasierte Gesicht und das Nichttragen von Krawatten als Protest gegen westliche Gepflogenheiten. Iran hat eine lange Geschichte der Unterdrückung hinter sich und wurde auch vom Westen in der jüngeren Vergangenheit besetzt oder jahrelang wirtschaftlich ausgebeutet: zuerst von den Engländern und dem zaristischen Russland, die das Land Anfang des 20. Jahrhunderts per Vertrag unter sich aufteilten, dann von den Amerikanern. Die Revolution sollte als Befreiungsschlag dienen, das Land den iranischen Menschen zurückgeben. Leider haben die Mullahs entgegen ihren Versprechungen die Macht übernommen. Dass sie die Religion missbrauchten und für ihre Zwecke instrumentalisierten, ist besonders tragisch. Das hat im Iran kaum jemand gewollt, und als die Menschen es bemerkten, war es zu spät.«

»Da siehst du es, dass der Islam ein gefährliches Machtinstrument ist. Und dann die Gewalt! Der ungebildete Mob! Und einer solchen Situation setzt du dich aus, indem du da hinreist?«

»Also, nun halte du mal den Ball flach, Axel«, Carmen hebt beschwichtigend die Hände. »Ich finde, jetzt wirst du ungerecht. Erstens: Dreitagebärte gibt es auch in Europa. Mein Geschmack sind sie auch nicht, ob dort oder hier. Und zweitens kannst du doch die ungebildeten, fanatisierten Menschen nicht mit der gesamten Bevölkerung Irans gleichsetzen. Das wäre so, als würde das Ausland uns Deutsche alle als Rechte beschimpfen, wenn hier die Neonazis durch die Straßen toben.«

Ich bin Carmen für ihren Einwurf sehr dankbar. »Ich weiß nicht, wie viele Menschen, vor allem auf dem Land, von den Parolen der Mullahs eingelullt werden. Aber wenn ich im Iran bin, sehe ich solche Menschen, wie sie hier in den Medien ständig gezeigt werden, relativ selten!«

»Gut, aber die Terroristen in New York bekannten sich zum Islam und waren studierte Menschen«, gibt Axel nicht nach.

Ich bezeichne mich als Agnostikerin, auch wenn ich den islamischen Glauben wählte. Im Göttlichen sehe ich die reine Liebe. Und ich verstehe es auch gar nicht als meine Aufgabe, den Islam zu verteidigen, aber es verletzt mich dennoch, wenn ich Menschen wie Axel so reden höre.

»Wir sollten schon aufpassen, wem wir die deutsche Staatsbürgerschaft zusprechen. Da stimmst du doch zu, oder?«, fährt er fort.

»Ja, ich denke, dass jeder Mensch einer genauen Prüfung unterzogen wird. Es dauert über ein Jahr, bis nach der Antragstellung die Staatsbürgerschaft zuerkannt wird. Wenn jemand hinterher straffällig wird, kann das doch niemand voraussehen.«

»Du hast auch noch die iranische Staatsbürgerschaft?«

»Ja, ich habe eine Doppelstaatsbürgerschaft.«

»Bringt dich das nicht in eine prekäre Situation?«

»Nein. Warum? Ich liebe beide Länder und fühle mich beiden zugehörig. Deutschland akzeptiert eine Doppelstaatsbürgerschaft zwar nicht. Aber Iran bürgert niemanden so ohne Weiteres aus, was Deutschland wiederum billigt. Und ich bin froh darüber und fühle mich gut dabei. Außerdem plädiere ich grundsätzlich für die Doppelstaatsbürgerschaft.«

»Mein Bruder hat sie automatisch bekommen«, sagt Carmen. »Er wurde in Washington geboren. Jeder, der in Amerika geboren wird, ist auch automatisch amerikanischer Staatsbürger. Mein Bruder genießt diesen Vorteil sehr.«

»Na, das ist aber ein Unterschied, ob du westlicher Doppelstaatsbürger bist oder der von einem ›Schurkenstaat‹«, wirft Axel provokativ ein.

»Das finde ich sehr verletzend. Solch eine Aussage beleidigt nicht nur mich, sondern ein ganzes Volk.«

»Nun wirst du melodramatisch. Das ist mal wieder typisch. Dir fehlt eine gewisse Abgeklärtheit. Die ›Achse des Bösen‹ und ›Schurkenstaat‹ sind weltweite Begriffe, die nicht von ungefähr entstanden. Sicher, der amerikanische Präsident ist alles andere als ein Highlight, aber hierin hat er wohl Recht. Oder willst du vielleicht diese Ayathollah Soundso, na egal, wie sie heißen, noch schönreden?«

»Also Axel, ich weiß, du provozierst gern. Aber jetzt gehst du meiner Meinung nach zu weit. Pauschalisierungen sind hier unangebracht«, empört sich Carmen. »Auch wenn der amerikanische Präsident diese Unworte ständig benutzt, so heißt das noch lange nicht, dass wir sie als kritische Menschen übernehmen müssen. Wir sollten einfach danach trachten, die Wahrheit zu ergründen, statt uns ständig einlullen zu lassen.«

Mich machen solche Gespräche müde – und traurig, weil sie sich ständig wiederholen. Aber Menschen wie Carmen bauen mich wieder auf.

Der Anschlag am 11. September hat die Menschen in Deutschland verändert. Vorurteile und Ängste werden weiter geschürt, sowohl von der Politik als auch von den Medien. Ich erinnere mich schmerzlich an die Zeit des Spießrutenlaufens wegen des Mahmoody-Buches *»Nicht ohne meine Tochter«*. Doch es sollte noch dicker kommen.

Kurz darauf haben wir an unserer Uni ein Raumproblem. Der Zulauf der Studierenden hat sich drastisch vergrößert. Es wird mehr Personal benötigt. Aber die Räumlichkeiten fehlen. So kommen die Raumplaner zu dem Ergebnis, dass sich künftig immer zwei ein Büro teilen sollen. Da gibt es viel böses Blut, denn alle sind darauf erpicht, ihren Besitzstand zu wahren. Im Falle des Kompromisses, so fügen einige erbost hinzu, wollen sie zumindest mit jemandem das Büro teilen, mit dem die Chemie stimme.

Mein Raum ist sehr groß und bietet ohne Weiteres Platz für zwei bis drei Personen. Da ich aber aufgrund meiner Tätigkeit sehr oft in die Situation gerate, Gespräche unter vier Augen zu führen, komme ich in eine missliche Lage. Ich berate mich mit meiner Kollegin Chava, zu der ich ein gutes Verhältnis habe.

»Weißt du, wenn gar nichts anderes geht und auch du deinen Raum mit jemanden teilen musst, können wir doch zusammensitzen!«, schlägt sie nach einigen Überlegungen vor.

»Chava, die Idee ist nicht ohne. Wir schätzen uns und kommen gut miteinander klar. Aber was ist, wenn ich Betreuungsgespräche[94] führen muss? Das geht nur unter vier Augen.«

»Tja, das ist richtig. Aber dann verlasse ich solange den Raum und mache was anderes.«

»Das ist lieb von dir – aber ein fauler Kompromiss, der zu deinen Lasten geht.«

»Ja, und wenn du Termine machst?«

»Das geht nicht immer. Mitunter sind die Menschen, die ad hoc zu mir kommen, sehr in Not. Und ob du dann Lust hast, jederzeit aus der Arbeit herausgerissen zu werden … na, ich weiß nicht.«

»Nun gut, es ist zumindest einen Versuch wert. Leg die Stirn nicht so in Falten. Das macht alt, aber nicht unbedingt weise.«

Ich muss lachen. Noch am gleichen Tag setze ich zusammen mit meiner Professorin ein Schreiben an die Raumkommission auf, nicht ohne darin zu betonen, dass ich die vorgeschlagene Lösung als faulen Kompromiss betrachten würde. Erstaunlicherweise erhalte ich nach einiger Zeit einen kleinen Einzelraum zugewiesen. Chava zieht in meinen ehemaligen Raum. Auch allein. Eines Tages steht sie wutschnaubend vor meiner Tür.

»Weißt du, wie du zu diesem Raum gekommen bist?«

»Nein, aber du wirst es mir sicher gleich erzählen«, erwidere ich erschrocken über ihr puterrotes Gesicht.

»Ich bin zufällig dem Professor über den Weg gelaufen, der ein Mitglied der Raumkommission ist. Ich fragte ihn, wieso wir eigentlich unsere Räume tauschen mussten und hinterher wieder allein darin sitzen. Er plusterte sich gewaltig auf. ›Wissen Sie‹, erklärte er mir wichtigtuerisch, ›das ist ein sensibles Thema und wir haben uns darüber viele Gedanken gemacht.‹ ›Na, dann teilen Sie mir diese doch bitte auch mal mit‹, entgegnete ich ungeduldig.«

Ich muss grinsen. Wenn Chava richtig in Fahrt gerät, kriegt jeder sein Fett ab.

»›Also, wir sind überein gekommen, dass wir es Ihnen als Jüdin nicht zumuten können, Ihren Raum mit einer Moslemin zu teilen. Das gibt nur böses Blut.‹«, gibt Chava die Antwort des Professors wider und dann erzählt sie mir den Rest dieses Gesprächs. »Einen Moment verschlug es mir die Sprache. ›Das kann doch nicht wahr sein!‹, empörte ich mich. ›Ohne mit uns zu sprechen und nur weil wir verschiedene Konfessionen haben?‹ ›Na ja, da ist ja noch dieser Gebetsteppich‹, entgegnete der Professor zurechtweisend, ›außerdem hat Ihre Kollegin selbst von einem faulen Kompromiss geschrieben.‹ ›Aber das ging doch um den Arbeitsablauf!‹ Da sah er mich an und klopfte mir auf die Schulter. ›Der Teppich, liebe Kollegin, spricht für sich. Haben Sie nicht bemerkt, dass er in Richtung Osten liegt?‹«

Alles Holz brennt in der Stille ... (2003)

Schwarzer Freitag. An diesem eisigen Februartag liegt eine graue Wolkendecke über der Stadt, die sich unentwegt auf meine Stimmung senkt. Eisig pfeift mir der Wind in die Augen, bis sie tränen, und zerrt an meiner Kleidung. Mit gesenktem Kopf stiebe ich nach Hause und freue mich auf die warme Wohnung. Schon bevor ich die Tür aufschließe, höre ich das Telefon klingeln. Eine dunkle Vorahnung beschleicht mich und der Drang, nicht hinzuhören. Aber das Klingeln findet kein Ende und seufzend greife ich zum Hörer.

»*Aghadjan* ist tot«, weint Sima am anderen Ende.

»Nein!« Meine Beine sind wie Gummi, als sauge eine dunkle Energie alle Kraft aus meinem Körper. Ich lasse mich in den Sessel fallen, unfähig, mich zu rühren. Stille.

»Bary ... ist Saeid in der Nähe?«

»Nein ... er kommt später.« Hilflosigkeit und langsames Verstehen treiben mir die Tränen in die Augen »Oh, Sima! Wie ist es passiert?«

»Später, Bary! Hör gut zu. Sag Saeid nichts, bitte!«

»Was? Wie soll das gehen ... und warum?«

»Ich weiß, das ist viel verlangt. Schone ihn bitte.«

»Schonen? Ich kann doch nicht so tun, als sei nichts.«

»Du musst. Wir sorgen uns um ihn. Er war lange krank. Stell dir vor, er bekommt einen Rückschlag.«

»Aber er war doch nicht herzkrank.«

»Trotzdem, er wird sich so viele Gedanken machen, so weit fort. Ihr müsst so schnell wie möglich nach Teheran kommen, damit er es hier erfährt!«

»Aber wir können erst im Sommer fliegen.«

»*Sarnewesht.* Hauptsache, ihr kommt.«

»Weißt du, was du verlangst?«

»Ja, Bary, das weiß ich. Ich habe dich lieb.«

Schweigen. Es ist wie Selbstvergewaltigung. Meine innere Stimme schweigt nicht: Wie kannst du nur den eigenen Mann belügen, ihm eine heile Welt vorgaukeln! Ist Stillschweigen auch Betrug? Hat nicht jeder ein Recht auf seine eigene Trauer?

Ich weiß nicht, wie ich die Wochen bis zum Sommer durchstehen soll. Manchmal denke ich, dass Saeid etwas spürt, wenn er am Telefon nach seinem Vater fragt und die Ausflüchte der anderen hört. Mir tut das weh. Ich gehe dann aus dem Raum, um nicht hinzuhören.

Europa stöhnt unter einer üblen Hitzewelle. Es ist August und in Teheran ist die Luft wie flüssiges Blei. Als wir eintreffen, ist mir klar, dass niemand Saeid mit der Todesnachricht überfallen will. Auf seine Frage, wie es *Aghadjan* geht, heißt es, er sei im Krankenhaus. Ich beiße mir auf die Lippen. Doch Geduld ist ein Baum, dessen Wurzeln bitter sind, auch wenn die Frucht süß ist. Zu Hause geht Saeid in *Aghadjans* Zimmer. Kurz darauf stürzt er bleich heraus. »Sagt mir sofort die Wahrheit!«, sagt er heiser, »*Aghadjan* ist tot, nicht wahr?« Der leere Kleiderschrank in *Aghadjans* Zimmer ist ein stummes Zeugnis.

Saeid trauert nun, wozu wir anderen wochenlang Gelegenheit hatten. Hinzu kommt sein Zorn über unser Verhalten. In der ersten Woche tun wir nichts, außer essen, schlafen und miteinander reden. Maman klagt, wie schwer es ihr fällt, ohne *Aghadjan* zu leben. Fünfzig lange Jahre haben sie ihr Leben miteinander geteilt. Jeder Winkel in der riesigen Wohnung erinnert an ihn. Das aufgeschlagene Buch, in dem er zuletzt las, seine Wasserpfeife, sein Lieblingsplatz. Unsere Gespräche sind Schmetterlinge der Erinnerung, die zärtlich den Raum durchschweben und seinen Geist heraufbeschwören. Den Gang zum Friedhof schieben wir noch vor uns her und übersiedeln ein paar Tage zu Sima.

Sima hat eine neue Wohnung gekauft. Das schmucke weiße Haus liegt hinter einer hohen Mauer verborgen, direkt an dem neuen Park im Stadtteil Schariati. Ursprünglich war es ein waldbewachsener Hügel, der nun in eine Parklandschaft verwandelt wurde. Eine steile Straße führt bergauf, und je mehr wir an Höhe gewinnen, desto herrlicher wird der Blick auf den Nordteil der Stadt und auf das Elbursgebirge. Die Luft ist hier weitaus frischer als unten im Stadtkern.

Der Park, der sich weitläufig um den gesamten Hang zieht, wird liebevoll gepflegt. Nirgends liegen Abfälle herum. Die Wege sind gepflastert und abends hell erleuchtet. Picknickplateaus wurden aus Zement gebaut, auf denen Teppiche oder Decken ausgebreitet werden können, zudem gibt es Wasseranlagen, Grillvorrichtungen sowie Wasch- und Toilettenhäuser. Abends – besonders zum iranischen Wochenende, das am Donnerstag beginnt – füllt sich der Waldpark mit Leben. Überall sehe ich Kinder und Jugendliche auf Rollerskates oder Rädern. Dennoch herrscht keine Enge. Im Gegenteil, es gibt verschwiegene Wege, auf denen uns kaum Menschen begegnen. Auf den zahlreichen Bänken – und auch das ist neu – sehe ich manch Liebespaar, das heimlich Zärtlichkeiten austauscht. Ich bin erstaunt, dass die Menschen dabei doch recht wenig Angst zeigen. Scheinbar sind die staatlich verordneten Fesseln momentan etwas gelockert. Ein Teil des Wäldchens wurde abgegrenzt und ist nur den Frauen vorbehalten. Um Männerblicke abzuwehren, wurde ein hoher Zaun gezogen. Dahinter können sich die Frauen in der Sonne bräunen und frei von der Kleiderordnung bewegen. Die Zeiten der Weißhäutigkeit sind passé. Dieses Jahr steht Indien im Fokus, auch modemäßig.

In Teheran herrscht derzeitig ein enormer Bauboom. Vierstöckige Gebäude schießen wie Pilze aus dem Boden. Neu ist, dass jetzt mehr auf Qualität geachtet wird, jedoch weniger auf die architektonische Harmonie. So finden sich schöne Hochbauten mit orientalischen Strukturen neben hässlichen Klötzen. Jedes Haus hat seinen eigenen Baustil und oft stimmt die Optik nicht. So ragen Paläste neben Hütten empor und Lehmhäuser stehen neben Marmorvillen. Ehrlich gesagt, Teheran als schön zu bezeichnen, wäre arg geschmeichelt. Die Stadt wächst immer noch in Windeseile und es fehlen gute Städteplaner. Der immense Zuzug an Menschen, die aus unterschiedlichen Gründen hier leben wollen, rollt weiter wie eine unaufhaltsame Lawine. Um die Disharmonie genauer zu beschreiben, würde ich sagen, Teheran sieht aus, als habe jemand einen großen Würfelbecher mit Sand, Steinen und Glas geschüttelt, diese Mischung auf den Boden ausgekippt und sie dort liegen gelassen.

Immer noch werden breite Häuserflächen mit Machtparolen bemalt oder mit Konterfeis des nun schon vor vierzehn Jahren verstorbenen Revolutionsführers Ayatollah Chomeini im Wechsel mit Bildern seiner gefallenen Märtyrer. Die Bäume an den Hauptstraßen zeigen ein kränkliches Aussehen. Bereits im Sommer verfärbt sich ihr Laub durch die Abgase unzähliger Autos. Schönere Straßenzüge sind im Norden der Stadt zu finden, in Schemiran, wo die Oberschicht zu Hause ist. Oder im Osten in Haft Hos, wo vorwiegend der Mittelstand lebt. Doch häufig täuscht der äußere Eindruck der Wohnhäuser, sehr oft entpuppt sich das Innenleben mit seinen gefliesten Innenhöfen, schönen Gärten und Springbrunnen als wahre Schatztruhe. Teheran ist eine Stadt, in der die Schönheit im Inneren gesucht werden muss. Die Menschen schaffen sich innen, was draußen nicht gelingt, eine kleine Oase des Friedens. Jedes noch so kleine Gewächs wird liebevoll gehegt und gegossen. Aus Angst vor Krankheitserregern hält sich die Haustierhaltung in Teheran noch in Grenzen. Doch hin und wieder sind Schoßhündchen zu sehen, die liebevoll verhätschelt werden.

Die Stimme eines Straßenhändlers schallt zu uns herauf: »Nehme alles! Metalle! Alte Geräte! Haushaltsauflösungen!« Maman eilt sofort die Treppen hinunter und bringt den Händler nach oben. Endlich kann sie Gerümpel loswerden, wie ihren alten riesigen Fernseher, den defekten Motor der Klimaanlage und etliche schwere Bettdecken. Der Händler zahlt sogar noch etwas Geld dafür. Als ich aus dem Fenster blicke, um zu sehen, womit er den ganzen Krimskrams abtransportieren will, bleibt mir im wahrsten Sinne des Wortes die Spucke weg: mit einem kleinen Motorrad! Und tatsächlich schafft er es, alles auf den Rücksitz zu binden. Indes erzählt er mir, dass er mit dem Motorrad sogar Kühlschränke abtransportiert. Mein Respekt wächst und ich bewundere, mit welchen einfachen Mitteln die Menschen hier ihr Auskommen bestreiten.

Jedes Mal, wenn ich wieder in Teheran bin, zeigt sich die steigende Einwohnerzahl deutlich am Straßenbild. Haft Hos war früher ein netter und gemütlicher Stadtteil. Jetzt wimmelt er wie ein Ameisenhaufen mit dem Unterschied, dass Ameisen nicht drängeln, schubsen, quengeln. Mit dem Zustrom in die Stadt hat sich auch das Publikum merklich verändert und damit die Mentalität. Die einst leisen freundlichen Töne sind lauten und tölpelhaften gewichen. Das ist einer der Gründe, warum Sima in den Norden der Stadt gezogen ist. Haft Hos scheint zum Zentrum der jungen Nichtstuer zu verkommen, die den Tag über herumlungern und um die sich weder die Eltern noch der Staat zu kümmern scheinen. So etabliert sich unsoziales Verhalten durch Orientierungslosigkeit.

Dies gilt ebenso für den Straßenverkehr, der regelmäßig kollabiert. Stundenlang heißt es, im Stau ausharren. Busse und Bahnen sollen den Verkehr eigentlich entlasten und für Bequemlichkeit sorgen. Doch durch die Geschlechtertrennung – die vorderen zwei Drittel sind den Männern vorbehalten – sitzen nur die Herren der Schöpfung entspannt auf ihren Plätzen, während sich im letzten Drittel die Frauen dicht aneinander drängen. Der Verkehr setzt Aggressionen frei. Ohne Gehupe, Geschiebe, Geschimpfe läuft gar nichts. Iran hat letztens einen traurigen Weltrekord errungen: Weltmeister bei Verkehrsunfällen mit Todesfolge. Die Jugend scheint weniger davon beeindruckt und boxt sich weiter rücksichtslos durch die verstopften Straßen, sicher weil man mit ihr auch nicht besonders pfleglich umgeht. Was erwartet sie, außer sich in exklusiven Einkaufszentren zu treffen, ohne das teure Kaufangebot nutzen zu können, das nur einer kleinen Oberschicht vorbehalten bleibt?

Vorrangig mangelt es an Arbeit und an Ausbildungsplätzen, dem Fundament zum eigenständigen Leben. Eine unbeschwerte Jugend bleibt ein schöner Traum. Wollen sie sich treffen, bedeutet das, Gefahren auf sich zu nehmen. Jugendzentren, in denen beide Geschlechter sorglosen Umgang miteinander pflegen können, gibt es nicht, ebenso keine Discos – also nichts von alledem, was jungen Menschen Spaß macht. Stattdessen kontrollieren Sittenwächter weiterhin die Kleidung der Menschen und ihr Verhalten. Hinzu kommt das Risiko, gegen diese Ordnung zu verstoßen, gilt doch ein Verstoß als kriminelles Delikt und wird mit Auspeitschung oder Haft bestraft. Eine Folge dieser drastischen Strafen ist die zunehmende Lossagung von der Religion.

»Wieso kaufst du dir im Iran stets Kopftücher?«, fragt Sima mich.

»Ganz einfach. Weil die Auswahl hier größer ist als in Deutschland. Und außerdem sind es ja Schals und keine Kopftücher.«

»Na, daran gewöhnen wirst du dich wohl nie«, spöttelt sie.

»Ach Sima, wie denn auch. Geht es dir etwa anders? Übrigens dachte ich früher mal, jede Frau soll selbst entscheiden, ob sie ein Kopftuch trägt oder nicht, und ihre Umgebung hätte das zu respektieren. Doch mittlerweile beschäftigt mich die Frage: Welche Frau trägt überhaupt ihr Kopftuch freiwillig und warum?«

Unwillkürlich denke ich an einen Austausch, den ich kürzlich mit konvertierten deutschen Musliminnen hatte. Irritierend war für mich, dass sie alle verschleiert vor mir saßen. Sie beklagten, dass ihre nächste Umgebung das Kopftuch wenig toleriere oder respektiere. Wie kommt es, dass westliche, zum Islam konvertierte Frauen die Kopftuchregeln oftmals strenger handhaben als die Frauen, die in das Regelwerk hineingeboren wurden? Das ist für mich ein Phänomen, denn moderne muslimische Frauen tragen selten freiwillig ein Kopftuch, außer in der Moschee. Was bewegt eine selbstbewusste und gebildete Frau dazu, sich zwanglos dem Joch des Tuchs zu unterwerfen? Das Verstecken der eigenen Persönlichkeit? Oder sind sie etwa auch Zwängen ausgeliefert?

»Nun, es gibt hier traditionelle Frauen, die das gern tun«, nimmt Sima den Faden wieder auf. »Dabei müssen sie nicht unbedingt Anhängerinnen des Regimes sein. Denk doch an Maman, sie trägt auch ein Tuch.«

»Stimmt. Aber als junge Frau hat sie das nicht getan.«

Maman mischt sich ein. »Meine Haare sind im Alter ziemlich dünn geworden und irgendwann habe ich sie mit einem Tuch bedeckt. Ihr seht ja, zu Hause mache ich das nicht.«

»Aber wenn ein fremder Mann uns besucht, der nicht zur Familie gehört, machst du das schon.«

»Ja, das habe ich mir so angewöhnt. *Aghadjan* hat das nie verlangt. Außerdem möchte ich nach Mekka. Das passt schon.«

»Bary, hast du in deiner ersten Ehe ein Kopftuch getragen?«

»Leider. Ihr wisst ja, dass ich sehr jung einen Türken geheiratet habe. Er kam aus einer traditionellen Familie und diese verlangte von mir, dass ich nach der Heirat ein Kopftuch trage. Das hätte ich nie freiwillig getan. Da ich mit ihm ein Jahr in der Türkei lebte, passte ich mich an, fühlte mich aber denkbar unwohl. Zurück in Deutschland weigerte ich mich, es weiter zu tragen. Er akzeptierte das, denn auch er hatte begriffen, dass kein Mensch zu etwas gezwungen werden darf. Das ist es nämlich. Zwang.«

»Du hast Recht. In Iran wird er ja sogar staatlich verordnet und jede gilt als kriminell, die sich widersetzt.«

»Ich gehe sogar noch weiter: Umso mehr ich darüber nachdenke, desto mehr komme ich zu dem Schluss, dass sich hinter dem Tuch eine Gehirnwäsche verbirgt, gut durchdacht, sich die Frau untertan zu machen. Schon von Kindheit an beginnt der Zwang in der Familie. Dem folgt der Zwang des Ehemannes, der auf diese Weise seine Frau unterdrückt, nach dem Motto: ›Du bist keine rechtgläubige Frau, wenn du kein Tuch trägst.‹ Ihr wird suggeriert, wenn sie es nicht tut, ist sie schlecht. Das sind die Strukturen, aus denen die sogenannte Tradition besteht, die den Männern das Sagen über die Frauen zuspricht. Das wird kaum hinterfragt und daher wird es wohl eine Menge Frauen für ganz ›normal‹ halten, den Schleier zu tragen. Und sie haben auch die Erklärungen der Männer zutiefst verinnerlicht. Sie kennen ja nichts anderes. Wo steht das eigentlich im Koran? Ich habe nichts Verwertbares darüber gefunden.«

»Moment.« Sima holt den Koran aus dem Regal und blättert. »Hier steht was unter Sure 33, Vers 59: ›O Prophet, sag deinen Gattinnen und deinen Töchtern und den Frauen der Gläubigen, sie sollen etwas von ihrem Überwurf über sich herunterziehen. Das bewirkt eher, dass sie erkannt werden und dass sie nicht belästigt werden. Und Gott ist voller Vergebung und barmherzig.‹«

»Ja und? Das kann auch bedeuten, dass wir nicht so offenherzig herumlaufen sollen, was, wie ich zugebe, auch eine Einschränkung ist. Aber da steht nicht ausdrücklich: Haar verstecken und wie ein Ganzkörperkondom herumlaufen.«

Maman und Sima brechen in Gelächter aus. »Schön, wenn du dich so ereiferst!«

»Wisst ihr, das macht mich wütend. Lässt sich der Glauben etwa vom Kopftuch ableiten? Was hält Frauen an diesem Stückchen Stoff, unter dem sie sich vor den angeblich wollüstigen Blicken der Männer verstecken müssen? Inwiefern beleidigt sie mit ihrem unbedeckten Haar die Männerwelt?«

»Bary hat recht«, mischt Saeid sich ein. »Grundsätzlich zählt immer noch das Argument, die Frau trage es aus Sicherheit vor Männerblicken. Das bedeutet, nur der eigene Mann darf das Haar der Frau anschauen.«

»Ja, Saeid, das macht die Frau zu einer Sache, zum Eigentum ihres Mannes. Kein Wunder, dass so viel Missbrauch damit getrieben wird.«

»Sind wir Männer im Orient etwa wilde sexbesessene Monster, denen die Zunge meterlang aus dem Hals hängt, wenn sie eine leicht bekleidete Frau erblicken? Das ist eine Beleidigung.«

»Genau Saeid. Ich gehe noch weiter. Ist das nicht eine Beleidigung für meinen Vater, meinen Bruder, meinen Ehemann? Wo bleibt der Aufschrei in der Männerwelt? Warum ist gerade hier die islamische Gesellschaft so gespalten?«

»Vielleicht, weil es für die Männer bequemer ist. Es gibt tatsächlich Frauen, die behaupten, sie fühlen sich unter dem Tuch sicherer.«

»Gut, die Erfahrung habe ich während des Krieges auch gemacht. Sicherer vor Gewalt. Aber wenn das stimmt, warum werden dann nicht die Männer aufgefordert, sich Frauen gegenüber anders zu verhalten, statt dass Frauen sich verstecken müssen?«

»Der Koran bedarf aus meiner Sicht einer gründlichen Reform. Um so mehr ich darüber nachdenke, desto weniger erscheinen mir seine Auslegungen zeitgemäß.« Kazi ist unbemerkt hinzugetreten.

»Na, du bist doch eh ein Atheist«, bemerke ich lachend.

»Nenne mich lieber einen Sucher«, gibt er mir zurück und grinst auch.

»Übrigens, kleine Fußnote zum Rückschritt. In unserer Fakultät arbeitet eine arabische Putzfrau mittleren Alters«, beginne ich eine Begebenheit zu schildern, die ich in der Universität beobachtete. »Sie trug bis vor Kurzem kein Kopftuch, war immer fröhlich und summte vor sich hin. Eines Morgens sah ich, dass sie ein kleines Tuch umgebunden hatte. Ich dachte mir zunächst nichts dabei. Dann nahte der Monat Ramadan und sie hatte Kopf und Hals ganz verhüllt. Doch als der Ramadan zu Ende war, trug sie wieder ein Kopftuch. Als ich sie fragte, warum sie sich plötzlich bedecke, antwortete sie: ›Mein Mann verlangt es. Es ist doch unser Glaube.‹ Ist eine Frau, die ein Kopftuch trägt, eine bessere Muslimin? Was ist mit all den Musliminnen, die ein Kopftuch ablehnen?«

»Ey, Bary, es am Kopftuch festzumachen, finde ich auch bedenklich.«

»Das ist ein weites Thema. Zum Beispiel frage ich mich, was bezwecken die Frauen, die in westlichen Medien von sich reden machen, indem sie vehement für das Kopftuch plädieren. Oft können sie auf einen Hochschulabschluss verweisen. Ich denke, hier ist der Glaube zweitrangig und das Kopftuch wird zum politischen Instrument. Das ist für mich auch eine Instrumentalisierung des Islam.«

»Nun«, meint Sima, »Iran bietet da ein negatives Beispiel. Hier werden seit dreißig Jahren die Menschen an die Religion gefesselt, Kleiderordnungen hervorgezaubert und die *Scharia* wieder eingeführt. Problematisch ist für mich, dass da auch Frauen mitmachen, die resolut das Kopftuch verteidigen.«

»Das meinte ich vorhin mit Gehirnwäsche. Aber anders herum: Nimmt das Kopftuch einer Frau nicht die Würde? Warum empfindet sie es nicht als demütigend, sich stets hinter wallender Kleidung und einem Tuch, selbst während der größten Hitze, verstecken zu müssen? Demütige ich mich nicht selbst, indem ich verleugne, wer ich bin, und mein Haar verstecke wie ein hässliches Geschwür? Hätte Gott das tatsächlich von mir verlangt? Oder ist das nicht vielmehr der Wunsch einer geschwächten ›Herrenrasse‹, welche die Stärke der Frau, der Mutter oder der Schwester fürchtet, anstatt sie als Geschenk zu betrachten, die eigene Stärke mit der weiblichen zu vereinigen?«

»Bary, nun ist es genug«, lacht Saeid. »Das klingt ja wie das Wort zum Sonntag.«

»… und alles nur, weil Sima mich fragte, warum ich gerade hier immer Kopftücher kaufe …!«

Teheran hat unzählige Friedhöfe. In einer so gigantischen Stadt wird viel gestorben. Uns steht der schwere Gang zu *Aghadjans* Grab noch bevor. Kurz vor Sonnenaufgang brechen wir auf. Beheschte Sahra ist der größte Friedhof und liegt weit außerhalb im Süden Teherans. Trotz flüssigem Verkehr benötigen wir eine gute Stunde. In der Ferne erheben sich die Minarette des Grabmals von Chomeini, das am Rande des großen Friedhofs liegt. Doch Grabmal ist der falsche Ausdruck, es ist eine riesige Moschee, ein Mausoleum, und bietet Hunderten von Menschen Platz. Bereits beim Landeanflug auf Teherans Flughafen Mehrabad konnten wir seine Goldkuppel und die vier goldenen Minarette in der Sonne blitzen sehen. Wie Lanzen stechen sie in den Himmel, so als wollten sie ungebetene Gäste abwehren.

Aghadjans Grabstätte liegt im erweiterten Teil des Friedhofs. Ein Ort am Ende der Welt. Soweit das Auge blickt, nur gelbe Erde. Kein tröstendes Grün. Der nimmermüde Sandwind wirbelt den Staub vom trockenen Boden und bläst ihn uns ins Gesicht. Die Sonne wirft ihre ersten zaghaften Strahlen auf den nackten Boden. Metallschilder, beschriftet mit den Namen der Toten, ragen wie Splitter aus der Erdenhaut. Frauen im schwarzen *Tschador* hocken auf den Gräbern wie die Vögel der Nacht auf dem leeren Feld, manche still in sich gekehrt, den Boden mit den Händen streichelnd, andere laut klagend. Männer beweinen ihre Lieben, die Arme zum Himmel emporgereckt, andere schlagen sich dumpf auf Kopf und Brust, ein Ausdruck tiefsten Schmerzes. Still legen wir an *Aghadjans* Grab unsere Rosen nieder und spüren den Schmerz wie eine Welle über uns kommen. Der Aufschrei Mamans fährt uns bis ins Mark. »Warum allwissender Gott? Warum nur hast du mir das Liebste genommen?«

Während wir am Grabe hocken, kommen gelegentlich Trauernde vorbei, die uns Obst, Datteln und Nüsse anbieten. Eine Ablehnung käme fast einer Beleidigung gleich. Es ist der Brauch *Fatehe*. Die Hinterbliebenen verteilen im Namen der Verstorbenen Obst oder Süßes, dadurch möchten sie den bitteren Geschmack des Todes versüßen.

In der Nähe unseres Grabes weint eine Frau bitterlich. Sie hat ihren einzigen Sohn verloren. Er war erst zweiundzwanzig Jahre alt, als er durch einen Gehirnschlag starb. Leider ist das keine Seltenheit. In Teheran sterben viele junge Menschen. Wir setzen uns ein wenig zu ihr, lassen sie erzählen und versuchen, sie ein wenig zu trösten. Die Sitte, sich gegenseitig Trost zu spenden, ist für die Trauernden eine große Hilfe. So ist keiner mit seiner Trauer allein.

Der Morgen ist noch jung und immer mehr Menschen finden sich auf dem Friedhof ein. Die Sonne hat an Kraft gewonnen und ihre sanfte Wärme ist zu einem Brennen geworden, das unsere schwarze Kleidung aufheizt. Unter den dichtbelaubten Bäumen des alten Friedhofs suchen wir Schutz und erkundigen uns in der Verwaltung nach *Aghadjans* Grabplatte und wann der neue Teil des Friedhofs bepflanzt wird. »Habt Geduld«, heißt es, »in einem halben Jahr, wenn Allah will!«

Bei Todesfällen gibt es in Iran längst nicht so viele Formalitäten wie in Deutschland. Unlängst geschah Folgendes: Ein alter Mann war gestorben und sollte erst einmal zum Totenwäscher gebracht und danach zum Friedhof überführt werden. Weil den Angehörigen die Kosten für den Transport zu hoch waren, beschlossen sie, die Leiche in einen leeren Karton zu legen, in dem zuvor ein Kühlschrank gewesen war, und mit einem Lieferwagen selbst zu transportieren. Unterwegs hielt der Fahrer an, um einen *Tschai* zu trinken. Als er wieder zurückkehrte, war sein Wagen samt Karton verschwunden. Ein Dieb hatte wohl angenommen, ein Schnäppchen zu machen. Das entbehrt nicht einer gewissen Komik. Leider wurde der Tote nicht wieder gefunden.

Delikte wie Diebstahl und Raub haben im Iran, besonders aber in Teheran zugenommen. Diebe und Räuber sind häufig motorisiert. Aber auch auf Fahrrädern versuchen sie, im Vorbeifahren Handtaschen zu ergattern. Mitunter kennen sie kein Erbarmen. Einer Frau wurde die Hand abgehackt, als sie sich wehrte. Der Dieb wollte ihre Ringe stehlen.

Aber auch die Diebe sind vor Spott nicht sicher: Ein Mann war auf dem Weg zum Arzt und hatte in einer Plastiktüte eine Urin- und Kotprobe bei sich, die er dort abgeben sollte. Gerade als er aus dem Wagen stieg und sich anschickte, das Haus des Arztes zu betreten, wurde ihm die Tüte, die er aus guten Gründen von sich abhielt, von einem vorbeifahrenden Motorradfahrer aus der Hand gerissen. An dem Tag hat ganz Teheran über den dummen Dieb gelacht.

Wir beschließen, eine Woche ans Kaspische Meer zu fahren, diesmal nach Tonabad. Der kleine Peugeot von Mojgan ist rappelvoll gestopft mit Kleidung und Nahrung für sechs Personen. Doch Platz bleibt nur für vier: Saeid und ich, Mojgan und Minou. Maman und Sima werden uns mit dem Bus bis zu der Küstenstadt Chalus folgen und von dort aus mit dem Taxi zu uns stoßen. Übrigens: Keiner lacht mehr über mich, als ich mich anschnalle, denn alle sind angeschnallt. Seit Neuestem gilt die Anschnallpflicht auch im Iran. Wer sie missachtet, wird gebührenpflichtig zur Kasse gebeten. Ich müsste lügen, wenn ich jetzt nicht zugäbe, dass ich selbstzufrieden vor mich hingrinse.

Wie angenehm, einmal bei trockenem Wetter das Gebirge zu überqueren und die Fahrt entspannt zu genießen. Wir nehmen diesmal eine andere Strecke. Eine Zeit lang folgen wir dem jadefarbenen Fluss, der seine wilden Fluten durch die Täler treibt. Die Farbenvielfalt des Elburs offenbart sich im Sonnenlicht in seiner ganzen Schönheit. Bunte Berge, die türkisfarben, dunkelrot, beige und schokoladenbraun leuchten. Am meisten fasziniert mich das türkisfarbene Gestein, das wie ein großes Auge auf mich hinabschaut und in seiner Farbe dem klaren Wasser des Flusses gleicht. Am Flussufer ist der Boden übersät mit türkisfarbenen Felsbrocken, aber auch blanken grünen Steinchen, die das Wasser im Laufe der Jahre poliert hat.

»Saeid, halte doch bitte einmal an. Ich möchte aussteigen und Steine sammeln.«

Begeistert klaube ich ein paar zusammen. Seit meine Eltern tot sind, bringe ich beiden stets einen Stein von meinen Reisen mit und lege sie auf ihr Grab. Das habe ich aus dem jüdischen Brauchtum meiner Mutter übernommen.[95]

»Schau mal, Minou. Wie sie leuchten! Ein Stückchen Heimat, das ich mit mir nehme.«

»Ach, Bary, könntet ihr doch bei uns bleiben.«

»Ja, vielleicht kommt die Zeit einmal. Ich hörte, der Elburs sei ein erloschenes Vulkangebirge.«

»Stimmt. Unsere Klasse hat hierher auch schon Ausflüge gemacht. Da mussten wir alles notieren. Der letzte Ausbruch soll vor zweitausend

Jahren gewesen sein. Danach haben sich die Gletscher gebildet.«

»Gibt es Bergtouren da hinauf?«

»Ich denke schon. Unsere Lehrerin erzählte, sie sei als junge Studentin mit einer Gruppe hochgestiegen. Oben auf dem Gletscher gibt es sogar heiße Quellen. Sie sagte, da oben habe sie das Gefühl gehabt, die ganze Welt zu überschauen. War die begeistert.«

Nicht umsonst wird der Elburs auch Thron der Götter genannt. Seine Schönheit wird diesem Namen in der Tat gerecht. Die Täler um den Elburs sind fruchtbar. Überall sprudeln Gebirgsquellen, die tiefer im Tal zu reißenden grünen Flüssen werden. Ab und zu sehe ich Gebirgsoasen, kleine Inseln des Lebens mit saftigem Gras, Büschen und Pappeln. Der Baum des Nordirans ist die Pappel, mein liebster Baum, seit ich denken kann. Sie hat hier im Hochgebirge die Bedeutung, wie die Palme am Persischen Golf. Ihre schlanke Silhouette, ihr schimmerndes Laub, das so geheimnisvoll raschelt, wenn der Wind hindurchstreicht, und ihr silbrig glänzender Stamm gehören zur iranischen Landschaft. Gerade hier in den Bergen und besonders in den Flussniederungen wachsen Pappeln dicht beieinander. Sie bieten der ländlichen Bevölkerung Schutz und Rohmaterial für ihre Häuser. Die sind zwar vorwiegend aus Lehm und Stein gebaut, aber für das Gebälk ist das Holz der Pappeln unverzichtbar, ebenso für Brücken, die über den Fluss führen, und viele Dinge des alltäglichen Gebrauchs.

Der Weg zum Kaspischen Meer ist in der Ferienzeit viel befahren. Da lohnen sich kleine Geschäfte. Überall stehen Bauernmädchen in bunten Trachten, die frische, schon geknackte und enthäutete Walnüsse verkaufen, welche sie in großen, mit Wasser gefüllten Gläsern anbieten. Es sind Mädchen mit frischen Gesichtern, anmutig und hübsch. Ihren Wohlstand zeigen sie gern. An den Armen reihen sich die Goldreifen und goldene Ringe schmücken die Ohren. Doch selbst bis in die Provinz ist das teheranische Schönheitsideal vorgedrungen. Oft lugen aus den Tüchern weizengelb gefärbte Haare hervor. Wir stoppen. Ein kleiner Bauernjunge führt uns zu seiner Schwester, indem er uns wortreich überzeugt, dass ihre Walnüsse die schmackhaftesten und günstigsten seien. Das Mädchen ist eine wahre Schönheit, hochgewachsen, feingliedrig, mit ebenmäßigen Gesichtszügen und Jadeaugen, leuchtend wie der Stein des Elburs. Und ihre Walnüsse schmecken nach Heimat.

Als wir die Küste erreichen, glauben wir, die Luft zu trinken, so enorm ist die Luftfeuchtigkeit. Ihre Nässe legt sich in jede unserer Poren und erstickt unseren Tatendrang. Selbst das Kaspische Meer liegt spiegelglatt und wie ermattet im Sonnenlicht. Nur die überaktiven Grillen übertönen mit ihrem Zirpen sogar das Rauschen der Klimaanlage. Minou liegt schlafend auf der Couch. Sechzehn süße Jahre. Kein Kind mehr, aber erst auf dem Wege zu einer jungen Frau, meine kleine Nichte. Eine Schönheit mit ihren großen dunklen Augen, dem glatten schwarzen Haar und der honigfarbenen Haut. Nach dem Umzug in die neue Wohnung konnte sie auf eine andere, weitaus liberalere Schule wechseln. Dort kann sie bis zum Abitur bleiben. Die Schulleiterin hat den Kopftuchzwang einfach abgeschafft, indem sie eine Hausmeisterin einstellte. So einfach ist das und für die Mädchen eine unbeschreibliche Erleichterung.

Besonders die Frauen und Mädchen sind bei all den Verboten im Laufe der Zeit zu Lebenskünstlerinnen geworden und finden noch in den kleinsten Nischen eine Möglichkeit, um ihre Lebensqualität zu verbessern. In diesem Land bedeutet das eine beachtliche Leistung. In Europa ist es sicher schwer nachvollziehbar, dass iranische Frauen und Mädchen sich mit solchen Dingen auseinandersetzen müssen, ja sogar darum kämpfen müssen – und dass jede Zuwiderhandlung den Verlust der Freiheit bedeutet.

Eine freudige Überraschung erwartet mich am Strand. Sauber und hell glitzert der Sand in der Sonne. Die kaspische Region schützt endlich ihre Umwelt. Welch eine Lust ist es nun, am Strand spazieren zu gehen oder in den kleinen Strandcafés zu sitzen, um ein *Bastani,* das ist ein sehr zähes und leckeres iranisches Vanilleeis mit gefrorenen Sahnestücken, oder eine *Faludeh* zu genießen. Neu ist auch der durch einen hohen Sichtschutz abgeteilte Badebereich für Frauen.

Ins Gespräch vertieft wandere ich mit Sima am Strand entlang, als mir ein jäher Windstoß meinen leichten Schal vom Kopf reißt und aufs

Meer weht. In voller Kluft springe ich ins Wasser und kann ihn gerade noch ergreifen, bevor ihn die See hinauszieht. Ich bin bis zu den Hüften nass und ebenso klitschenass hängt der Schal in meiner Hand. So habe ich nicht das geringste Bedürfnis, ihn um meinen Kopf zu schlingen. Lachend breiten wir den anderthalb Meter langen Schal im Wind aus und warten fröhlich schwatzend darauf, dass er schnell trocknet. Kaum eine Minute ist vergangen, da erschallt plötzlich eine Stimme aus dem Lautsprecher des kaspischen Baywatch-Teams: *»Chanum! Lutfan rusari bepusch!* – Frau! Bitte den Schleier überziehen!« Das klingt noch ganz freundlich. Die Moralapostel wollen es nicht dulden, dass ich hier am Strand mein Haar so freizügig zur Schau stelle. Der *Rusari* ist fast trocken. »Ein Minütchen noch, Sima. Solange werden die sich wohl gedulden«, sage ich unbeeindruckt. Und fröhlich weht der Schal weiter im Wind. Da donnert die Stimme drohend aus dem Lautsprecher: *»Chanum, foran rusari bepusch!!* – Frau, sofort den Schleier überziehen!!« Eine klare Drohung – und husch bin ich wieder unter dem Tuch.

Chalus ist eine äußerst lebendige Kleinstadt in Māzandarān. Ich möchte mir das Städtchen ansehen, obwohl eine Hitze wie in der Sauna herrscht. Fünf Minuten auf der Straße und ich fühle mich wie aus dem Wasser gezogen. Mantel und *Rusari* kleben am Körper! Maman und die Nichten sind in weiser Vorahnung in unserer schönen klimatisierten Unterkunft geblieben. Aber ich brauche Bewegung und Abwechslung. Chalus hat leider nicht viel zu bieten, es ist eines der üblichen Städtchen mit einem Basar und ein paar Straßenhändlern. Vor einem Schlachterladen, in dem das Fleisch in der Sonne vor sich hindümpelt und die Fliegen gerade ausschweifende Orgien feiern, starren mich aus einer Plastikschüssel die leeren Augenhöhlen von zwei Rinderköpfen an. Daneben steht, ins Gespräch vertieft, eine Gruppe Männer. Als sie bemerken, dass ich ein Foto von diesem seltsamen Stillleben machen möchte, beginnen sie herumzualbern. Fröhlich wie kleine Jungen packen sie einen der Köpfe und tanzen umeinander herum. Lachend ziehen wir weiter. Bei einem Kleiderhändler erstehe ich ein paar buntbedruckte Baumwollkleider, die sinnigerweise aus Malaysia stammen.

Die Provinz Gilan ist das bekannteste Reisanbaugebiet Irans. Als hätte eine Fee ihren Zauberstab geschwungen, schwebt ein feiner Reisduft über diesem smaragdgrünen Land. Wer einmal den aromatischen Reis Gilans genossen hat, mag einfach keinen anderen mehr. Der Reis von Gilan hat ein ausgeprägtes Aroma und schmeckt weitaus köstlicher als der so viel gerühmte Basmati-Reis. Und das sage ich nicht nur, weil ich Iran so liebe. Ich genieße es mit einer sinnlichen Lust, die Weite der Reisfelder in mein Herz zu malen, die sich bis zum Horizont hin dehnen, und zugleich ihren feinen Duft aufzusaugen wie ein Schwamm. Saeid geht es ebenso. Lange verharren wir Arm in Arm und können uns nicht von dieser Idylle lösen.

Hier werden lukullische Sehnsüchte geweckt. Der Wohlgeruch der Reisfelder macht Appetit. Reis heißt im Iran *»Berendsch«*. Reisgerichte werden *Polo* (gesprochen mit zwei kurzen »o«) genannt. Weil sich in der iranischen Küche vorwiegend alles um den Reis dreht, gibt es mannigfaltige *Polo*-Gerichte, wie z. B. *Baghali Polo* (mit zarter Lammkeule und dicken grünen Bohnen), *Albalu Polo* (mit Sauerkirschen und Lamm oder Rind), *Sereschkpolo ba morgh* (mit Huhn und Berberitze) und viele andere mehr. Gern wird Safran von Maschad hinzugefügt oder auch die roten Beeren der Berberitze, die es in Deutschland oft nur in speziellen Läden getrocknet zu kaufen gibt. Der Reis selbst wird bei allen Gerichten auf hauchdünnen Kartoffelscheiben oder *Lavasch,* dem hauchdünnen Brot, angebraten, sodass sich später eine herrliche Kruste, das knusprige *Tadigh,* bildet. Die iranischen Reisgerichte unterscheiden sich sehr von asiatischen oder türkischen. Dort ist Reis eine Beilage, hier jedoch das Herz der Mahlzeit. Alle, die Reis lieben, werden mir zustimmen, iranische Reisgerichte zählen zu den leckersten der Welt.

Schon seine Zubereitung ist eine Zeremonie, die ich hier gern an Kochbegeisterte weitergebe: Der Reis wird mindestens 4 – 6 Stunden vor dem Servieren verlesen und gründlich gewaschen. Ich füge Salz hinzu, gieße zweifingerhoch Wasser darüber und lasse ihn weichen. Er kann auch über Nacht eingeweicht werden. Eine Stunde vor dem Servieren bringe ich (bei 500 g Reis) ca. 3 Liter Wasser zum Kochen. Hinzu füge ich das Einweichwasser vom Reis und schöpfe den Schaum weg, wenn es kocht. Erst dann erst gebe ich den Reis ins Wasser. Über großer Flamme wird er solange gekocht, bis die Reiskörner halb gar sind. Da hier auch die Reissorte eine Rolle spielt, sollte hin und wieder nachgeschaut werden, ob sich das Reiskorn mit dem Fingernagel brechen lässt. Dann hat es die richtige Konsistenz. Anschließend schütte ich den Reis in ein Sieb und lasse ihn dort gut abtropfen.

Ich nehme ein gutes Stück Butter (ca. 50 – 100 g) und zerlasse sie im Reistopf. Wenn sie sich aufgelöst hat und heiß wird, lösche ich sie mit so viel Wasser, dass der Boden des Topfes gut bedeckt ist. Die Hälfte des Butterwassers hebe ich extra auf. Wenn ich eine leckere Kruste wünsche, verrühre ich entweder nach Belieben etwas Safranwasser mit dem verbliebenen Butterwasser im Topf oder ich nehme etwas mehr Butter (dafür weniger Wasser), ziehe den Topf vom Herd und lege den Topfboden mit *Lavasch*-Brot oder sehr dünnen rohen Kartoffelscheiben aus. Darüber häufe ich vorsichtig den angegarten Reis im Topf locker pyramidenartig auf. Anschließend schließe ich den Deckel und stelle den Topf für etwa 5 Minuten auf große Flamme, damit die Masse unten richtig angebraten wird. Sobald sich am Deckel Wassertröpfchen gebildet haben, träufele ich das zurückbehaltene Butterwasser über den Reis. Dann schlage ich den Deckel in ein Leinentuch, packe ihn auf den Topf und lasse ihn 10 Minuten bei mittlerer Hitze köcheln und anschließend 15 – 30 Minuten bei ganz schwacher Hitze ausquellen. Zum Abschluss schrecke ich den Topfboden in einem kalten Wasserbad ab. Das ist die Grundlage für alle persischen Reisgerichte. Mit der vereinfachten Handhabung eines Reiskochtopfes erzielen selbst Laien ein leckeres *Tadigh*. Es muss allerdings ein *Polo-Pas*[96] sein.

Ich persönlich mag am liebsten *Tātschin,* obwohl das ein sehr üppiges Gericht ist. Bisher habe ich mich damit immer bekochen lassen. Doch nun schaue ich Sima über die Schulter. Wie ich sehe, ist es einfach zuzubereiten:

Tātschin wird mit Eiern, Butter, Joghurt, Hühnerfleisch oder Lammfleisch, Safran, Berberitzen, Zwiebeln, Salz und Pfeffer zubereitet. Für 2 – 4 Personen werden 500 g Reis benötigt. Den Reis, wie vorher beschrieben, leicht vorkochen, so dass er noch nicht gar ist, und abseihen. Das Huhn in 8 Stücke zerteilen, leicht anbraten und mit Zitronenwasser und Safranwasser beträufeln. 150 g Joghurt, 2 Eigelb und 4–5 Esslöffel Safranwasser miteinander vermischen und in den Reis geben. 100 g Butter in einem großflächigen Topf oder einer Pfanne zerlassen, etwa die Hälfte dieser Reismasse auf dem Boden verteilen, darauf die Fleischstücke legen und den restlichen Reis darüberschichten. Diese Masse muss stocken. Darum muss ein Deckel darüber. Sie kann auch im Ofen bei geringer Hitze 30 Minuten ohne Deckel garen. Zum Schluss nochmals 100 g ausgelassene Butter über das Gericht träufeln. Wenn *Tätschin* in einer Pfanne stockt, kann es beim Servieren umgedreht werden. So ist die Kruste oben und das Gericht sieht sehr lecker aus. Dann noch 1–2 Esslöffel Berberitze *(Sereschk)* waschen, mit einer Zwiebel kurz anbraten und über das Gericht verteilen.

Nach Tagen puren Sonnenscheins wälzt sich eine schiefergraue Wolkenwand heran, als wolle sie die Erde ersticken. Drohend blickt der Himmel auf uns hinab und sein Gesicht verfärbt sich zornig zu einem tiefen Lila. Plötzlich bricht mit Gewalt ein heftiges Unwetter über uns herein. Grell brennen die Blitze ihre feurigen Adern ins Firmament und der Paukenschlag des Donners lässt unser Trommelfell erzittern. Der Himmel öffnet seine Schleusen und sturzflutartig strömen daraus die Wassermassen hervor, überschwemmen im Nu die trockenen Wege. Armageddon, so stelle ich es mir vor. Nach einer halben Stunde hört der Himmel auf zu wüten. Das Lila verblasst und zwei Lichtstreifen zeigen sich am Horizont, die sich langsam weiten, so als öffne die Sonne ihre Augenlider. Ihre immerdurstigen Strahlen lecken die Wege trocken. Bald beherrscht sie wieder das Himmelsdach und färbt es rotorange. Doch darunter heult das ungezähmte Meer. Uns treibt es zum Strand, um dieses wilde Intermezzo aus der Nähe zu erleben. Meterhohe Wellen türmen sich empor, um donnernd auf den Strand zu prallen. Tosend kommt eine Welle auf uns zu und jäh stehen wir bis zu den Knien in der aufgewühlten See. Ihre Wucht hat mir den linken Schuh vom Fuß gerissen. Vor der nächsten Woge stürme ich nach vorn und kann den Schuh zum Glück ergreifen, der wie ein Schiffchen auf der Oberfläche treibt. Die drohende

Gefahr übersehe ich, denn plötzlich stehe ich bis zu den Hüften im aufgewühlten Meer. Ich spüre den Sog, versuche, eilends den rettenden Strand zu erreichen, indes eine weitere Woge droht, mich zu überrollen. Mojgan und Minou packen meine Hände. Noch mal gut gegangen.

Während meiner Spaziergänge durch Teheran fällt mir auf, dass häufig keine Namen an den Klingelknöpfen der Häuser stehen. Ich frage Sima danach. »Das ist die beste Methode, um Diebstählen und Einbrüchen vorzubeugen. So wird es dem Dieb erschwert herauszufinden, ob sich in der Wohnung, die er ausrauben will, jemand befindet, und anhand der Klingelknöpfe ist auch nicht ersichtlich, um welche Wohnung es sich handelt.« Aha, keine schlechte Idee. So ergibt es auch Sinn, dass wir, wenn wir etwas auf dem Postweg nach Iran schicken, stets angeben sollen, in welchem Stockwerk und auf welcher Seite derjenige wohnt, damit die Sendung ordnungsgemäß zugestellt werden kann.

In einer Nebenstraße entdecke ich ein schönes vierstöckiges Haus, dessen Giebel Schutzfiguren aus vorislamischer Zeit zieren. Es schimmert leicht roséfarben in der Mittagssonne. Plötzlich stockt mir der Atem. Hoch oben krönen den Giebel zwei Hakenkreuze. Der Schreck treibt mir die Tränen in die Augen. Ich bin verunsichert, denn die Ablehnung Israels durch die Konservativen wird immer wieder lautstark proklamiert.[97] Meines Wissens leben jüdische Menschen unbehelligt im Iran. Die staatlich verordnete Hetze konzentriert sich nach wie vor auf den Staat Israel – aber auch das ist ja ein unerträglicher Zustand – und der Gedanke, sie könnte sich auf die hier lebenden Juden ausweiten, verursacht mir Übelkeit. Reicht da nicht schon ein kleiner Stein, um eine furchtbare Lawine auszulösen? Ich will mehr wissen über die Situation der jüdischen Menschen im Iran, schon meiner jüdischen Mutter zuliebe und meiner unbekannten Großmutter, die im Dritten Reich umkam, nur weil sie Jüdin war.[98]

In meiner Erschrockenheit habe ich im ersten Moment nicht an die Swastika gedacht, ein Symbol, das im alten Iran sehr verbreitet war und unter Zarathustra als Sonnenrad oder Rad des Lebens galt. So wie es nach seiner Lehre in der Welt des Seins ewig zwei Kräfte im Kampf gegeneinander gibt, so gibt es auch zwei Arten der Swastika. Ist sie geformt wie ein Z, dann verweist das Symbol auf den Beginn allen Lebens und gilt als das Zeichen einer niemals verlöschenden Sonne. Entgegengesetzt bedeutet es die abnehmende Sonne, das Einläuten der dunklen Jahreszeit und das Ende allen Wachstums. Diese Form des Symbols hat Hitler seinerzeit auf seine Fahne geschrieben. Das Haus, das ich nun betrachte, verweist übrigens auf die positive Swastika.

Auf meinem Nachhauseweg begegne ich ein paar schwarz gekleideten Frauen, die klagend an mir vorbeiziehen. Eine Trauerkundgebung. Die Schiiten verehren Fatimeh, die fünfte und jüngste Tochter des Propheten Mohammeds, auf besondere Weise; als einzige Frau zählt sie zusammen mit Mohammed und den Zwölf Imamen zu den »Vierzehn Unfehlbaren«. Geburtstag und Todestag der Heiligen Fatimeh liegen dicht beeinander, und so erleben wir ein Wechselbad der Gefühle. Ihr Tod wird im Iran alljährlich und öffentlich betrauert. Mich berührt diese Kundgebung, denn ich sehe in ihr die Klage unterdrückter Frauen.

»Mutter der Frauen der Welten«, diesen Titel haben die Schiiten Fatimeh verliehen. Darum ist ihr Geburtstag zugleich Muttertag und Tag der Frauen im Iran. An diesem Tag herrscht in Teheran ein fröhliches Treiben. Die Straßen sind mit bunten Wimpeln geschmückt und grünen Bannern, auf denen Koransprüche stehen. Frauen beschenken sich gegenseitig und erhalten auch von Kindern und Ehemännern Geschenke. Überall begegnen wir fröhlich schnatternden Menschen. Die Geschäfte bersten von dem Ansturm der Kauflustigen, manche Regale sind fast vollständig leergeräumt und ich beeile mich, um ein paar Geschenke zu erstehen.

Die Mutter ist im Iran die Zentralfigur, die Haus und Familie zusammenhält. Hinzu kommt als Doppelbelastung, dass sie sehr häufig im Berufsleben steht und zugleich unter den gesellschaftlichen Zwängen geknechtet wird. Sie ist sich ihres Wertes in der Gesellschaft bewusst. Eine starke Frau – trotz alledem.

Der Basar

Am Ferdowsiplatz gibt es einige jüdische Geschäfte, auch das von Moses Baba. Sein Antiquitätenladen befindet sich Ecke Manutscheri und Ferdowsi, unweit des Deutschen Generalkonsulats. Ich besuchte den Alten schon oft, weil ich bei ihm stets fündig werde. Ist er gut gelaunt, zeigt er mir hin und wieder seine Schätze in der hinteren Kammer, die er sorgfältig hütet. Heute besuchen Saeid und ich ihn gemeinsam. Mit Moses Baba gerate ich schnell ins Plaudern. Für ein Schwätzchen nimmt er sich stets Zeit und da ich etwas über die Lage der jüdischen Menschen im Iran erfahren möchte, ist er für mich eine unerschöpfliche Quelle. Zudem mag ich den schrulligen Alten und seinen Zauberladen. Wie eh und je liegt sein Geschäft im Schummerlicht, das ihm einen Hauch von Magie und Geheimnis verleiht. Durch schmale Gänge pirsche ich mich vorbei an handgearbeiteten Messinggefäßen, einer Armee Wasserpfeifen, Keramiken und alten Schriften bis nach vorn an die Ladentheke, über der altpersische Miniaturbilder von einer Gaslampe beleuchtet werden. Hier thront Moses. Wie alt Moses Baba ist, vermag ich nicht zu sagen, aber er führte seinen Laden schon in meiner Kindheit.

»*Schalom*, Moses Baba. Kennst du mich noch wieder?«

»Ach, Täubchen, ich begegne tagtäglich so vielen Menschen und meine alten Augen sind nicht mehr so gut.«

»Ey Moses Baba, die Jahre gehen dahin. Frühling und Sommer habe ich hinter mir gelassen und der frühe Herbst malt seine Farben in mein Haar. Es ist schon so viel Zeit vergangen, seit wir uns das letzte Mal sahen, dass selbst deine Zahlen einen Bart erhalten haben. Ich bin's, Bary!«

»Ey, Bary!« Er tritt näher an mich heran. *»Schalom!«*, begrüßt er mich. *»Brucha haba'a!* – Willkommen! Ich erinnere mich.«

Saeid steht neben mir. »Saeid will mir etwas zum Hochzeitstag schenken, und ich dachte, ich finde es vielleicht bei dir!«

»Chosch amadid! Chosch amadid, Agha[99] Saeid, schaut euch nur um!«

Wie ein Geist erhebt sich ein altes Männlein aus einer Nische. »Mein lieber Freund Mohammad«, wendet sich Moses Baba an Saeid, »kann sehr gut behilflich sein.«

Saeid und Mohammad geraten ins Schwatzen und ich sehe das als gute Gelegenheit, Moses ein wenig auszufragen.

»*Agha* Mohammad ist wie dein zweites Ich. Nie sehe ich euch getrennt.«

»Das wird auch immer so sein. Er ist mein bester Freund.«

»Sag, wie siehst du das Leben im Iran für die jüdischen Menschen?«

»Nicht besser und nicht schlechter als das der Moslems und Christen. Wir sind treue Staatsbürger. Untereinander haben wir kaum Probleme, eher Berührungsängste. Schau uns an. Mohammad und ich sind seit Kindertagen Freunde. Wir haben uns nie über unsere Religionen Gedanken gemacht. Haben wir nicht alle einen Gott?«

»Aber nach der Revolution haben viele jüdische Menschen Iran verlassen.«

»Das haben auch viele Moslems. Leider sind viele studierte Leute gegangen, die hier lange fehlen werden. Aber vielleicht haben sie sich hier doch nicht wohlgefühlt. Hunderttausend Juden haben allein in Teheran gelebt. Viele sind nach Erez Israel oder Amerika ausgewandert. Man sagt, wir zählen wohl noch fünfundzwanzigtausend. Viele Alte wie ich.«

»Wie sieht es rechtemäßig für die jüdische iranische Bevölkerung aus?«

»Wir sind zwar eine Minderheit, aber die iranische Verfassung bestimmt uns Juden als *Dhimmis,* als Schutzbefohlene.« Er lacht. »Man ist eifrig darum bemüht, die antiisraelischen Aufrufe nicht auf die iranischen Juden zu übertragen.«

»Das habe ich gehofft. Und die Synagogen?«

»Nun sie werden besucht. Wir feiern unseren Schabbat. Aber von den Juden hier sprechen vielleicht noch zehn Prozent Hebräisch. Mehr nicht. Es geht einiges verloren. Möchtet ihr einen Wodka?«, fragt er schmunzelnd.

»Wodka? So offen hier im Laden?«

»Nun wir Juden unterliegen nicht dem Alkoholverbot.«

»Lieber nicht. Es ist zu heiß«, lehnen wir dankend ab.

»Wie gehen die Geschäfte, Moses Baba?«

»Ach«, seufzt er, »sie könnten besser gehen. Hier im Stadtteil leben viele *Hisbollahs.* Sie machen mir das Leben nicht gerade leicht. Ach, was rede ich, sie machen es keinem leicht.«

»Wie geht es der Familie?«

»Nun alle leben gesund in Amerika. Ich fliege in zwei Monaten wieder hin. Meine Enkelin heiratet. Welch ein Segen!«

»*Masel tov.* Kannst du dir vorstellen, Iran zu verlassen und dort zu leben. Sie sind doch alle weg.«

»Niemals. Hier bin ich zu Hause. Hier ist mein Freund Mohammad, der wie ein Bruder neben mir wacht. Ich fliege doch ab und zu übers Meer. Doch wenn ich drüben bin, krankt mein Herz bald vor Heimweh. Iran, das ist meine Heimat!«

Saeid hat ein schönes Geschenk für mich entdeckt. Ein Astrolab mit fünf Himmelsscheiben. Nun beginnt das Feilschen und ich setze mich zu *Agha* Mohammad, der still vor sich hinlächelt.

»Mohammad *Agha,* darf ich etwas fragen?«

»Ja, Tochter, was berührt dein Herz?«

»Du bist Moslem und wie ich sehe, hast du keine Vorurteile Andersgläubigen gegenüber.«

»Warum sollte ich? Wir sind alle Allahs Kinder! Wichtig ist, ein guter Mensch zu sein.«

»Gibt es im Iran Menschen, die wegen ihrer Religion verfolgt werden? Ich weiß zwar, dass im Parlament außer Moslems auch Juden, Christen und Zoroastrier sitzen, aber ist das wirklich schon eine Garantie dafür, dass alle ihren Glauben frei ausleben dürfen?«

»So genau weiß ich darüber nicht Bescheid. Die Menschen, die ich kenne, versuchen friedlich miteinander zu leben.[100] Die einzigen, die mir einfallen, sind die Baha'i. Bei ihnen sind die frommen Eiferer hier unversöhnlich.«

»Warum denn?«

»Ich kann es nur vermuten. Vor der Revolution kannte ich einen Baha'i. Er war mein Nachbar, ein stiller netter Mensch mit feinen Manieren. Anfangs hat er nie über seinen Glauben gesprochen. Vielleicht hatte er kein Vertrauen zu mir. Aber als er Moses kennenlernte, der mich oft besuchen kam, da hat er verstanden, das ich nichts gegen ihn habe.«

»Und dann?«

»Ja, er hat mir ein bisschen was erzählt. Mir ist diese Religion ja fremd. Aber ich konnte nichts Verwerfliches in ihr sehen.«

»Was hat er dir denn erzählt?«

»Nun, es ist schon lange her. Mal sehen, ob ich das noch zusammenbekomme. Also in Teheran wurde vor ungefähr zweihundert Jahren der Mann geboren, der diese Glaubensrichtung begründete. Er hieß Baha'u'llah, was so viel wie ›Herrlichkeit Gottes‹ bedeutet. Er hatte ähnliche Ideen wie Zarathustra, nämlich dass die Menschen in Frieden miteinander leben sollen, auch mit ihren unterschiedlichen Religionen, und keine Vorurteile gegeneinander hegen sollen und, na ja, dass Mann und Frau gleich sind.«

»Aber das klingt doch weise.«

»Schon, aber er wurde stets verfolgt und ebenso die Menschen, die seiner Lehre folgten. Erst warf man ihn ins Gefängnis und hinterher wurde er nach Bagdad verbannt. Weißt du, es ist die Macht. Jeder will sie für sich allein. Da werden die Menschen zu Raubtieren.«

»Und warum haben die Mullahs die Baha'i verfolgt?«

»Vielleicht weil sie keine Priester haben. Ihre Gedanken sind sehr weltlich und eigentlich können wir von ihnen lernen. Aber das ist nur meine bescheidene Meinung.«

»Weißt du, welche Gründe für ihre Verfolgung angegeben werden?«

»Das ist bekannt. Es heißt, sie würden die islamische Ordnung stören und hätten mit Israel einen Pakt geschlossen. Sie würden heimlich politische Unterlagen aus dem Iran schmuggeln und so weiter. Sie bekommen hier kaum einen Fuß auf die Erde, dürfen viele Berufe nicht ausüben und nicht studieren. Ihre Religion wurde verboten, viele sind wegen ihres Glaubens verhaftet worden und gleich nach der Revolution hat es auch Hinrichtungen gegeben. Viele Baha'i haben das Land verlassen und leben nun in aller Welt.«

»Aber wie kommt das Regime gerade auf Israel?«

»Nun, ich denke, weil in Haifa das Zentrum der Baha'i ist. Ihr Tempel wurde zwar schon vor über fünfzig Jahren erbaut,[101] aber die Mullahs betrachten dies bis heute als feindliche Handlung. Das Vorhandensein dieses Tempels war ihnen stets ein Dorn im Auge.«

»Wie dumm ist das denn?« Ich bin ehrlich empört.

Saeid und Moses sind sich einig geworden. Mein Geschenk wird verpackt und Saeid sagt: »Komm, Bary, wir können die Welt zwar nicht ändern, aber wir können sie lebenswerter machen.«

»Inschallah«, sagen beide im Chor und wir verabschieden uns.

Von Moses Baba ist es ein Katzensprung zum Djomeh-Basar. Er findet jeden Freitag statt. Unweit der Straße Lale Zar erstreckt er sich über vier Stockwerke eines Parkhauses. Vorwiegend werden Antiquitäten und Secondhand-Ware angeboten. Aber auch die üblichen *Basaris* und Nomaden mischen sich unter die Händler. Allerdings ist es ratsam, gut aufzupassen, um nicht übers Ohr gehauen zu werden. Neuerdings werden regelmäßig Reisegruppen hierher geführt – und diese auszunehmen, bereitet in allen Ländern offensichtlich Freude.

Hauptsächlich interessiert mich das oberste Stockwerk. Hier tummeln sich Turkmenen, Beludschen, Perser, Araber, Chinesen, die ihre Ware mehr oder weniger lautstark feilbieten. Nomaden mit bunten *Kelims* und handgewebten Stoffen beherrschen das Bild. Die Augen der Betrachtenden gleiten wie durch ein Kaleidoskop, das immer neue bunte Bilder präsentiert. Das melodische Stimmengewirr, von orientalischen Klängen untermalt, versetzt mich in die magischen Zeiten von Tausendundeiner Nacht. Es fehlen nur noch Feuerschlucker, Gaukler und Geschichtenerzähler. Ein turkmenischer Händler bietet uns Nomadenschmuck an und wird im nächsten Moment von einem Teeverkäufer beiseitegedrängt, der lautstark sein Getränk anpreist. In der Mitte des Basars haben Händler ein *Tacht-e tschubi,* die große Holzveranda mit Teppichen, bequemen Sitzkissen und einem großen Samowar, aufgebaut. Von hier oben haben wir einen Blick über das malerische Treiben, während wir genüsslich unseren *Tschai* schlürfen. Teetrinken ist für das iranische Volk eine sinnliche Zeremonie. Kaum jemand trinkt *Tschai* ohne *Ghand*, dessen Stücke aus dem Zuckerhut gebrochen werden. Behutsam lege ich ein Stück *Ghand* auf die Zunge und trinke in kleinen

Schlucken den heißen schwarzen Tee. Wenn der Zucker im Mund zerfällt und sich mit dem Tee mischt, ist das purer Genuss.

Ein turkmenischer Händler bietet kunstvolle Messingfiguren an. Eine Statue galoppierender Pferde, sicher ein paar Kilo schwer, erweckt mein Interesse. Um seine Aufmerksamkeit nicht unnötig zu erregen, umrunde ich den Stand und schaue mir Stücke von anderen Händlern an. Wenn er bemerkt, wie interessiert ich bin, kann ich den Handel vergessen. Langsam trete ich nun heran, nehme desinteressiert das eine oder andere Teil in die Hand, frage nach dem Preis, bis ich mich zu der Pferdegruppe vorgearbeitet habe. »Was kostet diese Messingfigur?«

»Das ist kein Messing, das ist weiße Bronze!«

»Weiße Bronze. Hm, das glaube ich nicht.«

»Glauben – das kann man in der Moschee! Das ist kein Messing.«

»Aber es sieht genau wie Messing aus.«

»Glauben Sie, was Sie wollen, *Chanum*. Ihnen verkaufe ich nichts.«

Oha. Ich haben seinen Händlerstolz verletzt. Das war nicht beabsichtigt, aber es überzeugt mich. »Saeid, machst du bitte weiter«, zischele ich ihm zu und trete zurück.

Ein Feilschen hebt an, bis die Stimmen heiser werden. Nach vielem Hin und Her bietet der Händler einen annehmbaren Preis. Sima, die bisher still dabeistand, ruft: »Ich will euch die Figur schenken! Ich suche schon lange ein passendes Geschenk für euch.«

Nach vielen *Taroufs* nehmen wir das großzügige Geschenk an. *»Dastet dard nakon-e, Simadjan«,* freue ich mich und umarme sie glücklich. *»Chahesch mikonam«,* lächelt sie, »möge sie euch Glück bescheren.«

Ich wende mich an den Händler: »Ich sehe hier sehr viele Turkmenen auf dem Basar. Viele verkaufen auch Nomadenschmuck.«

»Oh, *Chanum,* wir waren einst Nomaden. Viele von uns hat man gezwungen, sesshaft zu werden. Doch der Handel lässt uns reisen und gibt uns wenigstens das Gefühl der alten Freiheit.«

»Können Sie als Händler überall hinreisen?«

»Hier im Orient ist das kein Problem. Ich war sogar schon in China.«

»Auch in Europa?«

»Europa! Europa liegt auf einem anderen Stern. Das ist für mich unerreichbar.«

»Ich dachte, Händler hätten es da leichter.«

»Nein, leider nicht. Meine Mutter wanderte vor zwanzig Jahren mit meinen Schwestern nach Holland aus. Die Ehe mit meinem Vater lief nicht mehr so gut. Na ja, für Frauen ist das Leben hier nicht einfach. Aber ich vermisse sie sehr.«

»Sie müssen damals ein kleiner Junge gewesen sein.«

»Ich war vierzehn Jahre alt. Ihr Verlust hat mich herb getroffen. Doch mein Vater wollte mich bei sich behalten. Wir arbeiten zusammen.«

»Besuchen Sie Ihre Mutter manchmal?«

»Besuchen? Ha!« Er schüttelt traurig den Kopf. »Die Niederländische Botschaft verweigert mir das Visum. Ich habe sie bisher nicht einmal sehen können.«

»Oh, das tut mir leid.«

»Das Schicksal schreibt uns auf die Stirn. Ich will nicht undankbar sein. Nur manchmal wünschte ich, ich wäre ein Zugvogel. Frei, einfach frei!«

Gerichtstage

Mojgan wartet seit nahezu zwei Jahren auf ihre Scheidung. Da ihr Ex-Mann jedesmal den Termin platzen lässt, zieht sich die Sache ständig in die Länge. Kein Richter verhilft den Frauen zu ihrem Recht. Die Bürde der Ungleichbehandlung liegt schwer auf ihnen. Noch ist im islamischen Gesetz das Recht auf Scheidung ein Sonderrecht des Mannes. Sollte die Frau sich weigern, muss er bei Gericht nur eine Verfügung einholen. Die Aufgabe des Gerichts besteht darin, schlichtend auf das Paar einzuwirken. Ist eine Versöhnung aussichtslos, kann der Mann sich ohne weitere Bedingungen und ohne Begründungen angeben zu müssen von der Frau trennen. Für Frauen ist die Möglichkeit, eine Scheidung gegen den männlichen Willen durchzusetzen, auf zehn klar definierte Gründe begrenzt, wie zum Beispiel Impotenz, Geisteskrankheit, auffällige Vernachlässigung der Familie sowie schwerwiegende schlechte Behandlung durch den Mann. Doch unterliegt dies stets der Beweispflicht und da eine Frau nur eine halbe Stimme vor Gericht hat, ist das nicht einfach.

Dies sind Fakten, die eine iranische Menschenrechtlerin und Juristin massiv bekämpft und dadurch immer mehr ins Rampenlicht gerät. Schirin Ebadi war unter dem Schah die erste Richterin im Iran. Nach der Revolution musste sie ihr Amt niederlegen, weil das Richteramt den Frauen unter dem neuen Regime versagt blieb. Nun arbeitet sie als Anwältin, die sich heikler Fälle annimmt. Eine mutige Frau, die ihre eigene Sicherheit zurückstellt und dem Regime furchtlos die Stirn bietet. Sie verteidigte übrigens auch Sarkuhi, der 1996 vor unseren Augen verhaftet wurde, und hat ihn tatsächlich freibekommen. Als Frauenrechtlerin soll ihr nun der Friedensnobelpreis verliehen werden.[102]

Mojgan war bei Gericht, um ihre Scheidung zu verhandeln. Für sie spielt nun das Recht auf die Brautgabe eine wichtige Rolle. Mortezar weigert sich, sie ihr voll auszuzahlen, und versucht darum stets, die Termine vor Gericht platzen zu lassen. Sie gehört zwar nicht zu den weniger bemittelten Frauen, doch stellt die Morgengabe auch für sie eine wichtige soziale und ökonomische Sicherheit dar. Oft ist sie der einzige persönliche Besitz von Frauen und kann den Mann aus Angst vor finanziellen Konsequenzen von einer leichtfertigen Scheidung abhalten. Die Brautgabe gibt Frauen zumindest eine relativ starke Verhandlungsposition in Scheidungsfällen und vermag ihre rechtliche Benachteiligung bis zu einem gewissen Grade auszugleichen – zumindest dann, wenn nur der Mann die Scheidung will oder wenn die Frau anerkannte Gründe für ihren Scheidungswunsch vorbringen kann. Doch Mojgan hat momentan andere Probleme. Wenn ihr Noch-Ehemann den Termin wiederum platzen lässt, ist das kein Anlass für eine gerichtliche Ordnungsstrafe – einfach darum, weil er ein Mann ist. Sollte Mojgan sich das erlauben, droht ihr hingegen Ordnungshaft. Und wieder ist Mortezar nicht erschienen. Wieder wurde sie vertröstet. Als sie zu Hause eintrifft, kocht sie vor Zorn.

»Bary, das musst du aufschreiben. Neben mir auf dem Gerichtsflur wartete eine blutjunge Frau, um sich von ihrem Mann scheiden zu lassen. Sie erzählte mir, er sitze zur Zeit eine Gefängnisstrafe ab. Für die Verhandlung wurde er eigens aus dem Gefängnis gebracht, von zwei Polizisten eskortiert. Plötzlich riss der Typ sich los und begann wie wild mit beiden Fäusten auf seine Frau einzuschlagen.«

»Wie ist das möglich? Trug er denn keine Handschellen?«

»Nein, komischerweise nicht. Und weißt du, was die Polizisten getan haben? Sie sahen tatenlos zu.«

Ich bin fassungslos.

Mojgan Gesicht ist puterrot vor Empörung. »Ich fragte die Polizisten, warum sie nichts unternähmen. Da antworten die mir frech: ›Wir halten uns da raus. Das ist schließlich seine Frau. Also hat er auch ein Recht, sie zu schlagen.‹ So viel zu unseren Ordnungshütern hier!«

Die Wiedereinführung dieses archaischen Systems demonstriert in allen Bereichen, wie Menschenrechte mit Füßen getreten werden. Laut Gesetz der *Scharia* ist eine Frau nur halb so viel wert wie ein Mann. Diese Ungleichbehandlung zieht sich durch das tägliche Leben und auch über den Tod hinaus. Stirbt eine Frau zum Beispiel durch eine Straftat oder einen Unfall, zahlt die Versicherung fünfzig Prozent von dem, was einer Familie oder Witwe zukommt, wenn der Mann stirbt. Vor Gericht gilt die Aussage einer Frau nur halb, die eines Mannes aber voll und ganz.

An einem Donnerstag will Mojgan wieder vor Gericht vorsprechen. Diesmal begleiten Sima und ich sie. Das Familiengericht liegt eine gute Autostunde entfernt ziemlich einsam am südöstlichen Rand Teherans. Es ist ausschließlich für Scheidungen zuständig. Das Gerichtsgebäude wurde erst vor Kurzem fertiggestellt und wirkt auf mich wie eine Festung, es gleicht einem Gefängnis. Vor dem Tor stehen uniformierte Wachposten. Auf die Antragstellenden wirkt das sichtbar einschüchternd. Im Umkreis steht weit und breit kein Haus, die Umgebung ist öde, alles vertrocknet. Trostlos. Sie passt sich dem an, was sich hinter den hohen Mauern abspielt. Da donnerstags schon Wochenendstimmung herrscht, ist der Andrang gemäßigter. Dennoch sind selbst heute noch genug Paare im Gericht, um ihr Scheidungsbegehren vorzutragen. Im Iran sind die Scheidungsziffern rapide in die Höhe geschnellt. Von drei geschlossenen Ehen werden zwei wieder geschieden.

Beim Betreten des Gerichts spüre ich augenblicklich einen Druck auf mir, obwohl ich nur eine Besucherin bin. Die riesige Halle liegt im Halbdunkel und das Gemurmel der Menschen gleicht einer Geisterbeschwörung. Zwei riesige Wendeltreppen führen in die Geschosse, die sich ringförmig nach oben ziehen und einen Blick bis in die Kuppel gestatten, durch die schwach das Licht fällt.

Während Mojgan durch die Zimmer der Bürokraten zieht, sitze ich auf einer der vielen Bänke im Rundgang des Treppenhauses. Von hier aus beobachte ich das gedrückte Treiben sowohl in der Halle als auch in den Gängen. Es herrscht eine angespannte Atmosphäre, die körperlich spürbar sogar in mir jeden einzelnen Nerv spannt. Statt Talar tragen die Richter Turban und Aba, das lange Gewand des Klerikers, und erinnern bitter daran, dass hier die *Scharia* herrscht und der schönen Justitia nicht nur die Augen verbunden sind. Wie in einem Irrgarten taumeln die Antragstellenden von einem Raum in den anderen, hasten treppauf, treppab, verschwinden und tauchen plötzlich wieder auf, um ihre Suche erneut fortzusetzen. In die Gesichter malt der Frust müde Bilder.

Je länger das Warten dauert, desto lauter werden die Menschen. Es beginnt mit vereinzelten Streitereien, erst miteinander, dann mit den Beamten, die dann auch noch mitschreien, sodass am Ende keiner mehr dem anderen zuhört. Ordnungshüter erscheinen, um zu beruhigen oder zu drohen. Mir wird mulmig zumute. Sima ist irgendwo bei Mojgan und ich hocke hier irgendwie deplatziert und werde prüfend gemustert. Meine Sonnenbrille habe ich bisher nicht abgelegt, um meine Anonymität zu bewahren. Als ich immer öfter angestarrt werde, nehme ich sie doch ab.

In meiner unmittelbaren Nähe stehen ein älteres Ehepaar, eine junge Frau und deren Rechtsanwalt. Ungewollt werde ich Zeuge eines Abschieds. Bei dem Ehepaar handelt es sich um die Schwiegereltern der Frau. Deren Mann hat sich nun nach zwölf Jahren von ihr scheiden lassen, weil sie keine Kinder bekommen konnte. Die Schwiegereltern bieten ihr an, weiterhin bei ihnen zu wohnen. Besonders der alte Herr legt sich schwer ins Zeug: »Nilufar, wir sind doch immer so gut miteinander ausgekommen. Bleib doch bei uns. Wir mögen dich doch so sehr.«

Nun äußert sich auch der Anwalt zu diesem Vorschlag. »Schauen Sie, das Leben als alleinstehende Frau, dazu noch geschieden, ist nicht einfach. So wären sie abgesichert und der Schutz der Familie bleibt Ihnen erhalten.« Doch die junge Frau lehnt konsequent ab: »Nein, auf keinen Fall.« Und leise fügt sie hinzu: »Ich hatte keine leichte Zeit.«

Der Druck der Familie spielt wohl auch eine Rolle, wenn Paare sich wegen Kinderlosigkeit scheiden lassen, mitunter selbst dann, wenn sie einander schätzen und mögen. Dabei handelt es sich fast immer um Situationen, wo die Frau unfruchtbar ist und der Mann eigene Kinder will. Im umgekehrten Fall wird nach anderen Auswegen gesucht, zum Beispiel ein Kind adoptiert. Es gibt aber auch Ausnahmen, wie die Nachbarn von Maman. Diese Frau ist durch halb Europa gereist. Aber kein Arzt konnte etwas gegen ihre Unfruchtbarkeit tun. Daraufhin adoptierte das Ehepaar ein Kind aus dem Waisenhaus.

Nach Stunden bekommt Mojgan die vage Antwort, dass sie vermutlich in drei Monaten rechtskräftig geschieden wird. Sie atmet tief durch. Und ich? Ich werde gewiss nicht noch einmal freiwillig hierher kommen.

»Der Himmel ist zu Füßen der Mütter« (2006)

Mamans Stimme dringt müde durch die Leitung. Den Tod von *Aghadjan* hat sie kaum verwunden, da ist Aziz im gesegneten Alter von vierundneunzig Jahren gestorben. Mit tränenerstickter Stimme beklagt sie ihren Verlust. Nichts vermag sie zu trösten. »Sie war meine Mutter«, sagt Maman, »was für eine Rolle spielt da ihr Alter? Mit ihr bin ich auch ein Stück gestorben.« Sie klagt über Appetitlosigkeit, wirkt stets erschöpft. Liegt Mamans schlechte Verfassung allein an den Schicksalsschlägen? Wir schicken Vitamin- und Aufbaupräparate. Ihr Zustand verschlimmert sich jedoch. Nach langem Hin und Her kann Sima sie endlich zu einem Arztbesuch überreden. Die Diagnose entsetzt uns: Leukämie. Saeid telefoniert mit ihrem Arzt: »Ich rate Ihnen, Ihrer Mutter den Befund zu verschweigen. Ihre seelische Verfassung ist instabil.« Auf Saeids Frage, ob eine Chance auf Heilung besteht, erwidert er: »Dazu kann ich jetzt nichts sagen. Wir müssen die Chemotherapien abwarten.« Sima hält uns regelmäßig über Mamans Zustand auf dem Laufenden, aber die Ungewissheit liegt wie ein Fels auf unseren Gemütern. »Maman, wir kommen im Sommer!« Sie freut sich. Doch das Schicksal ist dagegen. Während Saeid und ich in Leipzig das Fußballspiel Iran-Angola verfolgen, stirbt Maman in Teheran.

Den ganzen Flug über denke ich an sie, an ihre Schlichtheit und ihr herzliches Wesen. Wenn sie die Arme ausbreitete, gab sie uns das Gefühl, zu Hause zu sein. Sie war eine gütige Frau mit einem reinen Herzen, in dem noch viel Platz für andere Menschen war. Als sie uns vor zwei Jahren in Deutschland besuchte, gab es für sie viel zu entdecken, denn sie war das erste Mal in Europa. Wie viele Kirchen wir besuchten, weiß ich nicht mehr. Aber sie zündete überall Kerzen an und waren wir in katholischen Kirchen, verharrte sie lange und andächtig vor den Marienstatuen. »Das gefällt mir«, sagte sie einmal, »dass Maryam so viel Respekt gezollt wird. Es ist gut, dass die Menschen nicht vergessen, dass es auch die Frauen sind, die unserer Welt ein Gesicht geben, ganz besonders die Mütter.« Einmal erzählte sie mir von ihrer Reise nach Mekka und von dem inneren Frieden, der ihr dort geschenkt wurde. »Nun bin ich eine *Hadschi-Chanum,* eine Pilgerin. Doch ich bin nicht am Ende des Weges, sondern erst an seinem Beginn«, lächelte sie damals versonnen.

Ihre Pilgerreise war zwar beschwerlich, aber sie verstand selbst ernste Begebenheiten mit herzerfrischendem Humor zu würzen.

»Weißt du, Bary, unter all den Ritualen, an denen die Pilgernden in Mekka teilnehmen, gibt es einen Ort, an dem symbolisch der Teufel gesteinigt wird.«

»Ist der Teufel da nachgebildet?«

»Nein, aus einer tiefen Mulde ragt eine Säule, die symbolisch den Teufel verkörpert. Darauf werfen die Pilgernden ihre Steine.«

»Na, da war wohl richtig was los.«

»Oh ja. Auch ich habe allerhand Steine geworfen. Die Chance habe ich mir nicht entgehen lassen. Einige waren allerdings so eifrig dabei, dass sie nicht richtig zielten. Eines der Geschosse hat mich am Kopf getroffen.«

»Ey Choda! Und dann?«

»Nun, den Rest meiner Pilgerfahrt habe ich mit einem blauen Auge verbracht.« Sie lachte. »Das sah komisch aus, so als hätte ich mich durch die Pilgerschar geboxt. Du hättest mal Simas Gesicht sehen sollen, als sie mich am Flughafen in Empfang nahm.«

Ein anderes Mal erzählte sie, wie sie sich als junge Frau mit *Aghadjan* ziemlich gestritten hatte.

»Weißt du«, sagte sie zwinkernd, »ich wollte ihn wirklich verlassen. Ich schnürte mein Bündel und nahm Saeid an die Hand. Dann wusste ich aber nicht wohin und setzte mich auf eine Parkbank. Da saß ich eine Weile und beobachtete die Menschen. Auf einmal tauchte *Aghadjan* auf. Er kam schwer bepackt mit Einkaufstüten aus dem Basar. Da dachte ich bei mir: Wer wird ihm sein Essen machen? Wer wird seinem Gebrummel zuhören? Wer wird ihm Glück für seine Geschäfte wünschen? Und plötzlich wollte ich gar nicht mehr weg. So bin ich zurückgegangen und habe gekocht. Er und ich, das war eins. Wir waren nicht zu trennen.«

Als sie Wochen später abreiste, bat sie: »Kinder, lasst euch nicht so viel Zeit mit eurem nächsten Besuch.«

Diesen Wunsch haben wir ihr leider nicht erfüllt. Nun kommen wir an ihr Grab und schenken ihr Blumen, die sie zu Lebzeiten mehr erfreut hätten.

Kurz vor unserer Ankunft empfing uns Teheran mit einem heftigen Gewitter. Donnergrollen drang dumpf in unseren Flieger und die Blitze jagten drohend vorbei. Hin und wieder ging ein Ruck durch die Maschine, sodass uns die Angst den Atem nahm. Stumm hielten wir uns an den Händen, bis sie holpernd zur Landung aufsetzte.

Mamans Wohnung wirkt seltsam leer, obwohl wir alle da sind. An Schlaf ist nicht zu denken. Nun sind sie alle beide tot, das letzte Stück Kindheit ist mit ihnen gestorben. Die Nacht hindurch sitzen wir zusammen und reden. »Maman hat bis zur letzten Minute so viel an euch gedacht«, erzählt Sima. »Der Gedanke, dass ihr bald kommt, hat sie beflügelt. Noch auf ihrem Sterbebett hat sie Azar und mich angewiesen, alles zu besorgen, was euch Freude macht. Die Vorratskammern sind randvoll mit Leckereien.«

Sima nimmt mich beiseite. »Es ist gut, dass ihr Maman in den letzten Wochen ihres Lebens nicht gesehen habt. Sie verfiel immer mehr, hat nur noch gelitten. Der Tod sah ihr aus den Augen und in seinem Angesicht hat sie immer von *Aghadjan* und Aziz gesprochen, die sie nun bald holen. Sie wollte einfach nicht mehr leben. Im Grunde hat sie nur noch auf euch gewartet.« Ich lasse meinen Tränen freien Lauf.

»Ach Sima, hättest du uns doch nur eher gesagt, wie ernst es steht.«

»Bary, ich habe mich ja selbst belogen, immer auf Besserung gehofft. Es gab Tage, da sah es wirklich so aus, als wenn es wieder aufwärts geht.«

»Du hast es sicher gut gemeint. Wenn ich zurückdenke, hat mir das Leben in dieser Hinsicht nichts geschenkt. Ich konnte mich damals nicht von meinen Eltern verabschieden, als sie starben, und nun das Gleiche mit *Aghadjan* und Maman.«

»Was denkst du? Als es Maman schlechter ging, habe ich mit mir gehadert. Ich wollte euch diesen Schmerz ersparen.«

»Du hast viel durchgemacht. Trotzdem hätten wir gern Abschied von Maman genommen. Sie hat doch auf uns gewartet.«

Sima weint. Ich umarme sie und denke, dass mir in Sima eine Schwester geschenkt wurde, die ich mir immer wünschte.

»Erzähle mir von ihren letzten Momenten.«

»Sie hat die letzten Tage nur noch vor sich hingedämmert. Wir haben an ihrem Lager gesessen, und darauf geachtet, dass ihr Gesicht Richtung Mekka schaut. Wir haben *Choda* angerufen, damit er sie gnädig aufnimmt, haben an ihr liebenswertes Wesen erinnert und ihm gedankt für unsere gute Mutter.«

Maman wurde noch an ihrem Todestag beerdigt. Das ist im Islam üblich. Doch zuvor werden die Toten noch in einem Badehaus auf dem Friedhof gewaschen, anschließend in ein weißes Leinentuch gehüllt und auch so begraben. Es ist ein eigenartiges Gefühl, einen Menschen, der morgens noch lebte, abends schon von Erde bedeckt zu wissen.

Maman ist früher ab und zu mal zum Friedhof gegangen, um bei der Totenwaschung zuzusehen.[103] Als sie mir einmal davon erzählte, fragte ich sie: »Wie ist das möglich? Dürfen denn Außenstehende zugegen sein?«

»Nein, nein, versteh mich bitte nicht falsch. Das Waschhaus ist ein abgeschlossener Raum. In einer Wand gibt es ein paar Sehschlitze für Besucher oder Familienangehörige, die die Waschung von dort aus verfolgen können.«

»Und warum hast du dir das angesehen?«

»Ich konnte den Tod nie wirklich begreifen. Die Totenwaschung hat mich diesem Mysterium ein Stückchen näher gebracht.«

»Inwiefern?«

»Ich fürchte ihn nicht mehr. Er ist ein Übergang in eine gute Welt.«

Nach Mamans Beerdigung begann die dreitägige Trauerzeit, in der Angehörige und Freunde vorbeikommen und Gebete sprechen.

»Wie sind diese Tage verlaufen?«, frage ich Sima.

»Stell dir vor, über zweihundert Menschen sind in der Wohnung gewesen. Alle, die sie kannten, kamen zum Trauern.«

»Ja, Maman musste man einfach lieb haben. Aber wie habt ihr den Aufwand bewältigt?«

»Oh, viele haben geholfen, Tee gekocht, Süßigkeiten gereicht.«

»Der Salon von Maman ist mit seinen knapp siebzig Quadratmetern nicht klein. Aber zweihundert Menschen? Wie habt ihr alle untergebracht?«

»Sie kamen nicht alle auf einmal, eher verstreut über die Tage. Am schlimmsten war es, als alle wieder weg waren. Da blieb nur Einsamkeit zurück und wir begriffen, dass sie nie wiederkommt.«

Der vierzigste Tag nach Mamans Tod naht. Bis zu diesem Tag tragen alle nahestehenden Verwandten schwarze Kleidung. So verlangt es die Tradition. Der vierzigste Tag bildet den Abschluss der äußeren Trauer. Frühmorgens fahren wir zum Friedhof und legen zuerst Rosen und Lilien auf *Aghadjans* Grab. Neben seiner Grabplatte blüht mittlerweile ein Oleander. Überall gedeihen Bäumchen und Sträucher und der triste Eindruck vom letzten Besuch ist verwischt.

Mamans Grabstätte dagegen liegt weit entfernt in einem Ödland, trockene gelbe Erde, die nur Tote aufnimmt. Etliche Gräber wurden bereits ausgehoben, Rechtecke, die sich aneinanderreihen zu einem leeren Setzkasten, der nur auf die Sterbenden wartet. Es sieht fast surrealistisch aus. Wie schwarze Tulpen bauschen sich die weiten *Tschadore* im Steppenwind, als er sich die Klagen von den Lippen der Trauernden greift und sie fortträgt.

An Mamans Grab übermannt mich die Trauer, als ich auf das nackte Metallschild mit ihrem Name starre. »Oh, Saeid, warum sind wir zu spät gekommen?«

Schweigend hocken wir am Grab, beten oder hängen unseren Gedanken nach. Indes werden wir wieder von allen Seiten verköstigt. Wir selbst haben frische mit Walnuss gefüllte Datteln mitgebracht, die wir in Kokosraspeln gerollt haben. Eine typische Süßigkeit zur Totenklage. Im Gegenzug erhalten wir Kekse, Kuchen, Obst oder sogar Suppe. Der Friedhof sollte möglichst mit leerem Magen aufgesucht werden.

Die Gräber der *Schahids*, der Märtyrer, die ihr Leben im Irak-Iran-Krieg gelassen haben, liegen im nördlichen Teil des Beheschte Sahra. Sie werden liebevoll gepflegt. Außer dem üblichen Marmorstein stehen Vitrinen auf den Gräbern, in denen Bilder oder Andenken an sie erinnern. Ein mitunter bedrückendes Zeugnis, denn hier bekommt der Tod ein Gesicht. Viele junge und schöne Gesichter. Alle dahingerafft durch einen unsinnigen Krieg. Saeid ist sehr still. Er war selbst zwei Jahre im Krieg und sah Freunde an seiner Seite sterben. Nun sucht er deren Gräber, kann sie aber nicht finden.

Ich entdecke zufällig ein verwahrlostes Gelände. Erst nach näherem Hinsehen erkenne ich, dass es ein zerstörter Friedhof ist. Die durch die *Hisbollah* geschändeten Gräber der Widerstandskämpfer treiben mir die Tränen in die Augen. Wie viel Hass ist in ihnen, dass sie nicht einmal die Toten in Ruhe lassen!

Zu Hause bereiten wir uns auf die Trauerfeier vor. Wir erwarten circa fünfzig Gäste. Weil eine Frau gestorben ist, nehmen nur Frauen an der Feier teil. Nun gibt es in unserer Familie einen konservativ-islamischen Flügel, zu dem ich bisher kaum Kontakt pflegte, weil Saeid und auch die Eltern unsicher waren, wie und ob wir miteinander harmonieren. Wir waren uns ihrer Einstellung so unsicher, dass wir uns sogar angewöhnten, unsere Reisen in den Iran stets geheim zu halten. Doch Mamans Trauerfeier verändert alles. Ein paar Tanten, Cousinen und Nichten kommen, um uns bei den Vorbereitungen zu helfen. Fast alle sind tief verschleiert. Problemlos kommen wir ins Plaudern und – offen gesagt – finde ich sie sehr nett. Wieder einmal ein Vorurteil umsonst gelebt. Im Laufe der Gespräche tickt Minou mich an und raunt mir zu: »Ich glaube, die Tanten sind dabei, einen ›Bary-Fan-Club‹ zu gründen.«

Nach dem Mittagessen beginnen wir mit den Vorbereitungen. Zuerst schmücken wir die Wohnung mit wohlriechenden Blumen, vorwiegend *Gol-e Maryam*. Der schwere, süße Duft der Tuberose zieht sofort in alle Räume. Wände und Türen gestalten wir mit schwarzen Bändern und Schleifen, die Fenster umwickeln wir mit Koransprüchen, damit jeder weiß: Dies ist ein Trauerhaus. Zum Schluss verhängen wir die Spiegel. Ich denke, das ist ein altes Ritual, das ich auch aus dem Jüdischen kenne. Die Spiegel werden verhängt, damit die Toten, sollte ihr Geist noch unter uns weilen, sich nicht darin erkennen und gar bleiben, anstatt die Schwelle in die andere Welt zu überschreiten. Sonst wären sie Gefangene der Zwischenwelt.

Wir haben eine Art Altar hergerichtet. Darauf liegt ein aufgeschlagener Koran und dahinter steht ein großes Porträtbild von Maman, das ich in einem glücklichen Moment aufgenommen habe. Ich verziere es mit Lilien und Rosen. Sima stellt kleine Porzellanengel drum herum, die Maman leidenschaftlich gesammelt hat. »Sima, die sind doch gar nicht nötig. Sie war doch selbst ein Engel …« Sima drückt meine Hand. Der große Silbersamowar und die *Sineh*, das Tablett, auf dem er thront, strahlen in neuem Glanz. Azar hat beides die ganze Nacht geputzt. Mit schwarzen Blumen dekoriere ich den Esstisch, auf dem später die Süßspeisen stehen sollen, an deren Zubereitung wir uns jetzt machen.

Zuerst wird *Halwa* gemacht. Jede Familie hat ihr eigenes Rezept. Im Iran ist *Halwa* eine süße Reismehlspeise und wird im Ramadan oder zu Beerdigungen gereicht. Für eine normale Portion nehme ich 7 Esslöffel Reismehl, 100 g Butter, 1 Esslöffel Safranwasser und 7 Esslöffel Zucker. Die Butter wird in einem Topf leicht angebräunt, das Reismehl unter Rühren dazugegeben und geröstet. Dann muss die Masse etwas abgekühlen. Eine gute Messerspitze Safranfäden werden mit ein wenig Zucker zerrieben und in einem Esslöffel warmen Wasser aufgelöst. Zudem löse ich 7 Esslöffel Zucker in einer halben Tasse Wasser auf und vermenge beides mit dem Reismehl. Bei geringer Hitze wird der Teig 15 Minuten gerührt. Damit es einen leicht blumigen Geschmack bekommt, füge ich auch etwas Rosenwasser hinzu. Der Teig wird anschließend wie ein Mürbeteig geknetet, dann in kleine Stücke geschnitten oder ausgestochen und mit Mandeln verziert, jedoch nicht gebacken. Fertig!

Die zweite Süßigkeit ist *Scholeh sard,* eine süße Reisspeise. Sie wird im Trauermonat *Zafar* in vielen persischen Häusern gereicht und auch an die Armen verteilt. Die Zutaten sind ähnlich wie beim *Halwa,* nur dass der Reis zerstampft und gekocht wird. Die Reismasse wird mit Zucker, viel Safran, Mandelsplittern, Kardamom und Rosenwasser angereichert und nach dem Abkühlen mit Zimt und Pistaziensplittern verziert. Inzwischen entkerne ich die Datteln und fülle sie mit Walnüssen. Hinterher wälze ich sie in Kokosraspeln. Ein paar Tanten haben Kuchen und Dattelkekse gebacken. Unser Tisch füllt sich.

Dann beginnt unsere Trauerzeremonie. Wir setzen uns in einem großen Kreis auf den Boden. Abwechselnd lesen einige aus dem Koran. Tränen fließen. Wir sprechen Segenssprüche für Mamans Seele und um sie zu versüßen, verteilen wir untereinander *Halwa.* Jede von uns erzählt eine Begebenheit aus Mamans Leben, an die sie sich gerne erinnert. Ich erinnere mich an einen Morgen. Alle schliefen noch. Da wachte ich von einem ungewöhnlichen Geräusch auf. Ich wusste, Maman betet morgens sehr früh, aber danach klang es nicht. Ich stand auf, um nachzuschauen. Gerade verließ Maman leise mit einer warmen Decke und einem Kissen die Wohnung. Neugierig geworden, schlich ich ihr hinterher. Vor unserer Haustür lag auf dem nackten Boden ein Bettler. Seine Schuhe hatte er in Ermangelung eines Kissens unter seinen Kopf gelegt. Maman berührte ihn sanft und legte ihm das Kissen unter den Kopf. Dieses Lächeln auf den Lippen des Mannes vergesse ich nie, als sie ihn mit der Decke zudeckte. Als sie zurückkam und mich erblickte, schmunzelte sie und sagte nur einen Satz: »Uns geht es gut, ihm geht es schlecht.«

Seit Ahmadinedjads Einstieg in die Regierung[104] gerät die iranische Außenpolitik immer mehr ins Trudeln. Seine undiplomatische, mitunter tölpelhafte Art rückt Iran immer mehr nach rechts außen und lässt das Land im Zwielicht erscheinen. Übersehen wird dabei leider oft, dass die Bevölkerung eine sehr differenzierte Auffassung zum Regime hat. Doch durch die Anschläge Israels im Libanon haben die *Hisbollahs,* die ewigen Unruhestifter in der iranischen Gesellschaft, wieder Aufwind bekommen. Ihre Hasstiraden decken sich mit der Hetzkampagne Ahmadinedjads. Am Straßenrand prangt auf überdimensionalen Plakaten überall ihre Propaganda.

Nach meinen Beobachtungen haben Ost und West zumindest etwas gemeinsam: Die einseitige Berichterstattung der Medien scheint auf beiden Seiten ein Dauerbrenner zu werden. Während in Europa die Palästinenser eher als Aggressoren allen Übels gebrandmarkt werden, werden sie im Iran als Opfer betrachtet. Damit die grausige Erinnerung an den Irak-Iran-Krieg nicht in Vergessenheit gerät, wird sie den Menschen im Iran von den Medien ins Gehirn gebrannt, untermalt durch dramatische Bilder sterbender Soldaten und Zivilisten, untermauert mit polemischen Texten und nationalistischen Liedern. Dabei schrecken die Macher nicht davor zurück, zerstückelte Körper von Anschlägen zu zeigen, um den Hass in der Bevölkerung noch anzustacheln. Diese Indoktrination führt dazu, dass keiner mehr hinschaut. Wer einigermaßen neutrale Nachrichten wünscht, sucht sie im Internet. So haben es die Hardliner mit ihren Betstunden auf sämtlichen Sendern geschafft, die Zuschauerzahl gering zu halten. Gemeinerweise lassen sie nichts unversucht, die Übertragungen der Satellitenschüsseln zu stören.

Leider muss ich sagen, dass der Staat bei der Drangsalierung der öffentlichen Meinung zum Teil erfolgreich ist. Wagt es eine Zeitung, Kritik am System zu üben, sind ihre Tage gezählt. Gerade wurde *»Salam«,* eine bekannte Zeitung, verboten. Doch Iran ist ein fruchtbares Feld. Sobald eine Zeitung vernichtet wird, wächst eine andere aus dem Boden. Unterwerfen tut sich hier so schnell niemand. Auf der Straße erst recht nicht. Oft und gern wird lautstark Unmut geäußert, besonders Reportern gegenüber. Feige ist hier keiner. Das ist die iranische Stärke.

Sima schlägt die Zeitung auf. »Schon wieder haben sie ein paar Homosexuelle festgenommen. Sie werden demnächst vor Gericht gestellt.«

»Passiert das häufiger?«, frage ich sie.

»Oh, Bary. Mehr als das. Da Homosexualität in unserer Gesellschaft eigentlich ein Tabuthema ist, kann der Staat hier sehr geschickt eingreifen. Sie gilt ja als unislamisch und leider wird sie in vielen Familien noch als Schande betrachtet. Zudem ist Homosexualität oder lesbische Liebe laut *Scharia* ein kriminelles Delikt.«

»Gab es in jüngster Zeit Vorfälle?«

»Die Miliz hat Fantasie. Wenn sie jemanden politisch verfolgt, dem sie wenig beweisen können, behaupten sie einfach, er sei homosexuell. Einen besonders schlimmen Fall hatten wir letztes Jahr im Sommer in Maschad.«

»Erzähl!«

»Zwei junge Männer wurden gehängt. Ich glaube, sie waren sechzehn und siebzehn Jahre alt. Ihnen wurde vorgeworfen, sie hätten einen

13-Jährigen sexuell missbraucht. Viel blieb bei dem Verfahren undurchsichtig. Auch der 13-Jährige tauchte beim Prozess nie auf. Die beiden Angeklagten bekamen schon im Vorfeld 228 Peitschenhiebe.«

»Wie bestialisch! Davon habe ich gehört. Das ging um die Welt. Aber ist es nicht so, dass zum Beweis der Hadd-Vergehen im religiösen Rechtssystem der *Scharia* vier Zeugen gebraucht werden?«

»Stimmt. Aber bei diesen beiden Jungen wurde angeblich eine Videokassette gefunden, auf der alles festgehalten sei.«

»Und wie hat die Bevölkerung reagiert?«

»Empört. Darauf wurde zur Anklage Alkoholmissbrauch und Drogenkonsum hinzugedichtet. Zuvor war davon keine Rede. Das machen die bei Gericht immer, wenn sich die Leute aufregen, auch wenn es nicht stimmt.«

»Aber warum gleich töten?«

»Bary, du weißt so gut wie ich, dass nichts mehr normal läuft in diesem Land. Dem dummen Geschwätz vom großen Satan Amerika und Israel hört keiner mehr zu. Doch wir haben unsere eigenen Teufel, haben sie uns selbst ins Land geholt. Nun sitzen sie im Parlament und fressen unsere Kinder.«

Sima ist richtig wütend: »Dies sind dunkle Jahre für unsere Jugend.«

»Weißt du«, sagt sie nach einer Weile, »die Hinrichtung der kleinen Atefeh hat vor zwei Jahren hier viel Staub aufgewirbelt.«

»Was war mit ihr?«

»Die Geschichte war in Teheran Stadtgespräch. Das Mädchen, verlor schon sehr jung ihre Mutter bei einem Autounfall. Der Vater war opiumsüchtig und so nahmen sie die Großeltern bei sich auf. Atefeh war wohl ein schwieriges Kind, das sich nicht gern unterordnete, ist ja kein Wunder bei solchen Familienverhältnissen. Auf jeden Fall wurde sie das erste Mal im Alter von dreizehn Jahren von der Polizei aufgegriffen, weil sie sich mit einem Jungen getroffen hatte. Dafür bekam sie 100 Peitschenhiebe und ihre Freundinnen behaupten heute vehement, sie sei in der Haft vergewaltigt worden.«

»Wurde nichts unternommen? Sie war doch ein kleines Mädchen!«

»Nicht nach den Gesetzen der *Scharia*, Bary.«

»Und dann?«

»Sie zog viel in ihrer kleinen Stadt herum und kümmerte sich nicht um das Gerede der Leute. Hin und wieder traf sie sich mit einem Jungen und wurde wiederholt wegen unzüchtigen Verhaltens festgenommen.«

»In Deutschland wäre sie ein normaler Teenager gewesen. Aber hier? Doch was hat zu ihrer Hinrichtung geführt?«

»Auf einem ihrer Ausflüge geriet sie an einen Taxifahrer, der sie vergewaltigte. Der Mann wurde gefasst und erhielt wohl 100 Stockhiebe. Als man Atefeh festnahm, stellte man schnell fest, dass sie bereits aktenkundig war. Sie wurde als Herumstreunerin angeklagt und der Vorwurf der Vergewaltigung wandelte sich zu einem Vorwurf gegen sie. Sie sei selbst Schuld. Es hieß, sie habe im Gerichtssaal freche Widerworte gegeben, und daraufhin wollten ihre Verfolger, dass man sie zum Tode verurteilt.«

»Aber das geht doch gar nicht! So viel ich weiß, hat auch Iran die UN-Kinderrechtskonvention unterzeichnet.«

»Es ging, Bary, es ging. Da 16-Jährige nicht gehängt werden dürfen, fälschte man ihre Unterlagen und aus einer 16-Jährigen wurde plötzlich eine 22-Jährige. Der Richter verurteilte sie daraufhin zum Tod durch Erhängen. Hinterher behauptete er, nicht gewusst zu haben, dass sie noch so jung war.«

»Lass uns rausgehen, Sima. Bitte, ich brauche Luft!«

Erstaunlich. Die Luft in Teheran ist reiner geworden. Mittlerweile gibt es auch hier bleifreies Benzin. Allerdings hat in dem 15-Millionen-Molloch fast jede Familie mehr als ein Auto. Gerade wird heftig über die Benzinpreiserhöhungen diskutiert. Ein voller Tank kostet jetzt umgerechnet 3 €, früher 2500 Tuman, also knapp 2,50 €. Das rücksichtslose Fahrverhalten ist geblieben. Nach wie vor führt Iran die Statistik an mit der höchsten Zahl der Unfallopfer weltweit. Während wir durch die Stadt laufen, überholt uns tatsächlich ein Auto auf dem Fußweg. Auch Motorrädern müssen wir ständig ausweichen, die statt der Straße lieber die Fußwege nutzen. Wofür die Zebrastreifen da sind, bleibt unklar. Passanten müssen nach wie vor um ihr Leben rennen. Ja, ich bin sicher, hinter dieser Rücksichtslosigkeit verbirgt sich die kalte Wut über die ausweglose Lage.

Die Kleiderordnung hat sich zumindest in Teheran etwas gelockert. Das liegt nicht an den Moralwächtern, sondern an den Menschen, die sich diesem Druck nicht mehr unterwerfen wollen. Die Töchter der Revolution, jetzt wunderschöne junge Frauen, finden immer wieder Nischen, um sich ihren Freiraum zu verschaffen. Die Mäntel schrumpften zu hautengen Jacken, die den Po kaum bedecken. Bunte Kopftücher hängen nur noch wie eine Deko am Hinterkopf. Üppig lugt das gefärbte Haar hervor über puppenhaft geschminkten Gesichtern, als ob es gleich in die Disco gehen würde. Wahre Schönheiten, ein sinnliches Lächeln im Gesicht, lustwandeln mit wippenden Hüften auf hochhackigen Schuhen einher. Die jungen Männer stehen nicht nach, geben sich salopp und ebenso modebewusst. Die Straße ist zum Verdruss der Mullahs zum Catwalk geworden, ein Markt, um sich gegenseitig kennenzulernen, zu flirten, sich zu verlieben. Da es keine Discos gibt, treffen sich die jungen Menschen in Parks, Internet-Cafés und den neu eröffneten Coffee-Shops. Wo ich auch hinschaue – verliebte Pärchen, sogar Hand in Hand. Die Jugend kann auf Dauer nicht gebändigt werden. Sie ist wie ein junges Fohlen, das sich austoben will.

Rafsandjani hatte das begriffen. Er hatte in seiner Regierungszeit einen eigenen Musikfernsehsender ins Leben gerufen, in dem sich Jugendliche freizügig geben konnten. Ähnlich wie bei »Viva« werden nun auch hier die SMS-Botschaften der jungen Verliebten auf Fließtext abgerollt. So hat man den Bock zum Gärtner gemacht. Dieser Sender läuft nur über Satellit und wird witzigerweise durch keinen Ayatollah gestört. Doch wie gesagt, dies alles ist die äußere Hülle. Die *Scharia* lauert im Hinterhalt auf neue Opfer.

Wenn nachts die Katzen durch Teheran schleichen, und davon gibt es viele und schöne, dann ist die Stadt in ein wundersames Lichtermeer getaucht. Die Geschäfte, Basare, die Parks und die Brunnen schillern nun in den buntesten Farben und hüllen in mildes Licht, was am Tage grau und unansehnlich ist. Selbst die Gefahr übertünchen bunte Farben. Am stärksten leuchtete bisher Azadi, das Wahrzeichen Teherans, das alle

Reisenden willkommen heißt. Mittlerweile ist sein Fundament brüchig geworden und es wird von Abriss gesprochen. Azadi heißt Freiheit. Ein herber Schlag für die, die in dem auffällig gestalteten Monument das Symbol für Freiheit sahen. Doch es blieb nur ein Symbol. Die Menschenwürde im Iran haben die Mächtigen stets mit Füßen getreten, ob Besatzer oder Schah, denen eine bigotte Mullahschaft folgte. Ist der Abriss etwa ein Zeichen? Doch wieso packt mich Wehmut, wenn ich Azadi betrachte?

Hamadan, die Ehrwürdige

Willkommen in Hamadan! Die Gegend ist trocken wie unsere Kehlen. Singend treibt uns der Sandwind seine gelben Staubwolken entgegen, die sich zu einer Wand erheben und über unseren Wagen hinweggleiten. Die Staubschicht bedeckt den Lack wie eine zweite Haut und feine Partikel dringen sogar zu uns hinein. In der Stadt wird die Sicht klarer. So machen wir uns kurz nach unserer Ankunft auf den Weg zur Höhle Ali Sadr, die eine Autostunde entfernt liegt. Wir nehmen die alte Handelsstraße. Hat sie wirklich früher nach Bagdad geführt? Hier scheint sie im Nichts zu enden. Der Sandsturm beruhigt sich und pustet gelangweilt Staub durch jede Ritze, sodass wir ihn sogar auf der Zunge schmecken. Das Land liegt dürstend unter der brennenden Sonne und scheint sich zu dehnen. Bisweilen tauchen kleine Lehmhäuser auf, die leblos wirken, wie der trockene Boden, auf dem sie erbaut wurden. Hin und wieder begegnet uns ein Esel, den Kopf gesenkt, als könne er dadurch der flirrenden Hitze entgehen.

Mein Schwager Navid hat uns die Höhle mit wahrem Lobgesang gepriesen: »In Hamadan schaut euch unbedingt Ali Sadr an. So was Einmaliges! Ihr werdet begeistert sein.« Später, viel später erfahre ich erst, er ist nie dort gewesen. Und prompt fällt mir der kleine Witz ein, den mir *Aghadjan* mal erzählte. Ein Bauer sagt zum Nachbarn: »Oh wie lecker sind die Gänsekeulchen. So zart ist ihr Fleisch, dass es im Munde zergeht, ein wahrlich paradiesisches Gericht.« Darauf der andere: »Wann hast du sie gegessen?« »Gegessen? Nein, gesehen habe ich, wie der Arbab sie heute Mittag aß.«

Meine Begeisterung für Höhlen hält sich allgemein in Grenzen. Ich halte mich lieber oberhalb des Erdbodens auf. Aber da Ali Sadr die einzige Höhle mit einem See im Iran ist und laut Navid zu den Seltenheiten dieser Welt zählt, wollen wir sie sehen. Schon beim Eintreffen missfällt mir die kitschige Aufmachung des Ortes. Viel Plastik, wohin wir auch schauen. Vor der Höhle muss ich schlucken! Eintritt: 7 €, für die Menschen im Iran ein stolzer Preis.

Feuchtigkeit und Kälte kriechen uns in der Höhle entgegen. Nach dem heiß-trockenen Klima, aus dem wir gerade kommen, in der Tat ein Labsal. Kaum sind wir ein paar Meter auf dem Höhlenweg gelaufen, denke ich, meine Nase spielt mir einen Streich. Es riecht nach gebratenem Lamm. Hinter der nächsten Biegung erwartet uns, in den Felsen gehauen, ein Grottenrestaurant, das mit seiner bunten Beleuchtung und dem Fleischgeruch irgendwie fehl am Platze wirkt. Hier unten könnte ich keinen Bissen runterkriegen.

So schlurfen wir einen weiteren Kilometer durch die Höhle. Der Weg wird matschig und meine Laune ebenso, als wir den Höhlensee erreichen, an dem die Boote auf uns warten. Boote? Entsetzt weiche ich zurück. Unter meinem Tuch stehen mir haushoch die Haare zu Berge. In diese Nussschalen sollen wir einsteigen? Es sind leichte, bunte Plastikboote, die wie Kinderspielzeuge ausschauen. Zu fünft sind sie hintereinander angekettet und werden von einem kleinen Motorboot gezogen. Auf einem Schild lese ich den Vermerk: Pro Boot bitte 4–6 Personen einsteigen! Obwohl die Wasseroberfläche ruhig ist, schaukeln sie hin und her.

Murrend klettere ich hinein, beflissen mein Gleichgewicht haltend. Das Boot schwankt bedenklich. Fassungslos starre ich auf eine Frau, die ihren winzigen Säugling im Arm hält, während sie mir folgt. Alle außer mir sind frohgelaunt, selbst das Baby. »Was ist mit den Sicherheitsvorschriften?«, raune ich Saeid zu. »Sicherheitsvorschriften? Ich glaube, die können nicht mal das Wort buchstabieren«, murmelt er ungnädig. »Wir sind vielleicht zu sehr eingedeutscht«, versuche ich zu mildern, während ich erschrocken auf den tiefen Grund blicke. Das Wasser ist so klar, dass wir ihn sehen können – und eisigkalt, als ich die Hand hineinhalte. Da ertönt stolz die Stimme des Führers hinter mir: »Die Tiefe misst hier ungefähr zehn Meter!« Oh weh.

Wir tuckern durch enge Schluchten und verwinkelte Kanäle. Bizarre Tropfsteinkristalle glänzen in schönster Farbenvielfalt, unterstützt durch künstliche Strahler. Tief hängen die Stalaktiten über unseren Köpfen, sodass wir sie fast mit der Hand greifen können. Überall öffnen sich Nischen und Nebenhöhlen, und wäre unser Boot nicht so wackelig, könnte ich die Erhabenheit dieser riesigen Höhle wahrlich genießen. Unser Boot, das eigentlich mehr ein Bötchen ist, bildet das Schlusslicht in der Kette. Um bei engen Durchfahrten nicht zu kentern, müssen wir uns stets mit den Armen an den Wänden abstützen. Jedes Mal zieht dabei ein Ruck durch das Boot, als würde es auseinandergerissen. Nach einer halben Stunde wird die Fahrt unterbrochen. Es stellt sich heraus, dass wir einen Kilometer laufen müssen, um zur nächsten Station zu gelangen. Von dort aus sollen uns weitere Nussschalen tiefer in die Höhle bringen. »Nee, ich streike!« Kampflustig blicke ich Saeid an. »Ich auch«, erwidert er grinsend.

Beim Aussteigen rutscht das Boot weg, ich verliere die Balance und falle – nicht ins Wasser, sondern auf den schlammigen Steg, da Saeid mich augenblicklich festhält und zu sich zieht. Ich bin von oben bis unten mit Schlamm besudelt. Missmutig machen wir uns auf den Rückweg. Ich sehe aus wie meine Laune. »Von Höhlen habe ich die Nase gestrichen voll!«, platze ich heraus. Saeid grummelt. Ich verstehe das als Zustimmung. Kaum draußen, stürze ich mich auf den ersten Gärtner, der mit einem Schlauch die Grünanlagen sprengt. Erschrocken weicht er vor mir zurück.

»Ich wollte Sie nicht erschrecken«, sage ich beschwichtigend. »Ich sehe nicht immer so aus. Können Sie mich bitte mit dem Schlauch abspritzen?«

Er erstarrt. »*Chanum*, das ist nicht Ihr Ernst! Das kann ich doch nicht machen. Was sollen die Leute hier denken?«

»Das ist mir ziemlich egal. Ich will so nicht weiter durch die Gegend laufen«, verteidige ich mein Anliegen.

Doch er sträubt sich weiter mit Händen und Füßen. Da mischt sich Saeid ein. »Es ist in Ordnung. Ich habe nichts dagegen.«

Wie bitte? Zustimmung vom Ehemann? Tatsächlich richtet er nun den Schlauch mit kleinem Strahl auf mich. Ich frage Saeid auf Deutsch: »Sag mal, das kann doch wohl nicht wahr sein. Dafür brauche ich auch dein Einverständnis?«

Saeid grinst: »Da bin ich nicht so sicher. Aber ich bin nun mal da, und er hat Respekt vor mir.«

Dem Gärtner scheint es nun mit gnädiger Erlaubnis meines Ehegatten Freude zu bereiten, mich abzuspritzen, denn er hört gar nicht mehr auf. Langsam wird mir klar, warum. Die Sache hat einen Haken, den weder Saeid, dessen Stirn sich inzwischen bedenklich runzelt, noch ich in Betracht zogen. Meine Kleidung ist hauchdünn und nun klitschnass. Sie klebt an mir wie eine zweite Haut und zeigt mehr, als die islamische Kleiderordnung erlaubt.

»So, nun ist's genug!« Ich bedanke mich artig bei dem Gärtner: *»Dast-e schoma dard nakonad!«*

Da lächelt er durch seine fehlenden Zähne: *»Chahesch mikonam, Hadschi-Chanum!«* Ich muss grinsen. Er hat mich zur Pilgerin befördert. Eine Viertelstunde später hat mich die heiße Luft getrocknet und ich kann mich wieder unter Leuten blicken lassen.

In Hamadan, der Hauptstadt der gleichlautenden Provinz im Nordwesten Irans, lebt eine bunte Völkermischung aus der aserbaidschanischen, kurdischen, loristanischen und der persischen Ethnie. Es heißt, die jüdische Gemeinde bestehe seit den Zeiten Babylons. Die Menschen in Hamadan sind ausgesprochen hilfsbereit, was uns sehr entgegen kommt. Da wir zum ersten Mal die Stadt besuchen, sind wir etwas orientierungslos. Auf unsere Fragen erhalten wir überall ausschweifend und liebenswürdig Auskunft. Mehr noch. Einige Menschen winken uns zu, andere rufen uns auf der Straße ein lautes *»Chosch amadid be Iran!«* entgegen, manche sogar auf Englisch. Sie sind verblüfft, als wir ihnen sagen, dass wir keine Fremden sind. Fahre also nach Hamadan und du wirst wie ein König behandelt. Später haben wir uns allerdings gefragt, ob wir uns durch unser Leben in Deutschland auch äußerlich verändert haben.

Hamadan beherbergt einige bedeutende Grabmäler. Zuerst zieht es uns zum Grabmal Bu Alis. In der Mitte der nach ihm benannten Chiaban-e Bu Ali steht in einem grünen Park sein schlichtes Mausoleum. Ehrfürchtig betrachte ich die Ruhestätte des berühmten Heilers, der vor mehr als tausend Jahren in Persien praktizierte. In Europa ist er eher unter dem Namen Ibn Sina oder Avicenna bekannt. Der turmartige Bau mit dem Kegeldach, das zwölf Pfeiler stützen, wirkt auf mich wie eine Rakete. Nun, in gewisser Hinsicht passt diese Symbolik. Bu Ali hat bereits mit achtzehn Jahren als Arzt gewirkt. Er galt als Freigeist, der die Unsterblichkeit der Seele anzweifelte. Auch gehörte er zu den wenigen Ärzten, die Tote sezieren durften. Sein medizinisches Werk »Qanun al-Tibb«, was »Kanon der Medizin« bedeutet, gelangte sogar nach Europa. Dort galt es lange Zeit als das beste überhaupt und wurde mehrmals ins Lateinische übersetzt. Selbst heutzutage greift mancher Heiler im Westen auf seine Erkenntnisse und Methoden zurück. Darauf ist man im Iran mächtig stolz.

Das Grabmal von Ester und Mordechai, ein einfacher und unverzierter Ziegelbau, liegt in einer Nebenstraße des Basars im Zentrum von Hamadan. Der jüdische Wächter schließt uns das Mausoleum auf. Es überrascht ihn sichtlich, dass ich jüdischer Herkunft bin und Saeid als mein Ehemann nicht. Er ist mir unangenehm, denn er kommt mir immer zu nahe. Durch einen niedrigen Eingang betreten wir die tiefer gelegene Grabkammer, in der zwei Ebenholzsarkophage nebeneinander thronen, die mit Samt- und Brokattüchern bedeckt sind.

Die Geschichte von Ester und Mordechai ist im Iran sehr bekannt und bildet das Fundament des jüdischen Purimfestes. Sie führt uns zurück in jene Zeiten, als im persischen Reich der Großkönig Chaschayārschā, der auch Xerxes II. genannt wird, herrschte. Ester, eine jüdische Waise, wurde liebevoll von ihrem Vetter Mordechai aufgezogen, der das königliche Toramt bekleidete. Eines Tages erblickte König Chaschayārschā Ester. Ihre unvergleichliche Schönheit bezauberte ihn und er verliebte sich unsterblich in sie. Bald darauf heiratete er sie und las ihr jeden Wunsch von den Augen ab. Leider kümmerte er sich weniger um die Belange seines Volkes. So traf er viele Entscheidungen während seiner Trinkgelage und geriet in die Abhängigkeit seiner Ratgeber. Einer davon war Haman, der als missgünstiger Mensch galt. Als Mordechai sich weigerte, Haman, das geistliche Oberhaupt des Hofes, zu ehren, wollte sich dieser an ihm und seinem ganzen Volk rächen. Er eilte zu Chaschayārschā mit der Behauptung, die jüdische Bevölkerung würde den König und seine Gesetze missachten. Damit gelang es Haman, den König zu einem Erlass zu überreden, der die Vernichtung des jüdischen Volkes vorsah. Der Tag der Vernichtung wurde von Haman durch ein Los – was im Hebräischen *Pur* heißt – ermittelt und fiel nach dem gregorianischen Kalender in den Februar. Als Mordechai davon erfuhr, eilte er zu Ester und bat sie, Chaschayārschā zu überreden, den Erlass zu widerrufen. Ester trug ihr Anliegen vor und wurde erhört. Als Chaschayārschā die Niederträchtigkeit Hamans begriff, ließ er ihn als Verräter hängen und ernannte Mordechai an seiner Stelle zum neuen Oberhaupt. Zudem ließ der König den Erlass umkehren. Die Juden durften ab sofort ihre Feinde im ganzen Reich töten, was zu einem furchtbaren und blutigen Rachezug führte. Seit dieser Zeit waren sie gleichberechtigt im persischen Reich. Das Purimfest erinnert an diese Geschehnisse, Mordechai und Ester erklärten es zum Feiertag der jüdischen Errettung. Chaschayārschā und Ester gelten bis heute als eines der großen Liebespaare der persischen Geschichte. Hier möchte ich anmerken: Kein einziges Mal begegnete ich in Hamadan diskriminierenden Äußerungen gegenüber der jüdischen Bevölkerung. Im Gegenteil, alle schienen mir sehr stolz darauf zu sein, dass sich das Grabmal im Zentrum ihrer Stadt befindet.

Am Rande der Altstadt soll sich ein altes gregorianisches Kirchlein verstecken. Um zu ihm zu gelangen, müssen wir namenlose verwinkelte Gässchen durchqueren, die mitunter so schmal sind, dass wir nur hintereinander gehen können. Nach einer Stunde stellen wir fest, dass wir uns total verlaufen haben. So beginnt Plan B: uns durchzufragen. Geduldig beschreiben uns die Einheimischen den komplizierten Weg: »Also Sie gehen diese Gasse entlang bis zum Ende, biegen dann rechts in die Gasse des Schneiders Farhad ein und dann gleich nach ein paar Schritten in die Gasse des Barbiers, dann scharf links Richtung des Eisenhändlers Huschang – den können Sie nicht verfehlen …« Wir wandern durch das Labyrinth, treffen einige betagte Leute, nur die Kirche bleibt uns verborgen. Da geschieht etwas Seltsames: Ohne dass wir fragen, öffnen sich plötzlich Fenster oder Menschen treten aus den Türen, die uns weiterhelfen, ohne dass wir angeklopft haben. Unsere Frage hat sich verselbstständigt und eilt uns durch die verträumten Gässchen voraus. Dieses Phänomen bleibt ein Rätsel. Wir finden übrigens die Kirche. Leider ist sie verschlossen.

Um den Rückweg durch das Gassengewirr zu vermeiden, fragen wir uns zur Hauptstraße durch. Plötzlich sind wir Teil einer Menschenmenge, die gegen Israels Angriff auf den Libanon demonstriert. Als wir uns endlich aus dem Gedränge befreit haben, tritt ein Mann mit einem Falken auf uns zu. »Wollen Sie ihn kaufen?« Augenblicklich bilden ein paar Männer einen Kreis um uns. Der Falke schaut mich aus dunklen Augen rätselhaft an. Er zeigt keinerlei Furcht. In die Tiefe seines Blickes hat die Sehnsucht das Wort Freiheit gezeichnet. Und für einen kurzen Augenblick fühle ich eine stille Verbundenheit mit ihm. Behutsam streiche ich mit meinem Zeigefinger über sein Köpfchen. Er schließt langsam die Lider. Ich vermeine ein leises Wispern zu hören: *Vergiss deine Träume nicht, meine haben Flügel.* Wehmut ergreift mein Herz. Der Händler mustert uns fragend. Wir schütteln mit dem Kopf. Im Hotel sagt Saeid: »Wir hätten ihn kaufen sollen, um ihn freizulassen.«

Der werfe den ersten Stein ...

Unser Lachen verebbt. Gebannt starren wir auf die Mattscheibe. In den Abendnachrichten wird die finsterste Seite der iranischen Gesetzgebung berührt, die unter dem Turban verborgen im Namen des Erbarmers das Recht drangsaliert. Seit Einführung der *Scharia* herrscht im Iran wieder die archaische Sitte der Steinigung. Und obwohl Iran der EU bereits 2002 versprochen hat, die grausige Praxis abzuschaffen, werden immer wieder Menschen zu Tode gesteinigt. Vorrangig Frauen. Meist wegen sogenannter »Unkeuschheit«. Nach den gegenwärtigen Gesetzen erwartet Frauen die Steinigung bis zum Tode sogar, wenn sie sich bei einer Vergewaltigung nicht wehren.[105] Wie eine Steinigung ablaufen soll, ist bis ins Detail festgelegt. Das weibliche Opfer wird vor der Hinrichtung vollständig in weiße Tücher gewickelt. Die Frau wird dadurch unbeweglich, ihre Flucht ist ausgeschlossen. Dennoch wird sie bis unter die Brust in die Erde eingegraben. Mindestens drei Gläubige müssen anwesend sein, die auch als Zeugen gelten. Nach dem »Geständnis« wirft der Richter den ersten Stein, der in die hohle Hand passen muss, denn die Steine dürfen nicht zu groß sein und sollen das Opfer nicht sofort töten. Der Nachrichtensprecher berichtet über den Fall einer vierfachen Mutter und angeblichen Ehebrecherin. Sima springt auf und macht den Fernseher lauter. »Aufgepasst!«, ruft sie erregt. Die Stimme des Ansagers klingt unbeteiligt: »Die Steinigung von Ashraf Kalhori wird bis auf Weiteres aufgeschoben.«

Fassungslos sitze ich da. Wie blind war ich und wieso habe ich der Tatsache nie ins Auge gesehen, dass im Iran gesteinigt wird? Auch in der Familie war es bisher kein Gesprächsthema. Die Tatsache ist so unglaublich barbarisch, dass viele ihren Verdrängungsmechanismus aktivieren. Doch damit können wir sie nicht ungeschehen machen. Und eines müssen wir uns klar vor Augen führen, jeder Mensch im Iran – und das meine ich, wie ich es sage – könnte in diese Situation geraten, egal, ob er das, was die Mullahs für sündig erklärten, getan hat oder nicht. »Sima, ich kann kaum beschreiben, was ich fühle. Aufgeschoben! Das heißt, die Frau wird wohl doch noch gesteinigt! Wie ist das möglich? Sag, habt ihr über diesen Fall mehr Hintergrundinformationen?«

»Ja, Bary, und leider ist Ashraf Kalhori nicht die einzige Frau, die von der Steinigung bedroht ist.«[106]

Als Sima zu erzählen beginnt, merke ich, dass sie das Thema Steinigung wohl schon länger beschäftigt – und dass sich auch in der Bevölkerung etwas tut.

»Ich habe letztens bei einer Kampagne von Frauen gegen diskriminierende Gesetze unterschrieben. Irgendetwas müssen wir doch tun.«

»Greift das denn hier?«

»Ja. Aber ich beginne besser mal von vorne. Dieser Fall liegt schon etwas zurück, er begann vor circa vier Jahren, also zu der Zeit, als die Strafe der Steinigung eigentlich abgeschafft werden sollte. Ashraf wurde vorgeworfen, an der Ermordung ihres Ehemannes beteiligt gewesen zu sein. Doch sie betonte von Anfang an, es sei ein Unfall gewesen. Sie schilderte es so, dass ihr Ehemann mit dem Nachbarn in Streit geraten sei, weil er vermutet habe, dieser habe ihr schöne Augen gemacht. Die Männer hätten sich heftig geprügelt. Dann sei ihr Mann ausgeglitten, die Treppenstufen hinuntergefallen und habe sich den Kopf auf dem harten Marmor eingeschlagen.«

»Das ist doch ein Unfall, höchstens Totschlag, aber kein Mord. Und was hat denn sie damit zu tun?«

»Nun beschuldigte die Polizei sie, eine Liebschaft mit dem Nachbarn gehabt zu haben, wegen ihrer schönen Augen. Es hieß, sie habe ihn zu diesem Angriff angestiftet, ihn regelrecht provoziert. Bei der ersten Vernehmung gab sie die außereheliche Beziehung zu, widerrief aber später ihre Aussage wieder. Was in den Nachrichten nicht gesagt wird, hat sich als Mund-zu-Mund-Propaganda im Volk verselbstständigt. Es geht das Gerücht, sie soll ihr Geständnis im Evin-Gefängnis unter Folter abgelegt haben. Übrigens zweifelt kaum jemand daran. Wie wir alle wissen, wäre es nicht das erste Geständnis, das unter Folter erzwungen wurde.«

»Unglaublich! Dreist! Wie können die nur immer wieder damit durchkommen?«

»Weil das Recht hier Unrecht ist, Bary. Nun gelten nach diesem Recht als Beweis die Aussagen mehrerer Augenzeugen. Wieviele jeweils benötigt werden, das hängt davon ab, was verhandelt wird. Als Beleg reicht aber auch schon die viermalige Wiederholung des sogenannten ›Geständnisses‹ vor Gericht, dass Ehebruch begangen worden sei.«

»Ja«, fügt Mojgan hinzu, »so wurde Frau Kalhori dazu verurteilt, zunächst ihre 15-jährige Gefängnisstrafe zu verbüßen, um anschließend exekutiert zu werden. Du musst dir mal vorstellen, sie sitzt seit vier Jahren in Haft und hat seit ihrer Festnahme ihre vier Kinder nicht sehen dürfen.«

»Wie grausam. Sie können doch noch nicht so alt sein.«

»Ich glaube, sie sind so zwischen neun und neunzehn Jahre alt.«

Sima fährt fort: »Kurz vor eurer Ankunft erging ein Vollstreckungsbefehl für die Hinrichtung. Die Zeitungen schrieben, der Exekutionstermin sei Ende Juli 2006 vorgesehen. Hast du schon von Shadi Sadr gehört?«

»Ja, sie ist eine bekannte Frauenrechtlerin.«[107]

»Und Rechtsanwältin. Sie verteidigt Ashraf vor Gericht. Parallel hat Shadi Sadr schon seit Längerem eine Kampagne gegen die Ausübung der Steinigung gestartet. Ihre Petition wurde von über 4 000 Personen unterzeichnet, darunter über 100 iranische Frauenrechtlerinnen. Diese leitete sie an den obersten Richter Ayatollah Schahroudi weiter. Darin wird gefordert, die Hinrichtung zu verhindern. Das Weitere hast du heute in den Nachrichten gehört. Es ist nur ein Teilerfolg, denn die Justizbehörden gaben ja nur den vorläufigen Hinrichtungsaufschub für Ashraf bekannt, ohne das Todesurteil aufzuheben.[108]

»Sima, ich denke, der Mut der Frauen beflügelt auch die Schwächeren. Doch es bedrückt mich, wie wenig die Menschen im Westen wirklich über Iran und die hier lebenden Frauen wissen. Vor allem wegen des Unterschiedes, der zwischen dem Regime und den Menschen, die es unterdrückt, besteht.«

»Hier erfahren wir auch nicht viel über Europa oder den Westen. Da steckt viel Propaganda dahinter. Warum sollte das im Westen anders sein? Was die iranischen Frauen betrifft, so haben sie sich seit der Revolution immer wieder gegen Zwänge aufgelehnt und nach und nach stärker organisiert. Die Unterschriftenaktionen, von denen wir gesprochen haben, sind da nur zwei Beispiele.«

»*Inschallah.* Möge ihr Kampfgeist nicht versiegen.«

Die iranische Frauenbewegung ist, neben der Jugend, unsere große Hoffnung. Unter dem Schleier wächst der Widerstand, trotz Todesdrohungen und langer Haft. Nichts wird die Frauen mehr aufhalten. Gerade sie haben verstanden, dass Zivilcourage und Bildung Waffen sind, die Tumbheit und Willkür entgegenwirken können. Im Iran sind momentan 65 Prozent der Studierenden und ein Drittel der Promovierenden Frauen, und auch in unserer Familie studieren die jungen Frauen. An ein gemeinsames Studieren mit jungen Männern ist zwar nicht zu denken, aber das hat ja vielleicht auch Vorteile.

»Sag mal, was wurde eigentlich aus dem Nachbarn?«, frage ich noch.

»Das Gericht sprach auch ihn schuldig am Ehebruch. Obendrein verurteilte es ihn zu 100 Peitschenhieben, weil er unverheiratet ist.

Hinterher wurde er wegen Mordes zum Tode verurteilt. Doch es hieß, das Todesurteil kann neun Jahre lang nicht vollstreckt werden. Erst wenn das jüngste Kind seines Opfers achtzehn Jahre alt geworden ist, darf es darüber entscheiden, ob es auf sein Recht auf Vergeltung verzichtet und die Zahlung eines sogenannten Blutgeldes, *Diyeh,* annimmt.«

»Und kann das Kind nicht bei der eigenen Mutter auch die *Diyeh* anwenden? Warum wird hier ein Unterschied gemacht?«

»Das, Bary, kann ich dir leider nicht sagen. Ehebruch scheint schlimmer als Mord zu sein – jedenfalls nach diesem religiösen Recht.«

Auf dem Weg nach Alamut machen wir Station in Ray. Schon lange wollte ich der alten Pilgerstadt einen Besuch abstatten. Sie kann auf eine fast dreitausendjährige Geschichte zurückblicken und ist tief verwachsen mit Teheran, das einst selbst ein Vorort von Ray war. Viele Geschichten ranken sich um die einstige Hauptstadt des alten Perserreiches, auf deren Boden viel Blut vergossen wurde. Es heißt, dass die Bevölkerung Rays eine unterirdische Siedlung errichtete, in der sie vor ihren Angreifern Schutz suchte, besonders vor den Mongolen, die öfter über die Stadt herfielen. Irgendwann hat sie sich von der Vielzahl der Überfälle nicht mehr erholt. Darum wurden später die Steine aus den Trümmern von Ray für den Aufbau Teherans verwendet. So wurde Teheran vor zweihundert Jahren die Hauptstadt von Persien und Ray rückte still an den Rand.

Ich gehe gern über den Basar von Ray, der zu den ältesten in der Region zählt. Hier werden vorwiegend Süßigkeiten und Heiligenschriften angeboten, aber auch traditionelle Kleidung. In Nähe des Basars liegt auf dem alten Friedhof auch Mamans Vater begraben, der jung im Alter von vierundzwanzig Jahren an Krebs starb. Maman war erst vier Jahre alt, als sie Halbwaise wurde.

Gleich hinter dem Basar liegt das viel besuchte Grabmal des Imams Abdel Azim, der ein Nachkomme Mohammeds ist. Weithin ist die vergoldete Kuppel der prachtvollen Moschee sichtbar, die sein Grab krönt. Auch aus den Nachbarländern pilgern fromme Moslems hierher. Ray wäre nach dem Bau von Teheran sicher in Vergessenheit geraten, würde es dieses Grabmal nicht geben.

»Berühmtestes Kind des alten Ray ist der Kalif Harun ar-Raschid, ein großer Rechtsgelehrter, der in Europa mehr unter dem Namen Harun al-Raschid als Figur aus *Tausendundeiner Nacht* bekannt ist«, sagt Saeid.

»Das wusste ich nicht, dass er hier gewirkt hat.« Plötzlich muss ich lachen und erinnere mich wieder an die turbulente Taxifahrt nach Schāndiz: »Bei dem Gefängnis, in dem er gestorben sein soll mitten in der Wüste, waren wir ja schon einmal.« Saeid erinnert sich nicht. Nun ja, er hat die Ruinen, die auch ich kaum beachtet habe, vielleicht gar nicht richtig bemerkt, zu ärgerlich war er damals vor zwölf Jahren auf unseren Taxifahrer.

»Schau mal, Saeid, hier steht eine Erinnerungstafel über Hasan Sabbah!« Der Anführer der Assassinen war eine der schillerndsten Gestalten, die sich je in Ray niederließen. Er gründete diese berüchtigte Mördersekte im 11. Jahrhundert und machte die Festung Alamut zu ihrem Sitz. Drohten Widersacher ihm oder seinen Auftraggebern, setzte Sabbah keine Kriegsschar ein, sondern sandte einen einzigen Mann mit dem Auftrag aus, den Drahtzieher zu erdolchen. Die gefürchteten Assassinen waren wohl die ersten Auftragskiller in der Geschichte. Ihr Name wurde zum Inbegriff für Meuchelmord. Unheimlich ist mir, dass sie sich als Märtyrer betrachteten und bereits von einem Gottesstaat träumten. Um dies in die Tat umzusetzen, ermordeten sie besonders gern Sunniten.

Diese Burg mit ihrer blutigen Geschichte macht uns neugierig. Klingt nicht schon der Name geheimnisvoll? Es heißt, die Ruine soll schwer zugänglich in den südlichen Ausläufern des Elburs liegen. Nicht umsonst heißt sie im Volksmund auch Adlerhorst. Als wir die Stadt Qaswin passiert haben, zeigt uns ein Wegweiser, dass noch sechzig Kilometer Weg vor uns liegen. Über uns weitet sich ein wolkenloser kobaltblauer Himmel, von dem uns die Morgensonne entgegenwinkt. Wir fahren nordöstlich Richtung Mo'allem Kalayeh durch das Taleghantal, das eingebettet im Zentralelburs liegt. Kurvenreich zieht sich die schmale Straße in die Höhe. Zum Glück ist sie wenig befahren. Immer tiefer dringen wir ein in die atemberaubende Gebirgslandschaft. Ein lauer Wind fächelt uns Kühlung zu und die frische Luft duftet nach feinen Kräutern. An den weichen Berghöhen sprießt saftiges Grün, durch die ein Schäfer seine Ziegenherden treibt. Fernab sehen wir hin und wieder ein Dorf, das sich mit seinen wie Zähne aneinandergereihten falben Ziegelhäusern schutzbedürftig an den Hang schmiegt. Unten im Tal fließt träge in Schlangenlinien der Taleqan durch duftende Reisfelder.

Immer höher schlängelt sich die Straße. In schwindelnder Höhe zeigt sich selbst das nackte Gestein in seiner ganzen Schönheit. Von Hang zu Hang spielt die Natur mit ihren Farben. Großzügig taucht sie die zerklüfteten Felsen mal in sattes Gelb oder Henna. Graue Steilhänge wechseln mit zartgrünen Anhöhen, aber der beherrschende Farbton ist ein zartes rötliches Braun, das an das Fell eines Rehs erinnert, so wie es im Iran in der Dichtung besungen wird. Manchmal schwindet der harte Felsen unter eine Sandschicht und schaut aus, als wäre er mit Samt bezogen. Sobald sich der Wind pfeifend erhebt, wirbelt er braune Schleier empor, die tanzend hinab auf die Ebene sinken.

Nach anderthalb Stunden entdecken wir einen weiteren Wegweiser. Ungläubig starren wir auf das Schild: Alamut sechzig Kilometer! Sind wir etwa im Kreis gefahren? Bestürzt blicken wir uns an. Da kommt uns, wie gerufen, ein Bauer mit Esel entgegen. *»Salam!* Entschuldige eine Frage!« Saeid beugt sich weit aus dem Fenster. »Wir wollen nach Alamut und sind schon eine Zeit lang unterwegs. Hat es mit dem Schild hier seine Richtigkeit?« Das wortkarge Bäuerlein schüttelt den Kopf: »Nur noch eine halbe Stunde Weg!«, murmelt es freundlich und trollt sich von dannen. Nach einer halben Stunde tut sich immer noch nichts. Ein weiterer Bauer mit Esel kreuzt eine Stunde später unseren Weg. Gleiche Frage, gleiche Antwort. Saeid fährt grummelnd weiter, während ich an ein Déjà-vu glaube. Sima, Mojgan und Minou sagen lieber gar nichts.

Wir kommen durch ein Dorf, in dem gerade eine Bauernhochzeit gefeiert wird. Es duftet nach geröstetem Lamm. Auffordernd klingen die Trommeln. »Kommt, sctzt euch zu uns und speist mit uns!«, rufen uns die Leute zu. »Nein danke, wir wollen nach Alamut!« Sie lachen und sprechen alle durcheinander. »Nun, es ist eine knappe halbe Stunde von hier. Was wollt ihr denn beim Alten vom Berge? Er ist doch längst tot!«

Vier Stunden sind wir bereits unterwegs. Wir überwinden einen weiteren Berg und erreichen schließlich das Dorf Gazorchan. Auf einem

Bergrücken, der ausschaut wie ein kauerndes Kamel, liegt in luftiger Höhe die Festung Alamut. Wieder begegnet uns – warum sollte es hier anders sein? – ein Bauer mit seinem Esel. »Nach Alamut?«, wiederholt er unsere Frage lächelnd. »Noch ungefähr eine Stunde Fußmarsch steil hinauf. Natürlich könnt ihr die Tour auch auf dem Rücken meines Esels machen. Ich habe noch ein paar weitere Esel.« Nein danke. Die armen Eselchen.

Wir blicken den steilen Hang empor. Ein paar verstreute Wanderer haben sich hinauf gewagt. Sie rutschen und kriechen, verzweifelt darum bemüht, ihr Gleichgewicht zu halten. Andere, die uns entgegenkommen, stützen sich schwer auf ihre Stöcke und humpeln fluchend davon. Wir blicken auf unsere Sandalen und machen schleunigst kehrt.

Alamut wird unser persönliches Waterloo, obwohl uns die Landschaft ein herrliches Panorama bietet. »Bary, weißt du, was ich glaube«, sagt Saeid und deutet auf ein Hinweisschild, »die hat man absichtlich gefälscht, weil sonst keiner hinfährt.« Auch eine These.

Auf der Rückfahrt geraten wir in eine Polizeikontrolle, weil Saeid schnell nach Hause will. Während er grummelnd seine Strafe zahlt, wird ein anderer Polizist von einem Autofahrer verhauen, der mit seiner Strafe nicht einverstanden ist. Meine Gedanken drehen sich im Kreise. Ich sehe nur Bauern mit Eseln vor mir. Wenn ich mir den Ablauf so in Erinnerung rufe, frage ich mich ernsthaft: War es vielleicht Mullah Nasreddin,[109] der uns einen Schabernack spielte?

Mit unserem Abschied geht auch ein wichtiger Abschnitt zu Ende. Mamans Wohnung werden wir nie wieder sehen. Sie wird verkauft. Wenn wir demnächst wiederkommen, wird es nie wieder wie früher sein, als die Eltern noch lebten und wir Kinder sein durften.

Zurück fliegen wir mit Lufthansa. Vor uns in der Maschine sitzt der Fernsehjournalist Ulrich Tilgner, der vor allem als Kriegsberichtserstatter aus Bagdad bekannt wurde. Er sieht erschöpft aus. Seine Berichte aus Teheran verfolgen wir stets mit besonderer Anerkennung, da sie sehr objektiv sind. Weil er so müde aussieht, traut Saeid sich nicht, ihn anzusprechen. »Wenn dir ein Wort auf der Zunge brennt, lass es brennen«, lautet eine persische Weisheit.

Norus – Iranischer Frühling (2009)

Die schwarzen Tulpen blühen im Verborgenen. Gedankenverloren sitze ich auf der Dachterrasse und knabbere an meinem Dattelkeks. Von hier oben habe ich einen weiten Blick auf die Stadt, die sich in der Ferne verliert, denn die Dunkelheit streicht wie eine schwarze Katze um die Häuser. Der Himmel über Teheran zeigt sein Sternenlächeln, unter ihm wogt ein schimmerndes Lichtermeer. Wie würde die Botschaft der Moralwächter an den Abendstern lauten? Etwa: »Achtung! Achtung! Teheran an Venus. Hier spricht das Komitee für Tugend und Kleiderordnung. Bedecken Sie umgehend ihre Blöße!« Solche Schilder stehen sogar in den Parkanlagen. Doch wer hört gern auf das dumpfe Geschwätz von ein paar vertrottelten Greisen, die das Wort Lust nicht einmal buchstabieren würden – in diesen Worten würde es unsere Jugend ausdrücken. Trotz alledem quält mich der Abschied. Der Nachtwind haucht mir einen Kuss auf die Wange. Dann wiegt er sich in den Zweigen der Platane und säuselt durch die Blätter: Zeit ist Veränderung. Die Zeit ist momentan meine Feindin. Sie ist mir vorausgeeilt und hat mit einem Fingerschnipsen einen Monat Glückseligkeit im Nu vergehen lassen.

Seit Wochen beherrschte mich der Wunsch, das *Norus*fest im Kreise unserer Familie in Teheran zu feiern. Ich lebe gern in Europa. Doch manchmal fühle ich mich behindert, so als bremse mich ständig jemand aus. Saeid, meinem Liebsten, geht es ähnlich. Ich fragte mich, woran es liegt, bis mir klar wurde, dass mir ein Teil meiner Kultur, der Tradition, selbst der Sprache abhanden gekommen ist. Saeid und ich sprechen fast nur Deutsch miteinander, als hätten wir alle Brücken hinter uns abgebrochen. Das bedrückt mich. Es ist wie ein *Tschador*, den ich mir freiwillig umlege. Schluss, raus aus der Melancholie und dem Selbstmitleid. »Komm Saeid, lass uns dorthin reisen, wo alle zum *Norus* vereint sind! Wohin es uns in der Welt auch verschlagen hat, so müssen wir zum Jahreswechsel mit der Familie bei der *Norus*tafel vereint sein. Heißt es doch, wer *Norus* nicht zu Hause ist, wird auch für den Rest des Jahres in der Fremde verbringen.«

Der Ursprung des *Norus* findet sich an der Wiege Zarathustras, als im alten Persien die Menschen vor der Sonne knieten und das heilige Feuer in den Tempeln brannte. Dem *Norus* sind die iranischen Menschen treu geblieben. Sie haben es sich nicht nehmen lassen, weder von den Arabern, die sie islamisierten, noch von den Unterdrückern, die ihnen folgten. Ausgelassen wie die Kinder feiern sie alle die Wiedergeburt des Jahres mit der Tagundnachtgleiche, dem Frühlingsanfang. Der iranische Kalender richtet sich nach dem Sonnenjahr, so wie die Wiedergeburt des Tages mit der östlichen Morgenröte beginnt. Das macht Mutter Iran zum Morgenland. In Deutschland scheint es eher unbekannt, dass Iran weiblich ist und auch ein geläufiger Frauenname. Darum fällt es mir beim Schreiben mitunter schwer, mit der grammatischen Konstruktion der Iran herumzujonglieren.

Wenn *Norus* naht, schmücken wir einen Tisch oder ein *Sofreh*[110] mit *Haft Sin*, den sieben Sachen. Die Zahl Sieben hat eine symbolische Bedeutung und soll ein Sinnbild für die sieben Gottheiten der zarathustrischen Lehre sein. In der Antike glaubten die Menschen in Persien, die Erde würde aus sieben Ländern bestehen und der Himmel aus sieben Ebenen. In Deutschland heißt es: Pack deine sieben Sachen. Und das verheißt nichts Glückliches. *Haft Sin* aber sind sieben Glück bringende Elemente, die nach alter Tradition nicht fehlen dürfen, um den Frühling und das neue Jahr zu begrüßen. Es sind Gaben, die uns die Natur geschenkt hat und die wir in Dankbarkeit ehren:

1. *Sabseh* – das sind Weizen- oder Linsensprossen, die die Menschen vorher selbst zum Sprießen brachten; sie stehen für die Hoffnung auf ein grünes Land. Die Tradition, Getreide keimen zu lassen, wird auf die Herrschaft des Perserkönigs Djamschid zurückgeführt. Es geht die Sage, dass Ahriman, die Verkörperung des Bösen, den Menschen Wohlstand und Glück geraubt hatte. Der Wind erstarb und die Pflanzen verdorrten. An dem Tag, als Djamschid Ahriman besiegte, blühten Bäume und Pflanzen wieder auf. Diesen Tag nannten die Menschen *Norus,* den neuen Tag. Um ihn zu würdigen, pflanzten sie

Getreidekörner, damit am *Norus* grüne Sprossen und blühende Pflanzen das Fest schmücken.

2. *Samanu* – Grütze aus Weizen, die vor *Norus* überall auf den Straßen zubereitet wird; sie steht für Segen und Güte.

3. *Sendjed* – das ist eine Mehlbeere; sie symbolisiert die Saat des Lebens und die Schönheit im Verborgenen.

4. *Serkeh* – Essig; er bedeutet Fröhlichkeit, denn sauer macht lustig.

5. *Sib* – der Apfel steht für Gesundheit.

6. *Sir* – Knoblauch; er reinigt und schützt vor Ungemach.

7. *Somagh* – Essigbaumgewürz; es versinnbildlicht den Geschmack des Lebens.

Auf dem ausgebreiteten *Sofreh* fehlt selten der Spiegel mit den Kerzen. So, wie der Spiegel die klare Flamme wiedergibt, sind auch wir aufgefordert, rein und ehrlich zu sein, damit wir bei allem, was wir tun, ohne Scham hineinschauen können. Im Buch des Hafez suchen wir mit verbundenen Augen nach einer Lebensweisheit, die uns das Jahr über begleiten soll. Die Blindheit symbolisiert den Suchenden. Zwischen den Seiten des Buches verstecken wir Geldscheine, die wir hinterher verschenken, denn das, was wir geben, fällt auf uns zurück. Auch das Goldfischglas darf nicht fehlen. Es heißt, wenn die Fische tanzen, kommt der Frühling. Sicher sind wir abergläubisch geprägt, aber es hilft uns, mit der Natur und uns selbst im Einklang zu stehen.

Einer der ältesten Boten des *Norus*festes war einst der Feuermacher: Atesch Afrus. Rotgekleidet trug er die Fackel als Zeichen des Frohsinns unter die Menschen und spuckte Feuer, um ihnen Wärme zu geben. Dabei färbte sich sein Gesicht vom Ruß. Wenn heute die *Samani*-Feuer[111] brennen, tanzt *Hadschi* Firuz, rot gekleidet mit geschwärztem Gesicht, um Freude auf *Norus* zu verbreiten und den Menschen ein Lachen zu entlocken. Er verkörpert den schwarzhäutigen Siawasch, den mythischen Gott des Wohlstands und des Überflusses. Im persischen Neujahr wird seine Rückkehr und seine Wiedervereinigung mit der Göttin der Fruchtbarkeit gefeiert. Es heißt, jedes Lachen bringe eine Blume zum Blühen. Noch bevor ich ihn zu Gesicht bekomme, kann ich ihn hören, denn er schlägt kräftig sein *Dai're sangi,* ein Tambourin.

Seine schnarrende Stimme, mit der er einen Eunuchen imitiert, hallt weit über den Platz. Nun hat *Hadschi* Firuz mich entdeckt und kommt singend angehüpft, wobei er sein Gesicht zu lustigen Grimassen verzieht. Als ich von seinem Schabernack genug habe und die Flucht ergreifen will, bewirft er mich mit Süßigkeiten.

Wie ein Schmetterling schwebt die Vorfreude durch die Stadt und zaubert auf jedes Gesicht ein Lächeln. Fröhlich rufen die Menschen einander Segenswünsche zu. Der Koloss Teheran versteckt sein Alltagsgrau unter festlichen Blumengirlanden und wartet darauf, dass die tanzenden Goldfische das neue Jahr verkünden. Und wie seit Jahrtausenden folgt das alte Spiel:

Ein Klopfen an der Tür. Wir fragen: »Wer bist du?«

Kazi tritt ein und antwortet: »Ich bin der Gesegnete.«

»Woher kommst du?«

»Gott schickt mich.«

»Was willst du?«

»Ich bringe euch das neue Jahr und werde begleitet von Glück und Freude, Heil und Gesundheit.«

Jubelnd begrüßen wir den Frühling, den Immergrünen, und tanzen ausgelassen wie die Kinder um die *Norus*kerzen.

Welche Wünsche habe ich für das neue Jahr? Ich drücke es poetisch aus: So leicht, wie sich das Band des Frühlings auf die erwachende Erde legt, soll ein grüner Himmel über den schwarzen Tulpen wachen. Unsere Rosen sollen die Gitter überwinden und unter einer freien Sonne blühen.

»Bary, du träumst ja schon wieder!«, klingt Simas helles Lachen in meine Gedanken. »Bitte, bedien dich. Koste die frischen Dattelkekse. Hier ist feinste *Halwa* und auch *Sohan*[112] aus Yazd!«

»Dastet dard nakon-e, Simadjan!«

»Erzählt! Wie war euer Flug?«

»Lehrreich. In der Iran-Air verhüllte kaum mehr eine Frau ihr Haar, obwohl eine Stewardess vor dem Abflug auf die Kleiderordnung verwies. Sie bat uns Frauen, unser Haar zu bedecken, dankte uns sogar im Voraus für die Rücksicht. Stell dir vor, niemand folgte dieser Aufforderung. Einige Frauen haben daraufhin sogar ihre Jacken und Mäntel ausgezogen. Darunter trugen sie figurbetonte Kleidung. Noch bei unserer letzten Iranreise wäre das undenkbar gewesen. Ich bin so stolz auf diese Haltung.« Hoffnung ist ein zartes Pflänzchen und Mut ist die Sonne, die sie pflegt.

»Und das Bordpersonal?«

»... quittierte dies mit einem Lächeln. Ein Steward zwinkerte mir fröhlich zu, bevor er selbst Platz nahm. Auf dem Monitor zeigte eine tiefverschleierte Frau die üblichen Verhaltensmaßregeln. Es wirkte grotesk, weil wir alle unverschleiert waren.« Im Geiste sehe ich die Situation noch vor mir, höre das heitere Lachen der anderen, während wir in die Wolken tauchten und in den Frühling flogen.

»Wir sind wenig begeistert, dass Mehrabad kein internationaler Flughafen mehr ist«, wirft Saeid ein.

»Mehrabad dient nur noch dem Regionalverkehr. Er wurde zu klein.«

»Aber der neue Imam Chomeini-Airport liegt fünfzig Kilometer entfernt von Teheran! Was für eine Zumutung!«, seufzt Saeid. »Und musste er unbedingt diesen Namen tragen?«

Kazi nickt. »Die werden schon sehen, was sie davon haben! Das ist kein gutes Omen, einem Flughafen diesen Namen zu verpassen!«

»Bei der Passkontrolle kam es zu einem kleinen Zwischenfall. Ein spärlich bekleideter junger Mann, er trug nur ein Muskelshirt und Bermudashorts, wurde von zwei Polizisten aus unserer Schlange gezogen. Sie flankierten ihn, während ein dritter laut die Kleiderordnung zitierte. Die ganze Schlange hat gegrinst. Ihn erwartet sicher ein saftiges Bußgeld und wohl auch eine Menge Spott.«

»Entweder war er mutig oder doof«, sagt Minou. »Seid ihr kontrolliert worden?«

»Zum Glück nicht. Es ging schneller, als wir dachten.«

In diesem Moment zerreißt ein dröhnender Knall die Nachmittagsstille, erwidert von lautem Jubel. *Norus!* Lachend fallen wir einander in die Arme. Flaschen werden entkorkt. Wie gut er uns mundet, der köstliche Schirāzi. »*Salamati!* – Auf die Gesundheit!« Wir halten unsere Weinkelche ins Licht, in denen der Rebensaft purpurrot schimmert.

Mojgan, endlich geschieden und seit einem halben Jahr mit ihrem Professor verheiratet, lacht unbeschwert. »Ich sehe in eine glückliche Zukunft. Das Leben ist so schön!« Ihr Mann Aref lächelt sie liebevoll an.

»Wie umgeht ihr nur immer das Alkoholverbot?«, frage ich.

»Ach, das ist ein richtiger Markt. So mancher verdient sich damit eine goldene Hand. Jede Flasche, egal ob Wein oder Whisky, kostet 35 €.«

»Und wie bekommt ihr Kontakt?«

»Ach, da gibt es Handynummern. Ganz einfach. Das geht durch Mund-zu-Mund-Propaganda.«

»Und wenn jemand erwischt wird, was dann?«

»Dann wird es übel. 900 € und 60 Peitschenhiebe!«

»Was?« Der Keks bleibt mir im Mund stecken. Ich denke an den schön verpackten Geschenkkarton in unserem Koffer.

Mojgan erzählt. »Unlängst geriet ich in eine Verkehrskontrolle. Das Schlimme war, in meiner Tasche waren zwei Flaschen Wein. Ich habe Blut und Wasser geschwitzt. Der Polizist sagte, nun wäre ich dran. Darauf fragte ich, ob wir das nicht anders lösen könnten. Er hat dann das Geld für sich eingesteckt und mich laufen lassen.«

»Und trotzdem macht ihr weiter?«

»Wir sind einfach vorsichtiger geworden. Was nützt es, vor der Furcht davonzulaufen?«, wirft Aref ein. »Sie holt uns immer ein. Darum ist es besser, ihr die Stirn zu bieten.«

»Noch vor dem Sommer sind Neuwahlen. Wird es einen Wechsel geben?«, frage ich.

Aref wiegt bedenklich den Kopf. »Hätten wir freie Wahl, wäre das keine Frage. Dann stände das ganze Regime als einziges Fragezeichen da. Ich denke, sie werden die Reformer wieder behindern, sie erst gar nicht zur Wahl zulassen. Es ist ein Sumpf. Doch wie ihn trockenlegen?«

»Aber siehst du nicht überall das Frühlingsleuchten? Ich glaube fest an die Veränderung. Schau doch auf die Reaktionen rundherum. Immer mehr Menschen verweigern sich.«

»Es geht nicht nur darum, was wir wollen, sondern auch darum, was wir können. Da liegt noch ein steiniger Weg vor uns und eine lange Blutspur.«

»Immerhin hat das Internet Transparenz geschaffen. Das war schon damals meine Hoffnung.«

»Kommt, lasst uns die Fröhlichkeit des Tages nicht beschweren. Es ist *Norus.* Die Zeit hat eh nichts anderes zu tun, als zu laufen. Hab Geduld.«

Sima trägt das typische *Norus*-Essen herein: gebackene Bergforellen mit *Sabsi-Polo,* dem Reis mit frischen Kräutern. Während wir speisen, frage ich meine bildschöne Nichte: »Minou, was macht dein Studium?«

»Es kommt gut voran. Ich habe ein Jahr übersprungen und werde im Sommer weiterarbeiten, um meine Prüfungen voranzutreiben.«

»Was stellst du dir vor, wenn du fertig bist?«

»Ich möchte Kinderspychologin werden.«

»Und was macht die Liebe?«

Eine leichte Röte überzieht ihr feines Gesicht. »Immer noch der gleiche wie vor drei Jahren.«

»Das nenne ich Beständigkeit. Ist Farhad mit seinem Studium bald fertig?«

»Demnächst. Diesen Sommer muss er zwei Jahre zum Militär und danach will er seinen Doktor machen. Er strebt das Richteramt an.«

»Und dann?«, flüstere ich ihr zu. »Heiraten?« Sie nickt.

»Omid varam, ke choschbacht beschawid – Möge das Glück mit euch sein. Da habt ihr einiges vor euch.«

Tagelang wird ausgiebig gefeiert. Der wichtigste ist der 6. Tag für die zoroastrische Gemeinde. Er wurde das große *Norus (Norus-e bosorg)* genannt und es wird angenommen, dass es sich hierbei um den Geburtstag von Zarathustra handelt. So feiert sie auch heutzutage noch besonders diesen Tag, aber für den Rest der Bevölkerung hat er an Bedeutung verloren. *Norus* endet am Abend des zwölften Tages, dann wird der Tisch mit *Haft Sin* wieder abgedeckt. Der dreizehnte Tag heißt *»Sisdah be dar«.* Das bedeutet: Verlass dein Haus – Geh hinaus in die Natur. Bepackt mit Decken, Wasserpfeifen und Kochern, strömen die Menschen in Massen in die Parkanlagen oder aufs Land. An diesem Tag gleicht Teheran einem riesigen Picknicklager. Überall duftet es nach Kebab. Nach altem Brauch knien junge Mädchen im Gras und verknoten die Halme miteinander, wobei sie leise flüstern: »*Sisdah bedar, Sal-e digar chane'i schohar badsche be baghal*«, was so viel heißt wie: »Nächstes Jahr lebe ich in der Wohnung meines Ehemanns mit dem Kind im Schoß.« Es ist ein traditioneller Hochzeitswunsch. Nun werden zu Hunderten die *Sabseh*-Büschel, die vorher noch den *Norus*tisch schmückten, Flüssen und Bächen übergeben, deren Strömung sie mit sich zieht. Es ist unser Dank an die Natur, ihr etwas von dem zurückzugeben, was sie uns zuvor schenkte.

Ich genieße das Treiben um uns herum. Zwei Straßenmusikanten ziehen vorüber, der eine schlägt eine Trommel, der andere spielt Akkordeon. Faxen treibend, folgen ihnen ein paar Jugendliche. Ein altes Mütterchen schiebt einem jauchzenden Kind *Halwa* in den Mund. Daneben entzündet ein Bärtiger seine Wasserpfeife. Ein Räucherpfännchen schwingend, murmelt ein junges Mädchen Segenswünsche. Seitlich sitzen zwei Männer, die das traditionelle *Tachte*[113] spielen. Einer spuckt symbolisch auf den Würfel in seiner Hand und bewegt flink die Steine auf dem Brett. Die Musiker verhalten vor einem Familienklan und spielen auf. Gelächter, als eine beleibte Frau mit einem riesigen Tablett voll duftender Fleischspieße ein paar Tanzschritte wagt. Einige Frauen erheben sich und beginnen, unter dem fröhlichen Geklatsche der Umsitzenden, zu tanzen. Neben uns lässt sich erschöpft ein alter Wächter nieder. Dunkle Ringe liegen unter seinen Augen.

»Ein glückliches neues Jahr! Gesundheit und Freude!«

»Auch dir, *Chanum,* ein schönes *Norus.* Mögen sich deine Wünsche erfüllen!«

»Was ist los, *Babadjan?*[114]«, frage ich ihn. »Du wirkst erschöpft.«

»Wahrlich, meine Tochter. Ach, wäre es doch endlich Abend«, seufzt er. »Ich habe zwei Tage kein Auge zugetan. Seit gestern Morgen strömen die Menschen in den Park – ohne Unterlass. Abends müssen wir die Pforten verschließen und alle hinausweisen. Welch eine Qual! So oft ich bitte, sie hören nicht auf mich, bis ich Verstärkung hole. Endlich gegen Mitternacht können wir den Park dann schließen, aber die Leute bleiben in der Nähe.«

»Aber du hast doch dann deine Ruhe!«

»Das glaube ja nicht. Sie lauern hinter dem Zaun, um einen günstigen Moment abzuwarten. Schauen wir einmal nicht hin, ist der Erste schon wieder drinnen.«

»Aber warum nur?«, frage ich erstaunt. »Es ist doch nachts noch bitterkalt.«

»Sie haben ihre Plätze bereits belegt, ein Zelt aufgebaut oder einen *Kelim* mit Decken und Kissen ausgelegt. Schafft es einer reinzukommen, schläft er hier und wir bekommen Ärger vom *Ra'is*.«[115]

Ich biete ihm eine Süßigkeit an. Er schiebt sie sich dankend in den Mund. »Und dann«, fährt er fort, »geht es erst richtig los. Um 5 Uhr früh öffnen wir die Parkpforten und das Volk steht davor, als herrsche Ausverkauf. Die Masse stürmt auf mich zu, und springe ich nicht zur Seite, überrennen sie mich einfach. Eine wilde Horde ist das!«

»Es hat aber auch sein Gutes«, entgegne ich fröhlich, »niemand kann uns das Feiern verbieten.«

»Stimmt«, ein Lächeln huscht über seine Lippen, »seit der Revolution wollen die Mullahs den alten Brauch verbieten. Doch das wird sich hier niemand gefallen lassen. *Norus*, das ist mehr als ein Brauch.«

»Ja«, erwidere ich, »*Norus*, das ist Iran, das alte Persien wie auch das neue. Darin steckt Hoffnung auf Freiheit, die lässt sich keiner nehmen.«

Simas Haus im Norden Teherans liegt in der Nähe der Vali Asr, der bekanntesten Straße der Stadt, die von wuchtigen Platanen gesäumt wird. Ihr Name – Prinz der Zeit – könnte nicht passender gewählt sein, denn sie hat Herrscher kommen und gehen sehen. Wie eine Lebensader zieht sie sich zwanzig Kilometer quer durch den Körper von Teheran und verbindet den reichen Norden mit dem armen Süden der Stadt. Hier protestierten die Menschen gegen den Schah und die ungeliebten Besatzer, die Islamische Revolution hat hier gewütet, und jedes Mal, wenn Menschen sich verbünden, um gegen das Mullah-Regime aufzubegehren, finden sie sich auf dieser Straße wieder ein. Jetzt zum *Norus*fest strahlt sie eine gelassene Heiterkeit aus. Ich mag diese Straße, die nicht nur quer durch die Stadt verläuft, sondern auch Menschen aller Schichten berührt. Sie ist somit auch ein Spiegel der iranischen Gesellschaft. Im

Norden, wo einst der Schah residierte und die betuchten Teheraner Familien leben, führt die Vali Asr vorbei an exklusiven Geschäften und schlossähnlichen Villen, deren Schönheit sich hinter hohen Mauern verbirgt, sowie an weitläufigen Parkanlagen, in denen sich Jogger und Schattenboxer treffen. Mittlerweile sind die Gruppen gemischt. Immer mehr Frauen sind darunter.

Hier ist die Teheraner Flirtmeile. Die betuchten Jugendlichen promenieren hier im Schleichtempo in teuren Autos aneinander vorbei, werfen sich Handküsse und heiße Blicke zu und manche Verabredung kommt zustande. Heute gehört es bereits zum guten Ton, wenigstens einmal von der Sittenpolizei erwischt zu werden, denn unter dem Ansturm der immer kühner werdenden Jugend verliert die gefürchtete Sittenpolizei ihre scharfen Zähne. Einerseits hat sie alle Hände voll zu tun und kommt längst nicht mehr allen Vergehen hinterher; andererseits sitzt im Norden das Geld locker und die Versuchung ist groß für die Tugendwächter, hin und wieder etwas für sich selbst einzustreichen. Indes spielt die Religion im Leben der Jugendlichen eine immer geringere Rolle, denn alles, was Spaß macht, ist verboten. Nun haben sie den Spieß umgedreht und tun alles, was verboten ist, weil es Spaß macht.

Auch in der Nacht bis hin zum frühen Morgen ist die Vali Asr hier ein Quell pulsierenden Lebens. Restaurants und Coffee-Shops quellen über von fröhlichen Menschen, deren Lachen bis auf die Straße klingt. Unsere jungen Wilden setzen sich auf ihre Weise durch.

Weiter windet sich die Vali Asr durch das Zentrum der Stadt und streift den großen Basar mit seinen feilschenden Händlern im Süden, in dem die Lastenträger und sozial Schwächeren zu Hause sind, um dann beim Teheraner Hauptbahnhof zu enden, von dem aus die Züge in alle Richtungen des weiten Landes davonbrausen.

Die elektrische Fensterscheibe unseres Wagens lässt sich auf der Fahrerseite nicht mehr schließen. Ein Mechaniker repariert sie uns mitten an der belebten Vali Asr, während der Verkehr im Eiltempo knapp an ihm vorüberrast.

»Fürchten Sie sich nicht davor, überfahren zu werden?«, frage ich ihn verwundert.

»Ey *Chanum*, sterben müssen wir alle, ob im Bett, auf der Straße oder im Krankenhaus. Was macht das für einen Unterschied?«

Gerade fährt ein Moped mit sechs Personen vorbei, zwei Erwachsene, vier Kinder.

»Fürchten die sich?«, fragt er mich lachend, während er mit der Hand in ihre Richtung deutet. »Es gibt nichts im Iran, was den Menschen noch Furcht einjagt. Wir leben von einem Tag auf den anderen.«

»Das klingt sehr schicksalergeben.«

»Es ist nichts anderes als das. Schauen Sie sich doch mal die Preise hier an. Was gestern 100 Tuman kostete, kostet morgen 200. Wer kann da auf Dauer mithalten? Und was schwebt über uns? Ein paar tumbe Köpfe, die glauben, wenn sie sich ein paar Tücher darum wickeln, sähen die Menschen die Leere nicht, die sie dahinter verstecken.« Dann wird er ernst. »Wie lange werden Sie noch bleiben? Nur über die Feiertage?«

»Nein, noch zwei Wochen länger.«

»Dann schauen Sie selbst, wie sich das Straßenbild verändert. Seien Sie wachsam und hören Sie zu, was die Leute reden. Nur ein aufmerksames Ohr hört das Flüstern und ein klares Auge sieht hinter den Schleier, der auf unserem Land ruht.«

Und das tue ich ausgiebig. Mit dem iranischen Frühling ist auch eine grüne Hoffnung erwacht. Noch ist sie winzig klein, aber sie blüht im Verborgenen. Neben den Feierlichkeiten gibt es nur ein Thema: die ersehnte Abwahl Ahmadinedjads. In drei Monaten sind Präsidentschaftswahlen, die beste Gelegenheit den unbeliebten Präsidenten loszuwerden, der durch seine Hetzkampagnen den Iran nicht nur in der westlichen Welt endgültig in Misskredit brachte, sondern auch die Nerven seiner eigenen Bevölkerung bis zum Überdruss strapaziert hat. Zur letzten Wahl gingen wenige Menschen, weil schon in der Vorwahl viele Reformer als Kandidaten nicht zugelassen wurden. Das aber bereitete den Weg für einen kleinen Mann, der in der Bevölkerung sehr zwiespältig betrachtet wird. Zu seiner Anhängerschaft zählen vor allem die Hardliner der Geistlichkeit, die indoktrinierten *Hisbollah, Bassidschi* und, nicht zu unterschätzen, die Dorfbevölkerung und armen Menschen, die sich viel von ihm erhoffen. Als Bürgermeister von Teheran lebte er ihnen ein einfaches Leben vor, als einer von ihnen. Massenweise ließ er in der Südstadt Häuser errichten, deren Wohnungen spottbillig an bedürftige Menschen verkauft werden. Sie zahlen nur einen geringen Mietzins, mit dem sie den Kredit abtragen. Böse Zungen behaupten, Mahmud Ahmadinedjad habe seine Wähler gekauft. Kaum Rückhalt findet er bei der gebildeten, westlich orientierten Schicht und schon gar nicht bei der Jugend, die von seinen bigotten und polemischen Aussprüchen die Nase gestrichen voll hat. Dieses Mal, das habe ich mir fest vorgenommen, werde auch ich zur Wahl gehen.

Heute möchte ich im großen Südbasar einen Reiskochtopf kaufen. Da es dort kaum Parkplätze gibt, gönnen wir uns einmal das Erlebnis, mit öffentlichen Verkehrsmitteln zu fahren. An der Kreuzung steht ein Spendenkasten und erinnert daran, die Armen zu unterstützen. Ich lese: »72 Krankheiten verschwinden durch deine Hilfe.« Wenn das nichts ist. Da spende ich doch gerne. Neben der armenischen Kirche steht ein hässliches Hochhaus. Die lange fensterlose Breitseite wurde mit einer US-Fahne bemalt. Statt der Sterne grinsende Totenköpfe, die roten Streifen enden in fallenden Bomben. Quer darüber steht »Down with the U.S.A.«, während unten gelbe Taxis durch den Verkehr rollen. Die künstlich erzeugten Hasstiraden finden kaum Beachtung. Im Gegenteil. Die polemischen Schmierereien an den Häuserwänden weichen immer mehr schönen Bildern iranischer Kunst.

An der Station Beheschti stockt der Verkehr. Der Bus wartet schon mit laufendem Motor. Ich steige hinten mit Sima ein, Saeid vorn. Eine Eisenstange, dick wie ein Männerarm, teilt den Bus und trennt die Geschlechter. Saeid sitzt brummelnd im Bereich der Männer und langweilt sich, derweil ich vergnügt mit Sima im Frauenabteil plaudere. Ich stupse sie an: »Schau mal!« Unter einem großen Reklamebanner, auf dem George Clooney für Omega-Uhren wirbt, hüpft ein Mullah zwischen den Autos hin und her, eine Palette Eier in den Händen. Bemüht, seine zerbrechliche Fracht heil über die Straße zu balancieren, hat er die Zunge zwischen die Zähne gepresst. Einige Autofahrer, besonders die jungen, lassen die Motoren aufheulen, sobald er in ihre Nähe kommt.

Erschrocken hält er inne. Dann legt er einen Zahn zu und erreicht unbeschadet die andere Straßenseite. Ein Hupkonzert spendet Beifall. Da dreht er sich um, ein schelmisches Grinsen auf den Lippen, und macht eine kleine Verbeugung.

Unser Fahrer lässt sich Zeit und trinkt erst einmal genüsslich seinen Tee, hält hie und da ein Schwätzchen, während wir auf ihn warten. Der alte Bus, Modell Ikarus, scheint ein Überbleibsel aus der Revolution zu sein. Als der Fahrer endlich einsteigt, geht es mit rasender Geschwindigkeit durch die Stadt. Der Bus entwickelt ein Eigenleben. Schauerlich heult sein Motor auf. Mich würde nicht wundern, wenn er sich noch aufbäumen würde. Wir durchpflügen die Stadt auf Gedeih und Verderb, während seine Bremsen kreischen wie ein wildes Ungeheuer. Hart schlagen die Türen auf nacktes Metall, bis uns die Ohren dröhnen. Von Federung ist in dieser Höllenmaschine keine Spur. Jedenfalls tut mir jeder Knochen weh.

»Kommt, lasst uns die letzte Station zu Fuß gehen!«, bitte ich und Saeid und Sima steigen nur allzu gern mit mir aus.

Die Gegend ist ärmlich, die Häuser verwahrlost. Befremdet schaue ich auf die dunklen Straßen und ein ungutes Gefühl beschleicht mich. Hinter mir schimpft Saeid verhalten. »Das war ein Fehler. Schaut euch mal genauer um. Da hätten wir lieber das kleinere Übel wählen sollen!«

Lärmend folgen uns ein paar Straßenkinder. Automatisch will ich in eine Seitengasse einbiegen. »Bary! Halt! Nicht hier!«, klingt es wie aus einem Mund. Erschrocken blicke ich mich nach Sima und Saeid um.

»Wir können hier nicht so unbedarft herumlaufen! Die Gegend hat keinen guten Ruf.«

»Oha. Haben wir es denn weit bis zum Basar?«

»Eine gute Viertelstunde zu Fuß. Nebengassen sollten wir meiden. Haltet eure Taschen fest. Hier werden selbst die Straßenhändler ausgeraubt«, seufzt Saeid.

»Hier leben die Ärmsten der Armen«, sagt Sima. »Die haben nichts mehr zu verlieren.«

»Ich dachte, nach dem Krieg habe sich die Lage auch in den Brennpunkten verbessert.«

»Nein. Im Gegenteil. Solche Viertel, in denen Menschen leben, die es nicht geschafft haben, wachsen wie Geschwüre.«

»Ist hier nicht auch die Hochburg der *Bassidschi?*«

»Ja, es wimmelt von Ultrareligiösen.«

»Aber wie verträgt sich das mit der Kriminalität?«

»Das liegt alles ziemlich dicht beieinander. In diesem Viertel soll die Arbeitslosigkeit neunzig Prozent betragen. Die Kriminalität ist so hoch, dass sich selbst die Polizei nicht hierher traut.«

»Und die Stadtverwaltung? Tut die nichts für die Armen?«

»Wenig, Bary, hier ist die Grenze ins Nirgendwo, die Endstation. Wer dort landet, ist verloren und findet sich zwischen entwurzelten Familien, verwahrlosten Kindern und Drogensüchtigen wieder.«

»Wie traurig. Und wie geht der Staat um mit den Problemen, die durch diese Armut entstehen?«

»Bis vor Kurzem war die Drogensucht noch ein Tabuthema. Sie zieht sich übrigens durch die ganze Gesellschaft. Nach wie vor gelangt Opium über die Berge Afghanistans ins Land, entweder auf Eseln oder Motorrädern. Du musst dir mal vorstellen, die Hälfte der gesamten Drogen werden durch Iran geschmuggelt.«

»Was unternimmt das Regime dagegen?«

»Wenn auch verspätet, versuchen sie ihr Bestes. Du kannst dir nicht vorstellen, wie viele Drogenfahnder und Polizisten im Laufe der Jahre schon ermordet wurden. Das Dealen mit Drogen wird vom Regime mit der Todesstrafe geahndet – was die Mullahs auch dazu ausnutzen, Regimegegner aus dem Verkehr zu ziehen: Sie beschuldigen sie einfach des Drogenhandels. Auch Drogensucht galt lange als kriminelles Delikt. Das hat sich seit ein paar Jahren geändert, denn der Staat hat weder den Handel noch die Sucht der Menschen im Griff.«

»Und das heißt?«

»Die Sucht wird inzwischen als Krankheit anerkannt.«

»Weißt du, wie hoch die Anzahl der Drogensüchtigen im Iran ist?«

»Offiziell spricht man von etwa 1,2 Millionen, aber die Dunkelziffer ist bestimmt mehr als doppelt so hoch. Im *»Keyhan«*[116] hieß es letztens, wir führen weltweit einen traurigen Rekord.«

»Drei Millionen Abhängige! Das ist ja furchtbar.«

»Nun, es gibt die, die mal mit Drogen in Berührung gekommen sind, und die Dauerkonsumenten. Heroin ist hier billiger zu bekommen als ein paar Brote. Und das vereinfacht den Konsum, auch für die Ärmeren. Besonders Jugendliche sind gefährdet. Die Arbeitslosigkeit ist schon schlimm genug, aber ich denke, dass es vor allem die fehlenden sozialen Angebote sind, die sexuelle Unfreiheit und der Druck des Regimes mit der Religion, was junge Menschen immer mehr dazu verleitet, Drogen zu nehmen. Sie nehmen sie, um zu vergessen, in welcher Misere sie leben.«

Wie zur Untermalung von Simas Worten sehe ich, als wir um die Ecke biegen, zwei junge Männer, höchstens achtzehn Jahre alt, die reglos vor einem Hauseingang hocken. Sie starren mich aus glasigen rotumränderten Augen an. Doch geht ihr Blick durch mich hindurch, als wäre ich unsichtbar. Unwillkürlich bin ich stehen geblieben.

»Komm«, Saeid zieht mich vorwärts. »Das war ziemlich blöd, hier auszusteigen.«

»Reg dich nicht auf, Saeid, wir sind ja gleich im Basar.«

»Ich sorge mich um euch.«

»Wir sind zwei starke Frauen«, maule ich. »Uns tut schon keiner was.«

»Was machst du, wenn dich hier einer mit einer Spritze bedroht?«

»Aber hier ist doch kaum jemand auf der Straße. Du hast ja Recht, es ist ein Unterschied, ob wir über den Drogenkonsum reden oder ob wir direkt damit konfrontiert werden. Letztens im Park Mellat fielen mir in den Grünanlagen Leute auf, die was eingenommen hatten. Und das war eine gute Gegend. Aber hier prägt zusätzlich die trostlose Umgebung das Bild. Wie düster hier alles wirkt, fast wie in einem Horrorfilm.«

Ein Mann mittleren Alters kommt uns entgegen. Sein Blick ist suchend auf den Boden gerichtet. In der linken Hand trägt er einen gelben Eimer mit einem roten Deckel. In der anderen Hand hält er eine Zange und bückt sich, um etwas vom Boden aufzuklauben. Als ich erkenne, dass es eine Spritze ist, wird mein Hals trocken. Und jetzt, wo ich mir dessen bewusst werde, erblicke ich noch weitere benutzte Spritzen am Straßenrand. Der Mann sieht, dass wir ihn anstarren und kommt lächelnd auf uns zu.

»*Salam.* Geht es Ihnen gut? Wie Sie sehen, sammele ich hier die Spritzen ein. Ich tue das freiwillig. Vor allem wegen der Kinder.«

Wir schauen in ein vernarbtes Gesicht mit gutmütigen Augen. »Haben Sie keine Angst, dass man Ihnen etwas antut, *Agha …?«,* frage ich zaghaft.

»Nouri heiße ich. Nein, *Chanum,* die Leute kennen mich hier. Sie können schon unterscheiden, ob man etwas mit dem Herzen tut. Nicht alle sind schlecht, nur weil sie arm sind.«

»Oh nein, so habe ich das nicht gemeint! Aber ich denke an die Verzweifelten, die gar nichts mehr zu verlieren haben.«

»Ja, da haben Sie leider Recht. Die Menschen, die Drogen nehmen, geraten außer sich, wenn ihnen der Stoff fehlt. Zum Glück hat hier in der Nähe eine Station aufgemacht, die die Süchtigen mit Methadon versorgt.«

»Solche Programme sind sinnvoll. Sie können die Menschen von der Droge herunterbringen.«

»Ja, das wäre schön. Den meisten gelingt das jedoch nicht. Schauen Sie sich doch einmal um. Welche Perspektive haben die armen Leute hier? Sie leben von einem Tag auf den anderen, froh, wenn sie ein Stückchen Brot und etwas Käse haben. Nicht mal die Sonne mag in die dunklen Gassen scheinen. Hier leben Gottes vergessene Kinder.«

»Gottes vergessene Kinder.« Ich spüre, wie mir Tränen in die Augen schießen. Da tritt er einen Schritt näher.

»*Chanum,* jede Träne, um die Armen geweint, ist wie eine Perle aus dem Paradies. Mögen Sie niemals Not leiden.«

»Macht die Stadt hier gar nichts?«, fragt Saeid. »Man kann doch nicht alle sich selbst überlassen.«

»Ein wenig Unterstützung erhalten wir neuerdings. Doch unsere Kraft liegt im eigenen Einsatz. Wie mich gibt es ein paar andere, die versuchen, das Leben hier ein wenig erträglicher zu machen …«

Agha Nouri wird unterbrochen. Zwei junge Mädchen treten auf uns zu. Beide sind grell geschminkt, augenscheinlich Prostituierte. Unter ihren Augen liegen dunkle Ringe, die Haut wirkt fahl. Als die eine mit etwas krächzender Stimme grüßt, sehe ich ihre verfaulten Zähne. »*Salam, Hassan Agha.* Geht es Ihnen gut?«

»Danke der Nachfrage. Geht ihr zum Sonnenhaus?«

»Ja, gleich ist die Ausgabe. Hinterher kommen wir und helfen.«

»Gott schütze euch und grüßt *Chanum* Abolghassemi.«

»Sehen Sie«, wendet er sich an uns, »die beiden Mädchen zum Beispiel unterstützen mich und sammeln mit mir gemeinsam, wenn ihr Sinn klar ist. Sie waren bis vor Kurzem stark drogenabhängig. Gut, sie sind es immer noch, aber sie nehmen an einem Methadonprogramm für Frauen teil. Im Sonnenhaus. Viele prostituieren sich, um die Drogen bezahlen zu können. Durch das Sonnenhaus kommen sie davon weg.«

»Das Sonnenhaus? Das klingt positiv.«

»Ja, das ist es in der Tat, *Chanum.* Wohin die Sonne nicht scheint, muss man sie sich holen. Die Stadt hat es als Pilotprojekt ins Leben gerufen. Das Sonnenhaus wird vor allem aus Spenden finanziert. Doch eingebettet im Gewirr vieler Gassen ist es nicht einfach zu finden, denn kein Schild weist den Weg dorthin. Selbst am Eingang steht kein Name. Da hängt nur ein bunter Glasperlenvorhang. Die Nachbarn denken, es sei eine Armenküche.«

»Besteht das Projekt schon lange?«, fragt Saeid.

»So circa zwei Jahre und es wird hoffentlich noch lange bestehen. Ein paar tatkräftige Frauen kümmern sich darum. Fast hundert Frauen kommen täglich, um sich ihr Methadon abzuholen. Drogensüchtige Frauen haben es noch schwerer als die Männer. Die Gesellschaft sieht sie als ehrlos an und würde sie glatt dem Verderben preisgeben. Aids und Hepatitis sind die Folgen. Darum haben sie auch einen ärztlichen Dienst organisiert. Ein Segen, dass dieses Projekt geschaffen wurde.«

»Wie groß ist die Chance, ganz von der Droge loszukommen?«, fragt Saeid.

»Das weiß nur Allah. Wissen Sie, die Frauen nehmen Drogen, weil ihr Doppelleben sie krank macht. Sie prostituieren sich wegen der Drogen. Aber warum kamen sie überhaupt daran? Das kann ich Ihnen sagen. Sie sind aufgewachsen unter einem Regime, das nur Verbote kennt, Unterdrückung, sexuellen Frust, Arbeitslosigkeit. Wie oft höre ich sie sagen: ›Wir glauben nicht an Mauern oder Parolen. Solange sich unsere Lebensumstände nicht ändern, werden wir rauchen und spritzen.‹«

Saeid ist sichtlich beeindruckt von unserer neuen Bekanntschaft. »Es war schön, Sie kennenzulernen, *Agha* Nouri. Und es war mir eine große Ehre.«

»Auch ich habe mich gefreut.« Dann legt er eine Hand aufs Herz und sagt: »Möge Gott sein Auge auf unser Volk lenken und es erlösen von der großen Droge Macht, die uns in den Krallen hält. Dann werden wir auch die Teufel der kleinen Drogen besiegen.«

Der alte Basar wirkt wie ausgestorben, ein Skelett ohne Fleisch. Nicht das übliche Menschenknäuel. Bald sehen wir auch wieso. Jedes zweite Geschäft ist geschlossen. Die *Basaris* feiern oder sind auf Reisen. Ich wundere mich, wie schwierig es ist, einen einheimischen Reiskochtopf zu bekommen. Asiatische Produkte dagegen gibt es in Fülle. Nicht nur in Europa überschwemmen Waren aus China den Markt. Nach langem Suchen finde ich endlich den ersehnten *Polo-Pas.*

Vom Imam-Chomeini-Platz geht es zurück mit der Metro. Die Station wie auch die Züge sind sauber und gepflegt. Natürlich herrscht auch hier Geschlechtertrennung. Für die Herren der Schöpfung gilt das absolute Verbot, die Frauenabteile zu nutzen. Im Gegensatz dazu ist es aber interessanterweise der holden Weiblichkeit erlaubt, zu den Männern in den Waggon zu huschen. Keine Frage, auch wir nutzen die Gelegenheit. Kazi erzählte mir unlängst, dass Männern auf dem Basar das Benutzen der Damentoilette untersagt sei, Frauen jedoch die Erlaubnis haben, die Männertoilette zu nutzen. Und das würden sie weidlich ausnutzen. Ich wundere mich immer mehr.

Auf dem Rückweg fragt Sima Saeid: »Kannst du dich noch an unseren Cousin Merdad erinnern?«

»Mein Gott, das ist ewig her. Wir haben uns als Kinder zuletzt gesehen. Lebt er nicht in Amerika?«

»Ja, er ist dort verheiratet und hat auch einen amerikanischen Pass. Merdad wollte vor zwei Jahren seine Schwester in Teheran besuchen. Am Teheraner Flughafen wurde er unter dem Verdacht festgenommen, er würde für Amerika spionieren.«

»Was?« Erschrocken sehen wir sie an.

»Er verschwand spurlos von der Bildfläche. Niemand aus der Familie wusste, wo er war. Dann hat unser Cousin Djamschid sich aufgemacht, um ihn zu suchen. Nach langen Recherchen fand er ihn endlich. Man hatte Merdad im Evin-Gefängnis eingesperrt.«

»Wie ist das möglich?«

»Sein Pech war, dass er durch die langen Jahre in Amerika die persische Schrift ziemlich verlernt hatte. Er war ja ein Kind, als seine Familie Iran verließ. So erkannte er nicht, was man ihm vorwarf. Die Offiziere drängten ihn, ein Papier zu unterschreiben, obwohl er es nicht richtig lesen konnte. Nachdem er unterschrieben hatte, bekam er es mit der Angst zu tun. Er verschluckte das Papier, damit es nicht in die falschen Hände geraten konnte.«

»*Choda*, was für eine Angst muss er ausgestanden haben!«

»Ach, das war noch nicht alles. Zwei Jahre saß er im Gefängnis, bis Djamschid ihn endlich durch engagierte Rechtsanwälte herausholen konnte. Noch in der gleichen Nacht saß Merdad im Flieger nach Amerika, ohne dass er seine Schwester noch einmal gesehen hat. Schlimm genug. Doch das Schlimmste war, dass seine Mutter während seiner Inhaftierung in Los Angelos gestorben war. Niemand hatte gewagt, ihm das zu sagen.«

Letzteres kommt mir irgendwie bekannt vor. Wir schweigen eine Zeit lang und ich sehe, wie sich die Unmutsfalte auf Saeids Stirn vertieft. Ich glaube zu spüren, was er denkt, und es versetzt mir einen Stich. Das Geheimnis um *Aghadjans* Tod. Wir leben in Deutschland wie auf einer fernen Insel, weil selbst die Familie uns kaum an ihren Sorgen teilhaben lässt, um uns nicht unnötig zu belasten. Doch der Blick über den Zaun wird dadurch schmerzlich geprägt vom Ausgeschlossensein. Nicht umsonst heißt es, geteiltes Leid ist halbes Leid.

»Gibt es eigentlich etwas Neues von Schirin Ebadi?«, frage ich ablenkend. »Ab und zu lese ich im Netz mal eine spärliche Nachricht. Ich bewundere sie aufrichtig dafür, dass sie dem Regime immer wieder die Stirn bietet.«

»Ja, sie ist eine mutige Frau.« Ein Lächeln umspielt Simas Lippen. »Sie gibt uns Hoffnung und ist ein Vorbild für die jungen Mädchen.

Aber man lässt sie nicht in Ruhe, zumal sie dem Regime stets den Stachel ins Fleisch piekt, dort, wo es am meisten schmerzt. Seit sie den Friedensnobelpreis erhalten hat, bekommt sie laufend Todesdrohungen. Ihr wird vorgeworfen, große Reden im Ausland zu schwingen und damit den Iran in Misskredit zu bringen. Erst letzten Sommer hat man zu einem hinterhältigen Mittel gegriffen.«

»Spann mich nicht auf die Folter. Erzähl schon!«

»Nun, Schirin hat ihr Mandat vor Gericht bekräftigt, sieben Führer der Baha'i-Religion zu verteidigen, obwohl man sie immer wieder bedroht und gewarnt hat, sich für sie einzusetzen. Du weißt ja, die Baha'i stehen stets im Brennpunkt. Einen Tag nach Schirins öffentlicher Bekanntgabe zum Mandat hat die IRNA eine Verleumdungskampagne gestartet. Die Nachrichtenagentur berichtete, aus gut informierter Quelle erfahren zu haben, dass Schirins Tochter seit Kurzem zu den Baha'i übergetreten sei. Diese Tatsache sei der wahre Grund, warum Schirin die Baha'i verteidige und im Ausland immer wieder behaupte, ihr Leben sei in Gefahr. Sie selbst sei nichts weiter als eine *Ridda*, eine Abtrünnige, die sich mit dieser ›schändlichen Lüge‹ Hilfe im Westen für sich und ihre Tochter erschleichen wolle.«

»Das ist ja dreist! Und gefährlich. Auf Konvertieren steht doch nach wie vor die Todesstrafe, oder?«

»Leider, Bary. Egal, zu welchem Glauben jemand konvertieren will. Aber besonders übel wird auf den Baha'i herumgehackt, seit Ahmadinedjad an der Macht ist. Ihre Lehre ist ja im Unterschied zum Christentum und zum Judentum keine anerkannte Religion. Ich denke, allein die Tatsache, dass sie aus dem Islam hervorgegangen sind und im Grunde genommen ähnliche Werte vertreten wie der alte persische Glaube zu Ahura Mazda, macht die Mullahs so wütend.«

»Ja, ich habe davon gehört. Und auch von ihren friedlichen Ansichten. Aber wie ging es weiter?«

»Schirin hat öffentlich die IRNA der Lüge bezichtigt. Und noch eins draufgegeben, indem sie betonte, dass gerade dieser Prozess im Ausland für große Aufmerksamkeit sorge, und genau dies sei es, was von Seiten der Justiz befürchtet werde. Dabei erinnerte sie an die iranische Fotografin Kazemi. Sie ist doch jüngst bei einem Verhör im Evin-Gefängnis unter mysteriösen Umständen ums Leben gekommen.«

»Ja, bei uns gab es auch Pressemeldungen. Oha, da hat sie in ein Wespennest gepiekt. Wenn sie international nicht so bekannt wäre, hätte man ihr längst den Garaus gemacht.«

»Ja, und diesen Schutz möchte das Regime gern vernichten. Denn ihre Sonderstellung nutzt sie gut und mit viel Mut. Menschen wie sie prägen die iranischen Frauen und den Iran. Wir haben es satt, diese würdelose Geißel zu spüren.«

»Und was passierte nach diesem Vorfall?«

»Nun, die IRNA veröffentlichte zwei Tage später einen hämischen Artikel gegen sie. Schirin handelte sofort und verklagte die Nachrichtenagentur. Doch bisher ist nichts passiert. Mal wieder typisch.«

Seit ich in Teheran bin, lasse ich mich treiben wie Wüstensand, von einer inneren Unruhe getrieben. Mehr denn je packt mich die Sehnsucht, die iranische Heimat zu erkunden. Eine Vorahnung sagt mir, dass ich, wenn ich diesmal nach Deutschland zurückkehre, Abschied für lange Zeit nehmen muss. Sobald die Sonne erwacht, steigen Saeid und ich mit Mojgan und Aref in die Berge. Bald sind mir die anderen weit voraus und nur noch als Punkte zu erkennen, weil ich oft innehalte, um meinen Blick schweifen zu lassen. Ich wandere auf einsamen Wegen durch das Elbursgebirge, zu dessen Fuß Teheran wie eine verschmähte Jungfrau liegt. Wildzerklüftete Berge stehen gleich Wächtern, die ihre Gipfel wie Speerspitzen in den Himmel stoßen, und König Damavand mit seiner Schneekrone blickt majestätisch auf mich herab. Ab und zu ergreift der Windgeist spielerisch meinen *Rusari* und haucht mir belebend seinen kühlen Atem in mein vom Aufstieg erhitztes Gesicht. In der Ferne sehe ich *Schahin* kreisen, den mächtigen Königsvogel, der einzig Freie in diesem geknechteten Land. Die Luft wird immer dünner und das Atmen fällt mir schwer. Bald lasse ich die anderen weiterwandern, mache ohne Bedauern kehrt, denn die Schönheit hat den Anblick in mein Herz gemalt.

Mojgan kommt als Erste zurück und setzt sich zu mir. »Saeid und Aref wollen noch zur Schneegrenze hoch. Dazu habe ich heute keine

Lust. Ich bleibe lieber bei dir. Da können wir ein bisschen schwatzen.«

»Das ist schön, Moji. Ich sehe, du und Aref, ihr seid richtig glücklich miteinander.«

»Ja, er ist ein guter und belesener Mann. Bei ihm fühle ich mich geborgen.«

»Du sagtest letztens, du arbeitest nicht mehr?«

»Aref will das nicht. Er verdient als Professor genug und er sagt, ich soll mein Leben genießen. Damit es mir nicht zu langweilig wird, überarbeite ich hin und wieder seine Texte zu Hause oder helfe ihm bei Recherchen. Dafür hat er mir das Arbeitszimmer eingerichtet. Und er zahlt mir ein Gehalt. So kann ich meine Zeit gut einteilen und bin viel unterwegs.« Sie strahlt. Mojgan hat erreicht, was sie sich immer gewünscht hat.

»Moji, wollt ihr uns nicht demnächst besuchen?«

»Ach, Bary, du weißt doch, dass ich kein Visum bekomme.«

»Aber deine Situation hat sich geändert. Du bist verheiratet und Aref war schon etliche Male in London.«

»Schon, aber ich muss ehrlich sagen, ich mag einfach nicht in die Deutsche Botschaft gehen. Diese Art, miteinander umzugehen, ist mir so fremd. Erst lächeln sie dich an und sagen, alles sei in Ordnung, und hinterher bekommst du dann einen Tritt.«

»Wie war das vor zwei Jahren eigentlich wirklich? Hast du mir nichts verschwiegen?«

»Nun ja, es war einfach unerfreulich.«

»Nun sag schon!«

»Sima hatte ja ihr Visum wie immer bekommen. Als sie Minou und mich vorluden, musterte uns der Beamte und meinte, wir seien ja ganz hübsch. Da käme man glatt auf die Idee, wir wollten uns in Deutschland einen Mann angeln.«

»Das hat er genau so gesagt?«

»Genau so. Zu meinem Visumantrag musste ich einen Rentenbescheid vorlegen, Gehaltsbescheinigungen, Eigentumsurkunde meiner Wohnung und eine Auslandskrankenversicherung. Trotzdem wurde mein Antrag ohne Begründung abgelehnt. Minou ging es ebenso. Bei ihr war das Problem, dass sie Studentin ist und noch kein eigenes Einkommen hat.«

»Das ist ja unglaublich. Und auch auf Nachfrage passierte nichts?«

»Ein Botschaftsangestellter wollte sich mit mir treffen und meinte, er könne etwas für mich tun. Es stellte sich schnell heraus, dass der nur ein Techtelmechtel wollte. Dann hätte ich das Visum wohl als ›Belohnung‹ bekommen. Da habe ich abgelehnt.«

»Das ist die Höhe!«

»Siehst du, du wirst wütend. Darum habe ich dir das damals lieber verschwiegen. Es hätte ja doch nichts geändert.«

»Aber ich habe sogar das Auswärtige Amt angeschrieben und angefragt, wie es möglich ist, dass du, obwohl alle Kriterien erfüllt waren, dennoch eine Ablehnung erhalten hattest. Weißt du, was die geantwortet haben? Das sei Angelegenheit der Botschaft und ihr solltet den Visa-Antrag noch einmal stellen! Das heißt, die Botschaften sind eigene kleine Königreiche und können schalten und walten, wie sie wollen.«

»Siehst du, und darum haben wir keine Lust, noch einmal vorzusprechen. Im Iran sind wir ja Kummer gewöhnt. Wir haben keine demokratischen Strukturen. Aber von Deutschland haben wir etwas anderes erwartet. Das ist sehr diskriminierend, jungen Frauen gleich zu unterstellen, sie wollten sich dort einen Mann suchen.«

»Moji, selbst wenn es so wäre! Die haben doch kein Recht, den Menschen vorzuschreiben, ob sie jemanden kennenlernen dürfen oder nicht, wenn alle Kriterien erfüllt sind.«

»Vergiss es, Bary. Nur was ich besonders ungerecht fand: Sie haben die Visa-Gebühr abkassiert und auch die Krankenversicherungsgebühren, uns das Geld aber trotz Ablehnung nicht zurückgezahlt. Sie nannten es Bearbeitungsgebühren.«

Südlich von Teheran liegt in ihrer unendlich scheinenden Weite die Wüste und in ihr wie ein Edelstein Namak, der große Salzsee. Die flirrende Luft gaukelt mir seltsame Bilder vor. Wie sehr ich auch dem See entgegenlaufe, er kommt mir nicht näher, ja, er scheint sein Spiel mit mir zu treiben und sich von mir zu entfernen. Eine bildliche Metapher für mein Leben, meine ewige Suche. Der Wüstenwind brennt ein Tattoo auf meine Haut, während ich mit den Händen in der trockenen Erde wühle. Ich sehne mich danach, die Stille in mich aufzunehmen, den Geschmack der Erde zu kosten und den Blick so lange in die Weite zu richten, bis ich bei mir angekommen bin. Erschöpft setze ich mich auf einen einsamen Felsbrocken. Das gleißende Weiß des Namak blendet meine Augen, bringen sie zum Weinen. Ich weine nicht nur nach außen. In mir brechen Verkrustungen auf, die mein Herz beengten. Ich höre den Wüstenwind mit den nackten Steinen flüstern. Spielerisch greift er den staubfeinen Sand und wirbelt ihn mir ins Gesicht. Wie Puderzucker klebt er in meinen Poren. Der Gesang des Windes dringt in jede Faser meines Seins. Meine Lippen fühlen sich an wie Pergament und schmecken das Salz der Wüste, während die Einsamkeit mich sanft umfängt. So werde ich eins mit dem Wüstenland, das seine Farbe je nach dem Stand der Sonne richtet. Mal bin ich rosé, mal blau, dann wieder gelb oder grün. Ein Gecko, kaum vom Boden zu unterscheiden, huscht an mir vorbei, während die Himmelslippen den Samtboden küssen und beide miteinander verschmelzen.

Eine Hand streicht über meine Wange. Ich blicke in Saeids lächelnde Augen. Ein warmes Braun, in das ich mich einkuscheln möchte. »Bary, es wird Zeit. Wir müssen zurück.« Ungern verlasse ich diesen Ort der stillen Einkehr. Aber ich nehme mehr mit, als ich brachte. Dabei ist dies erst ein Vorgeschmack. Wie ein Kind freue ich mich auf Yazd.

Yazd – Zurück in die Zukunft …

Als wir am frühen Morgen Teheran verlassen, liegt der müde Drache noch im tiefen Schlaf. Nur ab und zu höre ich sein Gähnen, wenn der Imam zum Gebet ruft. Wir sind unterwegs auf der ehemaligen Karawanenstraße. Unser Ziel ist Yazd, die goldene Oasenstadt und Stätte Zarathustras. Sie liegt im Süden Irans, ungefähr 650 Kilometer von Teheran entfernt, und ist die Hauptstadt der gleichnamigen Provinz. Unser Weg führt uns quer durch die Wüste. Auf den alten Karawanenwegen hat die Zeit nicht verweilt, sie wurden gestampft und asphaltiert. Wo früher

Händler mit ihren Wüstenschiffen gemächlich durch den Sand zogen, rasen nun schwer beladene Trucks die Trasse entlang. Morgengrauen im Morgenland. Nur widerwillig weicht die Dunkelheit dem Zwielicht. Weiße Nebelschleier schweben über dem kargen Wüstenboden, so als habe die Magie sie dort vergessen, während in der Ferne wilde Kamele ihre karge Mahlzeit wiederkäuen. Der junge Morgen malt zartes Rot auf seine Himmelspalette und pinselt noch ein bisschen Gelb hinzu, bevor die ersten Sonnenstrahlen die Wüste anheizen.

Wir legen eine Rast ein. Um uns herum ist die Ebene steinig und festgetrocknet. Verstreut liegt Geröll, als habe ein Riese es mit starker Faust hierher geschleudert. Am Horizont erstreckt sich das Zagrosgebirge, über dem das Himmelsdach in vielfältigen Blautönen hängt, so als wäre der Allwissende am Experimentieren. Mir ist, als betrachte ich eine liebevoll dekorierte Bühne. Die Akteure lassen nicht lange auf sich warten. Plötzlich tauchen ein paar Jugendliche auf Mopeds auf, die scheinbar orientierungslos durch die Steppe brettern. Die Nachkommen der Nomaden hinterlassen graue Staubwolken.

Die Straße verläuft fast schnurgerade durch die Ebene und erweckt in uns das Gefühl, direkt in den Himmel zu fahren. Manchmal zeigen sich in der Ferne kleine Dörfer, erdfarbene Mauern, blassgelbe Ziegel, ab und zu rostige Wassertanks auf den Flachdächern, rundherum ein paar Felder, die der Wüste unter Mühen abgetrotzt wurden und nun sorgsam gehegt werden.

Gegen Mittag erreichen wir Yazd. Ockerfarben erhebt sich die ehrwürdige Stadt aus der Wüste, geschmückt mit ihren Windtürmen, die den Häusern im Sommer Kühlung und im Winter Wärme einhauchen. Wir steigen im traditionellen Hotel Dad ab, das mitten in der Altstadt liegt. Es wirkt von außen eher unscheinbar. Doch beim Betreten seines Kokons entfaltet es sich wie ein bunter Schmetterling zu einem wahren Prachtbau.

Die Menschen von Yazd begegnen uns ausgesprochen herzlich. Überall schauen wir in lächelnde Gesichter. Die Altstadt mit ihren hohen Lehmmauern, Winkeln und Gässchen versetzt uns in eine archaische Welt. Ich bestaune die kunstvoll geschnitzten Holztüren, an denen ich zu meiner Verwunderung zwei Türklopfer entdecke. Ein alter Mann, der gerade das Haus verlässt, klärt uns lächelnd auf.

»Der Klang der beiden Türklopfer ist unterschiedlich. Klopfte früher der Mann an die Tür, nahm er den rechten Ring aus massivem Eisen. Er klingt tief und dumpf. Die Frau klopfte links mit dem kleineren Ring, der einen sanfteren und hellen Klang hat.« Er macht es uns an seiner Tür vor.

»So wurde den Menschen im Inneren des Hauses verkündet, ob draußen weibliche oder männliche Besucher Einlass begehren.«

»Und welch tieferer Sinn verbirgt sich dahinter?«, frage ich neugierig.

»Oh, die Erklärung ist ganz einfach. Am Klopfton erkannte die Hausherrin, ob sie die Tür verschleiert öffnen musste oder nicht.« Dann fügt er verschmitzt hinzu: »Wenn der Mann seiner Geliebten hinter den Fassaden der Unberührtheit nah sein wollte, wechselte er das Geschlecht. Er klopfte als Frau an ihre Tür.« Aha.

Im Basar schaue ich den Töpfern zu, die ihre Gefäße nach uraltem Brauch formen und bemalen. Wie das allwissende Weltrad sich unermüdlich dreht, so dreht sich auch die Töpferscheibe. Lautes Hämmern lenkt meinen Blick auf den Schmied, der gegenüber mit kraftvollen Schlägen das heiße Eisen zu einer Messerklinge formt. Wie in Feuer getaucht, hebt sich seine starke Gestalt aus dem dunklen Raum und seine schwarzen Augen, mit denen er mich kurz mustert, gleichen reifen Oliven. Ein Lächeln schleicht sich kurz auf seine Lippen, als er bemerkt, wie gebannt ich ihm zuschaue. Atesch Afrus, denke ich. So stelle ich mir den Feuer spuckenden Boten des *Norus* vor.

Ein paar Schritte weiter knetet der Bäcker emsig seinen Teig und backt das Brot, wie schon vor tausend Jahren, auf heißen Flusssteinen. *Sangak*. Hat er die Steine vorher gesammelt, wie es die Tradition erfordert? Hell lodern die Flammen im Ofen. Unermüdlich schiebt er den Teig hinein und holt den fertigen Fladen mit einem Haken wieder heraus. Sodann klopft er ihn ab, damit die restlichen Steine abfallen. Der appetitliche Duft zieht mir in die Nase und weckt mein Verlangen nach dem knusprigen Brot. Ich schließe die Augen und beiße genüsslich hinein. Prompt verbrenne ich mir die Zunge. Doch schmälert es nicht meinen Genuss.

Als mein Vater starb, fand ich ein vergilbtes *Sangak*-Rezept in seinen Unterlagen, das mich seltsam berührte:

»Lieber Freund!

Um ein Sangak zu backen, braucht es Muße, damit es gut mundet. So achte meinen Rat: Mache einen langen Spaziergang hinauf zum Strom, wo unter dem tosenden Wasser die Steine leuchten. Suche jene Stelle des Sang-e Sabur, des geduldigen Steins, der in tausend Stücke zerbrach und den die Fluten glätteten. Sammle die Steine und trage sie nach Hause. Vermenge Öl und Wasser und lass die Steine darin einen Tag und eine Nacht ruhen. Trockne sie sorgfältig und verteile sie im Ofen. Löse einen Teelöffel Hefe in einer halben Tasse warmem Wasser, mische diese mit einer Tasse Vollkornmehl, drei Tassen Weißmehl und einem Teelöffel Salz. Füge ein wenig warmes Wasser hinzu und vermenge alles mit einem Löffel. Dann knete den Teig solange, bis er sich lebendig anfühlt und glatt wird in deinen Händen. Bedecke ihn und lass ihn für ein paar Stunden an einem warmen Ort ruhen, bis er heranwächst wie ein Vollmond. Schlage ihn und streichele ihn, wie auch deine Hoffnungen und Ängste. Dann lass ihn ruhen.

Erhitze die Steine im Ofen auf 500 Grad. Teile den Teig in zwei Stücke und rolle ihn auf einem Brett mit Mehl oval halbfingerdick aus. Lasse ihn auf die heißen Steine gleiten, backe ihn, bis er goldbraun ist, in Lebenszeit fünf Minuten. Ist das Brot gemacht, klopfe die Steine heraus.

Wickele ein Tuch um das warme Brot und iss es mit geschlossenen Augen.

Täusche dich nicht in deinen Bedürfnissen, lieber Freund. Ihre Einfachheit ist trügerisch, wie ein schüchterner Blick unter dunklen Wimpern. Heute wünschst du nur Sangak, aber morgen willst du es in Abguscht[117] *tauchen und am nächsten Tag Kebab darin einwickeln. Dann wünschst du dir im Kreise deiner Freunde in einem herrlichen Garten zu sitzen und ein Lamm zu grillen.*

Be omid-e didar – Djawid«[118]

Im Kellergewölbe des Basars, nahe seinem Ausgang, bereiten die Zuckerbäcker *Paschmak* zu, eine schmackhafte Zuckerwatte. Sie ziehen die weiße Masse wie Seile auseinander, um sie sofort wieder zu falten, und wiederholen den Vorgang so oft, bis sie ausschaut wie Schafwolle. *Paschmak* eben. Lachend lassen sie mich kosten. Das süße Naschwerk hat einen zarten Sesamgeschmack und schmilzt wie Tau auf meiner Zunge. *»Dast-e schoma dard nakonad«*, bedanke ich mich artig und wir ziehen weiter zum Feuertempel, unserem eigentlichen Ziel.

In den Feuertempeln des zoroastrischen Glaubens brennt seit Jahrhunderten die reinigende Flamme, in der sich Wahrheit und Kraft vereinen. Zarathustra glaubte an vier heilige Elemente: Feuer, Wasser, Erde und Luft. Die alten Lehren überliefern, dass die Reinheit des Feuers die Bosheit aus dem Herzen vertreibt, damit es sich dem Guten uneingeschränkt öffnen kann.

Ein altes Ritual hat sich lebendig erhalten und wird mit Hingabe gepflegt, Tscharschanbe Suri, der fröhliche Mittwoch vor *Norus*. Bei Sonnenuntergang bereitet jede Familie drei, fünf oder sieben kleine Reisighaufen im Hof oder auf der Straße vor. Sobald es dunkelt, werden sie entzündet. Alle Familienmitglieder, angefangen beim Ältesten bis hin zum Jüngsten, springen der Reihe nach jeweils dreimal über alle Feuer. Dabei singen sie: »Meine Blässe möge dir gehören, dein Rotes gib mir dafür.« Hier wird die Kraft der zweifarbigen Flamme erbeten, wobei das Gelbe für das Böse steht, das verzehrt und in Rotes, das für das Gute steht, übertragen werden soll. Dieses Ritual der Selbstreinigung ist den jetzigen Machthabern ein Dorn im Auge. Sie würden es am liebsten verbieten so wie das ganze *Norus*fest, das sie als heidnisch ansehen und zugleich als gefährliches Aufbegehren gegen ihren Machtanspruch und gegen den Islam.

Ateschkadeh, der Feuertempel, liegt am Rande der Stadt. Hier ruht die Stille. Der betagte Hüter des heiligen Tempels wacht über der Flamme, damit sie nicht erlischt, und erinnert mich mit seinem schlohweißen Haar und dem langen Bart an einen Druiden. Jäh werden wir aus unseren Gedanken gerissen, als er plötzlich aufspringt und einen arabischen Besucher beschimpft: »Ihr seid Schuld an unserem Leid! Ihr habt mit Gewalt den Islam über unsere Tempel gezogen und den alten Glauben verdrängt!« Erschrocken weicht der Besucher zurück. »Aber damit habe ich doch nichts zu tun«, stottert er. »Wer denn, wenn nicht jeder Einzelne von euch?«, donnert der Wächter. Aus seinem Gesicht schaut ein Dämon, während der Fremde den Tempel fluchtartig verlässt. Langsam lässt sich der Alte vor der Flamme nieder und meditiert.

Mein Weltbild von der Friedfertigkeit der zoroastrischen Glaubensgemeinschaft gerät einen Moment ins Wanken. Menschen und Dogmen in Einklang zu bringen, war von jeher nicht leicht. Kyros II.[119] hatte eine Version. Schon im alten Persien wollte er die ersten Menschenrechte dieser Welt durchsetzen und um das zu besiegeln, hat er sie um 538 v. Chr. in einer Charta festgehalten. Der Kyros-Zylinder liegt heute im Britischen Museum, wie viele Schätze, die Iran einst von Kolonialmächten geraubt wurden. Die Vereinten Nationen erkannten den Kyros-Zylinder 1979 als ›Erste Menschenrechtscharta‹ an und daraufhin wurde er in allen offiziellen UN-Sprachen veröffentlicht, wenn auch nur bruchstückhaft und unterschiedlich in der Auslegungsart. Nun ruht der Staub von Jahrtausenden auf diesen Worten.

Abseits der Stadt empfängt uns das Totenreich. Bis auf den Wind, der leise über gebrochene Lehmziegel summt, herrscht Stille. Obwohl die Sonne brennt, überfällt mich ein Frösteln. Auf zwei gegenüberliegenden kahlen Bergen thronen die Türme des Schweigens, in denen einst, streng getrennt nach Geschlechtern, die Gebeine der Anhängerschaft Zarathustras bleichten. Erhaben und zugleich abweisend heben sich die Berge aus den Ruinen hervor. Zu ihren Füßen versanden klaglos die Totenhäuser und mit ihnen unsere alte Geschichte. Keine noch so genügsame Pflanze wurzelt hier und kein Vogel lässt sich blicken, so als ziehe der Tod hier eine unsichtbare Grenze. Die turmgekrönten Berge unterscheiden sich merkwürdigerweise farblich voneinander. Während der westliche Berg ockergelb in der Sonne glimmert, wirkt der östliche mit seinem tiefschwarzen Gestein auf mich fast bedrohlich. In welchem der Türme nun die weiblichen oder männlichen Toten aufgebahrt wurden, bleibt mir verborgen.

Wie einst in Persepolis beschleicht mich ein wunderliches Gefühl. Leise öffnet sich mir die Pforte einer Zwischenwelt. Höre ich da nicht ein Flüstern und Raunen, während ich den schwarzen Berg emporklettere? Mit welch einer Mühsal wurden die Toten damals hier heraufgebracht. Der steile Aufstieg ist immer noch beschwerlich. Oft halte ich inne, um meinen Blick umherschweifen zu lassen und wieder zu Atem zu kommen. Das letzte Wegstück zur Spitze krieche ich auf allen Vieren, denn die Steine sind glatt, als habe sie ein Urwesen geputzt. Als wir keuchend ans Ziel gelangen, bleibt uns der Vordereingang versperrt. Er wurde zugemauert. Hinten herum führt ein schmaler kaum begehbarer Pfad. Mit wackeligen Knien lehnen wir an der hohen Turmmauer und starren in die Tiefe, in der sich die Ruinen wie ein zerstörtes Puzzle offenbaren.

Der Abstieg ist nicht ungefährlich und bringt uns ein paar Schürfwunden ein. Doch nichts hält uns davon ab, auch den gelben Berg zu besteigen, um sein Geheimnis zu ergründen. An der hohen Lehmmauer entdecken wir einen schmalen Einlass ins Innere. Wir krabbeln hindurch und prallen zurück, als uns die Sonne mit ihrer heißen Zunge über die Gesichter fährt. Wie flüssiges Feuer brennt sie auf die Kultstätte nieder, macht sie zu einer Brennstätte, deren Namen sie auch trägt: *Dakhmah.*[120] Der Boden scheint auf und nieder zu schweben, als wolle er, der nur totes Fleisch spürte, zum Leben erwachen. Schemenhaft taucht ein Priester auf, der die Gebeine eines Toten dem Himmel übergibt. Ich höre die Trauernden aus der Avesta, dem heiligen Buch des zoroastrischen Glauben, singen: »Gekommen ist der Gott, der Reine aus dem Paradiese des Lichtes.« Und stumm bittet die Seele des Verstorbenen um Kraft für den Aufstieg. Schon kreisen die Geier über dem offenen Turm und senken sich langsam nieder. Fast glaube ich, ihr Krächzen zu hören.

»Bary!« Saeid legt den Arm um mich. »Träumst du schon wieder?«

»Träumen? Ich weiß nicht. Die Bilder, die ich sah, waren so lebendig. Mir war, als habe die Mystik dieses Ortes mich ergriffen, um mich in sich aufzusaugen. Die Zeremonie. Ich habe sie gesehen!«

Saeid lacht. »Manchmal beneide ich dich um deine Fantasie. Komm, lass uns die Kultstätte besichtigen, bevor wir mit ihr verschmelzen.«

Vor unseren Augen breitet sich eine geebnete Felskuppe aus, die mit einer hohen Steinmauer geschützt wurde. In der Mitte des Kreises wurde ein rechteckiges Loch geschlagen, in das die Priester die Toten betteten, die in sitzender Haltung dem Himmel geopfert wurden. Im alten Glauben galt der Tod als Sieg der Finsternis über das warme Leben und somit als unrein. Doch die Geier stellten die Reinheit wieder her, indem sie die Toten fraßen, damit das verwesende Fleisch nicht die heiligen Elemente beschmutzte. Sobald sie über die Toten herfielen, beteten Priester und Angehörige drei Tage lang. Waren die Knochen abgenagt und die Witterung hatte ihr Werk vollendet, sammelten die Priester alle Gebeine ein und versiegelten sie mit Wachs. Nun galten sie als rein und konnten in Felshöhlen oder Totenhäusern ihre Ruhe finden und sich wieder in den Kreislauf der Natur einreihen.

Leider blieb es nicht aus, dass die Geier über der Stadt Menschenteile fallen ließen. Abgesehen davon, dass dies schaurig war, schürte es die Angst vor Seuchen und die Einwohner beschwerten sich. So fand dieser Begräbniskult in den 1970er-Jahren mit einem Verbot des damaligen Schahs sein Ende. Hin und wieder hielten sich die Mitglieder der zoroastrischen Glaubensgemeinschaft nicht daran und erst mit der Islamischen Revolution verschwand diese Zeremonie gänzlich. Nun werden die Toten auf dem neuen Friedhof, der sich zu Füßen der Türme des Schweigens befindet, in Betonzellen bestattet.

Als wir die Türme des Schweigens verlassen, sitzt mitten in der Ebene ein uralter Wächter auf einem Plastikstuhl wie ein vergessenes Relikt. Was mag er wohl bewachen? Er lächelt uns an und schweigt.

Die Buchhändlerin von Teheran

Plötzlich spüre ich zwei Hände auf meinen Schultern. Erschrocken fahre ich aus meinen Gedanken und blicke in Simas Gesicht. »Was machst du so allein hier draußen auf der Dachterrasse?«

»Ich nehme Abschied.«

Simas bernsteinfarbene Augen schimmern feucht. »Die Zeit war viel zu kurz. Morgen fliegt ihr schon wieder zurück«, sagt sie traurig.

»Es fällt uns jedes Mal sehr schwer zu gehen. Aber ich bin dankbar. Es war eine gute Reise. Ja, mehr als das.«

»Für den, der bleibt, ist der Abschied schmerzlicher«, flüstert sie und setzt sich neben mich. »Ich habe übrigens ein Buch von dir gefunden. Du hast vergessen, es einzupacken.«

»Oh nein, ich habe es nicht vergessen. Ich habe einfach keinen Platz mehr in meinem Koffer. Es ist seltsam. Jedes Mal, wenn wir zu euch kommen, sind unsere Koffer voll. Wenn wir gehen, scheinen sie uns schwerer als zuvor, obwohl wir doch etwas hierlassen.«

Sie lächelt. »Du glaubst doch nicht, dass wir euch ohne Geschenke ziehen lassen! Übrigens – mir fällt gerade etwas ein. Das Buch ist doch in deutscher Sprache geschrieben, oder?«

»Ja, wieso?«

»In unserem Viertel gibt es eine deutsche Buchhändlerin.«

»Oh, und das sagst du mir erst jetzt!«

»Ich hatte es vergessen.«

»Kennst du sie?«

»Nein, aber es wird viel von ihr gesprochen. Eine belesene Frau mit einem guten Herzen, so wird hier gesagt. Hast du Lust auf einen kleinen Spaziergang? Wir könnten sie besuchen. Die Läden schließen erst in einer Stunde.«

Erfreut springe ich auf und werfe mir rasch meinen *Rusari* über. Fünf Minuten später laufen wir schweigend Hand in Hand die Straße bergab. Es braucht keine Worte. Sima bedeutet mir viel. Sie ist mir zugleich Schwägerin, Schwester und gute Freundin und ich vermisse in Deutschland ihre Nähe. Jedes Mal schmerzt es mehr, sie zu verlassen.

Gegen 21 Uhr ist der Buchladen nicht mehr so stark besucht. Sima hält nach der Buchhändlerin Ausschau und weist auf eine Frau mit weißgrauem Haar und lebhaften braunen Augen, die fragend auf uns zukommt.

»Ich gehe mal ins obere Stockwerk und stöbere ein bisschen«, sagt Sima lächelnd. »Ihr werdet sicher gern mal auf Deutsch sprechen.« Und ehe ich sie aufhalten kann, steigt sie schon die Treppe hoch.

»*Salam*, kann ich Ihnen helfen?«, fragt die Buchhändlerin auf *Farsi*.

»Guten Abend«, antworte ich auf Deutsch. »Ja, ich würde mich gerne ein bisschen mit Ihnen unterhalten. Ich habe hier ein Buch in deutscher Sprache für Sie, wenn Sie möchten.«

Überrascht schnellen ihre Augenbrauen in die Höhe. »Danke. Sie sprechen fabelhaft Deutsch.«

»Nun, ich lebe auch dort«, grinse ich. »Und Sie? Leben Sie schon lange in Teheran?«

»Oh ja, an die zwanzig Jahre. Mein Mann ist Dozent an der Teheraner Uni. Wir haben uns in Deutschland kennengelernt. Als ich in den Iran kam, habe ich die Menschen hier sofort lieben und schätzen gelernt.« Sie stockt kurz. »Ich heiße übrigens Gaby. Und du?«

Intuitiv geht sie zum Du über, was mich angenehm berührt.

»Mein deutscher Name ist Barbara, mein persischer Maryam. Der Doppelname ist wie eine Brücke zwischen unseren Ländern. Aber meine Familie nennt mich Bary.«

»Ich sehe zwar iranische Züge in deinem Gesicht, aber da fließt noch anderes Blut in dir«, meint sie lächelnd.

»Stimmt, ein kunterbunter Strom aus dänischen, jüdischen und tatarischen Menschen, die sich ganz gut mit dem iranischen Blut vertragen.«

»Wie schön! Dann bist du ja überall zu Hause.«

»Ja, so kannst du es sehen. Doch überall zu Hause zu sein, bedeutet, nirgends so richtig hinzugehören.«

»Empfindest du das so? Sieh es doch positiv und betrachte dich als Weltbürgerin.«

»Tue ich auch ab und zu. Ich bin eher eine Pflanze mit jiddischen Wurzeln in persischer Erde, Blütestandort Norddeutschland.«

Sie lacht. »Das klingt poetisch und ist schon mal eine klare Ansage.«

»Aber es zeigt auch meine Zerrissenheit. Ich bin ständig auf der Suche nach mir selbst.«

»Wie heißt es so schön? Der Weg ist das Ziel.«

»Ich versuche, dies in meinen Geschichten zu verarbeiten.«

»Du schreibst?«

»Ja, hin und wieder veröffentliche ich mal was.«

»Hast du Kinder?«

»Ja, sie sind schon erwachsen und leben in Deutschland. Ich bin sehr jung Mutter geworden. Und du?«

»Ich bin kinderlos. Aber das macht nichts.« Sie lächelt sanft. »Weißt du, ich nenne alle Iraner meine Kinder.«

»Das berührt mich sehr. Doch sag, kommst du mit der Situation hier gut klar? Wie meisterst du sie als Europäerin? Mich würde interessieren, wie schätzt du die gegenwärtige Lage aus deiner Sicht ein?«

»Leicht ist es nicht, aber die meisten finden ihre Nische. Die äußere Freiheit dürfen wir nie mit der inneren vergleichen. Wie du siehst, habe ich mir einen Pony wachsen lassen. Das ist meine Art Protest, mehr Haar unter dem *Rusari* zu zeigen.« Sie lacht und ein Grübchen versteckt sich in ihrer Wange.

»Gaby, fühlst du dich hier zu Hause?«

»Ja, Bary, das tue ich. Ich lebe gern hier, auch wenn das Leben nicht immer leicht ist. Im Laufe der Jahre ist Iran meine Heimat geworden, ja sogar ein bisschen mehr als Deutschland. Es liegt an den Menschen hier, denen ich mich zutiefst verbunden fühle. Ihre Warmherzigkeit rührt mich, das ungewohnt Überschwängliche, jedoch so Ernstgemeinte. Ich kann spüren, dass da nichts aufgesetzt ist, dass diese Freundlichkeit von Herzen kommt. Hinzu kommt eine Portion Naivität, gepaart mit dem Mut, noch aus dem Nichts etwas hervorzuzaubern. Besonders die Frauen leisten Unglaubliches, trotz dem immensen Druck, der auf ihnen lastet. Ohne sie läuft hier rein gar nichts.«

»Ich weiß von meiner Familie, wie gut sie sich hier organisieren.«

»Das tun sie in der Tat. Ich habe mich einigen Frauengruppen angeschlossen. Wir fordern immer wieder unsere Rechte ein und die Verbesserung unserer Lebenssituation. Das geht nur in kleinen Schritten und ist Schwerstarbeit. Manchmal gibt es herbe Rückschläge.«

»Respekt für euren Mut. Habt ihr viel Zulauf?«

»Wir werden immer mehr. Auch die Bildung trägt viel dazu bei, jedoch nicht nur. Da ist ein neues Bewusstsein unter den iranischen Frauen, nicht nur Anteil zu nehmen, sondern selbst ein wichtiger Teil des Ganzen zu sein. Natürlich versuchen sich auch Exilgruppen mit uns zu solidarisieren. Das ist nützlich, kann aber mitunter auch schädlich sein, weil vielen das Insiderwissen fehlt.«

»Ich gebe dir Recht. Mit westlichen Maßstäben darf hier nicht gemessen werden. Auch ich habe eine Zeit lang gebraucht, um das zu verstehen. In der Tat spielen die im Exil lebenden Iraner und Iranerinnen eher eine Statistenrolle. Damit sollten sie sich möglichst auch begnügen, denn eine Änderung kann, denke ich, nur von innen kommen. Iran ist jedoch sehr auf die Solidarität von Demokratien angewiesen. Aber genau daran fehlt es meiner Meinung nach, denn ich bezweifele, ob die im Iran misshandelten Menschenrechte im Ausland genug Interesse hervorrufen. Zumindest in der offiziellen Politik scheint das weniger ein Thema zu sein. Im Gegensatz dazu setzen sich Menschenrechtsorganisationen wie Amnesty International sehr für Iran ein und erzielen durch beständiges Nachhaken auch Erfolge. Doch die allgemeine Aufmerksamkeit lässt spürbar nach. Stattdessen wird über das Nuklearprogramm diskutiert und die Angst auch politisch geschürt. Aber die Verfolgungen und die hohe Zahl der Hinrichtungen verschwinden im Nirwana und finden in den Medien kaum Erwähnung.«

»Ach Bary, wir hoffen, dass die Zeit kommt, in der der Westen mal über den Tellerrand schaut. Doch da du gerade das Atomprogramm anschneidest: Hast du schon vom Nationalen Friedensrat gehört?«

»Wenig, aber mehr von den Trittbrettfahrern, die da gern aufspringen.«

»Wen meinst du damit?«

»Die Modjahedin-e Khalgh.«[121]

»Da hast du Recht. Die versuchen auch hier, auf den Zug der Opposition zu springen. Damit erwecken sie den Anschein, sich für freiheitliche Belange einzusetzen.«

»Ihr sogenanntes Exilparlament[122] ist doch nur Schein. Dahinter verbirgt sich etwas ganz anderes.«

»Genau. Ein Scheinparlament mit Maryam Radjavi als Präsidentin. Das Ganze ähnelt sehr dem Personenkult, der damals um Chomeini gemacht wurde. Nur hier ist die Führerin eine Frau, was allgemeines Wohlwollen auslöst. Es soll diejenigen blenden, denen es um die Gleichstellung der Geschlechter geht. Immer wieder versuchen Modjahedin-e Khalgh durch geschickte Lobbyarbeit die öffentliche Meinung wie auch demokratische Politiker zu beeinflussen und den Anschein zu erwecken, sie verfolgten deren Ziele. Doch schon der Name sollte zur Vorsicht mahnen.«[123]

Gaby seufzt. »Stimmt. Sie tönen überall herum, ihre Prinzipien seien Unterwürfigkeit und Ehrlichkeit. Wobei Unterwürfigkeit keine Widerrede bedeutet und Leute, die es wagen, ehrlich ihre Meinung zu sagen, verfolgt und bedroht werden.«

»Ich denke, sie sind gefährlich.«

»Das sind sie, Bary, im Iran haben wir das schmerzlich zu spüren bekommen. Die Volksmodjaheddin haben hier bei diversen Anschlägen gewissenlos unschuldige Menschenleben in Kauf genommen. Die hiesigen Oppositionellen hegen meiner Meinung nach sehr wenig Sympathien für sie.«

»Kein Wunder. Es gibt in Deutschland etliche Exiliraner, die sie fürchten und sich von ihnen bedroht fühlen.«

»Wie ist denn dort ihr Auftreten?«

»Wie ich mitbekommen habe, hat ihr System etwas Sekten- oder Mafiaähnliches. Sie sollen ihre Anhängerschaft systematisch kontrollieren und wehe denen, die gar aussteigen wollen. So mancher Aussteiger hat sich wegen ihnen von seiner Familie getrennt, um sie nicht auch noch in Gefahr zu bringen.«

»Das ist ja furchtbar. Und was macht der deutsche Staat dagegen?«

»Der Verfassungsschutz hat sie zeitweise als Terrorgruppe im Visier. Laut seiner Aussage sind die Volksmodjahedin Meister im Streuen von Falschinformationen. Aufschlussreich finde ich auch, dass sich angeblich die CIA für sie interessiert und sich ihrer bedienen will für die Destabilisierung Irans. Den *Modjaheddin* wäre es wohl am liebsten, ganz Iran würde zusammengebombt, damit sie hier ungestört einmarschieren können. Und ich finde es mehr als fraglich, ob sie damals die Informationen über die geheimen Nuklearanlagen im Iran weitergegeben haben, um die Welt zu retten.«[124]

»Meinst du denn, sie unterhalten noch eine Armee, seit sie aus dem Irak vertrieben wurden?«

»Keine Ahnung. Aber Gewaltfreiheit haben sie von jeher abgelehnt. Auch das gehört zu ihrer festen Doktrin. Leider gibt es auch im Westen einflussreiche Leute, die sie unterstützen. Und warum sollten sie gerade jetzt von dieser Ideologie Abstand nehmen, wo die Welt auf Iran blickt und nur noch Nuklearwaffen sieht? Allein der Gedanke schnürt mir die Kehle zu.«

»Wehe Iran, wenn das nicht aufhört.«

»Verzeih mir, dass wir vom Thema abschweiften. Du wolltest mir vom Nationalen Friedensrat[125] erzählen.«

»Ja, gegründet hat ihn Schirin Ebadi. Ihre rechte Hand, Narges Mohammadi, wurde letztes Jahr Vizepräsidentin. Sagt dir der Name etwas?«

»Ja, eine sehr engagierte Frauenrechtlerin. Sie hat doch auch für eine kritische Zeitschrift geschrieben.«

»Ja, für ›*Payam-e Hadjar*‹. Diese Zeitschrift wurde unlängst verboten, weil sie sich für die Gleichheit der Frauen und für die Rechte aller iranischen Menschen starkgemacht hat, und zwar unabhängig von deren religiöser oder politischer Zugehörigkeit. Das Letztere war wohl der Auslöser, die Redaktion dichtzumachen.«

»*Payam-e Hadjar,* die Botschaft der Hagar. Ein schöner Name. Sag, warum erfahren wir so wenig im Ausland über den Nationalen Friedensrat?«

»Er wird von Seiten des Regimes aufs Schärfste boykottiert. Alle Bemühungen, Botschaften über die Grenzen fließen zu lassen, schlagen mehr oder weniger fehl. Ziel des Rates ist es, der Welt zu zeigen, dass es auch einen anderen Iran gibt. Einen, in dem die Menschen natürlich sehr kritisch über das Atomprogramm nachdenken. Aber der Rat verknüpft die Atomfrage immer mit den Menschenrechten. Denn das ist aus unserer Sicht untrennbar miteinander verbunden. Zugleich weist er alle militärischen Drohungen gegen den Iran zurück und setzt sich für eine friedliche Lösung ein. Übrigens fordert er in schöner Regelmäßigkeit vom Regime, die Urananreicherung zeitweilig auszusetzen. Damit schließt er sich dem Appell des Weltsicherheitsrates an.«

»Ja, wir müssen alle nach wirklich friedlichen Lösungen suchen und da sollte es doch das Ziel sein, Atomwaffen in der Welt abzuschaffen. Sie zu ächten, ist die einzige Möglichkeit, die ich sehe. Denn gefährlich sind sie überall und nirgends eine akzeptable Lösung für Probleme. Auch nicht als Abschreckung, weder im Westen noch im Osten. Doch was denkst du? Werden die Kriegsdrohungen gegenüber Iran hier ernst genommen oder gar wahrgemacht werden?«

»Von manchen werden sie schon ernst genommen. Ich selbst bin hin- und hergerissen. Wir brauchen ja nur nach Irak oder Afghanistan zu schauen. Die USA verbauen sich ihre Sympathien immer mehr durch ihre schmutzigen Kriege. Das Vertrauen hat besonders im Nahen und Mittleren Osten sehr darunter gelitten. Der Friedensrat will der Welt vermitteln, dass es auch in Iran Menschen gibt, die Gewalt verabscheuen und sich für Sicherheit und Stabilität einsetzen. Nichts ersehnen wir mehr als einen demokratischen Wandel und die Einhaltung der Menschenrechte. Schirin Ebadi hat es in einem Satz ausgedrückt, der den Menschen aus dem Herzen spricht und den ich verinnerlicht habe: ›Wir sagen nicht nur Nein zum Krieg, sondern wir sagen auch, Frieden bedeutet, dass Menschen in Freiheit leben und arbeiten können.‹«

»Das hört das iranische Regime gar nicht gern.«

»Richtig. Solche Aussagen werden verbannt. Kritik am Atomkurs ist strengstens untersagt. Weder Zeitungen noch das staatliche Fernsehen oder Radio erwähnen die Arbeit des Friedensrates. Doch er bleibt rührig. Dafür sorgen wir. Flugblätter, Mund-zu-Mund-Propaganda, kleine Schriften halten die sympathisierenden Menschen auf dem Laufenden.«

»Werden die Mitglieder verfolgt?«

»Ab und zu. Aber das hält sie nicht davon ab, ihr Ziel im Auge zu behalten. In den westlichen Ländern sind immer wieder die aggressiven Äußerungen Ahmadinedjads zu hören. Aber die Frage, ob er sich nur noch durch einen Krieg stoppen lasse, lässt mir die Haare zu Berge stehen. Gerade die kritischen und klügeren Stimmen fallen dabei einfach unter den Tisch. Dazu zähle ich Schirin Ebadi, um eine zu nennen, die dringend auf Unterstützung angewiesen ist.«

»Du sprichst so, als würdest du sie persönlich kennen.«

»Ein bisschen schon, denn ich bin eines von vielen Mitgliedern im Rat.«

»Ich wünsche dir und allen, die dort mitmachen, ganz viel Glück, Gaby!« »Danke, wir können es brauchen.«

»Hoffen wir auf den Sommer!«

»Ja, Bary, die Zeit ist reif für Veränderungen.«

In unserer Umarmung liegt innige Verbundenheit. Zum Abschied schenkt sie mir ein paar Heftchen. »Mein Mann hat hierin ein paar politische Thesen aufgestellt.« Verstohlen sieht sie sich um. »Wir dürfen keine weiteren Hefte drucken. Vonseiten der Behörden wurde uns ein Verbot auferlegt. Aber«, fügt sie verschwörerisch lächelnd hinzu, »ein Buch schließt sich, ein anderes öffnet sich.«

Sima grübelt, als ich ihr auf dem Rückweg von unserem Gespräch erzähle. »Wenn ich dir zuhöre, wird mir wieder klar, dass wir uns niemals diesem Druck hier beugen dürfen und andererseits, wie wenig Spielraum uns dafür bleibt. Dreißig Jahre lang dauert das Desaster hier schon. Unsere große Hoffnung ruht auf den Wahlen. Schau dich nur um, wie viele junge Menschen es hier gibt. Sie ertragen das System nicht mehr und ich, ehrlich gesagt, auch nicht.«

»Simadjan, ich kann dich so gut verstehen. Auch mein ganzes Denken gilt der Wahl. Viele fühlen wie wir. Es wird gewiss eine rege Teilnahme geben.«

»Ja, alle, mit denen ich spreche, sagen das Gleiche: Ahmadinedjad muss weg.«

»Stell dir vor, wenn sich die Lage ändert, könnte ich meinen Traum wahrmachen.«

»Welchen Traum?«

»Ein halbes Jahr im Iran zu leben und ein halbes Jahr in Deutschland, wenn sich das machen lässt.«

»Oh, Bary, das wäre schön. Dann hätten wir endlich mehr voneinander!«

Eine Katze hängt zur Hälfte aus einer Mülltüte und jagt durch Simas Ausruf erschrocken mit dickem Schwanz davon. Wir müssen lachen.

»Sag mal, Bary, werden im Westen noch Flüchtlinge verfolgt? Ich meine die Kettenmorde. Hier kocht das ja ab und zu wieder hoch.«

»So genau weiß ich das nicht. Zumindest höre ich nichts in den Medien. Allerdings las ich unlängst, dass bisher achtzig Oppositionelle im Ausland umgebracht worden sind. Diese Aussage stammt von Mina

Ahadi. Sie gehört selbst zu den Personen, die unter ständiger Bedrohung leben müssen. Hast du von ihr gehört?«

»Nein, Nachrichten von Oppositionellen aus dem Ausland versucht das Regime stets zu verhindern. Wer ist sie?«

»Auch eine Menschenrechtlerin, die schon etliche Jahre in Köln lebt. Sie hat vor ein paar Jahren das Internationale Komitee gegen Steinigungen gegründet und tritt vehement für das Kopftuchverbot ein. Öffentlich verurteilt sie den islamischen Machtanspruch, der in ihren Augen und nach eigenen Erfahrungen vielen muslimischen Frauen das Kopftuch aufzwingt und den die Imame mit Ehrenmorden, Steinigungen und Zwangsheiraten durchzusetzen versuchen.«

»Nun, so Unrecht hat sie nicht. Doch ich persönlich sehe den Islam mehr in seiner friedlichen Auslegung. Vergiss nicht, Bary, es gibt die Sanftmütigen, die sich von solchen Dingen stark distanzieren.«

»Gut, mag sein. Aber ich denke, der Islam bedarf dringend einer Reform, wie es im Christentum schon vor Jahrhunderten geschehen ist. Moschee und Staat dürfen nicht in einen Topf geworfen werden. Was kommt dabei heraus? Eine ungenießbare Suppe.«

»Ja, das ist wahr.«

»Um auf Mina Ahadi zurückzukommen: Ich wurde durch ein Buch auf sie aufmerksam. *›Ich habe abgeschworen‹*, heißt es.«

»Das klingt interessant. Wem oder was hat sie abgeschworen?«

»Dem Islam.«

»Ey, Bary! Wieso hat sie das?«

»Nun weil sie meint, dass der Islam frauen- und menschenfeindliche Züge habe. Sie begründet das auch damit, dass er keinerlei Kritik dulde und die Abkehr vom Glauben als Verbrechen betrachte.«

»Da lebt sie aber gefährlich.«

»Und wie. Sie hat nämlich einen Verein gegründet, und zwar den Zentralrat der Ex-Muslime und ist deren Vorsitzende.«

»*Chodah*. Du weißt, was das heißt?«

»Ja, sie muss mit allem rechnen. Das Mindeste sind Schmähbriefe und Hassangriffe. In einem Interview berichtete sie, nach der Gründung des Vereins monatelang unter Polizeischutz gestanden zu haben. Eine ähnliche Situation wie damals bei Salman Rushdie, als sein Buch ›Die satanischen Verse‹ veröffentlicht wurde.«[126]

»Dennoch ist mir die Religion wichtig, denn ich finde Ruhe im Gebet und heiße nichts von diesen Dingen gut.«

»Auch ich lehne die Religion nicht ab, denn ich respektiere den Glauben anderer Menschen. Nur darf er nicht in Gewalt ausarten. Für mich ist Religion eine Mischung aus Menschenliebe, Glauben und Vertrauen. Drohungen haben da nichts zu suchen.«

»Gewalt und Unterdrückung in der Religion sind abstoßend. Damit will auch ich nichts zu tun haben.«

»Aber Sanftmut alleine hilft in unserer Gesellschaft nicht. Wir müssen auch den Mut haben, den religiösen Eiferern, die alle unterdrücken, die Stirn zu bieten. Da dürfen wir uns keinesfalls entmutigen lassen und müssen Zivilcourage zeigen. Ohne Menschenrechte verlieren wir auch unsere Würde, denn beides gehört untrennbar zusammen.«

»Dann hat die gute Mutter Iran ihre Würde längst verloren.«

»Nicht solange die Menschen um sie kämpfen. Solange wir die Unterdrückung nicht akzeptieren, gibt es Hoffnung.«

Sima greift meine Hand und den Rest des Weges legen wir schweigend zurück.

Als ich im Flieger auf dem Weg nach Hamburg sitze, denke ich an ihre Abschiedsworte, als wir uns umarmten: »Sei gewiss, die Wende im Iran wird von den Frauen ausgehen. Sie sind stark, mutig und handlungsfreudig. Ihr Widerstand gegen das Mullahregime wird letztendlich auch die Männer bewegen und mitreißen.« *Inschallah,* flüstert eine Stimme in mir.

Grüne Ballons gegen Menschenfresser

Unter der Asche von tausend Schmetterlingen wächst die Hoffnung und legt sich mit einem Frühlingslächeln auf die Gesichter der Oppositionellen. Grün ist die Farbe der Reformer und ihres Kandidaten Mir Hossein Mussawi, der vor allem einen friedlichen Iran mit demokratischen Strukturen verspricht. Um an dieses Versprechen zu erinnern, haben sich die jungen Wilden grüne Streifen auf Stirn und Wangen gemalt. Teheran gibt sich heiter und hat das Frühlingsgewand angelegt. Überall wehen grüne Tücher, grüne Bänder oder grüne Transparente, und wäre der Himmel plötzlich grün, würde es niemanden verwundern.

Auch wir surfen hoffnungsvoll auf der grünen Welle. Diesmal nehmen auch wir an der Wahl teil. Unsere Stimme wird die Waffe sein, mit der wir den argusäugigen Leviathan bezwingen. Seit mehr als dreißig Jahren schwingt er die Peitsche über Iran. Die Wunden, die er damit schlug, vernarben nicht. Nun sind es die Kinder der Revolution, die aufbegehren. Fast beschwingt ziehen sie uns mit in den Kampf, wie einst David, als er Goliath herausforderte. Unsere Stimmung schlägt Purzelbäume. Was werden wir tun, wenn … In den Nächten liege ich oft wach, träume von einem freien Iran, in dem ich mich uneingeschränkt bewegen kann – ohne Angst. Und vom Frieden. Die Menschen sind so müde von all den dunklen *Tschador*jahren. Die Sehnsucht nach Freiheit und Frieden verzehrt sie. Auch ich lebe mit der Gewissheit: Frieden kann nur von innen wachsen. Importieren kann ihn niemand.

Dem Ergebnis unserer grünen Rechenaufgabe fiebern wir alle entgegen. Mussawi wird gewinnen, sagen wir selbstbewusst. Viele junge Menschen im Iran, die fast siebzig Prozent der Gesamtbevölkerung ausmachen, werden ihn wählen sowie Intellektuelle und Regimekritiker, vor allem aber die Frauen, für deren Rechte er sich einsetzen will. Das bedeutet jedoch nicht, dass Mussawi das Maß aller Dinge ist. Auch er hat einst die Islamische Revolution mitgetragen, sich allerdings später von ihren Machenschaften distanziert.[127] Doch Mussawi ist für uns die erste Stufe auf der langen grünen Treppe in die Freiheit.

Die Wahllokale sind noch geöffnet, die Auszählung nicht abgeschlossen, da wird bereits ein Ergebnis aus dem Hut gezaubert, das uns die Sprache raubt. Wahlsieger: Ahmadinedjad! Ungläubig starren wir uns an. Noch bevor uns die Frage auf der Zunge brennt, folgt bereits die Antwort. Triumphierend klingt die Stimme des Ansagers, Ahmadinedjad habe in Teheran und Tābriz – den Hochburgen der Opposition – fünfzig Prozent der Stimmen geholt. Das ist so widersinnig, als knete ein Zuckerbäcker nur aus Bittermandeln Marzipan. Gerade als wir sicher waren, den Ungeist in die grüne Flasche verbannt zu haben, zieht er spottend den gezinkten Trumpf und lässt sie zersplittern. Im Iran schießt die Empörung wie Lava hoch und schwappt wie eine Woge auf die Straßen. »Wir wurden betrogen!«, gellt es aus allen Winkeln und das Schreien, untermalt vom Dauerhupen der Autofahrer, formt eine Frage: »Wo ist meine Stimme?« Der Zorn entlädt sich an den Wahlplakaten. Unzählige Füße zertrampeln das Siegergrinsen. Wie totgesagte Friedenskerzen brennen die ersten Mülltonnen und sengen Löcher in den Freiheitstraum: Tod dem Diktator!

Wo ist meine Stimme? Schnell wie der Wind fliegt die Frage von Stadt zu Stadt und die bitteren Tropfen auf unseren Wangen vermischen sich mit dem fröhlichen Grün. In Teheran, Schirāz, Maschad und Isfahan verschmelzen die Getäuschten in einem grünen Meer, aus dessen Tiefe sich ein einziger Schrei formt: »Wo ist meine Stimme?« Spinatluftballons steigen in den Himmel mit der Botschaft: Zwei plus zwei gleich sieben, steht mit Blut geschrieben. Betroffen hocken die Menschen beieinander, bemalen Transparente und kleben sich grüne Pflaster auf die Lippen.

Das Auge der Welt ruht auf Iran – ohne nur den ewigen Dauerbrenner, das Atomprogramm, im Blick zu haben. Der Wahlbetrug beherrscht die Medien und so hebt sich der Schleier des Nichtwissens ein wenig und gestattet einen Blick dahinter, wo Menschen unbeirrt um Demokratie und Freiheit kämpfen. Wie junger Weizen wogt die Menge auf den Straßen und fordert mutig das Regime heraus: »Wahlbetrüger! Diktatoren! Wir geben uns nicht verloren!« Der Welt rufen sie zu: »Schaut auf diese Heuchler. Sie stehlen unsere Stimmen, weil sie die Wahrheit fürchten. Und unsere Würde steinigen sie mit frömmelnden Sprüchen. Seid wachsam. Bald werden Tote an ihren Galgen tanzen!«

Indes quälen wir uns mit Selbstvorwürfen. Warum übersahen wir die Zeichen? Neutrale Wahlbeobachter? Ausgeschlossen. Chancenreiche Politiker? Nicht zugelassen. Austausch im Netz? Lahmgelegt. Im Schutze der Dunkelheit verübten sie Anschläge auf oppositionelle Wahlbüros, um Wähler zu ängstigen. Tagsüber hinderten sie die Aufrechten an der Wahl und malten den Analphabeten Kreuze auf die Zettel. Das waren ihre Zeichen. Waren wir nur Blinde im Garten Iran, weil wir glaubten, ihn zum Blühen zu bringen, indem wir frisches Grün auf stinkenden Moder pflanzten? Die Revolution, nunmehr ein Gespenst, befreite Iran von Fremdherrschaft und Monarchie. Aber sie besetzte das Land mit einem selbstgerechten Ungeheuer, das wie eine Fledermaus auf den Minaretten thront und betend über tote Leiber schleicht.

Simas Stimme klingt wie sprödes Glas durch die Leitung: »Das war's fürs Erste. Wir sind die Betrogenen!«

»Damit können die doch nicht durchkommen«, rufen wir empört. »Wird das Ergebnis nicht noch einmal überprüft?«

»Natürlich. Mussawi will es anfechten. Aber Chamenei hat eine Ausgangssperre verhängt. Nicht nur in Teheran, überall im Iran. Sie befürchten Massenproteste. Trotzdem – wir gehen auf die Straße.«

»Aber seht euch vor!«

»Wir geben nicht auf. Und wir gehen mit bis zum Schluss!«

»Was ist mit den Bassidsch-Milizen?«

»Sie treiben sich überall herum, knüppeln wahllos auf die Menschen ein. Jeden, der sich zur Wehr setzt, nehmen sie fest. Gestern hatte ich so ein Erlebnis, als wir an einer Bushaltestelle vorbeigingen. Plötzlich hielten zwei *Bassidschi* mit ihrem Motorrad an. Sie überprüften die Wartenden und benahmen sich ziemlich unverschämt. Du kennst ja ihr Auftreten. Eine Frau war so mutig und beschwerte sich darüber. Dann ging alles ganz schnell. Ein *Bassidschi* schlug sie mit solcher Wucht ins Gesicht, dass sie hinfiel. Der andere attackierte die am Boden Liegende mit seinen Stiefeln. Wir waren alle wie gelähmt.«

»Das ist ja furchtbar. Und was geschah dann?«

»Die Frau hat entsetzlich geschrien. Durch ihre Schreie kamen wir wieder zu uns. Ich habe nur Rot gesehen, so ein Zorn war in mir. Alle, wirklich alle, auch die Frauen, stürzten sich auf die Schläger. Da prasselten Hiebe von allen Seiten auf sie nieder. Das hatten die verdient.«

»Und dann?«

»Nun, sie ergriffen die Flucht. Wir waren viele.«

»Sima – wir?« Ich muss lächeln, obwohl ich mich auch sorge. Es macht mich stolz und glücklich, dass unsere Familie für die Freiheit auf die Straße geht und auch Mut beweist, sich dafür einzusetzen.

Ich höre Simas Lachen. »Es war eine gute Gelegenheit. Diese Feiglinge haben ihr Motorrad im Stich gelassen, um den Hieben zu entkommen, und sind davon gerannt wie Hasen. Ein paar Männer folgten ihnen, bis sie außer Sicht waren. Das war eine Lektion, die sie so schnell nicht vergessen werden. Anschließend haben Passanten das Motorrad angezündet. Gut, die Maschine kann nichts dafür. Aber diese Kerle nutzen sie, um Menschen zu verfolgen und zu schikanieren.«

»Gut, dass ihr euch nichts gefallen lasst. Aber bitte, seid vorsichtig.«

»Sorgt euch nicht. Die wollen uns nur kleinkriegen, uns mundtot machen. Dagegen müssen wir vorgehen. Einfach zu Hause abwarten, nein, das können wir nicht. Wenn wir hier aufgeben, ist alles verloren.«

Ein paar Tage später sprechen wir mit Aref. Er seufzt: »Seit Stunden versuche ich, euch zu erreichen. Die Leitungen sind ständig blockiert.«

»Gibt es Neuigkeiten von den Reformern?«

»Mussawi fordert Neuwahlen mit unabhängigen Wahlbeobachtern. Es geht das Gerücht, Ahmadinedjad sei nur Dritter geworden. Ich glaube fest daran. Bei einer Wahlbeteiligung von fünfundachtzig Prozent müsste die Opposition sehr viel mehr Stimmen bekommen haben, besonders die der jungen Wähler und Wählerinnen.«

»Glaubst du, der Betrug wird noch aufgedeckt?«

»Schwer zu sagen. Ihr wisst, im Vertuschen sind sie Meister. Die Staatsorgane versuchen permanent, die Kommunikation ins Ausland zu unterbinden. Sie legen zeitweise das Internet und die Mobilfunknetze lahm. Vor allem wollen sie unsere Handygeneration stoppen. Das müsstet ihr sehen. Die dokumentieren alles unerschrocken auf Videoclips, um es hinterher ins Netz zu stellen.«

»Und die Studierenden? Es heißt, ihr Aufstand sei gewaltsam niedergeschmettert.«

»Ja, das ist leider wahr und wohl auch ein Grund dafür, dass die Leitungen ständig blockiert werden. Die Miliz ist vor ein paar Tagen in die Studentenwohnheime der Teheraner Universität eingedrungen. Ihre Schlägerkommandos gingen mit größter Brutalität vor. Sie haben Türen aufgebrochen und alles, aber auch alles zerschlagen. Dabei wurden viele Bewohner verletzt. Mindestens fünf junge Männer haben sie in ihren

Zimmern totgeschlagen, ein weiterer soll im Koma liegen. Es gab jede Menge Festnahmen.«

»Schrecklich. Wie können sie das nur ungestraft tun?«

»Unter dem Vorwand, eine Revolte zu unterbinden, überschreiten die Hardliner kontinuierlich ihre Kompetenzen. Das hier ging eindeutig zu weit und muss geahndet werden. Der saubere Weg wäre, eine Kommission heranzuziehen, die dieses brutale Vorgehen hinterfragt und die Schuldigen, zumindest die Totschläger, verurteilt. Ich befürchte nur, das wird nicht geschehen. Auch der Befehlshaber muss aus meiner Sicht zur Verantwortung gezogen werden. Wenn das keine Beachtung findet, verrohen die Sicherheitsorgane immer mehr.«

»Wie schätzt du deine Situation ein?«, fragen wir besorgt. »Immerhin hast du dich öffentlich zu den Reformern bekannt.« Arefs Name stand auf einer Liste der Hochschullehrer, die mit der Opposition sympathisieren.

»Ein wenig brenzlig ist das schon, wie alles, was man hier tut, womit der Staat nicht einverstanden ist. Die Uni steht natürlich unter Beobachtung. Aber jetzt sind eh Semesterferien. An eine Schließung wie damals zu den Anfängen der Revolution glaube ich weniger.«

»Wie reagiert die Polizei? Bisher war es so, dass die Beamten stets gemäßigter waren als die Miliz.«

»Stimmt. Immer mehr Polizisten verweigern den Befehl, ihre Waffen auf Demonstrierende zu richten. Sie schießen lieber in die Luft, statt auf Menschen. Ich denke, das ist sehr aufschlussreich.«

»Was denkst du, werden die Proteste friedlich bleiben?«

»Das ist nicht vorhersehbar. Glaubt mir, die Opposition hat alles versucht, um die Proteste friedlich zu halten. Doch die Regierung streut das Gerücht, der enorme Widerstand würde vom Ausland unterstützt, das schon lange Umsturzversuche im Iran plane. Diese Verschwörungstheorie nutzt sie, um mit Gewalt Demonstrationen niederzuschlagen.«

»Gibt es denn gar keine Möglichkeit für eine friedliche Lösung?«

»Eine friedliche Lösung wäre nur eine Neuauszählung und zwar mit unabhängigen Beobachtern. Doch woher sollen die kommen? Daran mag ich nicht so richtig glauben. Die Macht gibt hier keiner freiwillig her.«

»Wurden viele Menschen festgenommen?«

»Oh ja, nicht nur einfache Leute. Gestern haben sie tatsächlich Ibrahim Yazdi inhaftiert. Zuerst waren sie bei ihm zu Hause. Als sie hörten, er läge im Krankenhaus, sind sie gleich dorthin gezogen, um ihn da rauszuholen und wegzusperren. Das müsst ihr euch mal vorstellen, einen schwerkranken Mann.«

»Aber wie ist das nur möglich? Selbst von den Hardlinern wurde er bisher – wenn auch widerwillig – als Oppositionsführer toleriert. Er hat nie ein Hehl daraus gemacht, dass er sich während der Revolution um seine Ideale betrogen fühlte. Aber das? Er ist doch schon Mitte siebzig!«

»Nun, er lebte immer gefährlich, besonders weil er vieles offen aussprach. Um ehrlich zu sein, hat ihn vor allem sein internationaler Ruf als Menschenrechtler geschützt. Doch seitdem er Vorsitzender der iranischen Freiheitsbewegung ist, hat man immer versucht, ihm eins auszuwischen. Ich denke, ihm ist die Gefahr, in der er schwebt, stets bewusst. Seine Festnahme zeigt zudem, wie sehr sich seine Widersacher bedroht fühlen. Sicherlich werden sie weitere Reformer festnehmen.«

»Du meinst, das ist erst der Anfang?«

»Ja, das denke ich. Ich weiß nicht, inwieweit ihr über die Ausschreitungen informiert seid. Gestern gab es hier Tote in Maschad und Tābriz. Die Zahl ist noch nicht klar, aber es sind bestimmt so an die dreißig. All dies wird wissentlich vertuscht. Journalisten, die das dennoch bekannt gaben, werden bedroht. Doch wo wären wir nur ohne sie? Auf der Vali Asr ist heute die Hölle los. Darum gehen wir lieber nicht raus.«

Während wir sprechen, wird das Pochen in der Leitung immer lauter, sodass wir uns am Schluss kaum noch verstehen. Es ist, als wenn jemand mit einem Hammer auf Metall schlägt.

Nachrichten per Mail werden zur Rarität.

Sima schreibt:

»*Salam* Saeidjan, *Salam* Barydjan,

vor ein paar Tagen haben sie Mussawis Zeitung ›*Kalameh Sabz*‹[128] wegen ihrer negativen Aussage zum Wahlergebnis verboten. Die Miliz tauchte plötzlich in der Redaktion am Haft-e Tir-Platz auf und zertrümmerte die Einrichtung. Es heißt, mindestens fünfundzwanzig Journalisten wurden festgenommen. Weh ihnen. Fremde Journalisten sehen wir in Teheran so gut wie keine mehr. Die Verbote werden immer härter. Nachts traut sich kaum jemand auf die Straße, überall lauern *Bassidschi.* Sie schießen auf die Leute wie auf tollwütige Hunde. Aber viele Menschen stehen auf den Dächern und rufen *Allah-u akbar.* Hiermit treffen sie das Regime doppelt, denn sie bitten *Choda* um Gerechtigkeit. Das reizt die Miliz. Immer öfter stürmt sie mit ihren Schlägertrupps die Wohnungen und zertrümmert alles, misshandelt die Menschen. Wollen Nachbarn helfen, werden deren Wohnungen ebenfalls zerstört. In den Freitagspredigten hetzt Chamenei gegen die Opposition, droht ihr sogar mit dem Tod. Schirin Ebadis Schwester hat man festgenommen, weil man sie selbst ja nicht greifen kann.[129] Sippenhaft wie bei der Tochter von Rafsandjani, der sich ja auch auf die Seite der Opposition stellte. Wiederholt werden hier Todesdrohungen gegen Schirin Ebadi ausgestoßen. Es heißt, man will ihr ihre Auszeichnungen wegnehmen, ihren Titel aberkennen. Das Regime lässt verbreiten, sie betreibe Landesverrat. Wie soll das weitergehen? *Choda* schütze uns.

Be omid-e didar
Sima«

Hunderttausende demonstrieren tagtäglich auf der Vali Asr. »Tod dem Diktator!«, rufen sie. Der »kleine Straßenfeger des Volkes«, wie sich Ahmadinedjad anbiedernd gern selbst nennt, macht dicke Backen. Ihm, der die Oppositionellen als Unkraut bezeichnet, weht ihr Widerstand scharf ins Gesicht. Die Enttäuschung über den Wahlbetrug wiegt schwer bei den Menschen, aber immer mehr finden ihre Sprache wieder. Hand in Hand protestieren Junge und Alte, um die Lüge sichtbar zu machen. Sie heben ihre Hände: »Wir wollen nicht mehr ›Tod Amerika‹ oder ›Tod Israel‹ schreien. Hört ihr da drüben? Wir sind nicht eure Feinde!« Plötzlich marschieren an ihrer Seite auch Geistliche, die sich grüne Bänder um den Turban geschlungen haben. Die Einheit der Mullahs beginnt zu bröckeln. Rafsandjani ist unter ihnen und spricht unverzagt einen Segen über die demonstrierenden Menschen, obwohl man seine Familie festhält. Nachts wogt die Menge wie ein Sternenwald. Da ruft Chatami[130] ihnen zu: »Der Sonnenaufgang ist nah, und ich liebe den Morgen.« Und die Menge antwortet singend mit einem neugeborenen Lied[131], dessen Verfasser niemand kennt, dessen Worte jedoch alle im Herzen tragen:

Sar oomad zemestoon	*Der Winter ist vorbei,*
Shekofteh baharoon	*der Frühling ist erwacht,*
Golleh sorkheh khorshid baz	*die rote Sonnenblume*
Oomadoh shab shod gorizoon	*verdrängt die finstre Nacht.*
Kooha lalehzaran	*Berge, mit Tulpen bedeckt,*
laleha bidaran	*wachsam, dicht an dicht,*
too kooha daran	*durch die Sonne geweckt*
gol gol gol aftaboh mikaran	*drängen sie ans Licht.*
tooyeh koohestoon	*Durch den harten Stein*
dellesh bidareh	*dringt ihr warmes Herz,*
tofango golo gandom	*Wird die Waffe sein,*
dareh miyaneh	*gegen Unrecht und Schmerz.*
tooyeh sine ash	*Es ruft aus der Brust:*
jan jan jan	*Ich will leben. Leben. Leben,*
yeh jangal setareh	*Dem Wald der Sterne*
dareh jan jan	*Leben geben.*
yeh jangal setareh dareh …	*Wir sind der Wald der Sterne …*

Zahlreiche Menschen übertragen das, was sie erleben, über Youtube in hunderten von Handy-Botschaften und umgehen damit die staatlich verordnete Sperre. So gelingt ihnen, was zuvor unmöglich schien: Sie schaffen Transparenz im *Tschador*land. Ihre Dokumentationen geben nicht nur im Land Aufschluss. Westliche Medien greifen sie auf und sehen in ihnen eine wichtige Informationsquelle. Das ist ein Novum. So schaut die Welt direkt durch das Fenster in den Garten Iran und wird stumme Zeugin der Übergriffe auf friedlich demonstrierende Menschen, sieht wie Revolutionsgarden auf sie einknüppeln und sie in ihre Jeeps verfrachten. Vor allem sind es die Einzelschicksale, die immer mehr in den Fokus rücken. Ein Videoclip zeigt, wie vier *Bassidschi* einen jungen Mann angreifen, der zuvor ihre Übergriffe filmte. Sie packen ihn, schlagen auf ihn ein und zertreten sein Handy. Dann schleifen sie ihn wie einen Lumpensack hinter sich her. Plötzlich laufen aus allen Himmelsrichtungen Passanten herbei, auch Frauen sind darunter, und bewerfen die *Bassidschi* mit Steinen. Die Angreifer lassen von ihrem Opfer ab. Sofort bildet sich um den geretteten Mann ein schützender Kreis.

Revolutionsgarden terrorisieren inzwischen ganze Stadtviertel. Doch ihre Brutalität entgeht der aufmerksamen Handygeneration nicht. Eine junge Frau wird von zwei *Bassidschi* auf offener Straße bedroht. Einer von ihnen hebt plötzlich den Knüppel und schlägt ihn gegen ihre Beine. Sie bricht schreiend zusammen. Sofort eilt ihr ein junger Mann zur Hilfe und wirft sich auf die Angreifer. Die *Bassidschi* packen seinen Kopf und schlagen ihn wie einen Ball gegen die Mauer. Blutüberströmt sinkt der Helfer zu Boden, doch sie lassen nicht von ihm ab. Da eilen andere Menschen zu Hilfe und prügeln mit bloßen Fäusten auf die Revolutionswächter ein.

Nicht nur Iran nimmt Anteil am tragischen Tod der jungen Studentin Neda. Auch in der westlichen Welt sind viele betroffen und entsetzt. Neda – zu Deutsch: die Stimme Gottes. Klingt das nicht wie ein Omen, so als käme Gott nur noch hierher, um zu weinen? Während Nedas Blick bricht und ihr Leben entweicht, dokumentiert ein schluchzender Mann alles mit seinem Handy. Wenig später ist dieses Dokument im Netz. Der Widerstand hat ein Gesicht. Ein Gesicht, das den jungen Iran präsentiert und das Leid, das ihm zugefügt wird. Ein Gesicht für alle.

Unsere Telefonate drehen sich ausschließlich um die Lage im Iran. Zu groß ist die Wunde, die der Wahlbetrug hinterlassen hat, und der Schmerz um den verlorenen Freiheitstraum.

»*Salam* Simadjan! Wie schön, deine Stimme zu hören. Seid ihr gesund?«

»Seid ohne Sorge. Erstaunlich, wie klar die Verbindung heute ist.«

»Ja, welch Glück. Erzähl schon, bevor sich das wieder ändert. Was gibt es Neues?«

»Jede Menge Verhaftungswellen.

»Das ist furchtbar. Wir hörten in den Medien davon. Unlängst hat in Paris die Internationale Föderation für Menschenrechte bekannt gegeben, dass über zweitausend Menschen im Iran inhaftiert[132] sind.«

»Vielleicht sind es sogar noch mehr. Oppositionelle werden nicht nur auf den Straßen oder in ihren Wohnungen festgenommen. Nein, selbst vor den Krankenhäusern machen die Sicherheitskräfte nicht halt. Stell dir vor, sie entführen ihre Opfer direkt aus den Betten.«

»Aref erzählte uns letztens von Yazdi. Hast du gehört, wie das abläuft?«

»Hier schweigen die Medien darüber. Absolutes Berichterstattungsverbot. Doch wir erfahren es auch so. Hier spielen sich furchtbare Szenen ab. In den Krankenhäusern werden Ärzte massiv daran gehindert, die persönlichen Daten verletzter Demonstranten und Demonstrantinnen aufzunehmen oder nach dem Grund der Verletzung zu fragen. Sobald sie die Menschen behandelt haben, holen sie die *Bassidschi* aus dem Krankenhaus und verschleppen sie. Niemand vermag, etwas dagegen zu tun. Leute, die helfen wollen, werden gleich mit weggesperrt.«

»Und da fragt sich der sogenannte Gottesstaat, warum die Menschen einen Wechsel anstreben. Wie ertragen das nur die Angehörigen?«

»Sie sind außer sich vor Sorge. Manchmal denke ich, wir leben am Tor der Hölle.«

»Was ist eigentlich mit der Französin Clothilde Reiss? Was wirft man ihr definitiv vor? Sie ist doch schon einige Zeit inhaftiert.«

»Wer? – Ach so, du meinst die französische Sprachlehrerin, die wegen der Demonstrationen auf dem Teheraner Flughafen festgenommen wurde.«

»Ja. Was soll sie denn verbrochen haben?«

»Ach, es ist doch immer das Gleiche. Ihr wird vorgeworfen, die Proteste unterstützt und spioniert zu haben. Das zieht immer bei denen. Ich denke, die wollen da um irgendetwas pokern. Hier gibt es das Gerücht, es gehe um den Austausch eines iranischen Gewaltverbrechers, der in Frankreich einsitzt.«[133]

»Ein Gewaltverbrecher gegen eine harmlose Demonstrantin?« Bitterkeit steigt in mir hoch. Es erinnert mich an das Mykonos-Attentat. Auch als die Mörder der vier in Berlin lebenden iranischen Oppositionellen, die beim Anschlag auf das Restaurant Mykonos erschossen wurden, dingfest gemacht werden sollten, hagelte es wütende Proteste aus Teheran und es gab wiederholt Versuche des für Deutschland wichtigen Handelspartners, die Verbrecher freizupressen.[134] »Und was ist mit den anderen Verhafteten? Es heißt, Chamenei will einen Schauprozess gegen Demonstranten anstreben.«

»Ja, die Nachricht geht hier um wie ein Lauffeuer. Der Staatsanwalt drohte triumphierend mit der Todesstrafe. Stell dir vor, die erste Anklage lautete: Planung einer sanften Revolution – was auch immer das heißen mag –, Verschwörung mit dem Ausland und konspirative Zusammenarbeit mit dem britischen sowie dem amerikanischen Geheimdienst. Das habe ich so oft in den Nachrichten gehört, dass ich es auswendig kann.«

»Was? Das ist doch absurd. Wollen sie die Reformer aus dem Weg schaffen, indem sie alle töten?«

»Das war wohl auch zuerst bezweckt. Doch letztens sind sie wieder zurückgerudert. Die haben sich doch mit ihren absurden Tiraden vor der Welt nur noch lächerlich gemacht. Darum wurde auch der Chefankläger unlängst abgesetzt.«

»Und nun?«

»Nichtsdestotrotz will das Regime mit Gewalt Geständnisse von Oppositionellen erzwingen. Es sind über einhundert, an denen man ein Exempel statuieren will. Aus dem Evin-Gefängnis drang letztens eine Botschaft von einem inhaftierten Professor an seine Frau, die sie sofort öffentlich machte: »Glaubt uns kein Wort, wenn wir im Fernsehen vorgeführt werden. Die Schergen wollen öffentliche Geständnisse durch Folter erzwingen. Seid auf der Hut!«

Tatsächlich werden die ersten verhafteten Demonstranten und Demonstrantinnen im iranischen Fernsehen vorgeführt. Im Netz können wir den Ausschnitt der IRNA verfolgen. »Wir standen völlig unter dem Einfluss von Voice of America und BBC«, bekennt eine Frau in schwarzem *Tschador* und beginnt zu schluchzen. Der vorläufige Tiefpunkt im Prozess ist der erzwungene Auftritt von Said Hadjarian, einem früheren Vertrauten Chatamis, der schwer körperbehindert ist. Er wird in grauer Gefängniskluft von zwei Männern in den Saal geschleppt und in die erste Reihe gesetzt. Seit einem Attentat durch den iranischen Geheimdienst kann er nur noch mit Mühe sprechen. Sein schriftliches »Geständnis« wird verlesen und sein Anblick treibt mir die Tränen in die Augen. So nach und nach sickert durch, dass die Büttel selbst vor behinderten Menschen nicht Halt machen. Man hat ihn während seiner Haft täglich der prallen Sonne ausgesetzt, indem man ihn mit seinem Rollstuhl auf den ungeschützten Gefängnishof schob. In seinem angeblichen Geständnis gesteht er schwere Fehler ein. Während es verlesen wird, wirkt er abwesend, seine Augen schimmern feucht.

Später widerrufen noch weitere Dissidenten und distanzieren sich von den Reformern. Dennoch verlieren die Angeklagten keine Sympathien in der Bevölkerung. Gerade die durch Folter und Isolationshaft erzwungenen Aussagen führen dazu, dass die angeklagten Reformer im Netz mit Solidaritätsbekundungen überschüttet werden, besonders der gequälte Said Hadjarian. Die schweren Folterungen der Gefangenen stoßen im Iran sogar bis weit in konservative Kreise auf Abscheu.

»Wie ergeht es der Opposition, Aref?« Wie immer haben wir auf beiden Seiten den Lautsprecher eingestellt, so dass wir alle miteinander sprechen können.

Arefs Stimme klingt müde. »Blassgrün. Es sieht nicht gut aus. In Karadsch hat man vierundzwanzig Männer wegen Drogendelikten gehängt.«

»Gleich vierundzwanzig?«

»Hier glaubt keiner so recht daran. Diese Hinrichtungen sind reinste Willkür. Mit großer Wahrscheinlichkeit handelt es sich um politische Gefangene, Befürworter der Opposition. Ich frage mich, wer wird diesen Sumpf je trockenlegen? In den Gefängnissen gibt es ein paar mysteriöse Todesfälle.

»Und woran sind die Gefangenen gestorben?«, fragt Saeid

»Die offizielle Version lautet Hirnhautentzündung. In Wahrheit wird es Folter gewesen sein. Was auf den Straßen los ist, geht in den Gefängnissen mit doppelter Gewalt weiter. Die kennen keine Schranken mehr und leben ihren Blutrausch aus.«

»Wie viele Menschen sind inzwischen gestorben? Die Zahlen variieren ziemlich stark.«

»Die iranische Opposition beklagt inzwischen über hundert Tote. Mussawi verlangte eine Gedenkfeier für sie. Chamenei hat das verboten. Dennoch rief Mussawi zur Teilnahme an der Trauerfeier auf.«

»Gut. Und dann. Ward ihr auch dabei?«

»Natürlich. Die ganze Familie. Doch schon vor der Trauerfeier kam die Polizei mit einem Großaufgebot und knüppelte auf die Menschen ein, die sich am Friedhof versammelt hatten. Ich habe daraufhin die Mädchen in Sicherheit gebracht. Von einem Freund erfuhr ich später, sie hätten speziell die Köpfe der Demo verhaftet. Mussawi haben sie zum Verlassen des Friedhofs gezwungen und seinen Gefährten Mehdi Karoubi haben sie eingekesselt und geschlagen. Danach wurden die Demonstrierenden handgreiflich und warfen Steine auf die Sicherheitskräfte. Das ist es, was die da oben wollen: Die friedfertigen Opfer so zu reizen, dass sie zu Tätern werden. Es ist auf jeden Fall heiß hergegangen.«

»Gab es dazu öffentliche Äußerungen der Reformer?«

»Nun Mussawi wurde gerade zum Staatsfeind Nr. 1 erklärt. Seine Frau Sahra Rahnaward macht das aber nicht mundtot. Im Gegenteil, sie unterstützt ihren Mann sehr mutig. Den Hardlinern ist es ein Dorn im Auge, dass sie an seiner Seite so viel Rederecht besitzt. Letztens kritisierte sie diese Äußerung und betonte, es herrsche kein Kriegsrecht auf Teherans Straßen und was man mit den Demonstranten treibe, sei menschenverachtend.«

»In der Tat sehr mutig, eine selbstbewusste Frau«, werfe ich ein. »Sag mal, ich habe so was läuten hören, dass sie ihr den Professorinnentitel aberkennen wollen. Stimmt das?«

»Ja, das versuchen sie, indem sie behaupten, ihre Dokumente seien erschwindelt. Keiner glaubt das. Bei ihren Studentinnen genoss sie hohes Ansehen. Sie tritt vehement für die Freiheit der Universitäten ein und betont immer wieder, wie schädlich ihre Einengung seitens des Staates ist.«

»Ich habe noch gut in Erinnerung, wie sie damals ihren Feldzug gegen den *Tschador* führte. Ihr Verhalten war ausgesprochen mutig. Ist sie nicht auch mit Schirin Ebadi befreundet?«

»Ja, schon seit der Zeit, als sie noch an der Uni war.«[135]

»Wieso war? Da habe ich was verpasst. Sie lehrt nicht mehr?«

»Nun«, wirft Sima ein und ihre Stimme klingt müde durch den Lautsprecher, »sie verlor ihren Posten in der Zeit, als Maman starb. Damals hatten wir anderes im Kopf, aber es war auch unter Minous Kommilitoninnen ein Gesprächsthema. Es heißt Ahmadinedjad habe persönlich dafür gesorgt, dass sie ihr Amt verlor.«

»Das zeigt doch nur, wie begrenzt sein Horizont ist. Zum anderen wird er wohl auch die starke Frau in ihr fürchten. Ich erinnere mich an einen ihrer Aussprüche, den ich unlängst hörte und der mich sehr beeindruckte. Sie sagte, Männer und Frauen seien wie zwei Flügel, dass ein Vogel aber nicht mit einem Flügel fliegen könne und auch nicht, wenn ein Flügel gebrochen sei. Das Bild vom gebrochenen Flügel war aus meiner Sicht eine gute Metapher für die iranische Frau, darf sie doch ohne Zustimmung ihres Ehemanns weder arbeiten noch einen Pass beantragen. Mich hat das seinerzeit zu meiner Kurzgeschichte ›Engel mit einem Flügel‹ inspiriert, die in einem Weihnachtsbuch veröffentlicht wurde.«

»He, Bary, das wusste ich ja gar nicht. Auf *Farsi* hast du sie nicht zufällig?«

»Leider nicht, aber die Übersetzung dürfte nicht schwierig sein. Doch noch mal zurück. Was ist mit den übrigen Köpfen der Opposition?«

»Oh, da ist Bewegung«, meldet sich nun wieder Aref. »Chatami warf der Justiz ›Verbrechen‹ gegen inhaftierte Regierungsgegner vor. Die Mullahschaft in Ghom spaltet sich immer mehr. Viele Geistliche distanzieren sich von den Ausschreitungen des Regimes und stellen sich offen auf die Seite des Widerstandes.«

»Einen davon kennst du gut, deinen ›Lieblingsmullah‹, wie du immer sagtest.« Simas Stimme klingt belustigt.

»Wie, Montaseri ist immer noch dabei? Er muss doch fast neunzig Jahre alt sein!«

»Nun, er ist siebenundachtzig, ein kleiner Greis mit einem Löwenherzen. Das Gute ist, dass seine Stimme Gewicht hat, obwohl die da oben alles taten, um sie abzuwürgen. Aber im Volk wird er geschätzt und er ist zudem der höchste religiöse Geistliche, also ein Großayatollah. Das war nicht mal Chomeini.«

»Was hat er gesagt?«

»Er sprach eine *Fatwa* aus«, sagt Aref, »die sich deutlich gegen Übertretungen des islamischen Gesetzes richtet, zugleich auch gegen Chameini und die Wahlfälschung. Montaseri forderte zudem, ein unabhängiges Gremium mit umfassenden Befugnissen einzusetzen. Es soll eine Lösung aus der politischen Krise im Iran finden. Er sagte, wenn das iranische Volk nicht auf friedlichen Versammlungen über seine legitimen Rechte diskutieren könne und stattdessen unterdrückt werde, werde die Regierung das bis in die Grundfesten zu spüren bekommen, egal wie machtvoll sie ist. Dieses Verhalten sei unislamisch. Ich finde, damit sagte er etwas, dass jeder vernünftige Mensch und Muslim jederzeit unterschreiben würde. Und der Ayatollah Sanei, einer von unseren neun einflussreichsten Geistlichen,[136] trat noch einmal richtig nach und ermahnte die Miliz, keinen Befehl als Entschuldigung oder Erlaubnis zu missbrauchen, die Rechte der Menschen einzuschränken, geschweige denn Menschen zu töten oder zu verletzen.«

»Eh, das sind ja ganz neue Einblicke. Wie gut, dass sich nun einige Geistliche von dem Gewaltregime distanzieren.«

»Ach, Bary, es gab schon immer Kleriker, die mit dem System nicht einverstanden waren. Man hat sie wegen ihrer Meinung sehr unter Druck gesetzt. Doch das Regime lässt keine Zweifel an dem aufkommen, was es vorhat. Chamenei bedrohte in seiner Freitagspredigt wieder mal die Oppositionellen. Er forderte, dass die Unruhestifter, wie er sie nannte, mit dem Tod, die anderen ›mit aller Härte und ohne Gnade‹ bestraft werden müssen. Chamenei zielt da ganz besonders auf Chatami ab, der fest neben Mussawi steht.«

»Denkst du, die gehen noch an Mussawi ran?«

»Alles ist möglich. Lass uns auf ein Wunder hoffen. Ein kleines hatten wir ja heute. Wir sind nicht ein Mal bei unserem Gespräch unterbrochen worden.«

Das ist vorerst unser letztes intensives Gespräch über die Lage im Iran. Ahmadinedjad bleibt an der Macht. Über persische Sender im Netz verfolgen wir in Deutschland die Amtseinführung. Selbst im Parlament ist man über seine Selbstherrlichkeit erstaunt. Er fordert die Verhaftung von Mussawi und Karoubi und gibt dem westlichen Ausland die Schuld an den Folgen der Demonstrationen, beschuldigt zudem einige Länder der Aufwiegelung. Auch Deutschland bezieht er in seine Anschuldigungen ein. Die Hälfte der Mullahschaftselite bleibt seiner Amtseinführung fern und selbst Chamenei verweigert ihm den Handkuss, was für den kleinen Diktator eine tiefe Demütigung bedeutet. Nichtsdestotrotz sitzt er mehr oder weniger fest im Sattel. Sofort beginnt er Gegendemonstrationen zu organisieren, sodass von nun an bei den Demos auf den Straßen bürgerkriegsähnliche Zustände herrschen.

Immer häufiger werden junge Menschen im Iran verhaftet und anhand ihrer SMS-Botschaften oder Telefonate verfolgt. Auch wir werden vorsichtiger und beschränken uns auf das Nötigste. Mailen unterlassen wir ganz, nachdem wir gehört haben, dass iranische Hacker im Auftrag des Regimes spionieren, und daraufhin massenweise Verhaftungen vorgenommen wurden.

Nokia-Handys sind im Iran seit Langem sehr beliebt, die sogenannte erste Wahl. In unserer Familie und im Freundeskreis haben fast alle eins und ich selbst zähle auch dazu. Was niemand für möglich hält, wird nun zur Gewissheit. Nokia[137] lieferte dem Regime mit seinem Handyangebot zugleich ein Überwachungssystem zur Abhörung von Gesprächen und Lesen von SMS-Botschaften, das die iranischen Behörden zur Verfolgung von Dissidenten einsetzen.

Ausgerechnet Minous Freund Farhad gerät zwischen die Fronten. Als er aus der Haft entlassen wird, erzählt er, man habe ihn aufgrund seiner archivierten Textbotschaften und Telefonanrufe in Gewahrsam genommen. »Wisst ihr, ich dachte, das sei nur ein Gerücht und diene der Einschüchterung«, sagt er hinterher. Der Jurastudent ist entsetzt. Seine Karriere – oder besser gesagt, seinen Wunsch, eines Tages Richter zu werden – kann er wohl an den Nagel hängen. Ab nun wird man ihn im Auge behalten und, wo immer es geht, in seiner Laufbahn behindern. »Ich bin enttäuscht und wütend, dass Nokia dieses System an unsere Regierung verkauft hat«, erzählt er uns später. »Ich könnte es entschuldigen, hätten sie es an ein demokratisches Land verkauft. Positiv betrachtet, können Polizeiorgane damit Verbrechen aufdecken wie Drogenhandel oder Kindesmissbrauch. Das ist aus meiner Sicht sogar gerechtfertigt, denn wir sehen ja, was das anrichtet. Doch wieso Nokia dieses Überwachungssystem der iranischen Regierung verkaufte, von der alle Welt weiß, dass sie die Menschenrechte permanent verletzt, ist für mich einfach unentschuldbar. Mich würde interessieren, wie der Anbieter reagieren würde, wenn ich ihm berichte, dass ich gefoltert wurde.[138] Und warum? Weil sie diese verfluchte Technologie an unsere Regierung verkauft haben! Verkaufen die im Westen für Geld ihre Seele? Langsam begreife ich, dass nicht nur Diktaturen übel handeln. Meine Weltanschauung von Demokratie und Menschenwürde hat einen ziemlichen Knacks bekommen.«

Nachdem immer mehr Fälle offenbar werden, boykottiert die iranische Bevölkerung Nokia und die Handys verschwinden aus den Auslagen der Händler.

Twitter wird nun zum Medium des iranischen Untergrunds. Hier tauschen wir uns aus und erfahren so die neuesten Nachrichten. Die Oppositionellen können über diesen Nachrichtendienst Demonstrationen organisieren und Informationen streuen. Plötzlich taucht hier die »Iranian Cyber Army« auf und hackt die Startseite des Microblogging-Dienstes. Sie missbraucht sie, um antiamerikanische Botschaften zu verbreiten. Die Twitter-Betreiber schaffen es zum Glück, ihre Website wieder zu säubern und funktionsfähig zu machen. Dennoch, der Schock sitzt.

Was aber geschieht mit den inhaftierten Demonstranten und Demonstrantinnen? Wenn die jungen Leute nach Tagen oder Wochen aus der Haft wieder zu Hause auftauchen, schweigen sie. Nach und nach stellt sich heraus, dass sie nicht nur gefoltert wurden, was schon schlimm genug ist, sondern dass viele von ihnen systematisch vergewaltigt wurden, junge Frauen wie auch junge Männer. Minous Kommilitonin Afsaneh, die sehr tatkräftig die Reformer unterstützte, kommt nach einigen Wochen aus dem Gefängnis – abgemagert und verängstigt. Es dauert lange, bis sie redet. Sie musste sich ihre Zelle mit elf jungen Frauen teilen. Zu essen gab es wenig. Sie hatte immer Hunger. Doch das war das geringste Problem. Regelmäßig wurde sie verprügelt. Zuvor band man sie an ihren Bettpfosten fest und schlug dann mit einem Lederriemen auf ihre Fußsohlen, bis sie platzten. »Der Schmerz drang mir bis ins Gehirn«, erzählte sie Minou später. »Ich weiß nicht mehr, ob ich geschrien habe oder ob mir die Kraft dazu fehlte. Wenn sie von mir abließen, war ich halb bewusstlos. Nachts hatte ich immer Angst zu schlafen, denn dann kamen die Wächter und vergewaltigten die Mädchen. Eine junge Frau ist durchgedreht, weil sie so schwer misshandelt wurde.« Als sie nicht weiter sprach, fragte Minou sie, ob noch mehr passiert sei. »Nein«, sagte Afsaneh, »ich habe Glück gehabt. Sie haben mich nicht vergewaltigt, vielleicht weil ich nicht hübsch genug bin. Doch mir tut das Herz so weh. Das Leben hat für mich keinen Sinn mehr.« Am Telefon vertraut mir Minou an, dass sie befürchtet, Afsaneh würde sich etwas antun.

Karoubi, Mussawis Mitstreiter, spricht von einer Schande für das islamische Regime und klagt die Regierung öffentlich an. Im Netz hat er auf seiner Homepage geschrieben. »Ihr habt den jungen Menschen körperlichen und seelischen Schaden zugefügt, der sich nie wieder gutmachen lässt. Das ist schlimmstes Unrecht, ein Verbrechen. Ich fordere mit Nachdruck eine harte Bestrafung und bitte die Reformer um Unterstützung.« Von nun an hat er keine ruhige Minute mehr.

Für mich ist es eine neue Erfahrung, dass zahlreiche Väter der iranischen Revolution und ihre Kinder, Enkel und Enkelinnen mittlerweile auf der Seite der Reformer stehen. Eine davon ist die Frauenrechtlerin Sahra Eschraghi, die Enkelin von Ayatollah Chomeini. Sie gilt mittlerweile als eine der zentralen Figuren innerhalb der Oppositionsbewegung, die hartnäckig sowohl das Regime als auch die Benachteiligung der Frauen bekämpft. Sahra Eschraghi zählt zu den wortmächtigsten Gegnerinnen des Regimes. Immer wieder erhebt sie ihre Stimme öffentlich gegen die Unterdrückerpolitik und ihr Engagement wird allgemein bewundert. Sie gehört zu den Frauen im Iran, die maßgeblich an den Aufständen gegen Ahmadinedjad beteiligt sind.

»Inzwischen ist sie etwas leiser geworden«, erzählt mir Sima am Telefon. »Ihr Mann, der Bruder von Chatami, wurde kurzzeitig festgenommen.« Es ist eine widerwärtige Methode und sie wird immer wieder angewandt, um Menschen zum Schweigen zu bringen. Die Sorge um die Liebsten ist stärker ausgeprägt als um die eigene Sicherheit.

Es vergehen Monate, in denen immer wieder Hiobsbotschaften Iran erschüttern. Das Regime macht seine ständige Drohung wahr und beschlagnahmt die Friedensnobelpreis-Medaille Schirin Ebadis sowie das zugehörige Diplom. Dies löst nicht nur im Iran Empörung aus.

Kurz darauf stirbt Großayatollah Montaseri in Ghom, ein herber Schlag für die Reformer. Ich trauere aufrichtig um ihn. Wie Aref sagte, er war ein kleiner Mann mit einem Löwenherzen und vielen Jugendlichen ein Vorbild. »Wir haben einen wichtigen Fürsprecher verloren«, weinen seine Anhänger. Das Regime erweist ihm keine Ehrungen. Im Gegenteil. Man möchte ihn am liebsten verscharren. Damit dies nicht geschieht, versammeln sich Hunderttausende der Grünen Bewegung. Seine Trauerfeier wird zum Massenprotest gegen das Regime und endet in einem Blutbad. Mindestens drei Demonstranten sterben.

Fast zeitgleich wird Mussawis Neffe ermordet. Er wird regelrecht hingerichtet. Auf der Website des iranischen Regisseurs Mohsen Makhmalbaf, der in Paris lebt und ein guter Freund der Mussawis ist, lesen wir, dass Ali Mussawi vor seinem Haus von einem Sportwagen überfahren wurde. Fünf Männer seien aus dem Auto gesprungen und einer habe ihn direkt ins Herz geschossen. Makhmalbaf schreibt, der Mord sei eine Drohung gegen Oppositionsführer Mussawi. Regierungsvertreter hätten den Leichnam des Neffen mitgenommen und die Familie davor gewarnt, ein Begräbnis zu organisieren.

Schon am Vorabend zu Aschura versammeln sich die Menschen in allen iranischen Städten, um gegen das Regime zu protestieren. Diesmal nutzen sie das schiitische Trauerfest zum Massenprotest. Nie zuvor hat es das gegeben. Im Netz erfahren wir, dass sich die Lage zuspitzt. Die Telefonleitungen sind dauerbesetzt. Wir sind in Sorge, wissen wir doch, dass auch unsere Familie auf der Straße ist. Die Teheraner Universität ist ein beliebter Treffpunkt, um zum Enghelab-Platz zu marschieren. Später erfahren wir, was sich dort abgespielt hat.

»*Salam* Sima. Endlich erreichen wir euch. Wir waren in Sorge.«

»Es ist alles in Ordnung.«

»Kannst du reden?«

»Ja, die haben jetzt anderes zu tun, als penibel jede Telefonleitung anzuzapfen.«

»Dein Wort in Gottes Ohr. Was ist los bei euch?«

»Nun, wir sind zum Meydoun-e Engelab marschiert. Es gab ein Gedränge. Dabei haben wir Aref und Mojgan aus den Augen verloren. Plötzlich tauchten *Bassidschi* auf. Sie schossen in die Luft, um uns auseinander zu treiben.«

»Und dann?«

»Wir haben uns nicht einschüchtern lassen, sondern laut ›Tod dem Diktator‹ gerufen. Uns selbst haben wir Mut gemacht, indem wir uns zuriefen: ›Habt keine Angst, wir halten alle zusammen!‹ Daraufhin haben die *Bassidschi* ihre Schlagstöcke gezückt und sind in die Menge gestürmt. Sie haben auf jeden eingeschlagen, der im Wege stand, egal ob alt oder jung. Dann rückten weitere nach und setzten Tränengas und Rauchbomben ein. Das hat Panik in der Menge ausgelöst. Wir mussten mit den Massen rennen, um nicht umgerannt zu werden. Das war gar nicht so einfach in dem Nebel.«

»*Ey Choda,* Sima. Wie habt ihr es geschafft, da rauszukommen?«

»Na ja, sie haben uns in die Zange genommen und blindlings in die Menge geschlagen. Ich bekam einen Hieb auf die linke Hand. Es tat furchtbar weh. Mir war, als ob ein elektrischer Schlag durch meinen Körper ging. Dazu kam die Angst, dass sie uns fassen. Minou und ich sind nur noch gelaufen. Ganz mechanisch, wie zwei Puppen. Der Schmerz hat mir fast die Sinne geraubt. Die Teufel waren uns dicht auf den Fersen. Zum Glück konnten wir entkommen.«

»Sima, was ist mit deiner Hand?«

»Gebrochen.«

»Was?«

»Ist gut vergipst. Sie wird wieder.«

Wir können unsere Tränen nicht zurückhalten. Unsere sanfte Sima, die niemandem je Böses tat!

»Nun weint doch nicht. Ist alles gut.«

»Gut klingt anders«, stöhne ich. »Was ist mit Aref und Mojgan?«

Das Schweigen dauert uns zu lange. »Nun sag schon!«, ruft auch Saeid ungeduldig. »Sind sie etwa festgenommen worden?«

»Nein, nein. Sie gerieten auch in einen Hinterhalt und wurden von den *Bassidschi* gejagt. Aref wurde in den Rücken geschlagen. Als Mojgan sah, wie er zusammensackte, kehrte sie um. Ein *Bassidschi* packte sie und schleuderte sie gegen ein Eisentor. Dabei ist sie im Gesicht verletzt worden.«

»*Choda!*«

»Ein paar Demonstranten eilten zur Hilfe. Sie haben Aref und Mojgan nach Hause gebracht. Aref hat starke Prellungen. Eine Rippe ist angeknackst. Mojgan musste an der Stirn genäht werden und hat noch ziemliche Kopfschmerzen. Aber es wird wieder.«

Unsere Gedanken drehen sich im Kreise. »Bitte geht da nicht mehr hinaus«, flehen wir.

»Erst mal nicht. Aber wisst ihr, das ist doch gerade das, was sie wollen, dass wir klein beigeben!«

Später erfahren wir, dass es mindestens neun Tote gegeben hat und neunhundert Verhaftungen. Trotzalledem erheben sich im Netz die Stimmen: »Wir werden kämpfen, wir werden sterben, wir werden unser Land zurückerobern.« Eine starke Stimme ist nach wie vor die von Mussawi: »Tötet mich, aber die Stimme der Freiheit werdet ihr niemals töten. Ich bin bereit, als Märtyrer zu sterben.« Während er das ausspricht, lauern vor seinem Hause vierzig *Bassidschi*. Seine Lage wird immer bedrohlicher. Da naht Hilfe. Menschen strömen von allen Seiten herbei. Junge und Alte, Männer und Frauen. Sie schwingen ihre grünen Banner und umringen schweigend die *Bassidschi*. Eingeschüchtert durch die Übermacht, ziehen sie tatsächlich ab.

Gleichzeitig erleidet die Opposition eine bittere Niederlage: Auf Mehdi Karoubi wird ein Anschlag verübt, den er glücklicherweise überlebt. Müde von den anhaltenden Repressalien auf seine Person erkennt er die Wahl Ahmadinedjads an. Sein Sohn Ali betont jedoch, dass sein Vater nach wie vor an einen Wahlbetrug glaube, aber um mehr Blutvergießen zu verhüten, habe er sich zu diesem Schritt entschlossen. Aber ist dieses Zugeständnis der richtige Weg?

»*Salam* Aref. Wie geht es deinem Rücken und was macht Moji?«

»Keine Sorge. Schon besser. Alles in Ordnung, anderen geht es schlechter. Habt ihr von dem Bombenanschlag auf Mohammadi gehört?«

»Ja, es stand auch hier in der Zeitung. Es gibt einige widersprüchliche Meldungen. Kanntest du ihn?«

»Flüchtig. Wir unterrichten – äh unterrichteten – an der gleichen Uni.«

»Es heißt, er war ein bekannter Atomwissenschaftler. Ist es wahr, dass er ein Sympathisant der Grünen Bewegung gewesen ist.«

»Ja, stimmt. Wir haben zusammen mit anderen Hochschullehrern die Reformer unterstützt.«

»Wie ist er gestorben?«

»Neben seinem Wagen stand ein manipuliertes Motorrad mit einem ferngezündeten Sprengsatz. Als er einstieg, ist es explodiert. Er ist zerfetzt worden. Die Straße sah aus wie ein Schlachtfeld. Alle Fensterscheiben kaputt. Eine Frau wurde durch die herumfliegenden Trümmer verletzt. Die Leute haben auf der Straße gestanden und geheult wie die Kinder.«

Wir schweigen bedrückt. Saeid räuspert sich. »Wir haben von Verschwörungstheorien seitens des Systems gehört.«

»Stimmt. Sie behaupten, er sei regimetreu gewesen und die USA und Israel hätten ihn ermorden lassen. Das hat er nicht verdient. Wir wissen es besser.«

»Wie war seine Beerdigung?«

»Oh, viele sind gekommen. Sie haben grüne Bänder geschwungen. Das hat regimetreue Anhänger in Rage gebracht und es kam zu Ausschreitungen. Meine Befürchtungen gehen noch weiter. Sie werden jetzt mutwilliger die Menschen hinrichten, die ihnen gefährlich werden können, entweder auf der Straße oder in den Gefängnissen.«

»Hast du gar keine Angst, so frei zu sprechen«

»Wovor? Sie können nicht ganz Iran in ein Gefängnis sperren und sterben kann ich nur einmal. Was ich dir erzähle, pfeifen hier die Vögel von den Dächern. Es ist ein Diskussionsthema auf den Straßen.«

Mutter Löwenherz gegen die Republik der Scheidemünzen (2010)

Auf Mussawis Website lese ich einen Beitrag von »Müttern in Trauer«. Er ist zugleich einer ihrer Schirmherren und unterstützt sie auf seiner Website[139], denn auch er hat ein Grab zu beweinen. Die Mütter in Trauer protestieren regelmäßig in Teherans Parkanlagen, um Rechenschaft zu fordern für ihre Kinder, die während der Aufstände am 12. Juni ums Leben kamen oder spurlos in irgendwelchen Kerkern verschwanden. Ihr Anblick rührt mein Herz.

Mutter in Trauer

Unter den Flügeln der Nacht
krieche ich müde durch die
Gassen des Vergessens.
Trunken reibe ich die verbrannten
Sterne unter meinen Augenlidern,
taumle blind dem Morgen entgegen.

Das Dach der Sonne ruht auf
versengten Feldern und die Fontäne
einer gesummten Melodie erstirbt
durch einen Schuss.
Asche ist auf mein Haar gefallen
und die Spiegel der Erinnerung rufen
meinen Namen.[140]

In ihren schwarzen *Tschadoren* stehen sie hoch erhobenen Hauptes da wie Rachegöttinnen, wenn nur nicht der traurige Ausdruck in den Fenstern ihrer Augen wäre, der wie Asche das Licht bedeckt. Der Schmerz um ihren Verlust und ihr Aufbegehren gegen das Übel finden Anteilnahme unter den Müttern und Vätern Teherans. Wer zählt noch die Gräber der Kinder? Etwa die schwarzen Fledermäuse, die auf den Dächern der Moscheen das Gift der Trauer mischen? Gnadenlos schließt sich der Kreis des Unrechts und gleicht damit einer Schlange, die sich in den Schwanz beißt. Doch die Mütter stehen da und wollen mit ihren Klagen den Kreis durchbrechen. Den Machthabern, die Menschen fortwerfen wie entwertete Briefmarken, ist ihr Protest seit Langem ein Dorn im Auge.

Anfang Januar kommt es zum Eklat im Laleh-Park. Wieder haben sich siebzig Mütter versammelt, um zu klagen und zu rebellieren. Plötzlich werden sie von einer Hundertschaft eingekreist und aus dem Park gejagt. Hundert Mann gegen siebzig Frauen! Ist das nicht ein Geschenk an die mutigen Frauen? Ach, wie könnten wir darüber lachen, müssten wir dabei nicht über Gräber schreiten. Dreißig beherzte Frauen durchbrechen den Kreis und hocken sich eingehakt auf den Boden nieder, um weiter Widerstand zu leisten. Da stürmen die Schergen herbei, zerren sie rüde empor und führen sie unter den aufgebrachten Rufen der umstehenden Menschen ab.

Entrüstet informiert Mussawi auf seiner Homepage die Öffentlichkeit. Die Festnahmen lösen weltweit einen Schrei der Empörung aus und nach einer Woche entlässt man die »Mütter in Trauer« aus der Haft. Kurz darauf verfassen sie einen Aufruf, der wiederum im Netz veröffentlicht und auch westlichen Ländern zugänglich gemacht wird. Dieser Aufruf ist nicht mehr eine Forderung, sondern eine offene Drohung an das Regime:

AUFRUF DER MÜTTER IN TRAUER: *STOPPT DIE HINRICHTUNGEN!*

Unser Leben ist mit den Leben unserer Kinder verbunden. Lasst nicht zu, dass sich die historische Katastrophe der achtziger Jahre[141] wiederholt!

Wir, die Mütter von heute, sind die Mädchen Irans von gestern, die an den Tagen und Monaten der Revolution von 1979 aktiv teilgenommen haben. Ist es gerecht, dass wir nun nach 31 Jahren nach der Revolution nach wie vor Zeugen von Hinrichtungen unserer Kinder sein müssen? Diese Frage stellen sich alle iranischen Mütter.

Wir – die Mütter in Trauer – haben uns in den letzten sieben Monaten spontan samstags im Lale-Park sowie in anderen Parkanlagen und auf öffentlichen Plätzen versammelt, mit unserer aktiven Präsenz die Ermordungen und Verhaftungen verurteilt und die Beendigung dieser unmenschlichen und gesetzeswidrigen Praktiken gefordert. Nun sind wir heute Zeugen der Hinrichtungen unserer Kinder.

Ist es gerecht, dass wir in allen historischen Etappen Zeugen der Vernichtung unserer Kinder sein müssen?

Wer hat die Mütter zu diesem allmählichen Tod verurteilt, dass wir immer um unsere Liebsten trauern müssen?

Was haben unsere Kinder denn in den letzten 31 Jahren gefordert?

Muss die Beteiligung unserer Kinder an den Wahlen in Verhaftung, Folter, Vergewaltigung, Ermordung und Hinrichtung enden?

Wir, die iranischen Mütter in Trauer, verurteilen all diese unmenschlichen und gesetzeswidrigen Vorfälle und warnen die Verantwortlichen, dass sie mit noch größeren Protesten konfrontiert sein werden, sollten sie ihr gewalttätiges Vorgehen fortsetzen.

Wir, die Mütter in Trauer, wiederholen unsere Forderungen »Freiheit für alle politischen Gefangenen« und »gerichtliche Verfolgung der Planer und Ausführenden der Ermordung unserer Kinder«. Wir rufen alle Menschen im Iran und der Welt auf, auf möglichst breiter Basis unsere Jugend zu unterstützen und mit allen Mitteln dafür zu sorgen, dass solche Gräueltaten sich nicht wiederholen.

Unser Leben ist mit dem Leben unserer Kinder verbunden. Lasst es nicht zu, dass sich die historische Katastrophe der achtziger Jahre wiederholt!

Mütter in Trauer, 2.2.2010

Auf Hauswände, Telefonzellen, Papierkörbe und Verkehrsschilder malen Aktivisten in grüner Farbe immer wieder den Schriftzug »22. Bahman«. An diesem Tag jährt sich die Islamische Revolution zum 31. Male und unsere Herzen trommeln den Aufruhr. Wird sich die Freiheitsbewegung weiter durchsetzen oder werden die Regimegetreuen den Tag bestimmen? Die Ungewissheit nagt wie ein Holzwurm am grünen Gerüst unserer Träume. Wir ahnen, nein wir wissen, dass kurz vor Tagesanbruch nach dem Morgengebet Müllmänner aus dem armen Südteheran in den reichen Norden der Hauptstadt ziehen, um mit Eimern voll weißer Farbe die Spuren der Nacht zu beseitigen. Seit nunmehr einunddreißig langen Jahre gehen diese Spielchen. Das Regime übermalt die Freiheit und hegt den frommen Wunsch, es könnte das gleiche mit den Gedanken tun. Darum legt es die Telefonleitungen lahm.

In westlichen Medien wird die Ansprache von Ahmadinedjad ausgestrahlt, in der er nach wie vor mit dem Atomprogramm droht. Der Westen sieht jubelnde Regimegetreue, die Fähnchen schwenkend am Azadi-Platz verharren, die Republik der Handkarren und der Scheidemünzen.[142] Wenn ich das von hier aus mit Abstand betrachte, begreife ich die Angst der Menschen hier immer mehr. Sie schauen auf schier unübersichtliche Menschenmassen, die mit Drohgebärden dem Westen gegenüber dem kleinen Diktator applaudieren, der die Welt zumindest mit Worten in Brand setzt. Und es ist die Berichterstattung der Medien, die mich traurig macht. Kein Wort mehr über die Grünen. Der Tag schreibt mit Wehmut Vergessen in den Sand.

Zwei Tage später ruft Saeid in Teheran an und stellt den Lautsprecher an, damit ich mithören kann.

»Simadjan *Salam*! Wie geht es euch?«

»Schön, dass du anrufst, lieber Bruder. Wir haben es schon den ganzen Tag versucht, aber das Netz war stets blockiert.«

»Sind alle gesund? Können wir frei sprechen?«

»Ja, ich denke schon. Das Regime feiert sich noch immer selbst.«

»Erzähle. Wie ist *der* Tag abgelaufen?«

»Am Vormittag, so gegen 10 Uhr, ging es los. Karoubi und Mussawi hatten zur Gegendemonstration aufgerufen und die Bitte verlauten lassen, wir sollten möglichst etwas Grünes an uns tragen. Wir sind diesmal geschlossen losgegangen und nahmen uns fest vor, einander nicht aus den Augen zu verlieren. Teheran glich einem Bienenstock. So viele Menschen. Sie teilten sich in drei Gruppen von Demonstrierenden. Um den Azadi-Platz waren die üblichen 200 000 Regimeverfechter. Die standen sicherlich schon vor Sonnenaufgang dort, um ihren Platz zu sichern. Nördlicher, in Richtung zum Sadeghiyeh-Platz, gab es viele, die nicht aus Teheran waren. Wir erkannten das an den Dialekten und wunderten uns. Als wir sie ansprachen, waren wir überrascht. Stellt euch vor, sie kamen von Chorramabad, Sandjan, Hamadan … aus den entferntesten Provinzen, sogar aus den kurdischen Gebieten hat man die Leute nach Teheran gekarrt.«

»Normalerweise holen sie für diese Ereignisse doch nur Leute aus der nahen Umgebung Teherans.«

»Ja, dachte ich bis jetzt auch. Aber die Lage erschien ihnen wohl zu brenzlig. Sie wollten kein Risiko eingehen. Doch ich bemerkte bald, es waren viele darunter, die gegen das Regime waren.«

»Woran hast du das erkannt?«

»Sie antworteten nicht auf die Aufrufe aus den Lautsprechern und hoben nicht zustimmend die Arme. Sie standen eher da wie Lederpuppen.«

»Und die Reaktion auf die Rede von Ahmadinedjad?«

»Während Ahmadinedjads Stimme durch die Lautsprecher dröhnte, Iran sei nun eine ›Supermacht im Nahen Osten und am Persischen Golf‹, wurde die dritte, nämlich unsere grüne Gruppe, von den Sicherheitsorganen abgedrängt, um zu verhindern, dass wir seine selbstherrliche Rede stören. Nie zuvor habe ich ein so großes Aufgebot an *Bassidschi* gesehen und Zivilpolizei war auch unter den Massen. Immer wieder wurden wir angehalten und am Weitergehen gehemmt. Ahmadinedjad hat sich die Gelegenheit nicht entgehen lassen, unser Land zum 31. Jahrestag der Islamischen Revolution wieder in die Reihe der Atomstaaten zu stellen. Es ist zum Erbrechen. Wir hörten in der Ferne seine Anhängerschaft jubeln, als er verkündete, dass nun die Leistung erbracht werden könne, um eine Atombombe zu bauen. Die Produktion von angereichertem Uran lasse sich nun verdreifachen. Als der Jubel verebbte, schloss er sogleich, Iran würde dies jedoch nicht vorhaben und es keinesfalls tun. Im Gegensatz zu den Westmächten, tönte er, die als große Lügner und Verleumder gelten, sei der Gottesstaat Iran ein Kristall der Wahrheit.«

In mir brodelt es. »Was er damit bezweckt, ist wohl klar. Ein typisches Ablenkungsmanöver von den inneren Problemen Irans. Da steht ein geschwächter Diktator, der das Vertrauen im Volk verloren hat. Außerdem hat doch nicht er die Entscheidungsgewalt über das Atomprogramm, sondern Chamenei, wobei sich schlecht einschätzen lässt, wer das kleinere Übel ist. Das ist wie zu Beginn der Revolution, als der Iran-Irak-Krieg den damaligen Machthabern als willkommenes Ablenkmanöver galt, um von inneren Auseinandersetzungen abzulenken.«

»Leider, Bary. Nun stiert die Welt wieder auf das Atomprogramm. Das Spielchen beginnt von Neuem.«

»Weißt du, Sima, das ist es, was uns so runterzieht. Wer denkt nach so einer Rede noch an die Menschenrechte im Iran?«

»Ja, das ist auch unsere Sorge. Und das macht es dem Regime noch leichter, die Menschenrechte mit Füßen zu treten. Wir sind eine friedliche Bewegung. Darum waren wir uns alle einig, keine Gewalt zu provozieren. Doch als wir das riesige Aufgebot der *Bassidschi* sahen, ahnten wir, dass es zu Ausschreitungen kommen würde. Aber Angst erzeugen ist genau das, was die wollen. So schlossen wir uns vorsichtig dem Marsch an. Natürlich behinderten sie uns, sobald sie uns sahen. Sobald wir unsere grünen Symbole zeigten, das Victory-Zeichen machten oder ›Nieder mit dem Diktator!‹ riefen, kamen sie angerannt und feuerten Tränengas. Zudem schlugen sie die Leute am Rande der Menge brutal mit Kabeln und Knüppeln. Abseits standen Gruppen von ihnen an den Bussen und warteten auf ihren Einsatz. Mit diesen Bussen haben sie später die Festgenommenen abtransportiert.«

»Die haben wirklich nichts ausgelassen. Alles präzise geplant!«

»Ja, und das ist das Neueste: Inzwischen bewerfen sie uns mit Bällen, die eine rote Farbe enthalten und auf der Kleidung haften bleiben. So markieren sie uns für spätere Festnahmen.«

»Was? Seid ihr auch getroffen worden?«

»Zum Glück nicht. Wir waren im Mittelfeld.« Das klingt wie beim Fußball. Beide müssen wir unwillkürlich lachen. Galgenhumor.

»Das Problem ist«, fährt Sima fort, »als Frau kannst du deinen Mantel wegen der Kleiderordnung nicht einfach ausziehen, falls die rote Farbe dich trifft. Es war ja nicht so, dass sie nur versuchten, uns vom Boden unter Kontrolle zu halten. Über uns kreisten mittlerweile die Hubschrauber. Ein alter Mann neben mir machte ein Victory-Zeichen zu einem Hubschrauberflieger, der tief über uns kreiste. Sofort sprangen drei *Bassidschi* aus der Menge und nahmen ihn fest. Die haben keine Ehrfurcht vor dem Alter, vor nichts. Ich weiß nicht, wohin sie ihn brachten, denn plötzlich ging alles drunter und drüber. Karoubis Wagen kam in Sicht. Er wollte unsere Demonstration unterstützen. Das hat uns alle sehr berührt.

Plötzlich stürmten die *Bassidschi* mit ihren Knüppeln herbei und schlugen wie wild auf Motorhaube und Fensterscheiben ein. Und dann brach ein Tumult los. Wir wurden abgedrängt und ich hörte Schreie.«

»Karoubi ist zu bewundern. Ich dachte, nach dem letzten Anschlag würde er aufgeben. Er hat ja schon einiges einstecken müssen und dennoch ist er wie ein Stehaufmännchen«, sagt Saeid.

»Mutige Menschen wie er geben unserer Bewegung Kraft. Nach dieser Attacke wurde er in Sicherheit gebracht. Sein Sohn Mohammad ließ später über BBC Persian verlauten, ein Stein habe seinen Vater an den Kopf getroffen und es sei auch Tränengas in den Wagen gedrungen. Karoubis Sohn Ali hat man übrigens verhaftet.«

»Sima, für die Opposition wird die Lage immer gefährlicher.«

»Das zu leugnen, wäre zwecklos. Aber wir dürfen nicht in die Knie gehen. Die Gottlosen sind die, die unsere Würde stehlen. Seid guten Mutes. Die Grüne Bewegung wurde nicht an einem Tag geschaffen und sie wird nicht an einem Tag zerstört! Dass sie uns so massiv bekämpfen, zeigt doch, dass sie in uns eine Gefahr sehen.«

»Was geschah nach dem Anschlag auf Karoubi?«

»Wir zerstreuten uns, um ihnen keine Angriffsfläche zu bieten. Plötzlich kam uns eine aufgeregte Demonstrantin entgegen und rief: ›Mussawis Frau Sahra wird mit Schlagstöcken von einer Gruppe *Bassidschi* am Sadeghiyeh-Platz getreten und geschlagen!‹ Sofort drehten wir um und stürmten dorthin. Uns folgten eine Menge Leute, denn das sprach sich wie ein Lauffeuer herum. Wir hofften, ihr beistehen zu können. Viele waren schon vor uns dort. Sahra Rahnavard war tatsächlich verletzt. Sie blutete im Gesicht und an der Hand. Doch die Leibwächter Mussawis waren gerade dabei, sie zum Wagen zu bringen, und Demonstrierende bildeten einen Schutzring. Doch nun wurde Mussawi von einigen Zivilpolizisten mit Baseballschlägern bedroht. Viele Leute haben sich schützend vor ihn gestellt. Einige wurden bei den Angriffen verletzt und einer ging sogar zu Boden. Um uns herum war ein fürchterliches Geschrei und überall war Blut.«

»Und dann?«

»Wir konnten nichts tun, außer ihren Rückzug durch unsere Anwesenheit zu unterstützen. Das war ein dunkler Augenblick. Das Regime verbreitete hinterher die Nachricht, Mussawi und seine Frau hätten sich nie auf der Versammlung gezeigt, so wie es auch angeblich keine Gegendemo gegeben hat. Im Gegensatz dazu schrieb »Fars Nachrichten«, dass Mussawi den Leuten nur entgangen sei, indem er sich in Frauenkleidern davongemacht habe.«

»Um Lügen waren die nie verlegen. Aber wieso Frauenkleider?«

»Ein alter Schachzug – sie haben ihn schon öfter angewandt, um Leute zu angeblichen ›Memmen‹ abzustempeln, die andere verehren.«

»Und wie reagiert die Öffentlichkeit darauf?«

»Die Menschen lassen sich nicht verdummen. Einige Männer haben sich daraufhin aus Solidarität mit einem *Tschador* bekleidet, sich darin öffentlich fotografieren lassen und die Bilder ins Netz gestellt. Nun, wir haben keine leichte Zeit. Aber es wird ihnen nicht gelingen, unsere Bewegung zu stoppen. Das Aschurafest war ihnen eine Warnung. Da gehörte die Straße uns. Leider haben sie diesmal gewonnen.«

»Sima, wir haben Angst um euch.« Ich spüre meine Tränen hochsteigen.

»Weine nicht, Bary. Habt Geduld, unsere Zeit wird kommen.«

Wie lange ist das her? Unsere Zeit wird kommen, hat Sima gesagt. Dürfen wir uns auf die Zeit verlassen, die nichts anderes tut, als zu vergehen? Werden wir noch einen freien und demokratischen Iran erleben oder unsere Kinder oder erst ihre Kinder? Die Islamische Republik wütet wie ein Vorschlaghammer und hat unsere Hoffnungen in den Boden gestampft. Weiterhin erhöht sie ihren Druck auf die Führer der Grünen Bewegung, indem sie ihnen die Ämter nimmt oder sie, wie unlängst Karoubi,[143] mit dem Tode bedroht. Sie löst reformorientierte Parteien auf, verbietet deren Medien und inhaftiert massenweise politische Gegner. Ihren Familien wird für den Fall, dass sie Medieninterviews geben, mit Verhaftung gedroht, viele von ihnen werden zur Zeit verfolgt, weil sie sich für ihre inhaftierten Angehörigen einsetzen und Informationen über sie an die Medien weitergeben. Immer mehr Frauen sind darunter, die mutig die Stirn bieten. Unlängst hielt Mussawi eine Rede[144] vor einstigen Kämpfern der Islamischen Revolution. Dabei gestand er Fehler ein: »Unsere Verbindung mit dem Volk haben wir leider über die Jahre verloren. Wir dachten, wir wüssten mehr als sie und könnten ihnen sagen, was wir wollten, und sie müssten gehorchen. Wir haben unsere kollektive Intelligenz nicht genutzt. Die Tatsache, dass Positionen und Machtstellungen einigen Personen auf der Basis von Korruption und persönlichen Interessen übertragen wurden, hat dazu geführt, dass wir unsere Verbindung mit den Massen verloren haben. Leider sind wir auf diesem Gebiet schwach geworden und nur noch äußerlich islamisch.«

Weiter verurteilte er die Instrumentalisierung des Islam durch die Islamische Republik. »Ich wünschte, diese Verschlechterung wäre nicht im Namen des Islam geschehen. Warum wird der Islam heute für jedes Problem und jeden Mangel verantwortlich gemacht?« Dabei verwies er auf Erklärungen der schiitischen Großayatollahs Montaseri, Sanei und Bayat-Sandjani, die betont hatten, dass die Unterdrückung der Volksproteste durch die Regierung ›unislamisch‹ sei.

»Der Islam schlägt niemanden. Der Islam verhaftet und verleumdet niemanden, er hält niemanden im Gefängnis fest und schafft keine Unterdrückung. Der Islam unterstützt ausdrücklich eine nationale Wirtschaft, ein großes und unabhängiges Land. Wir haben die äußerst wichtige Pflicht, durch unser Verhalten und unser Handeln zu zeigen, dass der Islam unsere Unabhängigkeit unterstützt und nicht zulässt, dass unsere Unabhängigkeit auch nur um ein Jota beschnitten wird«, fährt er fort.

Schließlich kritisierte Mussawi erstmals die Wahlgesetze der Islamischen Republik. »Der Staat darf keine Entscheidungen für die Menschen treffen. Bei einer Betrachtung von außen sehen wir die Abscheulichkeit dieser Praxis, die es vier oder fünf Personen, von denen wir annehmen, dass sie vollkommen perfekt sind und sämtliche Tugenden der Welt in sich vereinen, erlaubt, dazusitzen und ein paar Leute zu disqualifizieren, ein paar andere Leute auszuwählen und eine Nation von 75 Millionen Menschen aufzufordern, aus dieser Vorauswahl eine Wahl zu treffen. Schlimmer kann man mit einer Nation nicht umgehen.

Darum müssen wir Bewusstsein schaffen und die Reichweite dieses Bewusstseins ausdehnen, um Dorfbewohner, Bauern, Handwerker,

Arbeiter und Lehrer mit einzubeziehen. Wir müssen ihnen sagen: Dieses Leben ist nicht das, was ihr verdient. Wenn wir auf diesem Gebiet weiterkommen, werden wir die Voraussetzungen für fundamentale Veränderungen in diesem Land schaffen.«

Die Grüne Bewegung lebt vom Informationsfluss, den das Regime regelmäßig zu drosseln versucht, denn Wissen ist bekanntlich Macht. Andererseits muss bedacht werden, dass die iranische Bevölkerung mit wirtschaftlichen Schwierigkeiten zu kämpfen hat. Sie muss gegen das Regime kämpfen und gleichzeitig etwas zu essen auf den Tisch bringen. Das ist ein immenser Druck. Was heißt das für uns? Zunächst müssen wir dafür Sorge tragen, dass der Informations- und Wissensfluss in der Gesellschaft konstant bleibt. Sodann müssen wir den Preis in die Höhe treiben, den die Regierung für ihre Menschenrechtsverletzungen zahlt. Mit anderen Worten: Die Islamische Republik darf es nicht wagen, Menschen so einfach ins Gefängnis zu werfen. Wir müssen ein starkes Informationsnetzwerk etablieren, um die Nachrichten über unsere Landsleute aus dem Inneren in die Welt zu tragen.

Jeden Tag muss in den ausländischen Medien etwas über den Iran berichtet werden, um so die ausländischen Regierungen zu beeinflussen. Wir müssen die Bevölkerung unserer Gast- oder Zweitländer über die wichtigsten Probleme im Iran auf dem Laufenden halten. Wenn die Menschen informiert sind, können sie Druck auf die Medien und die Politik ausüben, damit sich Nachrichten verbreiten und die Regierungen gezwungen sind zu reagieren. Auf diese Weise könnten wir einen globalen Konsens zur Unterstützung der Bewegung erreichen, damit sie fortlebt.

Die Grüne Bewegung ist einzigartig, denn in ihr sind zum ersten Mal alle Oppositionellen miteinander vereint. Sie wollen Menschenrechte und fordern Gleichheit zwischen Männern und Frauen. Die Grüne Bewegung führt sich selbst, auch wenn Karoubi und Mussawi die Fähigkeit besitzen, Menschen zu mobilisieren. Einige betrachten sie als Führer, andere nicht und sie selbst sich auch nicht. Die Lebenskraft der Bewegung hängt davon ab, dass die Menschen kommunizieren und einen gemeinsamen Nenner finden.

Sar omad semestan – der Winter ist vorbei, heißt dieses hoffnungsvolle Lied, das wir unter einem grünen Himmel sangen. In welcher Gasse der Erinnerung ist die Zeit verloren gegangen, dass der Frühling nicht mehr kommt? Nun hat sich der Winter in die Herzen geschlichen und droht mit seiner Härte, die Tulpen zu zertreten. Ich kann nicht mehr zuschauen, aber ich will den Trauerschwalben auch nicht gestatten, Nester in meinen Mund zu bauen. Ich zähle die Risse in meinem Herzen, aber ich greife auch nach der Waffe des Wortes. Niemand darf umsonst gestorben sein, niemand darf ungenannt bleiben, höre ich das Flüstern von bleichen Lippen. Mögen unsere Träume wie grüne Ballons zerplatzen, der Frühling wird zurückkommen und wir werden ihm den Weg bereiten. Unsere Hoffnung ist wie eine grüne Taube, die zu den Kindern Irans fliegt, um sie in ihrem Leid zu trösten. Wie die Stimmen der Zikaden werden auch ihre Stimmen nicht verstummen. Nachts stehen sie auf den Dächern von Teheran und rufen laut *»Allah-u akbar –* Gott ist groß«. Drei Worte, in denen das Leben liegt. Kein Protest gegen den Glauben, sondern gegen die Gewalt derjenigen, die ihn missbrauchen. Und ich denke an Gaby, die deutsche Buchhändlerin, und höre, wie sie lächelnd zu mir sagt: »Alle Iraner sind meine Kinder.«

Norus ist der leuchtende Stern, der seit Anbeginn der Geschichte Irans unsere Identität und unser Dasein mit seinem hoffnungsvollen Licht füllt. Nichts und niemand konnte ihn bisher zum Erlöschen bringen, weder die mächtige Armee Alexander des Großen noch der blutige Angriff der Tataren, weder die Verwüstung durch die Mongolen noch die Zerstörung durch Tamerlan oder die Eroberung durch die Araber. Auch neuzeitliche Unterdrückung und Gewalt konnten dieses ewig wärmende Licht niemals aus den Herzen der Menschen verbannen.

Das Telefon schreckt mich aus meinen Gedanken. Simas Stimme klingt wie von einem fernen Stern.

»Bary, sie wollen den Feuersprung zum *Norus* verbieten!«

»Simadjan, sorge dich nicht. Ich bin sicher, es wird ihnen nicht gelingen.«

Epilog: »Wo dein Teppich ist, ist dein Heim«

Im Raum ist es schwül. Geisterhaft flattern Schatten über die Wände. Schlaflos liege ich auf meinem Diwan. An meiner Seite ruht mein Kater Balou. Ab und zu hebt sich der Vorhang über seinen Augen. Dann trifft mich sein glänzender Blick, in dem sich der Mond widerspiegelt. »Wieso schläfst du nicht?«, fragt er mich stumm. Er hat sich auf eines der vielen Kissen zusammengerollt, den Kopf auf den buschigen Schwanz gestützt. Seine Ohren sind wachsam gespitzt. Gedankenverloren kraule ich sein schimmerndes Fell. Kleine Funken verbergen sich darin, die unter meiner streichelnden Hand knistern. Balou schnurrt: »Hör nicht auf. Ja, so ist es gut. Noch einmal hinter dem Ohr!« Genüsslich reckt er mir sein Köpfchen entgegen. Seufzend blicke ich durch die geöffneten Gardinen. Dort oben wacht mein alter Freund. Der Schlaf versucht meine Glieder zu fesseln, streicht über meine brennenden Augen. Doch mein Geist lässt sich nicht täuschen. Wie dunkle Schmetterlinge flattern meine Gedanken durch Raum und Zeit. Unruhig wie ein lichtloser Falter flattert auch mein Herz.

Ich stehe auf und öffne die Fensterflügel. Mit der nächtlichen Kühle dringt zarter Rosenduft herein. »Komm«, flüstert eine geheimnisvolle Stimme aus dem Garten und ich bewege mich willenlos wie eine Gliederpuppe hinaus. Der Garten wirkt geheimnisvoll. Mondlicht ruht auf den Blumenkelchen, die sich, halb geöffnet, nicht dem Schlaf ergeben. Das Plätschern des nahen Springbrunnens ähnelt dem Klang kleiner Silberglocken. Die Zikaden schweigen in dieser Nacht. Selbst die Nachtigall ist verstummt. Erwartungsvolle Stille liegt auf allem. Ist Stille greifbar? Mir ist, als wolle sie mich umgarnen. Ein Schatten lässt sich neben mir nieder. Leuchtende Augen schauen zu mir empor. Balou. Noch ein Blick, dann duckt er sich. Mit einem Sprung ist er draußen und von der Dunkelheit verschluckt. Der Atem der Nacht wedelt die Palmenfächer hin und her, die sich wie im Tanze wiegen. »Komm zu mir«, scheint sie zu raunen.

»Alter Mann da oben«, flüstere ich, »kannst du mich hören? Ich bin es, das Kind der vier Winde, das nirgendwo hingehört. Wie kann ich mich jemals deinem Bann entziehen? Will ich es denn überhaupt. Schon seit Kindertagen, als ich meine Geheimnisse mit dir teilte, und später, als ich dich zu meinem Verbündeten machte, weil ich niemandem mehr vertraute. *Aghadjan*, mein liebes Väterchen. Das allabendliche Ritual des Geschichtenerzählens, ohne das ich mich weigerte einzuschlafen. Atemlos lauschte ich deinen Erzählungen, die heute noch in mir weiterleben und dir, lieber Mond, Leben einhauchten. War es erst gestern, als *Aghadjan* mich lächelnd anschaute und auf meiner Bettkante saß? Erzähle, *Aghadjan*, erzähle mir die Geschichte von der Liebe zwischen Sonne und Mond!« Da flüstert ein Schatten: »Die Zeit des Geschichtenerzählens ist zu Ende. Ich bin nicht fremd hier, doch diese Zeit gehört mir nicht, und ich gehöre nicht dieser Zeit. Der Mann im Mond ist tot.«

Ich wache auf. Tränen vernebeln meinen Blick, während mich die Erinnerung meines Traumes noch umklammert. Überirdisch schön leuchtet der Mond, golden wie Safran. Er ist real. Wie eine Liebkosung berührt sein Licht meine Wangen, als wolle er mich trösten. Doch ich bin die Gefangene meiner Gedanken, die mich nicht zur Ruhe kommen lassen. Das westliche Bild über meine zweite Heimat wirkt oft verzerrt und ich fühle mich erschöpft. Iran ist weder ein ›Schurkenstaat‹ noch ein ›Märchen aus Tausendundeiner Nacht‹. Obwohl die Menschen dort seit Jahrzehnten unterdrückt werden, machen sie das Beste aus ihrem Leben.

Ich selbst bin zwischen den Kulturen hin- und hergerissen, denn ich lebe in meiner anderen Heimat Deutschland mit einem jüdischen Erbe und einem iranischen Herzen. Beherrsche ich auch weder die Schrift noch die Sprache in *Farsi* vollkommen, so ist meine Liebe zum Iran tief verwurzelt. In den Menschen entdecke ich mich selbst stets wieder, fühle mich ohne Worte verstanden.

Auf einigen meiner Reisen in den Iran führte ich Tagebuch, um Wandlungen nach der Islamischen Revolution besser wahrnehmen zu können. Anfangs schrieb ich nur für mich als stille Beobachterin. Doch bald wuchs in mir der Wunsch, meine Aufzeichnungen zu veröffentlichen[145] und das im Westen in die Schieflage geratene Bild über den

Iran und seine Menschen gerade zu rücken. Letztendlich wurde es ein Weg zu mir selbst.

Eine iranische Redensart lautet: »*Dastet dard nakon-e* – Möge deine Hand niemals schmerzen«. Es ist ein liebenswerter Brauch, seinen Dank auszudrücken. Doch ist es mehr als das – eine Lebensweise. *Dastet dard nakon-e* sagt viel über die Menschen im Iran, über deren Mitgefühl, Verbundenheit und Dankbarkeit. Das iranische Volk ist warmherzig und gastfreundlich. Auf eine angenehme Art zeigen die Menschen ihr Selbstbewusstsein und haben sich dennoch eine fast kindliche, liebenswerte Seite bewahrt. Unerschrocken äußern sie ihre Meinung, und das in einem Land, in dem alles, nur nicht die Wahrheit gesagt werden darf.

Doch auch der Wunsch, mehr über den jüdischen Teil meiner Familie zu erfahren, brennt in mir wie die nimmermüde Flamme in einem Tempel. Eine Reise nach Israel – in den Augen des derzeitigen iranischen Regimes ein »Verbrechen«, das sogar als Verrat geahndet wird.[146] So wahren wir Stillschweigen gegenüber unserer Familie im Iran. Schon das Wissen darum könnte ihr schaden. Unsere Ängste und Bedenken haben wir über Bord geworfen. Wenn die Angst unsere Seele frisst, dann verlieren wir uns selbst.

In Haifa wandelte ich auf den Spuren meiner Großmutter, die dort aufwuchs, und hielt mit ihr stille Zwiesprache, während ich vom Baha'i-Tempel auf die Stadt hinabblickte und sich in der Ferne das Meer wie ein blaues Band bis zum Horizont zog. Es mutete mich seltsam an, dass die persischen Baha'i hier in Israel Schutz vor meiner anderen Heimat Iran fanden, hier in der Stadt meiner Großmutter. Großmutters Nähe habe ich immer gespürt, doch in Israel war es so, als stünde sie neben mir und legte ihre Hände auf meine. Dass ich sie niemals kennenlernen durfte, weil sie dem Holocaust zum Opfer fiel, hat mich geschmerzt, so wie es meine Mutter schmerzte, wenn sie von ihr erzählte und hin und wieder betonte, ich wäre ihr ähnlich. Das berührte mich wie die Erkenntnis, in den Zügen meiner Tochter nun meine Mutter wiederzuerkennen und in den blauen Augen meines Enkels Louan Rafael, dessen Mutter eine weitere Nationalität in unsere Familie einbrachte, das eigene Spiegelbild zu entdecken, obwohl er die Züge meines Sohnes trägt. So erkennen wir uns immer wieder und bleiben weiterhin Nomaden der Rastlosigkeit.

Wann ich meinen geliebten Iran wieder sehen werde? Ich weiß es nicht. Die Türen beginnen, sich zu schließen. Aber die Sehnsucht wird mich erneut in einem Eisenvogel dorthin tragen. Es gibt immer wieder ein *Norus*. Und wie Aref schon sagte: Sterben kann ich nur einmal.

Bin ich am Ende meiner Suche angelangt? Die Zeit, diese geduldige Närrin, stand mir wacker zur Seite. Durch meine innere Zerrissenheit glich mein Leben einem Puzzle. Wie sehr ich mich auch bemühte, es zusammenzufügen, stets fehlte mir ein Teil, bis ich erkannte, ich muss mich selbst einsetzen. Mein Platz ist dort, wo der Osten den Westen umarmt.

Anmerkungen

1 Täbriz ist die Hauptstadt der iranischen Provinz Ost-Aserbaidschan und liegt im Norden des Landes.

2 »djan« in Verbindung mit dem Namen bedeutet so viel wie »Leben« und ist eine Koseform des Namens.

3 Dschinn: Geist, Dämon

4 Salam: Frieden. Hier heißt das so viel wie: Hallo Iran!

5 Tschador: Ärmelloser Umhang, der die Haare und den Körper verhüllt. Entstammt dem Persischen und bedeutet »Zelt«.

6 Monkerat: Komitee gegen verwerfliche Taten, sog. Moralpolizei. Diese Einrichtung wurde 1981, zwei Jahre nach der islamischen Revolution, geschaffen und war gefürchtet, weil es eine gewaltige Macht auf die gesellschaftliche Ordnung ausübte und leider immer noch ausübt.

7 Abla (türkisch): Schwester

8 Die Tulpe hat wie auch die Rose eine besondere Bedeutung im Iran, ist ihr Ursprung doch hier zu finden. Die schwarze Tulpe im Zeichen der Landesfahne wurde zum Symbol der iranischen Revolution. Ihre Schriftzeichen bedeuten auf Arabisch nichts anderes als das Wort »Allah«.

9 Farsi: die offizielle Amtssprache im Iran.

10 Asari: eine Turksprache mit persischen wie auch türkischen Elementen, die im Norden Irans neben der Landessprache Farsi vertreten ist. Sprache des aserbaidschanischen Volkes.

11 Tarouf: strenge, oft unsinnige Höflichkeitsfloskeln

12 Im Krieg war der Straßenverkehr wirklich so chaotisch. Inzwischen hat sich einiges geändert. Aber es ist immer noch sehr abenteuerlich, in Teheran mit dem Auto zu fahren.

13 Ali Schariati (1933-1977) war ein Gelehrter und studierte u. a. an der Sorbonne in Paris. Er predigte einen reinen Islam nach Ali, dem Schwiegersohn Mohammeds, wobei er sich gegen einen »korrumpierten« und unterdrückenden Islam der herrschenden Klasse zur Wehr setzte.

14 Mast-e chiar: Joghurtspeise mit Gurke

15 Hadschi: Mekkapilger. Das »schi« wird weich gesprochen wie bei Jalousie. Eine Frau, die die Pilgerreise nach Mekka unternommen hat, heißt: Hadschi-Chanum.

16 Tschai heißt im Iran einfach Tee, nicht zu verwechseln mit dem indischen Gewürztee »Chai«. Welche Bestandteile im Tee erhalten sind, ergibt sich aus dem Zusatz, wie zum Beispiel Tschai-e nana (Pfefferminztee).

17 Diese Politik hatte Folgen: Im Jahre 1986 zählte Iran 37 Millionen Menschen. Ende 2010 hat sich die Bevölkerungszahl nahezu verdoppelt.

18 Do'a: Segenswunsch

19 Hussein Ali Montaseri galt nach Chomeini als der zweitwichtigste Geistliche des Iran und wurde sogar als sein Nachfolger gehandelt. Doch weil er Maßnahmen des Revolutionsführers kritisierte, fiel er in Ungnade, blieb aber eine religiöse Autorität. Er wurde einer der stärksten Gegner des Regimes.

20 Zur Schreibweise und Aussprache von Schirāz: Das »z« am Ende ist die Umsetzung des persischen Buchstabens »ze«, der weich wie ein »s« gesprochen wird.

21 Hafez (1319-1389) wird mitunter auch Hafes oder Hafis geschrieben. Die verschiedenen Schreibweisen ergeben sich daraus, dass die persische Sprache sieben »s« und »z« kennt, die alle unterschiedlich betont werden. Bei Hafez ist es der Buchstabe »za«, auch »zejn« – wie in meinem Namen Naziri, der Nasiri gesprochen wird.

22 Sa'adi lebte von 1190 bis 1291.

23 Auch Palästinensertuch genannt.

24 Kanat: Ein Äquadukt tief unter der Erde versorgt durch wellenartige Bewegungen – verursacht durch Wasserräder – Brunnen und Kanäle mit Wasser.

25 Amir Ahmad starb 835.

26 In der hochentwickelten Kultur des Elam-Reiches wurde in diesen Zeiten eine Muttergöttin verehrt: Pinikir (auch Pinigir) = Göttin, öffnet ihren Mutterleib. Sie war eine wichtige Göttin in allen Perioden der elamischen Geschichte, bedeutende Tempel u. a. in Susa (antike Stadt im Südwesten des Iran) waren ihr gewidmet.

27 Es umfasste Gebiete der heutigen Staaten Iran, Irak, Afghanistan, Usbekistan, Griechenland, Bulgarien, Türkei, Zypern, Syrien, Libanon, Israel, Ägypten, Teile von Libyen, des Sudans, Pakistans und Zentralasiens sowie Gebiete im Kaukasus.

28 Kouroush: Kyros der Große (regierte Persien von 559 v. Chr. bis 529 v. Chr.), Verfasser der ersten Menschenrechtscharta

29 Eram: Parkgarten in Schirāz (auch Paradiesgarten genannt)

30 Leila und Madschnun: Liebespaar der persischen Mythologie aus dem »Schāhnāme«, dem Buch der Könige, von Ferdowsi.

31 Die Fatwa ist Teil der Scharia, des religiös legitimierten islamischen Rechts, und stellt eine Art islamisches Rechtsgutachten dar. Sie dient dazu, Probleme im Rahmen der Religion zu lösen. Dabei ist ihre Auslegung sehr dehnbar und unterliegt immer dem subjektiven Einfluss ihres Verfassers. In diesem Sinne wurde mit den Fatwas viel Unrecht getrieben. Die Berüchtigste unter ihnen wurde von Chomeini selbst ausgesprochen, als er am 14. Februar 1989 zur Tötung des Schriftstellers Salman Rushdie aufrief wegen angeblicher Gotteslästerung in seinem Buch »Die Satanischen Verse« und wegen Abfalls vom Islam.

32 Ghasel: lyrische Versform, die in Persien sehr beliebt war und ist

33 Puschti: Sitzkissen aus geknüpftem Teppich

34 Omar-e Chayyām (auch: Omar Khayyām geschrieben) lebte um 1048 bis 1123 in der Provinz Chorasan. Er war sowohl Mathematiker und Astronom als auch Philosoph und Dichter.

35 Robaiyat: Vierzeiler

36 Sufis: asketische Mystiker

37 Ney: traditionelle Rohrflöte

38 Gemeint sind die Provinzen Ost- und West-Aserbaidschan, die im Nordwesten Irans liegen und an den gleichnamigen Nachbarstaat grenzen.

39 Ali Akbar Haschemi Rafsandjani war von 1989 bis 1997 iranischer Staatspräsident.

40 Rusari: Kopftuch

41 Ali Chamenei war von 1981 bis 1989 Staatspräsident und wurde nach dem Tod von Chomeini 1989 zum neuen Revolutionsführer und Obersten Rechtsgelehrten bestimmt. Seitdem hat er unumschränkte Machtbefugnisse über alle Institutionen.

42 Basari: Händler im Basar

43 Ghand: Zucker, der von einem Zuckerhut in Stücken abgebrochen wird

44 Loristan ist eine der dreißig Provinzen im Iran und liegt im Südwesten des Landes.

45 Chanum: Frau, hier: meine Dame

46 Choda: Gott

47 Ein Ehefähigkeitszeugnis ist eine Bescheinigung des deutschen Standesamts zur Eheschließung im Ausland, in dem beide Verlobte genannt sind. Es bescheinigt die Tatsache, dass nach deutschem Recht der beabsichtigten Eheschließung keine bekannten Ehehindernisse entgegenstehen.

48 Esfand ist eine Gewürzmischung (sie enthält u. a. auch Weihrauch), der eine heilsame Wirkungen zugesprochen wird. Vorwiegend wird sie auf Holzkohle gestreut, der Rauch wirkt ähnlich wie bei Räucherstäbchen. Esfand wird bei Erkältungen verwendet, aber auch zum Ausräuchern von Wohnungen, um schlechte Energien zu vertreiben und Unheil abzuwenden, oder bei Ankunft oder Abschied von geliebten Menschen.

49 Stadtteil in Ost-Teheran. Wörtlich: 7 Brunnen. Tatsächlich befinden sich in dem Park in der Stadtmitte sieben Brunnen.

50 Barbari: Fladenbrot

51 Sangak: langes (ca. 1,20 m), sehr flaches, knuspriges Brot, wird schnell ledrig, wenn es einen Tag alt ist – im Gegensatz zum etwas dickeren, weichen Fladenbrot

52 Schia: Die schiitische ist nach der sunnitischen die zweitgrößte Konfession im Islam. Die beiden Religionsgruppen entstanden, weil die Gläubigen sich über die Person des Nachfolgers von Mohammed nicht einigen konnten. Der Name Schia (ausgesprochen: Schiya) wird abgeleitet von »der Parteigänger Alis« (schiat-un-ali). Sie ist die iranische Staatsreligion und rund neunzig Prozent der islamischen Bevölkerung des Iran bekennt sich zum schiitischen Glauben.

53 Gowhar Schad wurde 1378 geboren und starb am 1. August 1457, vermutlich wurde sie ermordet. An ihrem Hof förderte sie über hundert persische Dichter, deren berühmtester Abdur Rahman Dschami (1414-1492) war, der noch heute auch über die Grenzen Irans hinaus populär ist.

54 Haram hat vielerlei Bedeutungen. Direkt übersetzt heißt haram tabu. Doch hier handelt es sich um einen Ort, der von jedem Respekt fordert, der ihn betritt.

55 Tacht-e tschubi: Niedriges Holzpodest, auf dem ein Teppich und einige Sitzkissen liegen. Die Speisen werden vor die Sitzenden gestellt.

56 Im Jahre 2003 wurden die Sendungen des Offenen Kanals eingestellt. Zu geringe Zuschauerzahlen und zu hohe Kosten, hieß es in der Begründung.

57 Das Evin-Gefängnis wurde 1971 unter dem Schah errichtet und von seinem Geheimdienst SAVAK betrieben. Auch nach der Islamischen Revolution wurde es weiter »genutzt«. Bis heute gilt sein Name als Synonym für Folter und außergerichtliche Exekutionen. Es liegt im Norden Teherans am Abhang des Elburs-Gebirges, viele Zellen sind unterirdisch und tief in den Berg hineingebaut.

58 Die Bassidschi (Basidsch-e Mostaz'afin: die Mobilisierten der Unterdrückten) erhielten nach dem Iran-Irak-Krieg wieder Aufwind. Durch ihren fatalistischen Gehorsam dienen sie vor allem dem Regime zur Unterdrückung der Opposition.

59 »Um zu überleben, muss man das Schweigen brechen«, sagte sie und startete 1998 eine Unterschriftenkampagne für mehr Frauenrechte im Iran. Zugleich war sie Mitbegründerin des unabhängigen iranischen Schriftstellerverbandes. Sie wurde später seine Präsidentin und ist somit ein Dorn in den Augen der Fanatiker. Mit den sogenannten Kettenmorden an Journalisten und Schriftstellern, etwa um die gleiche Zeit, verlor sie gute Freunde. Doch aufgegeben hat sie nie: »Mit Waffengewalt kann man nichts erreichen. Der einzige Weg und die einzig wirksame Waffe im Kampf um Menschenrechte ist die schreibende Feder.«

60 Azar Nafisi hat 1997 Iran verlassen.

61 Die erste Linie wurde 1999, also drei Jahre später, in Betrieb genommen.

62 Khakshir: Erdenmilch (wörtlich übersetzt), eine Art Beifußgewächs (auch Mutterkraut genannt). Die Samen werden in Wasser aufgelöst. Als Erfrischungsgetränk wird es, mit Zucker gesüßt, kalt zu sich genommen, als Heiltrank wird es etwas erwärmt und Honig hinzugefügt. Es hilft gegen Influenza, Frauenleiden und Verdauungsstörungen.

63 Derwisch: muslimischer Asket

64 Allerdings wurde ein großer Teil seiner Poesie erst nach seinem Tod veröffentlicht.

65 Im Vielvölkerstaat Iran ist nur etwa die Hälfte der Bevölkerung sprachlich und ethnisch betrachtet persischstämmig. Die Autonomiebestrebungen der nationalen Minderheiten und Volksstämme, wie etwa der Beludschen oder der Kurden, wurden schon zu den Zeiten der Schahs bekämpft. Chomeini befahl sogar den Generalangriff auf das kurdische Volk, auch die heutigen Vertreter des Mullahregimes wehren alle Autonomiebestrebungen oder Forderungen nach angemessener Mitsprache ab und unter den verfolgten und ermordeten Oppositionellen waren wieder viele Kurden.

66 Asaris: Aserbaidschaner

67 In einem Brief, den er später aus dem Iran schmuggelt, beschreibt er, wie der iranische Geheimdienst ihn unter Folter zu Falschaussagen zwang. Zwei Jahre dauert sein Martyrium.

68 Ich habe vor ein paar Jahren von der Bibliothek in die Fakultät gewechselt, in der ich nun als Sekretärin für zwei Professoren arbeite.

69 Im Dezember 2001 machte der iranische Staatspräsident Rafsandjani folgende Äußerung in der Öffentlichkeit: »Die Anwendung einer einzigen Atombombe würde Israel völlig zerstören, während sie der islamischen Welt nur begrenzte Schäden zufügen würde. Die Unterstützung des Westens für Israel ist geeignet, den Dritten Weltkrieg hervorzubringen, der ausgetragen wird zwischen den Gläubigen, die den Märtyrertod suchen, und jenen, die der Inbegriff der Arroganz sind.« Ich frage mich verärgert, ob das wieder zum üblichen Machtgebalze gehörte oder ob er eine offene Drohung aussprach. Es sind diese Aussagen, die schweren Schaden anrichten, weil sie Angst unter den Menschen schüren und Aggressionen freisetzen.

70 Keine abwegigen Überlegungen, wie die weitere Entwicklung zeigte, die darin gipfelte, dass die USA wegen angeblicher Massenvernichtungswaffen 2003 den Irak besetzte. Die Drohung, auch gegebenenfalls in den Iran einzumarschieren, wurde daher auch zu diesem Zeitpunkt sehr ernst genommen.

71 Mohammad Mossadegh (1882-1967) war von 1951 bis 1953 Premierminister des Iran.

72 Die amerikanischen Marinesoldaten, die während des Irak-Iran-Krieges zur Sicherung der Öllieferungen an die USA in den Persischen Golf verlegt worden waren, gaben an, die Maschine für eine F-14 Tomcat gehalten zu haben. Diese Maschine ähnelt aber nicht einer Passagiermaschine der IRAN-AIR.

73 Im Jahre 2003 wurde das Gesetz geändert. Danach obliegt bei getrennt lebenden Elternteilen die Sorge für die Kinder sowohl bei Mädchen als auch bei Jungen zunächst der Mutter, bis die Kinder das siebte Lebensjahr erreicht haben, und erst danach dem Vater.

74 5871 Meter

75 Kelim: gewebter Teppich oder Wandbehang

76 Hedjab: ein kegelförmig geschlossenes (Kopf-)Tuch, das nur Raum für das Gesicht freilässt. Es wird über den Kopf gezogen und kann, anders als beim Tschador, nicht verrutschen.

77 Bis zum heutigen Tage hat sich ihre Spur verloren. Azar vertritt die feste Überzeugung, dass sie alle tot sind. Diesem Schicksal ist Parviz mit viel Glück entgangen. Welch eine Ironie des Schicksals, dass der Verursacher gleichzeitig zum Retter wurde.

78 Das Glücksgeld habe ich verwahrt in der Schatulle meiner Erinnerungen.

79 Daf: Rahmen-Schellentrommel (50 - 60 cm Durchmesser)

80 Santur: eine Art Zither mit 72 Saiten

81 Kamanche: viersaitige Knie- und Stehgeige, der Grundkörper, eine hölzerne Kugel, ist mit einer Lammhaut bespannt.

82 Dai're: große tamburinähnliche Instrumente

83 Um Missverständnissen vorzubeugen: Es waren keine Zwangsoperationen.

84 Nasenoperationen sind bis heute ein Dauerbrenner.

85 Reza Abbasi lebte von ca. 1570 bis 1635.

86 Timur Leng (1336-1405), in Europa auch Tamerlan genannt, war ein zentralasiatischer Eroberer aus turkmongolischem Adel, der die Wiederherstellung des Mongolischen Reiches anstrebte. Er herrschte über Teile des heutigen Iraks, Iran, Aserbaidschan, Usbekistan, Armenien, Georgien und Südrussland. Seine Söldnerheere drangen vor bis Moskau und Delhi, bei Ankara besiegte er die Osmanen. Er gilt als grausamer Herrscher, aber auch als Förderer der Künste.

87 Es ist bedauerlich, dass die deutsche Regierung den Völkermord weiterhin nicht namentlich anerkennt, sie begrüßt aber Initiativen zur Aufarbeitung der geschichtlichen Ereignisse und forderte die Türkei 2005 auf, Verantwortung für die »Massaker« zu übernehmen. Und im April 2010 zeigte die ARD die Fernseh-Dokumentation »Aghet«, die mit dem Deutschen Fernsehpreis für die beste Dokumentation 2010 ausgezeichnet wurde. Außerdem hat die EU die Anerkennung des Völkermordes durch die Türkei zu einer Voraussetzung für deren geplanten Beitritt erklärt. Aber weiterhin haben die einzelnen Staaten ihre wirtschaftlichen und auch militärischen Verbindungen mit der Türkei im Auge. Übrigens gibt es auch in der Türkei inzwischen vereinzelte Stimmen, die die Anerkennung des Genozids fordern.

88 Talat Pascha (1872-1921) war Innenminister und Großwesir des Osmanischen Reiches und Führer der Jungtürken. Er wurde von den deutschen Behörden nach seiner Flucht ins Deutsche Reich zwar nicht ausgeliefert, aber nach seiner Ermordung in Berlin wurde der armenische Attentäter, der den Genozid an seinem Volk rächen wollte, von einem deutschen Gericht vom Vorwurf eines Tötungsdeliktes freigesprochen. Von den Nazis jedoch wurde der Leichnam Talat Paschas, der sich in Berlin Ali Sai genannt hatte, 1943 sogar in einem pompösen Staatsakt in die Türkei überführt.

89 Mindestens ein Viertel der armenischen Bevölkerung hat in den letzten zwanzig Jahren den Iran verlassen.

90 Nur eine Petition namhafter Regisseure und das Einlenken des damaligen Staatspräsidenten Chatami verhalfen ihr später zur Freilassung. Sie lebt immer noch im Iran und dreht weiter neue Filme. Angriff ist die beste Verteidigung.

91 Damit meine ich nicht nur die orientalischen Märkte, sondern auch den großen Markt in der Hamburger Isestraße direkt vor unserer Haustür, den ich heute noch gern besuche.

92 Am 7. Oktober 2001 fielen die USA und Großbritannien in Afghanistan ein. Der Krieg hat seinen Teil dazu beigetragen, das Land vollends in die Steinzeit zurückzubomben, und verursachte schon gleich zu Beginn großes Leid in der Zivilbevölkerung: So wurden am 9. Oktober bei den Angriffen vier zivile UN-Mitarbeiter in Kabul, die mit Aufgaben der Minenräumung befasst waren, getötet. Am 11. Oktober setzten die USA erstmals in diesem Krieg die berüchtigten »Streubomben« ein. Die Angriffe wurden immer massiver. Die Zahl der getöteten zivilen Opfer ging möglicherweise schon in die Hunderte. Am 14. Oktober gaben die USA mindestens drei »Fehltreffer« zu,

bei denen die Zivilbevölkerung zu Schaden gekommen sei. Am 16. Oktober gab das amerikanische Verteidigungsministerium zu, dass US-Bomben ein Lagerhaus des Roten Kreuzes bei Kabul getroffen haben. Am 17. Oktober haben die USA bei ihren Luftangriffen eine afghanische Schule bombardiert. Ein Sprecher der Vereinten Nationen bestätigte in Islamabad, dass eine US-Bombe in eine Jungenschule in der Hauptstadt Kabul einschlug. Glücklicherweise detonierte sie jedoch nicht.

93 Nizami (1141-1209) lebte in Gandscha, heute Aserbaidschan. Er ist einer der bedeutendsten Schriftsteller persischer Sprache. Sein Hauptwerk, fünf Versromane, zählt zur Weltliteratur.

94 Ich betreue u. a. Mobbingopfer.

95 Über Gräbern in der Wüste wurden einst Steinpyramiden errichtet, um zu verhindern, dass Aasfresser wie Geier und Schakale den Leichnam anfraßen. Da die Steinhaufen mit der Zeit auseinanderfielen, war es unter Reisenden Brauch, einen Stein dazuzulegen, damit die Totenruhe ungestört bleiben kann. Heute werden die Steine auf die Gräber zur Erinnerung an die Wüste gelegt, in der es keine Blumen gibt, und um auszudrücken, dass die Toten nicht vergessen werden.

96 Polo-Pas: elektrischer persischer Reiskochtopf

97 Das setzt sich bis heute fort und gipfelt in der Äußerung des heutigen Staatspräsidenten Ahmadinedjad: »Israel muss von der Landkarte getilgt werden.« Ich kann nur hoffen, dass diese ständige Saat der Indoktrination bei den Menschen und vor allem bei der Jugend nicht aufgeht.

98 Jüdisch zu sein meint nicht nur die Religion, sondern auch eine Volkszugehörigkeit. Und durch das Erbe der Mutterlinie bin ich ein Teil des jüdischen Volkes. Vieles ist mir vertraut und ich erkenne mich wieder, doch vieles ist mir auch fremd geblieben. Auch das macht meine Wurzelsuche schwierig.

99 Agha: Herr

100 Leider verhält sich die iranische Regierung anders: Den jüdischen, christlichen und zoroastrischen Minderheiten werden die Grundfreiheiten in der Verfassung zwar garantiert, in der politischen Lebensrealität aber verweigert. Auch manche der jüdischen Abgeordneten wurden vom Parlament wieder ausgeschlossen und sogar verhaftet wegen »Verachtung der islamischen Werte und Pflege unkorrekter Beziehungen«. Es wurden christliche Schulen mit der Begründung geschlossen, sie seien »Spionagenester«, und zeitweilig wurde auch der Vertrieb der Bibel verboten. Muslimische Menschen, die vom Islam beispielsweise zum Christentum konvertieren wollen, werden seit Jahren zunehmend verfolgt. 2008 wurde ein Gesetz verabschiedet, dass die Abkehr vom Islam unter Todesstrafe stellt.

101 In Haifa, am Berghang gelegen, inmitten der hängenden Gärten befindet sich das Weltzentrum der Baha'is, ein prachtvoller Tempel. Er gilt als Friedenssymbol und Ort der Ruhe.

102 Bei seiner Entgegennahme setzte sie ein Zeichen, das allen iranischen Frauen Mut machte. Sie nahm ihn ohne Kopftuch mit der einfachen Begründung entgegen, jeder Frau im westlichen Kulturkreis sei es selbst überlassen, wie sie sich kleide. In Iran dagegen trage sie die gesetzlich vorgeschriebene Kleidung für Frauen, da sie sich als Juristin selbstverständlich an die zurzeit geltenden Gesetze halte. Ihr Preisgeld verwendete sie für die Gründung eines Beratungszentrums für Menschenrechte, das Menschenrechtsverletzungen im Iran an die Vereinten Nationen weiterleitete, ein gefährliches Unterfangen im Iran – 2008 wurde das Zentrum von den Behörden geschlossen.

103 Streng nach Geschlechtern werden Frauen von Frauen gewaschen und Männer von Männern.

104 Mahmud Ahmadinedjad ist seit 2005 iranischer Staatspräsident.

105 Frauen, die ihren Vergewaltiger in Notwehr töten, droht nach dem »Vergeltungsgesetz« die Hinrichtung durch den Strang. Ein perfides System.

106 Nach Informationen von Iran Human Rights und Amnesty International sind zurzeit mindestens neun weitere Frauen und vier Männer von der Steinigung bedroht. Doch die realen Zahlen seien möglicherweise viel höher. Besondere Aufmerksamkeit erregte das Todesurteil gegen Sakineh Mohammadi Ashtiani, deren Steinigung nur aufgrund massiver internationaler Proteste aufgeschoben wurde. Neben vielen Unterschriften- und Presseaktionen verurteilten im Herbst 2010 sowohl die EU als auch die USA ihre bevorstehende Hinrichtung und wandten sich an die iranische Regierung.

107 Shadi Sadr, die sich auch in der Grünen Oppositionsbewegung engagierte und Chefredakteurin des ersten Frauen-Webportals im Iran war, wurde 2009 verhaftet. Als sie auf Kaution freikam, verließ sie den Iran und lebt heute in Deutschland. 2010 wurde sie mit dem »International Women of Courage Award« ausgezeichnet.

108 Kurz danach wurde ihr Fall dem Amt für Überprüfung und Erörterung, Daftar-e Nezarat a Paygiri, zur Revision vorgelegt. Im Februar 2009 wies der Amnestie- und Begnadigungsausschuss die Petition ab, nun kann ihr Urteil jederzeit vollstreckt werden. Momentan befindet sie sich im Evin-Gefängnis von Teheran.

109 Der Till Eulenspiegel des Orients.

110 Sofreh: Esstuch. Das Wort stammt aus der Nomadensprache (Beludschi) und bezeichnete ursprünglich ein Tuch, in dem Brot frischgehalten wurde.

111 Samani-Feuer: abgeleitet von Samanu (eine der sieben Sachen von Haft Sin)

112 Sohan: eine Art Halwa, gibt es im Iran anstatt Keksen zum Tee

113 Tachte (Takhte): Backgammon. Dieses Spiel stammt ursprünglich aus Iran. Eines der ältesten Spielbrette (5000 Jahre alt) wurde in der »verbrannten Stadt« (Schar-e Suchte), einem archäologischen Fundort, in den 1920er-Jahren gefunden.

114 Babadjan: Väterchen (umgangssprachlich)

115 Ra'is: Vorgesetzter

116 Keyhan: Iranische Zeitung, übersetzt bedeutet ihr Name »Universum«.

117 Abguscht: persisches Eintopfgericht

118 In der Hoffnung auf ein Wiedersehen – Djawid.

119 Kyros II., auch als Kyros der Große bekannt, regierte Persien von etwa 559 v. Chr. bis 529 v. Chr.

120 Dakhmah: Grab (Bezeichnung aber ausschließlich für die Türme des Schweigens).

121 Abgekürzt: MEK. In Deutschland auch Volksmodjaheddin genannt. Sie waren maßgeblich am Sturz des Schah-Regimes beteiligt, wurden aber 1981 von Chomeini verboten. Bis zum Sturz Saddam Husseins unterhielten sie im Irak einen militärischen Arm, die »Nationale Befreiungsarmee« (National Liberation Army, NLA), die in der Vergangenheit für zahlreiche terroristische Anschläge im Iran verantwortlich war. Viele von ihnen wurden nach dem Kriegsende hingerichtet.

122 Masoud Radjavi, dessen Frau Maryam Radjavi sich selbst als Exilpräsidentin Irans bezeichnet, hat 1981 den Nationalen Widerstandsrat Iran (NWRI) in Frankreich gegründet. Er gilt vielen als der politische Arm der MEK in Europa und Nordamerika. U. a. tritt er durch massive Propaganda und systematische Geldbeschaffungsaktivitäten in Erscheinung.

123 Modjahed: Glaubenskämpfer

124 2002 führten Informationen des Nationalen Widerstandsrates Irans zu geheimen Nuklearanlagen und Plänen für Urananreicherung und Plutoniumproduktion im Iran weltweit zur Vermutung, Iran baue an einer Atombombe.

125 Der Nationale Friedensrat ist ein Zusammenschluss von Schriftstellerinnen und Schriftstellern, Medienleuten und Studierenden sowie von Gruppen, die sich für die Menschenrechte einsetzen.

126 Chomeini hatte ihn daraufhin durch eine Fatwa zum Tode verurteilen lassen und zudem ein Kopfgeld ausgesetzt.

127 Mir Hossein Mussawi war während der Präsidentschaft von Ali Chamenei von 1981 bis 1989 der letzte Premierminister der Islamischen Republik Iran, bevor das Amt abgeschafft wurde. Danach arbeitete er als Architekt und Stadtplaner. Er ist auch als Maler bekannt und leitet die iranische Kunstakademie.

128 Kalameh Sabz bedeutet »Grünes Wort«.

129 Schirin Ebadi hatte einen Tag vor der Präsidentschaftswahl Iran verlassen. Seitdem lebt sie in Großbritannien im Exil. Von hier aus nutzt sie jede Gelegenheit, die Situation im Iran der Welt vor Augen zu führen. Sie setzt sich nachdrücklich für politische Gefangene ein und kämpft unermüdlich für die Menschenrechte.

130 Mohammad Chatami wurde 1997 überraschend zum iranischen Staatspräsidenten gewählt. Er war bis 2005 der Amtsvorgänger von Mahmud Ahmadinedjad. Er konnte einige Reformen durchsetzen, die aber vom Wächterrat blockiert oder rückgängig gemacht wurden.

131 1. Strophe des Liedes sinngemäß übersetzt von Barbara Naziri; Links zum Lied:http://www.youtube.com/watch?v=RCkSCP22t-Q&feature=related), http://www.youtube.com/watch?v=wOAPA2BBXLE&feature=related

132 Darunter befanden sich Reformer, Journalisten, Professoren und Studenten – Frauen wie Männer.

133 Im August 2009 wurde Clothilde Reiss, die Französischlektorin an der Universität Isfahan war, nach offiziellen Angaben gegen Zahlung einer Kaution freigelassen. Im Mai 2010 durfte sie das Land verlassen.

134 Auch wenn die Bundesregierung den Erpressungsversuchen widerstand, versuchten dennoch deutsche Regierungsstellen auf das Verfahren Einfluss zu nehmen. Der damalige Geheimdienstkoordinator im Bundeskanzleramt musste unter Eid einräumen, vom iranischen Geheimdienstchef gebeten worden zu sein, das Verfahren zu verhindern. Die zu »lebenslänglich« verurteilten Verbrecher sind inzwischen, z. T. vorzeitig entlassen, wieder auf freiem Fuß.

135 Sahra Rahnaward wurde 2006 auf Betreiben der Konservativen als Dekanin der Al-Sahra-Universität in Teheran entlassen, weil sie Schirin Ebadi zu einem Vortrag einlud. Seitdem ist sie künstlerisch tätig, sie malt und gestaltet Skulpturen.

136 Jusuf Sanei war bis 1983 Vorsitzender des Wächterrates. Danach entwickelte er sich zu einem Kritiker des Regimes.

137 Genauer gesagt: das finnisch-deutsche Gemeinschaftsunternehmen Nokia Siemens Network

138 Im August 2010 hat der iranische Journalist und Oppositionelle Issa Saharchis tatsächlich das Unternehmen verklagt. Er ist seit den Demonstrationen nach der umstrittenen Wiederwahl Ahmadinedjads in Haft und wurde im Gefängnis gefoltert. Nun muss sich das Unternehmen vor einem amerikanischen Gericht verantworten.

139 Zu finden unter: kaleme.org

140 Gedicht von Barbara Naziri unter dem Pseudonym Aramesh zum Gedenken an alle persischen Mütter in Trauer

141 Gemeint ist die massenhafte Rekrutierung von Kindersoldaten für den Iran-Irak-Krieg – die Bassidschi, die Todgeweihten, die Kinder auf den Minenfeldern. Sie machten ein Drittel der Streitkräfte aus und trugen eine rote Stirnbinde, die sie als Märtyrer auszeichnete. Kaum ausgebildet und schlecht bewaffnet starben die meisten von ihnen.

142 Scheidemünze: eine Münze, deren Wert nach außen mehr zeigt als der innere Kern

143 Karoubi setzt sich zudem für den Sufiorden von Gonabad ein. Die Derwische von Gonabad blicken auf eine 400-jährige Tradition zurück, die auf den in Kerman begrabenen Mystiker des 17. Jahrhunderts Schah Nematollah Vali zurückgeht. Sie sind davon überzeugt, dass es notwendig ist, Religion von Politik zu trennen. Dies begründen sie damit, dass mit einer Vermischung keine weltlichen Probleme gelöst und die Glaubwürdigkeit und der Ruf der Religion ausgelöscht werden. Dies träfe umso mehr zu, wenn die Autoritätspersonen in Religion und Politik sich auf Grund ihrer Position Vorteile verschaffen, ihre schrecklichen Taten im Namen des Islam begehen und es sich herausnehmen, schwerwiegende Strafen, wiederum im Namen des Islam, gegen die Kritiker ihres Vorgehens auszusprechen. Damit fügten sie dem Ruf des Islam in der Welt und in der Geschichte der Menschheit größten Schaden zu. Dass die Welt den Islam für eine Ideologie halte, die Gewalt propagiere und die sich auf Terror stütze, entstünde durch solche Verhaltensweisen.

144 Entnommen: roozonline.com. Die Zeitung ist ein gemeinsames Produkt einer unabhängigen Journalistengruppe und reformistischen Verfechtern und Verfechterinnen der Demokratie und der Menschenrechte innerhalb und außerhalb des Irans.

145 Um die Menschen zu schützen, habe ich ihre Namen in diesem Buch geändert und teilweise auch die Örtlichkeiten – natürlich nicht die Namen von Personen des öffentlichen Lebens.

146 Der iranische Journalist Hossein Derkhshan wurde im September 2010 zu neunzehneinhalb Jahren Gefängnis verurteilt, weil er auf seinem Blog das Regime kritisierte und nach Israel reiste. Derakhshan hatte versucht, die Reise in seinem Blog als Brücke zwischen den beiden Kulturen zu präsentieren. Der Anklage lautete: Blasphemie, Propaganda gegen die islamische Regierung, Kollaboration mit feindlichen Regierungen und das Betreiben einer obszönen Website.

Glossar

Âb-e Talebi: Melonensaft

Abguscht: persisches Eintopfgericht

Abla: Schwester (türkisch)

Agha: Herr

Aghadjan: Vater

Albalu Polo: Reisgericht mit Sauerkirschen und Lamm oder Huhn

Allah-u akbar!: Gott ist groß! (arabisch)

Arayeschgah-e siba: Schönheitssalon

Asari: eine Turksprache, Sprache des aserbaidschanischen Volkes, ebenso: deren Angehörige

Ateschkadeh: Feuertempel

Babadjan: Väterchen

Baghali Polo: Reisgericht mit zarter Lammkeule und dicken grünen Bohnen

Barbari: Fladenbrot

Basari: Händler im Basar

Bassidschi: im Iran-Irak-Krieg auch die »Todgeweihten« genannt. Zuerst waren es die Kinder auf den Minenfeldern. Später organisierten sich nach Chomeinis Wunsch manipulierte Jugendliche unter der Aufsicht von Pasdaran in jeder Moschee des Landes und bildeten eine paramilitärische Miliz.

Bastani: sehr zähes iranisches Vanilleeis mit gefrorenen Sahnestücken

Be omid-e didar: In der Hoffnung auf ein Wiedersehen.

Berendsch: Reis

Brucha haba'a!: Willkommen! (hebräisch)

Chahesch mikonim: Bitte sehr (im Plural gesprochen)

Chanum: Frau, Dame

Chanum, foran rusari bepusch!: Frau, sofort den Schleier überziehen!

Chanum! Lutfan rusari bepusch!: Frau! Bitte den Schleier überziehen!

Chanum, rusari bepusch!: Frau, Schleier überziehen!

Chast-e nabaschi: Mögest du nicht müde werden.

Choda: Gott

Choda hafez: Auf Wiedersehen.

Choda negah dar: Gott schütze dich.

Choreschte Fessendjun: Hühnchen in Walnuss und Granatapfelsaft mit feinem persischen Reis

Chosch amadi: Willkommen (sehr persönliche Begrüßungsformel)

Chosch amadid be Iran!: Seien Sie willkommen im Iran!

Daf: Rahmen-Schellentrommel (50 – 60 cm Durchmesser)

Dai're: große tamburinähnliche Instrumente

Dai're sangi: kleines Tamburin des Hadschi Firuz (des Norusverkünders)

Dakh-mah: Grab (bezeichnet ausschließlich die »Türme des Schweigens«)

Dast-e schoma dard nakonad: Möge Ihre Hand niemals schmerzen.

Dastet dard nakon-e: Möge deine Hand niemals schmerzen.

Delam baraye to cheyli tang schode: Ich vermisse dich so sehr.

Derwisch: muslimischer Asket

Dhimmis: nichtmuslimische Schutzbefohlene

Diyeh: Blutgeld

Djah-e to chali ast: Dein Platz ist leer.

Do'a: Segenswunsch

Dolme Badendjan: gefüllte Auberginen

Dough: Joghurtgetränk mit Pfefferminze

Dschinn: Geist, Dämon

Elahi schokr: Gott sei Dank.

Esfahan nesf-e djahan: Isfahan ist die Hälfte der Welt.

Esfand: Kräutermischung, die auf Holzkohle angezündet wird (auch als Schutz gegen den Bösen Blick).

Evet: ja (türkisch)

Ey Choda!: Oh Gott!

Faludeh: persisches Glasnudeleis in Rosenwasser-Zitronen-Sirup

Farsi: die offizielle Amtssprache im Iran

Fatwa: eine Art islamisches Rechtsgutachten, Teil der Scharia

Ghalidsche: kleiner Teppich

Ghand: Zucker, der von einem Zuckerhut in Stücken abgebrochen wird.

Ghasel: lyrische Versform

Gol-e Maryam: Tuberose, eine Pflanzenart aus der Gattung der Agaven

Gorbe Iran: Katze Iran

Hadsch: Pilgerfahrt

Hadschi: Mekka-Pilger

Hadschi-Chanum: Mekka-Pilgerin

Haft Sin: die sieben Sachen beim Norusfest

Halwa: süße Reismehlspeise

Hayat: Innenhof

Hedjab: ein kegelförmig geschlossenes Kopftuch, das nur Raum für das Gesicht freilässt.

Hisbollah: »Parteigänger Gottes«, fanatische Chomeini-Anhänger

Inschallah: So Gott will.

Kal-e Padje: eine Speise aus dem Kopf und den Füßen vom Lamm

Kamanche: eine vierseitige Steh- und Kniegeige, vergleichbar mit der Violine

Kelim: gewebter Teppich oder Wandbehang

Khakshir: Erdenmilch (wörtlich übersetzt), eine Art Beifußgewächs (auch Mutterkraut genannt)

Kufiya: Palästinensertuch

Kufte Tābrizi: ein mit Hack, Kräutern Walnüssen, Eiern und Backpflaumen gefüllter Reiskloß, der im Ofen gebacken wird.

Lavasch: hauchdünnes Brot

Mar: Schlange

Marā bebūs (baraye acherin bar): Küss mich (ein letztes Mal)

Masel tov: Viel Glück, viel Erfolg (hebräisch)

Mast-e chiar: Joghurtspeise mit Gurke

Modjahed: Glaubenskämpfer

Monkerat: Komitee gegen verwerfliche Taten, sog. Moralpolizei

Ney: traditionelle Rohrflöte

Norus: persischer Neujahrstag, Frühlings- und Neujahrsfest

Norus-e bosorg: 6. Tag des Norus und angeblich der Geburtstag von Zarathustra

Omid varam, ke choschbacht beschawid: Möge das Glück mit euch sein.

Pakol: flacher (afghanischer) Filzhut

Paschmak: Zuckerwatte mit Sesamgeschmack

Pasdaran: iranische Revolutionsgarde, paramilitärische Organisation zum Schutz des Regimes

Piroschki: gefüllte Hefebrötchen

Polo: Reisgericht

Polo-Pas: elektrischer Reiskochtopf

Puschti: Sitzkissen aus geknüpftem Teppich

Ra'is: Vorgesetzter

Ridda: Abtrünnige (vom Islam »Abgefallene«)

Robaiyat: Vierzeiler

Rusari: Kopftuch, Kopfschal (darf das Gesicht nicht bedecken)

Sabseh: Weizen- oder Linsensprossen (Getreidekeimlinge)

Sabsi: frische Kräuter (auch: grünes Gemüse)

Safar becheyr: Gute Reise.

Salam: Frieden (ein Gruß)

Salam Iran: Hallo Iran.

Salamati!: Auf die Gesundheit!

Samanu: Grütze aus Weizen

Sangak: sehr flaches, knuspriges Brot

Santur: eine Art Zither mit 72 Saiten

Sarnewesht: Schicksal (wörtlich übersetzt: das auf die Stirn Geschriebene)

Sar omad semestan: Der Winter ist vorbei.

Schab becheyer: Gute Nacht.

Schahids: Märtyrer

Schahin: Königsvogel

Schalom: Frieden (Begrüßung, hebräisch)

Scharia: das religiös legitimierte islamische Recht

Schenasname: persische Geburtsurkunde

Schia: Staatsreligion im Iran

Scholeh sard: süße Reisspeise mit Safran und Rosenwasser

Sendjed: eine Mehlbeere

Sereschk: Berberitze

Sereschkpolo ba morgh: Reisgericht mit Berberitze und Huhn

Serkeh: Essig

Sib: Apfel

Sigheh: Zeitehe

Sineh: Tablett, auf dem der Samowar steht

Sir: Knoblauch

Sisdah be dar: 13. Tag des Norus (Bedeutung: Verlass dein Haus.)

Sisdah bedar, Sal-e digar chane'i schohar badsche be baghal: Nächstes Jahr lebe ich in der Wohnung meines Ehemanns mit dem Kind im Schoß. (Ein traditioneller Hochzeitswunsch)

Sofreh: Esstuch

Sohan: eine Art Halwa

Somagh: Essigbaumgewürz

Sufis: asketische Mystiker

Tachte: Backgammon

Tacht-e tschubi: niedriges Holzpodest mit Teppich und Sitzkissen

Tadigh: Reiskruste

Tamam!: Fertig! (türkisch)

Tanha ba golha: Allein mit den Blumen

Tar: viersaitige Langhalslaute

Tarouf: strenge, oft unsinnige Höflichkeitsfloskeln

Tâ seh nashe bâzi nashe: Aller guten Dinge sind drei.

Tavalod: Geburtstag

Tschador: »Zelt«, hier: ärmelloser Umhang, der die Haare und den Körper verhüllt.

Tschai: Tee

Tschai-Chane: Teehaus

Tschai-e nana: Pfefferminztee

Tschelo-Kebab: zartes Lammfilet, geklopft und gegrillt, mit Reis

Welajah Faghieh: die uneingeschränkte Macht der religiösen Führer

Zur Autorin

Barbara Naziri bezeichnet sich selbst als Kind der vier Winde, denn die Zweige ihrer Familie reichen von Skandinavien über die Krim und den Iran bis ins heutige Israel. Sie selbst wuchs behütet als Tochter einer deutschen Mutter und eines iranischen Vaters in Deutschland auf und genoss eine liberale Erziehung. Schon früh entdeckte sie ihre Leidenschaft für das Schreiben und Dichten.

Die Auswirkungen der Islamischen Revolution im Iran und besonders die Unterdrückung der Frauen erfüllten sie mit Entsetzen. Während immer mehr iranische Flüchtlinge im Westen um Aufnahme baten, schlug ihnen in Europa oft Fremdenfeindlichkeit entgegen, was auch ihre Familie und Freunde zu spüren bekamen. Kurz entschlossen mischte sie mit in der »Ausländerpolitik«, betreute Flüchtlinge in sogenannten Asylantenheimen, wurde Mitbegründerin des Hamburger Flüchtlingsrats sowie des Deutsch-Ausländischen Kulturvereins A.G.D.A.Z. Neben ihrer Arbeit in der Bibliothek studierte sie Iranistik, um die Suche nach ihren eigenen Wurzeln zu vertiefen.

Weil sie sich selbst ein Bild von der Lage im Iran machen wollte, bereiste sie mehrfach ihre zweite Heimat – trotz Krieg und Fundamentalisten im »Gottesstaat«. Ihre tiefe Liebe zu Iran und seinen Menschen zeigt dieses Buch. Sie selbst betrachtet es als Brücke zwischen den Kulturen, denn sie glaubt fest daran, dass jede Kultur ihren Wert hat und dass wir nur dann voneinander lernen können, wenn wir der eigenen keine Allgemeingültigkeit zusprechen. Barbara Naziri lebt in Hamburg und engagiert sich weiterhin in der Hoffnung auf einen freien und friedlichen Iran.

Bisherige Veröffentlichungen in diversen Anthologien sowie als Autorin unter dem Pseudonym Maryam Djoun: »Der Granatapfelbaum» (Hildesheim 1992), »Leben im Kalten Paradies« (Hamburg 1994) und als Herausgeberin von: »antastbar – die Würde des Menschen« (Saarbrücken 2010). Weitere Informationen: www.barbara-naziri.npage.de

Bücher aus dem Christel Göttert Verlag

Mein Kabul – mein Deutschland. *Máris mutiger Weg zwischen den Kulturen* von Mári Saeed, ISBN 978-3-939623-02-1

Mári erzählt von einem Afghanistan, das im Westen kaum bekannt ist – in dem sie studieren, reisen und ihren Ehemann selbst auswählen konnte. Doch auch sie wurde von der männlich dominierten Kultur geprägt, muss vor den Morddrohungen ihres Mannes fliehen. In ihrer neuen Heimat Deutschland kämpft sie für die Rechte der Frauen, hilft anderen Migrantinnen, setzt sich ein für die noch immer unterdrückten Frauen Afghanistans.

Mutterland nach dem Holocaust. *Eine Tochter fordert die Erinnerung zurück* von Fern Schumer Chapman, ISBN 978-3-922499-58-9

1938 wurde die zwölfjährige Edith kurz vor der Ermordung ihrer Eltern nach Amerika geschickt. So entkam sie den Todeslagern der Nazis, aber sie blieb völlig entwurzelt zurück, abgeschnitten von der Kultur ihrer Heimat, ihrer Traditionen – ihrer Identität. Jahrzehntelang litt sie an dieser Leere der Vergangenheit. Dann kehrte sie mit ihrer Tochter nach Deutschland zurück. Das Buch der Tochter über diese Reise ist eine Erzählung über die Frage nach der Hinterlassenschaft des Krieges und ein Buch über über die Wichtigkeit der eigenen Wurzeln.

Nachts auf der Brücke. *Literatur zur Zeitgeschichte. Politeia 2000,* hg. von Anne Jüssen, ISBN 978-3-922499-48-0

Kindheiten zwischen Trümmern, das Erlebnis der Fremde in der neuen Heimat, Zurichtungsversuche und Identitätsprobleme, Sprachlosigkeit und verlorengegangene Vertrautheit zwischen Menschen, aber auch Aufbruchsstimmung, Zukunftsvisionen und weibliches Begehren – die Anthologie versammelt Prosaerzählungen zur deutschen Zeitgeschichte in Ost und West, in denen Frauen unterschiedlicher Generationen von ihren Lebenserfahrungen, den Brüchen und Wendepunkten ihres Lebens berichten.

zwischen den welten. *Orte der ›Hexen‹-Verfolgung als Bildhauerin neu sehen* von Eva-Gesine Wegner, ISBN 978-3-922499-63-5

Was haben die schrecklichen Geschehnisse der »Hexen«-Verfolgung mit uns heute zu tun? Eva-Gesine Wegner hat sich dieser Frage intuitiv und in existentieller Betroffenheit angenähert. Anschaulich zeigt sie uns anhand ihrer Kunstwerke ihre allmähliche Verwandlung von tiefer Erschütterung hin zu kreativer Kraft. Zugleich dokumentiert dieses Buch ein Stück Frauengeschichte, denn hinter der persönlichen Topographie der Künstlerin tut sich ein Netzwerk von Frauen auf, die mit vielen öffentlichen Aktionen eigene Antworten gesucht und gefunden haben.

Über die Liebe zum Gras an der Autobahn. *Analysen, Polemiken und Erfahrungen in der ›Zeit des Bumerang‹* von Claudia von Werlhof, ISBN 978-3-939623-21-2

In einer Zeit, in der wir mit den Folgen unseres Tuns schmerzlich konfrontiert werden, entlarvt die feministische Wissenschaftlerin den patriarchalen Fortschrittsmythos als »Schöpfung aus Zerstörung«, die eine künstliche Gegen-Welt errichten will – gegen die Natur, gegen die Schaffenskraft der Frauen und gegen eine erdverbundene Spiritualität.

Starke Mütter verändern die Welt. *Was schiefläuft und wie wir Gutes Leben für alle erreichen* von Kirsten Armbruster, ISBN 978-3-922499-97-8

Die Autorin zeigt die patriarchalen Grundstrukturen von Krieg, Unterdrückung und Sklaverei, erläutert die verheerenden Auswirkungen von Globalisierung und Neoliberalismus und erklärt, wie diese Strukturen mit einer theologisch begründeten Abwertung des Weiblichen verbunden sind – und zwar in allen großen Weltreligionen. Und sie zeigt mit konkreten Vorschlägen, was Frauen – vor allem Mütter – bewirken können, wenn sie sich wieder ihrer Macht bewusst werden.

Die symbolische Ordnung der Mutter von Luisa Muraro, ISBN 978-3-922499-79-4

Die bekannte italienische Philosophin zeigt in ihrem Hauptwerk die Sinnhaftigkeit und Kraft der mütterlichen Autorität. Ein grundlegendes Werk zum Denken der sexuellen Differenz und wichtig für alle, die sich Fragen stellen zur Position der Frauen in unserer Gesellschaft.

Mit Mut und Phantasie. *Frauen suchen ihre verlorene Geschichte,* hg. von Helma Mirus und Erika Wisselinck, ISBN 978-3-922499-37-6

Die Dokumentation zeigt exemplarisch einzelne Frauen auf ihrem Weg zu einer Frau der Vergangenheit. Eine Inspiration für alle, die selbst auf die Suche gehen wollen nach Wissenschaftlerinnen und Künstlerinnen, Herrscherinnen und Politikerinnen, Revolutionärinnen und Mystikerinnen, Klosterfrauen und Ketzerinnen. Ein einzigartiges gelebtes Geschichtsbuch und Nachschlagewerk.

wildfüßig nach ninive – a passo selvaggio verso ninive von Dietlind Kinzelmann, ISBN 978-3-922499-99-2

Dieses Buch ist eine Wanderschaft durch Wüsten, über Berge und zu Menschen, die im Einklang mit der Natur leben. Geboren aus dem Verlangen, unverstelltes, ganzes Leben zu erfahren in der äußeren und in der inneren Welt. Eine farbenfrohe Hymne an das Leben, an das Unterwegsbleiben »mit wonne und staub am leib« mit Gedichten, Zeichnungen und Bildcollagen.

Besuchen Sie uns im Internet: **www.christel-goettert-verlag.de**
Wir schicken Ihnen auch gern Flyer zu unseren aktuellen Neuerscheinungen.

Christel Göttert Verlag, Keplerring 13, D-65428 Rüsselsheim,
Tel./Fax: +49 (0) 61 42 / 5 98 44, info@christel-goettert-verlag.de